本书获

2017 年贵州省出版传媒事业发展专项资金资助

◎ "贵州学者文丛"编辑出版委员会

主　任　卢雍政
成　员　顾久　谢念　耿杰　王焱
　　　　蔡光辉　王旭　朱文迅
办公室主任　耿杰

◎ "贵州学者文丛"编辑部

主　编　乐黛云
执行主编　顾久
成　员　张新民　翁家烈　冯祖贻　何光渝
　　　　谢丹华　戴冰　王尧礼　戴俊

贵州学者文丛

[第二辑]

王锳 文选

萤窗万卷书

王锳 / 著

"贵州学者文丛"编辑出版委员会

贵州出版集团
贵州人民出版社

图书在版编目（CIP）数据

萤窗万卷书：王锳文选 / 王锳著 . -- 贵阳：贵州人民出版社, 2024. 10. -- ISBN 978-7-221-18548-8

Ⅰ . H1-53

中国国家版本馆 CIP 数据核字第 2024ZR5375 号

贵州学者文丛　第二辑
萤窗万卷书　王锳文选
YINGCHUANG WANJUAN SHU　WANG YING WENXUAN

王锳 / 著

出 版 人：朱文迅
责任编辑：刘旭芳
装帧设计：刘　津　陈　电
文丛名题写：戴明贤
文丛名治印：喻民康
出版发行：贵州出版集团　贵州人民出版社
地　　址：贵阳市观山湖区会展东路 SOHO 办公区 A 座
邮　　编：550081
印　　刷：深圳市新联美术印刷有限公司
开　　本：889 mm×1194 mm　1/32
印　　张：16.25
字　　数：350 千字
版　　次：2024 年 10 月第 1 版
印　　次：2024 年 10 月第 1 次印刷
书　　号：ISBN 978-7-221-18548-8
定　　价：68.00 元

如发现图书印装质量问题，请与印刷厂联系调换；版权所有，翻版必究；未经许可，不得转载

王锳

  1933 年 10 月生,四川成都人,九三学社社员,1957 年考入北京大学中文系,1962 年毕业,先后任教于北京师专、遵义师范、遵义教育学院、贵州民族学院和贵州大学,曾任贵州省语言学会会长,并曾借调至中华书局、华中科技大学语言研究所工作,于 2015 年 9 月 18 日因病逝世。王锳先生在语言研究、辞书研究、文献与古籍整理研究方面均有重要建树,1987 年获首届吴玉章奖金语言文字学优秀奖,1990 年被评为贵州省有突出贡献的优秀专家,1991 年起享受国务院颁发的政府特殊津贴,1992 年被国家教委与国家民委联合评定为全国民族教育先进个人。1978 年以来,王锳先生在《中国语文》《中国语言学报》《语言研究》《语文研究》《语文建设》《文史》《文献》《中华文史论丛》等刊物上发表论文近百篇,其中《试论古代白话词汇研究的意义与作用》等颇为中外同行称誉。其诸多单篇论文后来结集为《近代汉语词汇语法散论》《语文丛稿》《语文丛稿续编》等,另出版独撰或合作的词汇研究专著、古籍整理和古典文学普及读物 10 余种,其中独立撰写而又具有代表性的著作有《诗词曲语辞例释》《唐宋笔记语辞汇释》《宋元明市语汇释》等均多次再版,享誉学林。

总 序

习近平总书记在党的十九大报告中指出:"没有高度的文化自信,没有文化的繁荣兴盛,就没有中华民族伟大复兴。" 文化自信是一个国家、一个民族发展中基本的、深沉的和持久的力量。贵州地处祖国西南腹地,历史悠久,文化多彩。当中国进入进一步深入推进改革开放,尤其是进入实现中华民族伟大复兴的崭新历史阶段,人们从对贵州的"传统"识读转变为对贵州的"现代"惊喜。在创造新时代美好生活的火热实践中,贵州经济社会发展日新月异,百姓富、生态美的景象犹如灿烂的画卷徐徐展开。而这一变化,很大程度缘于贵州人对脚下这片土地的热爱,缘于贵州人在发展过程中获得巨大的文化力量支撑,缘于对文脉的持续夯实和丰富延展。

在浩荡的历史长河中，智慧扮演着引领社会进步的角色，而作为智慧的载体——人，或以细微力量奉献于故土，或以毕生所有倾力于建设，或以所拥学识聚焦于文明。贵州大地曾经出现的"六千举人、七百进士"的人文景象，一直激励着后人励精图治，奋发赶超。在各个历史阶段，贵州涌现出一批批执着于家园建设的热血男儿、巾帼英豪。特别是改革开放四十年来，贵州学术繁荣发展，人才辈出，新作迭现，在省内外乃至海外成长起一批成果丰硕、有学术影响力的专家、学者。山川风物的每一点变化，人文气韵的每一点累积，无不昭示"贵州精神""贵州智慧"的现实呈现，折射出时代潮涌背景之下贵州人的专注与努力。

以此为情感触发点，中共贵州省委宣传部精心策划指导"贵州学者文丛"（以下简称"文丛"）编辑出版，旨在树立和刻画让人敬仰的人文景象。"文丛"邀请了在当代学术界有影响力的贵州籍或者非贵州籍但对贵州有研究的学者，整理他们的学术成果，承前启后，激励后人，放眼贵州，观照世界，让贵州的形象闪亮，让贵州的声音响亮，让贵州的智慧铮亮。"文丛"的作者既包括如乐黛云、陈祖武、刘纲纪、涂纪亮、曹顺庆、刘扬忠、刘扬烈、何光沪、张朋园等贵州籍的著名学者，又包括非贵州籍但在贵州生活过的专家学者，如钱理群、吴雁南、彭兆荣等，博采众家之长，集中展示贵州文化风貌。"文丛"在内容上，以文史哲为主，同时又兼采风物；形式上，在保证萃选诸学者的学术精华内容外，兼顾通俗性，以扩大"文丛"的读者覆盖面。

感谢"文丛"的全体作者及其后人,他们客观严谨的学术创新精神、浓烈的乡梓情怀、无私的奉献精神,激励着我们用真心、细心、诚心来编辑出版好这套丛书。

"道之所在,虽千万人吾往矣。"这个"道"就是我们的文化,就是我们的精神支点,值得我们用心、用力去寻觅和追求。希望本"文丛"的出版,能弥贵州文化之气韵,能彰贵州精神之亮点,为建设多彩贵州民族特色文化强省添砖加瓦、推波助力。

"贵州学者文丛"编委会
2018 年 4 月

序

贵州人民出版社编辑出版的"贵州学者文丛",收载贵州籍或曾在贵州生活的非贵州籍著名专家学者的学术成果,旨在集中体现"贵州学者"在当代学术界所具有影响力。在这套文丛中,当代著名语言学家、贵州大学教授王锳先生的著作自然不可或缺。

王锳先生是四川成都人,自1964年来黔,先遵义而后贵阳,在贵州工作了整整半个世纪。先生是国内外知名的汉语史专家,在语言学诸多领域都卓有贡献;近代汉语方面的研究成果,更具有标志该学科整体水平的重大意义。早在二十世纪八十年代,先生第一部近代汉语研究力作《诗词曲语辞例释》出版并荣获首届吴玉章奖语言文字学优秀奖,吕叔湘先生就曾高度评价先生的学术水平,说他的研究"历有年所,功力深厚,尤其在古白话词汇方面，是当今少数专家学者之一"。这以后，先生又有《唐宋笔记语辞汇释》《宋元明市语汇释》《近代汉语词汇语法散论》等多部著作陆续问世。这些著作在相关的研究范畴中无不具有开创性和示范价值，不仅成为近代汉语学科领域的必读经典，而且"是治汉语史和古典文学、古典文献等学者的案头必备书"。可以说，先生数十年杰出的学术研究活动，引领和推动了二十世纪八十年代以来近代汉语词汇、语法研究的长足发展。蒋绍愚先生说："王锳先生是近代汉语词汇研究的大家。"（《重读王锳〈诗词曲语辞例释〉》）这是学术界公认的的当之评。

这本《萤窗万卷书》是先生的学术文集。先生自1978年以来，在《中国语文》《中国语言学报》《语言研究》《语文研究》《语文建设》《文史》《文献》《中华文史论丛》等刊物上发表过论文近百篇。本书中的文章多从中选录，另加数篇专著的前言及为他人论著所写的序言，收录选文约50篇。这些文章，既是先生历年学术研究代表性成果的汇展，同时也是先生为人为学高尚品格的生动体现。

收入本书的文章，内容所及大多是近代汉语词汇和语法的研究，尤其以词汇研究为多，这自然是决定于先生平素研究的主攻方向。从书中选文可以看出，先生对于近代白话语料中词语的考释，大致是取径于四个方面，也即围绕四个目标来进行的：

一是为了全面准确地认识历史语料的特点，有助于充实汉语史的薄弱环节并进而丰富普通语言学的内容，如对于历代诗词曲语辞、宋元明市语、敦煌变文的词语、近代汉语中的联绵词等进行的考察。

二是为了有助于辞书编纂，使其收词和释义更为全面准确，如对于《汉语大词典》和新版《辞源》若干近代语词条目的商榷。

三是为了提高对古诗文的注释质量和阅读能力，有助于对相关文献的正确认识和理解，如对于岑参、王维、李白、欧阳修、苏轼等人作品的分析辨正。

四是有助于提高古籍整理的水平，避免校勘断句中的种种谬误，如对于《型世言》《全宋词》校勘的正误。

这四个方面，既有语言应用的实际价值，又有语言理论上开掘和提升的意义。选入本书的《试论古代白话词汇研究的意义与作用》，是一篇关于近代汉语词汇研究的通论性文章。文中所详论的意义和作用，正是本书选文的这样四个方面。先生这篇通论性的文章一经发表，便在学术界产生了很大影响，成为指导近代汉语研究乃至整个汉语词汇史研究的经典；而本书的相关选文，则从多方面为近代汉语词汇的研究提供了具体而生动的范例。由此我们可以看到，这种多角度、多层面的词汇研究，其价值并不仅仅在于这些语词自身的考释和认知，同时更具有方法论层面上的重要意义。这些文章为近代汉语学科提供了可以垂为型范的研究法则和路径，众多学术同道和后学者可以循此以进，俾学科研究更能进一步发扬光大。先生对于历代诗词曲语辞、唐宋笔记语辞、宋元明市语等进行专门研究的几部代表性著作，更无不具有这样一种提供法则路径的意义。蒋绍愚先生曾以《诗词曲语辞例释》为例，从中总结出了词汇研究的八种方法条例，指出其间所具有的"极其重大的方法论意义",并由衷赞许王锳先生在近代汉语学科中的历史地位。阅读本书,我们对先生相关研究在语言学中的重要学术价值和历史地位当能有更深刻的了解。

二十世纪八十年代以前,汉语史词汇部分,尤其是近代汉语词汇的研究还十分薄弱,先生以数十年的时间和精力,始终致力于这个方面的考察探究。他不仅以多种精湛的专著和论文,影响和引导了全国语言学界的众多同仁;而且多年来以严谨的学风、科学的教学和训练方式培养学生,使一批年轻学人确立了进行近代汉语研究的学术志向。如今,先生的诸多弟子已经成长为该学科领域内的中坚和骨干力量。可以说,近代汉语研究从过去那种冷僻的境况发展成为今天这样一门繁荣兴旺的"显学",先生实多导引推挽之力,厥功至大至伟。

近代汉语研究的选文之外,本书还选收了涉及上古汉语(《云梦秦墓竹简语法现象》《古汉语"所"字用法》《古汉语定语后置》)和现代汉语(《现代汉语常用词语源》)研究的文章。在学术研究中注重纵(近代与古代、现代)、横(词汇与语法)关系的贯通,这是先生学术研究的又一特点,同时也是继承了王力、吕叔湘等上一辈语言学家学术研究的传统。当今语言研究中学科的划分日益繁细,但这不应该成为学者局囿自己研究视野的理由;只有广泛关注相邻学科的研究动态和成果,注意打通学科领域之间的相互关系,才能使自己的研究达到一定的高度和深度。在这一点上,年轻学者从先生等前辈的学术活动中也会得到教益。

书中还有两个单元的内容值得我们注意。一个单元是缅怀纪念学术前辈的文章,包含对吕叔湘、朱德熙、黎锦熙三位先生为人品性和学术思想的追怀阐发。这一组文章置于起首,充分表现了先生对于道统的尊崇和对于学术的敬重。另一单元是为学界同行的论著(包括王云路《中古诗歌语言研究》、曾昭聪《中古近代汉语词汇论稿》、张小艳《敦煌书仪语言研究》、梁光华《唐写本说文解字木部笺异注评》,以及拙著《守拙斋汉语史论稿》)所写的序言。王云路、梁光华是先生学术上的同行和后辈;曾昭聪、张小艳是先生的亲炙弟子;我有幸忝为先生同事,同时也是虽未入室却向怀私淑之心的学生。先生的这几篇序言,既充分体现了勖勉同道、推毂后进的深挚情怀,同时也是道统赓续、薪火传承的生动表现。先生曾这样谈到他与学术后辈的关系:"在年龄上,他们尊我为前辈;在学术上,我视他们为畏友。"(《〈中古诗歌语言研究〉序》),他认为,语言研究"这样艰巨的任务不是少数几个人短时间内可以完成的,需要一大批经过严格训练,具有扎实功底,年富力强而又耐得住寂寞,甘愿坐冷板凳的语言工作者的参与。"(《〈中古近代汉语词汇论稿〉序》)因此,先生对学生、对后学总是寄以殷切的期望和格外的关切。在本书首篇文章中,先生说:"当我碰到一些比我年轻的同志需要帮助时,我宁愿放下手边的工作,也要及时将送来的书稿或文章读完,并尽可能提出一些修改意见。这就是受到吕老伟大人格感召的结果。"(《缅怀吕老》)先生几十年来尽心尽力地帮助后学,提携后进,这一点我在与他的交往中感受至深。我所认识全国各地语言学界的一些朋友,说到受惠于先生也无不深怀感念;先生门下的弟子们,对他更是充满孺慕之情。人们在先生身上看到的,同样是一种伟大的人格力量。

先生一生勤勉,著述等身。2005年,七十二岁的先生罹患肺癌,手术之后依然笔耕不辍,至2015年离世之前,又完成了多部著作的写作。收入另一套丛书"当代贵州学术精品丛书"(贵州大学出版社)的《〈《汉语大词典》商补〉续编》,就是在他生命的最后一年才完稿的。除了多种个人著述之外,先生在辞世前还完成了参编《近代汉语词典》的工作。这部"以王锳先生为首的一批汉语词汇史研究专家"共同编写的大型辞书,是汉语词汇史研究和汉语辞书编纂的重要成果。在所有参编人员中,先生年岁最高,却承担了撰写A、B、C、D四母开头词条的繁重任务。此书主编白维国、江蓝生先生说:"王锳先生从辈分和学术上都是我们大家尊敬的老师,他不顾身体有病,热心支持,倾注心力认真撰稿,为这部词典增色许多。"(《〈近代汉语词典〉序》)以先生在近代汉语学术界师尊辈的地位,却如此不辞辛劳,率先垂范,为学科建设奉献自己的时间精力和研究成果,学界同仁对先生这样的精神无不感念钦仰,有口皆碑。

2015年夏天,我在得知先生再度患病后前往探视。先生十分乐观豁达,说到自己重罹凶疾时,曾慨尔而言:"闯过鬼门关后赚得了十年,也算值了。"记得叙话之间,先生还说起出版社约编此书的计划。据先生女公子王桢传示,这本书的选目也是先生亲自拟定的。惜乎天不假年,哲人其颓,先生竟于当年9月18日仙逝,以故生前未能见到此书交付出版。我去岁尝观先生亲拟篇目之手泽，于今又获览行将付梓之书稿，睹遗物而思故人，何其怅痛怆惋！

在三十年的交往之中，我时时得到先生长者之风的沾渥濡化，对先生的人品学问凤怀景仰之忱。先生为人诚悫宽厚，朴质温醇，恂恂恺恺，谦光照人，俨然古之君子。在当代语言学领域，先生以学养厚博、造诣精深的令誉传布中外，却从不自矜自负，以至本地友人和本校同仁对他的成就声名多不甚了解。先生是一位地地道道的传统意义上的读书人，他的深厚学殖和敦厚人品来自于几十年书卷生涯的涵养。王桢为这本文集拟定了一个很好的书名"萤窗万卷书"，这正是先生毕生教书写书，藉书卷以进德修业的写照。我遵嘱为本书撰序，拜览咀味之间，昔日多次见到先生坐拥书城、披卷敲键、乐而不疲的情景不由又在脑海中浮现。旧语云："板凳须坐十年冷，文章不写半句空。"先生的满腹学问、等身著述和高尚的德望，正是来自几十年书斋兀坐、黄卷青灯的寂寞生涯，来自检览爬梳难以计数的古籍文献、抄写成千上万张卡片的艰辛劳动。先生所有的著述都具有详洽精赡的特点，广征博引，务使周延，存疑者宁可付阙待考，绝无凿空之论，这是老一辈语言学家共同的良好学风，也是乾嘉学派等前人治学重考据、重实证的优良传统。先生身上这种求实求真的学风，值得后人永远景仰追摹；而作为先生的学生和后继者，努力做到像他那样一辈子坚守读书人的本分，不愧于为人为师，则是对先生道德文章的最好纪念。

光阴倏忽，先生辞世已四载有余。犹忆先生甫归道山，我尝敬撰碑铭赞语一通，今特移录于此，借以聊寄对先生的追思追仰之意。

春风盈帐，木铎传薪。砚田书山，毕生耕耘。
煌煌巨著，沾溉学林。莘莘弟子，孺慕师尊。
宽人严己，坦荡悫诚。和风惠雨，性俭德馨。
伉俪相携，濡沫情深。家教垂训，泽被胤孙。
公其逝矣，遗爱无垠。仰之思之，灏灏殷殷。

袁本良

2019 年

目 录

- ⊙ 总 序 　　01
- ⊙ 序 　　04

一	缅怀吕老	01
二	感念朱德熙先生	09
三	黎锦熙先生论近代汉语研究	15
四	试论古代白话词汇研究的意义与作用	21
五	近代汉语词汇研究与中古汉语	46
六	《诗词曲语辞例释》前言	55
七	《汉语大词典》商补	61
八	宋元明市语略论	73
九	试论"通感生义"	
	——从"闻"字说起	88
十	诗词曲语辞举例	95
十一	《八卷本〈搜神记〉语言的时代》补证	103
十二	元明市语疏证	114
十三	敦煌变文词义补笺	127

十四	近代汉语联绵词考	145
十五	近代汉语联绵词续考	157
十六	近代汉语联绵词三考	170
十七	现代汉语常用词语源杂考	193
十八	云梦秦墓竹简所见某些语法现象	198
十九	关于古汉语中"所"的用法与词性	210
二十	关于古汉语定语后置问题的再探讨	220
二十一	唐诗方位词使用情况考察	240
二十二	近代汉语中"替"的连词用法	255
二十三	古代诗文中"就"的介词用法	258
二十四	敦煌变文"处"字释例	262
二十五	关于王维《阳关曲》的几个问题	271
二十六	"谁道是杨花,点点离人泪" ——为苏轼《水龙吟·咏杨花》词一辨	281
二十七	试论欧阳修的诗文创作	288
二十八	元人小令简说	299
二十九	谈南宋女词人王清惠的《满江红》词	305
三十	"我寄愁心与明月" ——浅论李白的一首绝句	311
三十一	谈岑参诗《逢入京使》	315
三十二	刘向其人与《说苑》其书	318
三十三	《贵州古旧文献提要目录》简评	332
三十四	《巢经巢经说》点校前言	338

三十五	《郑学录》点校前言	345
三十六	《亲属记》点校说明	351
三十七	《守拙斋汉语史论稿》序	356
三十八	《中古近代汉语词汇论稿》序	361
三十九	《敦煌书仪语言研究》序	366
四十	《唐写本说文解字木部笺异注评》序	369
四十一	《中古诗歌语言研究》序	372
四十二	读《葛藤语笺》随札	379
四十三	《历代典故辞典》读后	390
四十四	《墨子·公输》的一处校勘问题	396
四十五	《型世言·题辞》校议	400
四十六	《全宋词》刊误拾遗	406
四十七	新版《辞源》近代语词若干条目释义商兑	408
四十八	《汉语大词典》一些条目释义商榷	427
四十九	《汉语大词典》一些条目释义续商	449
五十	"辍才"并非"免职"	466

⊙ 学术年表　　　　　　　　　　　　　　　469

⊙ 编后记　　　　　　　　　　　　　　　　489

一

缅怀吕老[1]

吕叔湘先生于 1998 年 4 月 19 日辞世，离开我们已经将近六年了。

吕老一生都在语言学这块园地里辛勤耕耘，著作等身，有专著译著二十余种，论文六百多篇。《吕叔湘文集》六卷已由商务印书馆出版。《全集》八卷将由辽宁教育出版社出版。内容涉及语言学理论、汉语研究、文字改革语文教学、写作和文风、词典编纂、古籍整理等广泛领域。

吕老以他学术研究的杰出成就、严谨的治学态度和务实的学风，不遗余力地关心扶持中青年一代的成长，成为我国语言学界一致公认的学术泰斗和一代宗师。

关于吕老的生平和学术成就，已有多人多篇文章作了介绍和评述，这里无须覼缕。下面只想根据自己的见闻和亲身经历，谈谈吕老对中青年一代的关怀、奖掖和扶持。这只是吕老为人治学的一个侧面，但已完全可以看出吕老作为学术泰斗和一代宗师的大家风范。

1986年7月7日《光明日报》一版曾以《吕叔湘二三事》为栏目，刊登了一篇题为《扶植后学，尽心竭力》的文章。篇首的编者按说："著名语言学家吕叔湘是我国语言学界的领袖人物之一。他扶植后学的饱满热情、认真负责的工作态度，务实与严谨的学风、孜孜不倦的开拓精神等等集中反映了老一辈科学家的思想风貌和高贵品质，为中青年知识分子树立了学习的榜样。本报自今日起连续刊登通讯，介绍吕叔湘的事迹。"这篇文章主要介绍了吕老关心、扶植语言所内中青年学者的情况。摘抄其中一例如下：

吕叔湘的一位助手，给我讲了这样一件事。

她是六十年代后期北京大学中文系语言专门化的毕业生，粉碎"四人帮"以后考取了吕叔湘的研究生，1981年毕业后留在语言研究所，给吕先生当助手。在当研究生的时候，吕老就对她说，他在四十年代就写过一本《近代汉语指代词》的初稿，将来要请她帮着整理。可是，到她当了助手以后，吕老就不再提这件事了。不久，吕老找她谈话，给她一篇《些和点》的草稿，要她整理修改成一篇论文。这篇论文刚刚脱稿，吕老又给她出了个题目，叫她写一篇关于汉语史研究方法的论文，特别提醒要看一些日本学者的文章。为了写这篇论文，这位助手整整花了三个多月的时间。看了初稿以后，吕老比较满意，但是不同意拿出去发表。他说："你是把别人的话概括了一下，自己懂了就行，不一定要发表。"这时候，吕老才把《近代汉语指代词》的初稿交给她，让她整理。

这位助手说，吕老为了让我整理好他的旧著，花多大精力训练我！他对我的要求真是很严格啊！

文章没有指名，其实语言学界圈子里的人都知道，文中提到的"这位助手"，就是后来在近代汉语研究方面做出了显著成绩，一度担任语言所所长，又升任中国社会科学院副院长的江蓝生同志。其实在语言所内受到吕老这种谆谆教导和严格要求的，又何止江蓝生一人！前不久因病不幸去世的刘坚同志在江之前担任所长，也是近代汉语研究的著名学者之一。他在五十年代中期分配到语言所，吕老发现他对宋元白话研究有兴趣，就鼓励他在这方面努力并且帮助他熟悉这方面的材料。刘坚在吕老的悉心指导下进步很快，眼看研究将获得成果，不料在"文革"动乱期间，资料损失一空，使他对科研心灰意冷。"文革"后，在一次闲谈中，吕老得知这一情况，便以著名生物学家秉志的事迹来鼓励他，使他重整旗鼓，终于在近代汉语研究方面取得显著成绩。所内不少中青年学者的处女作，都是经过吕老细心批改后，才得以问世的。施关淦同志在一篇文章中回忆说，他于 1980 年在《中国语文》上发表的两篇文章，一篇是讲"歧义现象"的，吕老阅后认为不够精练，亲自删改并批注说："一勺糖加半杯水，甜津津的，好喝；加一杯水，就淡而无味了。"另一篇讲句式的分化问题，吕老认为有一处例句太少，批注说："多举几个好。"就这样，他在写作中啰嗦和苟简两种偏向都得到了吕老的纠正。从上一世纪（即二十世纪）的六十年代至八十年代，吕老以耄耋之年还为所内年轻同志开英语课，亲自选定教材，亲自授课。

以上是笔者所知的语言所内部的一些情况。如果说，作为所长和长辈，关心所内青年学人的成长还有一份责任的话，那么，关心、奖掖和扶持所外广大中青年学者，就完全出于对整个中国语言学界全局和未来的宏观思考和殷切期望。在这方面，吕老的联系面更广，付出的精力更多，影响和作用也更大。

还是引《光明日报》另一篇文章为例。该文刊于 1986 年 7 月 10 日，题为《相知何必曾相识》。文章谈到当时北京语言学院的一位教师，在教学中发现外国留学生不会正确使用可能补语。为了探求汉语可能补语应用的范围和规律，她写了一篇文章投寄《中国语文》。

当时，她是无名的。她既不把自己看作千里马，也不敢想象会碰到伯乐。一天，她收到《中国语文》编辑部的一封信，信里说"你的论文我们准备发表。这篇稿子经吕叔湘先生看过，他在统计表方面提了点意见，希望参照修改。"她没料到吕老百忙中会对她的稿子提意见，大为感动。后来她这篇文章经修改以后，终于刊登在《中国语文》杂志上。1982年下半年，她写出第二篇论文《动词重叠的表达功能及可重叠动词范围》之后，亲自登门送给吕老审阅。过了不几天，吕叔湘又一次给她的论文写了修改提纲，还附上了一封短信，指出她的毛病，说："我觉得原先标的节次有点乱，给你调整了。又，例句的编号最好全篇一贯到底，便于前后称说。这要在文字段落调整之后才能着手。你写文章的毛病主要有两点。一是眉目不够疏朗（组织工作薄弱），二是欠明净（有些地方字句啰唆）。希望你在调整段落之后，再从头到尾把文字修改一遍。"

这位北京语言学院的教师便是后来在对外汉语教学方面做出了很大成绩的刘月华同志。她这篇文章按照吕老的意见修改后，刊登在1983年的《中国语文》上。事后她深有感慨地说："我和吕先生素昧平生，可吕先生扶持我就像对待他的学生一样。"类似的例子还举不胜举。河南一位副教授的第一篇论文是吕老帮助修改的，天津一位副教授的处女作也是吕老帮助修改的。为了扩大指导面，吕老还针对来稿来信中带有普遍性的问题，写成文章，在有关刊物上发表。如《给一位青年同志的信》《关于语法图解的用途及其局限性——给一位中学语文教师的信》等。

我本人也是在语言所之外，受到吕老关心、扶持的后学之一。1958年我还在北京大学中文系念二年级，曾和另外两个同学作为学生代表，去到吕老家请他为全年级做一次学术报告。吕老很爽快地答应了这一请求,并问到我们的生活和学习情况、课外读什么书等等。后来报告的内容已记不清了,但吕老亲切平易的长者风度,却一直记忆犹新。1980年初,我的《诗词曲语辞例释》由中华书局出版。它是在吕老的一些文章的启示之下写成的,因此寄给吕老一册请教。不久便收到吕老两封回信。7月24日的信中说:"我来青岛疗养已有一个多月,早几天收到家里转来的你七月八日给我的信。承惠赠《诗词曲语辞例释》,非常感谢。只是家里没有把书寄来,只有等下月返京拜读了。近代汉语的词汇是汉语词汇史的薄弱环节,直到现在在这方面努力的人还是不多,很需要提倡提倡。不知您除作具体考订外,还能写些通论性文章否?"遵照吕老的指示,我后来写了《试论古代白话词汇研究的意义和作用》一篇长文,刊登在中华书局《文史》第二十五辑上。不过说来惭愧,由于主观努力和水平不够,加上客观条件的限制,这类通论性的文章写得是太少了,有负吕老的殷切期望。12月14日的来信说:"你送我的大作,我一直没有工夫看,最近才挤出点时间看了看,探微发隐,甚见功力。因此想到你现在遵义,用书困难,教课也未能与研究工作挂钩,终非长局……我还想多了解一些关于你的情况,如亲属、籍贯,除北京外还有哪些地方愿意迁居,除研究工作外还愿意从事何项工作,等等。如果你没有什么不便,请随便写点。"我同吕老虽不是素昧平生,但也只有一面之缘。仅仅因为在近代汉语词汇研究方面做了一星半点工作,便得到吕老这样无微不至的关切和扶持。这是我终生难忘的!后来当我碰到一些比我年轻的同志需要帮助时,我宁愿放下手边的工作,也要及时将送来的书稿或文章读完,并尽可能提出一些修改意见。这就是受到吕老伟大人格感召的结果。1985年,我调到贵州民族学院后,着手编辑一部学术资料汇编《诗词曲语辞集释》。这也是在吕老的启示下并结合自己切身体会萌发的念头。因为吕老曾经在不止一篇文章中强调加强近代汉语研究的资料建设,而我自己的研究工作过去都是在资料极端困难的条件下进行的。编出这样一部资料,可以给像我过去一样身处僻远但又不甘寂寞想做点研究的人提供方便。我事先拟订了十条凡例,寄呈吕老请教。也是很快便收到回信,就其中三、六、八条提出修正意见,而且吕老还以语文出版社名誉社长的身份,与有关同志具体商定了出版事宜。后来此书所附《张相〈诗词曲语辞汇释〉等十种著作笔画索引》,就是遵照吕老的意见增补的。1987年,我所在的贵州民族学院开展教师职称评定工作,可能是由于中文系主任李华年学长(毕业于北大中文系文学专业56级)的提议,学院人事部门将我的职称评定材料径直寄给了吕老。后来才了解到,吕老不仅在百忙中仔细审阅了材料,而且给予了热情的肯定,评语说"王锳同志对汉语词汇的研究,历有年所,功力深厚,尤其在古白话词汇方面,是当今少数专家学者之一,应当评为正教授。"这是我能由一个待批讲师破格升为教授的决定性因素。在八十年代,吕老前后给我的信件有十多封。只是后来考虑到他老人家年事已高,工作繁重所以不好再去打搅。但只要有因公赴京的机会,总是要到永安南里去看看他老人家。

吕老的家庭布置十分简朴,但他却以多年的积蓄——六万元设置了中国社会科学院青年语言学家奖。1987年,吕老的力作《汉语语法论文集》获首届吴玉章奖金语言文字学特等奖,他又当场将这部分奖金转到青年语言学家奖的户头上。

吕老虽然离开我们了,但他卓越的学术成就和一代宗师的风范将永远留在我们的记忆中,成为鼓舞我们前进的动力!

注 释

[1] 这是在贵州省语言学会1999年年会上的发言,会后曾在一家内部刊物刊出,此次提交纪念吕老百年诞辰学术研讨会(2004年6月,北京)时又略有修改。

二

感念朱德熙先生

作为一名高校教师，能在语言教学和研究方面做出一点成绩，我要感谢我的母校北大中文系的培育，感谢众多师长的教诲。其中特别感念的，是朱德熙先生。

朱先生的大名，我在入学前便已耳闻了。因为他和吕叔湘先生合撰的《语法修辞讲话》，先是在《人民日报》上面连载，后来又出了单行本，影响遍及全国。当时还以为两位先生都是饱学的宿儒、年迈的长者，及至入学后上"现代汉语语法"（一），第一次见到朱先生，发现先生竟然只能算个青年教师。那时朱先生从保加利亚讲学回来不久，一身挺括的呢大衣，一口相当标准的普通话，话音不高不低，语速不疾不徐，逻辑严密，条理清楚,一下子便能抓住听众。当时学生上课时都带着餐具,每到第四节课快下课时,瓷碗和铁勺便叮当作响,但朱先生的课绝对没有这种现象,大家都聚精会神,一直到下课铃响,才恍若梦醒地合上笔记本。到了第三年级,中文系照例要分专业。汉语专业是冷门,大多数同学上北大都是奔文学专业来的,志愿多半是当作家或从事文学研究,我自然也不例外。在系的党团总支的动员下,每个同学都写了志愿书,站出来让党挑选,我"不幸"被选配到汉语专业。这样,和朱先生的接触渐渐多了一些,一是听先生的"现代汉语语法"(二),二是五七级和五五级语言班搞"现代汉语虚词例释"的科研项目,先生是主要的指导教师之一。那时,两个年级的语言班共同成立了编审组,负责初审其他同学撰写的稿件,我有幸被指定为这个组的成员之一。碰到难题少不得要找先生请教。正是在先生和语言专业其他师长的谆谆教诲下,我才对语言的学习与研究产生了一点兴趣,初步懂得了一点研究的门径。1962年毕业,我和苏培成、张耕夫等几位同学被分配到北京市最小的一所高校——北京师专任教。一年半之后,由于家庭的原因,不得不于1964年秋离京南下,来到虽为历史名城却偏远闭塞的遵义,在一所师范学校当了一名语文教师。不到两年,史无前例的"文化大革命"开始,这一闹腾就直闹到七十年代末、八十年代初。"文革"结束不久,朱先生为了参加西南联大的纪念活动,曾两次取道贵阳。第一次是与何师母同行,我正好到贵阳参加省语言学会年会,便约五六级文学专业的李华年兄和汉语专业六五级一位张姓师弟一道去看望先生和师母,并在先生下榻的云岩宾馆一起吃了一顿饭。十年动乱之后,师生还能相见,真有恍如隔世之感。第二次朱先生是与曾任北大党委常务副书记的张学书同行,我和原来在西藏的战友曾明德(已故)负责安排住宿和买车票。先生在旅途倥偬之际,还应贵州省语言学会之邀,在省人大会堂做了一次学术报告,听报告的大都是高校和中小学语文教师,估计不下千人,可谓盛况空前。报告题目大约是现代汉语语法的教学与研究,具体内容虽然记不清了,但当时的感觉仍很真切,仿佛还坐在北大的课堂里,听先生娓娓而谈。

1980年4月,我的《诗词曲语辞例释》由中华书局出版,我当即寄给先生一册,并附上一封短信,说明这薄薄的小册子不过是一份作业,请先生如同当年在校时那样,给予严格的批改。早在七十年代末期,我就同遵义师范的八位教师和一位领导,奉命到当年的耕读师范旧址,去恢复停办多年的遵义地区中学教师进修学校(后改为"遵义教育学院")。学校远离市区,背靠小山松林,前临良田数顷,左右有小河与清泉流过。教学用房和师生宿舍都是干打垒式的建筑,虽然简陋,却是读书的好环境。唯一的缺点是过于闭塞,像桃源中人,与外界不相往来。1983年初,我忽然接到留北大任教的蒋绍愚兄一封信,说朱先生告诉他,我的《例释》很有功力,但我地处偏僻,对业务发展不利。为了开阔我的视野,让他写信邀我到北大听美籍华裔学者梅祖麟的近代汉语语法讲座,然后参加三月在太原召开的全国语言学科规划会议。读完这封信,我不禁大喜过望,同时又十分惶恐。仅仅因为一小点成绩，便得到先生如此首肯和关切，这使我毕生难忘！到北大后，在先生和绍愚兄的鼓励下，除了听梅祖麟的课，我也以"古代白话词汇研究的意义与作用"为题，给七九级汉语本科和部分研究生开了几周的专题讲座。在这段时间，好像不止一次去拜望过朱先生，有时由绍愚兄陪同。每次去中关村三公寓先生的住所，总是看见书桌上摊着一份圈圈点点的文稿，或是关于古文字的，或是有关现代汉语语法的。有一次我禁不住问："先生您不仅担任副校长，又是研究生院院长，还有不少社会活动，又要教学，还有时间搞研究？"先生只是笑笑，然后不经意地说："事情固然多，但时间总是可以挤出来的。"另一次在闲谈时，先生突然问我："你发表《诗词曲语辞例释》时多少岁？"我回答说："满过46不到47。"当时不知道先生的用意，后来才了解到，先生本来打算将此书推荐给"吕叔湘青年语言学家奖"的，但因作者超过了规定的年限（45岁）而未成。1986年元月，《诗词曲语辞例释》增订本出版，很快便获得"吴玉章奖金语言文字学优秀奖"。这项奖金不限作者年龄，不接受作者申请，完全由专家推荐。每一奖项有哪些专家推荐是不公开的。但我知道，《例释》的推荐者一定有朱先生。

我同先生又一次见面是在1985年昆明第三届中国语言学会年会上，先生仍然和过去一样，总爱和年轻一辈讨论学术问题。年会组织游览石林，先生手里拿着一架小型相机，总是走在队伍前面，找好风景拍摄。那时先生走路时有些气喘，但看起来健康状况总的还不错。在会上，先生还宣读了在北大建立语言学系的提议和论证书，可见当时先生还雄心勃勃，为中国语言学科的建设而规划蓝图。

在此后的一些年头，我也曾因公到过北京，但好像都没有见到先生，因为当时先生常常应邀到国外讲学或开会而不在国内。1992年7月下旬，我同李华年兄一道逛书店，在花溪邮局的阅报栏里，突然读到先生在美国去世的噩耗，刊登这条消息的是《人民日报》，登在第七或第八版一块很不起眼的位置。但我们看到了，也惊呆了，默默相对了很久。由于不知道先生在美国的具体地址，两人商量的结果，是就近在邮局发一封加急唁电到北大中文系，请系领导转达我们的哀思。

先生离开我们，转眼二十年了。2005年，我患了同先生一样的肺癌，手术至今已有七年，医生说算翻过一道坎，基本痊愈了。先生去世时才七十有二，美国的医疗条件应该是很好的，为什么没能留住先生呢？先生去世后不久，我曾因公到京，抽空去永安南里看望吕叔湘先生。谈到朱先生不幸辞世，吕老突然提高了嗓音说："德熙是累死的！他还有好多事情要做！"话语间饱含痛惜痛悼之情。的确，如果先生的病情能及时发现，及时治疗，是不会走得那样早的，一定还可以为中国的语言学事业做出更多更大的贡献！

我的案头一直摆着先生的几种著作：《语法修辞讲话》（1979年修订本）、《现代汉语语法研究》、《语法答问》、《语法讲义》。前三种是买来的，后一种是先生亲笔题签送给我的，这一种又恰好是在"现代汉语语法"（二）讲稿的基础上修改而成，故有此名。仅仅这个书名，就体现了先生实事求是、不喜夸饰的严谨学风。这是先生留给我的最珍贵的纪念。每读此书，仿佛又回到五十年前，在课堂上聆听先生授课，先生的音容笑貌，宛然如在目前。先生在辞世前曾多次强调，应该把现代汉语语法的研究，同方言语法、历史语法的研究结合起来，并以自己的文章做出了示范。惭愧的是，我出于主观努力不够，加上为客观条件所限，只能在汉语历史词汇这一小块园地上拾遗补阙，没能像陆俭明、绍愚兄那样，贯彻先生的这一教导，在近、现代汉语语法的研究方面做出贡献。

先生关爱学生、奖掖后进的事例多不胜数，我不过是其中的千百分之一。先生辞世转眼二十年了，但先生的道德、学问和文章，却是留给后人取之不尽用之不竭的精神财富。"云山苍苍，江水泱泱。先生之风，山高水长。"

2003 年 6 月 8 日

三

黎锦熙先生论近代汉语研究

黎锦熙先生是我国著名的语言文字学家，语言学界德高望重的前辈。他在汉字改革、古今汉语语法研究和辞书编纂等方面所取得的卓越成就，是人所共知的。但他还是近代汉语研究热心的首倡者之一，这一点好像还没有引起足够的注意。

早在二十世纪二十年代末，黎锦熙先生就撰写了两篇有关近代汉语研究的文章，先后刊登在三家报刊上。一篇是《中国近代汉语研究提议》，连载于 1928 年 10 月的《新晨报副刊》，又揭载于《国语旬刊》一卷二期（1929）；另一篇题为《中国近代语研究法》，刊载于《河北大学周刊》第一期（1929）。这两篇文章实际是一篇，内容完全相同，仅文字小有差异。为什么同样内容的一篇文章要相继在三家不同的报刊上登载呢？看来只能有一种解释，即黎先生敏锐地感觉到这个问题的迫切与重要，他要为此而反复强调并大声疾呼。

文章是七十年前写成的，可是今天读来仍不乏新鲜感，对近代汉语研究的一些重大问题，如研究的必要性与迫切性，研究的内容和资料，研究的原则和方法，文中都提出了独到的看法，有的在今天仍有一定的指导意义。

"近代汉语"这一名称，是最近十多年才在语言学界流行开来的，不过名称的提出却很早。吕叔湘先生是近代汉语研究的开拓者和奠基人。他在1944年发表的《個字的应用范围，附论单位词前一字的脱落》一文中，开头便指出"個是近代汉语里应用最广的一个单位词"。黎锦熙先生的文章比吕文还早十六年，文章的标题便使用了"近代语"这一概念。这与"近代汉语"虽有一字之差，其实质并无二致。关于"近代语"在汉语历史中的地位，文章说：

> 近来继承清代朴学家，更应用科学的方法，而从事于中国之"语言文学"（philology）者，其取材仍偏重上古（先秦）与中古（隋唐），或参以现今之国语与方言，未免抹煞近代（宋元至清约九百年间一大段）。此大段实为从古语到现代语之过渡时期，且为现今标准国语之基础。

这段话联系汉语史的分期，指明了"近代语"的上限和下限，虽然与目前通行的说法不尽一致，但仍然值得重视，值得参考。特别在当时就能摆脱政治史分期的羁绊，而从汉语自身的历史特点出发看问题，这对后来者无疑是一个重要的启示。至于认为"近代语"是古今汉语的过渡时期，是现代汉语普通话的直接来源，更是一个十分中肯十分重要的观点，为后来包括吕老在内的许多论者反复申述的。

"近代汉语"是汉语历史发展过程中一个重要阶段，语言研究者应该给以足够的重视，这一点在黎文刊出以前还没有人认真思考过、论述过。在语言研究中，详古略近的倾向还一直存在。这不仅给汉语史研究留下大段空白，也给文学的研究和阅读欣赏，古籍整理、辞书编纂等诸多方面带来不利的影响。对于这个问题，黎文中有一段十分精辟的论述：

> 五代北宋之词，金元之北曲，明清之白话小说，均系运用当时当地之俗语言而创制之新文学作品。只因向来视为文人余事，音释阙如。语词句法，今多不解。近来青年读物既多取材于此，训诂不明，何从欣赏？一查字书，则绝不提及；欲加注释，则考证无从。故宜各就专书，分别归纳，随事旁证，得其确诂，以阐妙文，以惠学子。

这段话不仅在上举二文中同时出现，而且还完整地移用在黎先生为后来出版的《辞海》所写的序言中，可见作者自己对此是十分重视的。另在1933年版《比较文法》的序言里，作者在论古今文法的比较时，还专就教学内容和教材的角度，论述了这个问题：

　　第三段，普通今语和特别白话（即古白话与今方言）的比较，这本来也是中学讲谈教材中特别需要的，只因向来学者不研究这一层，只有周秦汉晋的"经""传"释词，没有唐宋明清的"诗词""语录""戏曲""小说"释词，所以目前还无办法，只好暂定为大学"近代语研究"工作了。

　　研究的范围和材料是近代汉语研究必须首先明确的问题之一。对此黎先生也作了周密的思考，文中列举了以下九种材料：一、佛家及儒门语承；二、文集及史籍中参用语体之诸篇；三、五代宋之词集选集，并唐之近话体者；四、金元明清之北曲及民间歌谣，可上溯至唐时，如敦煌石室所得材料；五、宋元平话四种及明以来白话短篇小说集；六、明清各家白话长篇小说；七、近今用方言编述之书报；八、现今创作或翻译之国语文学作品；九、凡古今笔记或专著，俗语中单词只字，考证其语根及音义者。以上每类之下大多数有举例，有的还很详尽。如第九类仅专著一项便列有《通俗编》《恒言录》《癸巳类稿》等十来种。有的材料如第一类中高头讲章举张居正《四书集注直解》，第六类白话长篇小说所列《征四寇》之类，是迄今尚未引起足够注意的。为什么要列入七、八两类今方言和翻译作品的材料？现代方言材料可与近代汉语相沟通，贯串证发，列入今方言材料容易理解。至于为什么列入翻译作品，文章解释说："此类宜注意其欧化之趋势，以资比较而察变迁"。汉语史研究的目的是鉴往知来，古为今用，近代汉语的研究尤应如此，列入此类作品可以考察近代现代汉语自身的发展变化和外来影响的相互作用，这体现了作者独到的眼光。

关于研究的方法步骤，文章的论述对今天尤有较大的指导作用。作者认为应将高校中文系本科或研究生部都作为近代汉语研究的基地，有分工有合作有计划有步骤地进行专题或专书研究，然后集腋成裘，汇溪流而成江海。现撮引其要点如下：

一、大学国文学系或研究科，应特设"近代语研究"。

二、"近代语研究"课程不拘定式，认定上列诸书中之一种或数种，由导师指导，自行研究。

三、认定一书，即由导师统一定研究方法，以考明语言为主要目的；其选词之标准、名录之程式、编录之次序等，均须统一。并约略预定该书研究告竣之时期。（主要目的之外，如考订该书时、地、作者，批评其文学价值等事，自可旁及。）

四、研究时遇有疑难，由导师随时指点方法，共同钩稽调查以解决之。

五、一书研究完毕，可定名为"某书语言研究"或"某书考证""某书释词""某书文法"等，随时酌定，由导师审定，记为成绩，并由导师负责增删核定，编为本校出版物。

六、此项出版物至十种以上时，可依某时代或某种文体合并改编为词书式之刊物。将来若将第二条各组要籍研究完毕地，可合并改编成为一部"近代汉语大辞书"。虽收改编，原书不废，盖仍可为专读某书，某时代某文体者之参考也。

  近代汉语研究近十数年间有了长足的进展，在许多方面取得了可喜的成绩。不过由于时间跨度长，材料异常丰富，余留的空白点尚多，需要较多的研究者通过较长期的努力才能填补。有些高校的汉语史硕士点以近代汉语为方向，但较分散，基本上各自为战，缺乏统一的规划和调度，互通信息不够，选题重复者不少，造成人力浪费。黎先生的上述意见对于改变目前这种状况很有现实的指导意义。不过研究任务绝非一院一校所能全部承担，需要把全国各高校的力量都组织起来，制定规划，统一调度。这就得有一个协调机构。全国近代汉语学术讨论会至今已开了七届，是否可以考虑成立全国近代汉语研究会，与语言研究所的近代汉语研究室互相配合，共同承担起这一协调工作。

  在黎先生的早期论著中，提倡"近代语"研究的内容占有重要地位。文章不仅强调指出了近代语研究的必要性，而且还就研究的对象、材料、方法、步骤以及个人培养方面提出不少具体设想。本文撰写目的一方面是肯定黎先生的首倡之功，另一方面是主张吸取文中在今天仍有价值并切实可行的建议，以加速近代汉语研究的进程。

     [原载《安顺师专学报》（社会科学版）1997年第3期]

四

试论古代白话词汇研究的意义与作用

前辈张相在他的《诗词曲语辞汇释》一书的序言中说:"诗词曲语辞者,即约当唐宋金元明间,流行于诗词曲之特殊语辞,自单字以至短语,其性质泰半通俗,非雅诂旧义所能赅,亦非八家派古文所习见也。""语辞"(或作"语词")这一名称,清人是用以指称虚词的[1],张序显然赋予它新的内涵,指的是唐宋以降的新词新义,包括单音词、复音词乃至某些词组。这种"语辞",也就是我们将要讨论的古白话词汇。不过须加说明的是:第一,张书由于体例关系,研究对象仅限于诗词曲三种韵文;而我们则认为应扩大到包括散文在内的一切半文半白和纯属白话的文献。第二,唐宋金元明固然是古代白话成熟的时期,但其萌芽,则不妨上溯魏晋。

关于古代白话词汇研究的状况，日本老一辈的汉学家青木正儿曾作过如下估价："古书的训诂，我们能够浴于清代学者的余泽中，是很幸运的。然至近世俗语文学之训诂，则还在赤贫如洗的状态。"[2] 这番话是针对20世纪30年代以前的情况而言的。虽不免稍嫌偏颇，但在主要方面却是正确的。此后，由于中外学者的逐渐重视和共同努力，古代白话词汇的研究取得了长足的进展。国内出现了张相《诗词曲语辞汇释》、蒋礼鸿《敦煌变文字义通释》等专著和一批论文。近闻顾学颉先生训释元曲语辞的上百万字的巨著亦将问世。国外以日本汉学界为主力，除着手编制大量语汇索引、语汇集成等资料性工作以外，也产生了盐见邦彦《唐诗俗语新解》等一批新作。[3] 另外，在这一阶段文学作品的各种注本中，对出现的"语辞"也往往作了考释，其中不乏精到之见。因此，在经过半个世纪之后，"赤贫如洗"的状态已有所改观，但这方面的研究仍是一个十分薄弱的环节，却也是难以否认的事实。

加强古代白话词汇研究以改变这个领域内的落后状况，不是少数几个人在短期内能够做到的。为了引起广泛的注意和研讨的兴趣，下面拟就古代白话词汇研究的意义和作用谈一些粗浅看法，聊作引玉之砖，以就正于方家和读者。

一

梅祖麟先生在《〈三朝北盟会编〉里的白话资料》一文中

指出:"经过五六十年中外学者共同的努力,汉语音韵史的研究已有飞跃的进展,而语法史还滞留在半原始的状态。"[4] 汉语词汇史的情况如何? 梅文未曾论及。照我们看来,它正同语法史的情况相类。所不同的一点是,语法史在汉语发展的各个阶段上研究得都不够,而词汇史的研究则存在着详古略近、头重脚轻的状况。传统训诂学尤其是清代学者对先秦两汉旧诂雅义的研究,无疑取得了辉煌的成就。但正如王力先生在《汉语史稿》中所指出的:"如果为了编写一部汉语大辞典,古人的研究成果还是不够用的,因为:一、他们只注意上古,不大注意中古以后的发展;二、他们只注意单音词,不大注意复音词。所以这方面的工作,还需要投入巨大的人力才能有所成就的。"[5]

造成这种状况的主要原因在于,传统语文学、训诂学是"经学"的附庸。在"尊儒崇经"风气的影响之下,唐宋以来的口语以及用这种口语写成的文学作品,历来受到轻视,被排斥于研究对象之外,白话文献的保存和流传亦殊为不易,这就使得我们对于古白话面貌的了解,至今若明若暗。单以词汇而论,譬如在这一相当长的历史时期中究竟产生了哪些新词新义? 哪些沿用至今而成为现代汉语词汇的一部分? 哪些又中途丧失了生命力而退出历史舞台? 其间有什么规律可循? 诸如此类的问题,都还远远地没有获得圆满的答案。甲骨文发现甚晚,但经过中外学者的研究,其总数多少,已辨识者多少,存疑待考者多少,都已有了基本的统计。它所反映出来的词汇语法现象,也有了专著加以描写和探讨。然而对于白话词汇,由于问津者少,至今心中无数，许多词似懂非懂，或只知其一不知其二。这样，对于现代汉语某些词语的语源及其演变，以至整个现代汉语（普通话及各大方言）词汇的形成，也就难以做出科学的全面的说明。《汉语史稿》词汇分册是国内迄今为止系统阐述汉语词汇变迁的唯一著作，筚路蓝缕，功不可没，但线条太粗，叙述过简，也是事实。单以论述词义的历史变迁一节而论，《史稿》的举例和分析即不无缺漏之处。如562页云：

消息——"消"是"灭"，"息"是"生"。（《文选·七发》李善注）"消息"本是等立仂语，等于说"消长"。例如："君子尚消息盈虚，天行也。"（《易经·剥卦》）"天地盈虚，与时消息。"（同上《丰卦》）……到了第五、六世纪以后，"消息"才有"音信"的意义。例如："欲觅行人寄消息，依常潮水暝应还。"（梁元帝诗）"鸿来雁度无消息。"（骆宾王诗）

按以上举例和分析本身并无不妥，只是"消息"从联合词组一跃而为名词，似嫌过于突兀，中间好像缺少某些环节。王利器《颜氏家训集解》卷二："古钞本《玉篇》水部'消'字下云：'野王案：消息犹斟酌也。'《古文苑》郦炎《遗命书》：'消息汝躬，调和汝体。'《后汉书·郑弘传》注引谢承《后汉书》：'消息繇赋，政不烦苛。'《晋书·慕容超载记》：'超下书议复肉刑：其令博士以上参考旧事，依《吕刑》及汉魏晋律令，消息增损，议成燕律。'《魏书·苏绰传》：'善为政者，必消息时宜，而适烦简之中。'《颜氏家训·书证》:'考证是非,特须消息。'"这些例证足以说明,在魏晋南北朝之际,"消息"确实还有"斟酌"即"仔细考虑"一义在。从"消长"到"斟酌",从"斟酌"到"音信",其间的意义联系虽然尚待考索,但由动词联合词组演化为双音动词,由动词而演化为名词,却是合乎规律的现象。又如同页"处分"条云:

处分——唐代以前所谓"处分",是"委任"或"安置""处置"的意思。例如:"处分适兄意,那得自任专。"(《孔雀东南飞》)"预处分既定,乃启请伐吴之期。"(《晋书·杜预传》)……现代所谓"处分",是对犯了罪或犯了错误的人的处理。

按"处分"一词,在唐宋之际尚有"吩咐""嘱咐"之义。《太平广记》卷四七〇"高昱"条:"叟大怒曰:'汝更为我语此畜生:明辰速离此,不然,当使六丁就穴斩之。'弟子又去,三美女号恸曰:'敬依处分。'"白居易《过敷水》诗:"垂鞭欲渡罗敷水,处分鸣驺且缓驱。"(参见《诗词曲语辞汇释》卷五"处分"条)降至元明,"处分"又产生了"责备"一义,其语意较"斥骂"为轻。《窦娥冤》剧楔子:"(窦天章云)婆婆,端云孩儿该打呵,看小生面则骂几句;当骂呵,则处分几句。"《酷寒亭》剧一:"大姐,孩儿痴顽,待打时你骂几句,待骂时你处分咱。"《王西厢》三之三:"怎想湖山边,不记西厢下,香美娘处分破花木瓜。"此言莺莺责张生非礼,"破"乃助词,为"了""着"

义。或注"处分破"为"戳穿了",于义未当。《梧桐叶》剧一:"(卜儿云)你题甚诗?(正旦唱)这词又不是道春情子曰诗云,暗伤神,雨泪纷纷,低首无言听处分。(卜儿云)虽然如此,你是女子,赓和他人词章,是何体面?"均足参证。从魏晋迄今,"处分"词性未变,但意义演变的线索却很清楚:它由一般的处置义而表口头处置,由口头处置义而表口头责备,由口头责备义加重语意而表一般处罚,不仅词所代表的概念内涵有所改变,外延也经过了一个由大而小,又由小而大的过程。

在汉语词汇史的研究中,缺乏足够的白话材料来说明词义的变迁,这是问题的一方面。另外,对于此段口语中曾一度出现的某些语言现象,也还缺乏足够的注意和探究。例如唐代所谓"查谈",唐人笔记中屡见。《封氏闻见记》卷十该条云:

宋昌藻,考功员外郎之问之子也……刺史房琯以其名父之子,常接遇之。会有中使至州,琯使昌藻郊外接候。须臾却还,云"被额"。房公……顾问左右何名为"额",有参军对曰:"'查'名诋诃为'额'"。——近代流俗,呼丈夫妇人纵放不拘礼度者为"查"。又有百数十种语,自相通解,谓之"查谈",大抵近猥僻。

又段成式《酉阳杂俎》续集卷四"贬误":

予别著郑涉,好为"查语"。每云:"天公映冢,染豆削棘,不若致余富贵。"至今以为奇语。释氏《本行经》云：自穿藏阿罗仙言，磨棘画羽为自然义。盖从此出也。

日僧遍照金刚（空海）《文镜秘府论》南卷"论文意"一节亦云：

调笑叉语，似谑似讖，滑稽皆为诗赘，偏入嘲咏，时或有之，岂足为文章乎？

这里的"叉语"当即"查语"。项楚先生《敦煌变文字义析疑》一文在引述了以上各条之后指出：

上述材料反映了唐代查谈、查语、叉语流行的情况。不但有"百数十种语，自相通解"，而且不限于口语，已经进入文学创作，成了"诗赘"，其取义且有出自佛典者，而且"时或有之"，已不是偶然现象，以致《文镜秘府论》有特别提出批判的必要。从时间上考察，《封氏闻见记》所记房琯任刺史是天宝年间的事，遍照金刚留学中土则是贞元二十年至元和元年的事，而《酉阳杂俎》的作者段成式则是与李商隐、温庭筠齐名的晚唐作家。可见"查语"从盛唐直至晚唐，流行不衰，而为多阶层的人们所熟悉。[6]

项文还联系变文中"亡空便额"一语，说明其中"额"为"责骂"之义，实即源自"查谈"，说解可谓允当。研究"查谈"这种独特的语言现象并非一意猎奇，而自有其实际价值，于此亦可见一斑。宋元之际，则有各色"市语"流行，它们与唐代"查谈"或许不无关系。凡此种种，涉及的主要是词汇问题。对于此段口语中的这些语言现象以及由此而产生的特殊词语，由于董理无人，至今大都不甚了了，不免是一件憾事。如能深入研究，考释其确切含义，弄清它们的来龙去脉，这对于阐明普通语言学中各色"社会方言"和全民语言的关系，想必是很好的材料。

以上举例自然是零星的，极不完全的。但从中已可约略看出：加强古代白话词汇的研究，确实有助于消除汉语史研究中的薄弱环节，填补某些空白；有助于对现代汉语词汇的形成做出科学的全面的说明，并用汉语的材料来丰富和发展普通语言学，尤其是它的词汇学部分。

二

大型词典是词汇史研究成果的直接体现者。它与中小型词典不同的是，不仅收词范围更广，举例释义更细更全，而且需要穷源溯流。这与白话词汇研究的关系也十分密切。黎锦熙先生在旧版《辞海》序言中说：词典的收词范围，根据其不同用途可大可小，"但奇文共欣赏却是中国大辞典底特别的任务"。"这个'奇'实在就是'常'，因为'常'必'俗'。常俗用字，每为旧时字书所不屑道。"这段话的基本精神，与上引王力先生在《汉语史稿》中的论断可谓不谋而合。从中我们不难得出以下两点认识：第一，词汇史研究头重脚轻、详前略后的情况，必然要反映到大型词书的编纂工作上来。第二，现代大型词书要在前人的基础上前进一步，取得超越前人的成绩，从而增强其科学性、实用性，必须从加强白话词汇的研究入手。以下谨就现有大型词书在收词释义方面的得失，酌举数例，以供讨论。

1. 一发。旧版《辞海》黎序说："比如'一发'有'越发'义，又有'一同'义。《水浒传》第一回：'一发喂养。'"认为这是《辞海》比过去的辞书有所进步之处。但就以此例而论，《辞海》的义项仍嫌不够完备，因为"一发"除了"越发""一同"义之外，还可表示"干脆、索性"的意思。《救风尘》剧三："你舍的宋引章，我一发嫁你。"《东墙记》剧三："似这等偷香窃玉，几时得一发明白。"均犹言干脆嫁你，索性公开。

2. 盘泊，又有"盘磚""盘薄""槃礴"等形体，略同"盘桓"，为"逗留""居留"或"徘徊"义。《太平广记》卷八五"击竹子"条："我乞丐之人也，在北门外七里亭下盘泊。"《祖堂集》卷四："本刚非锻炼，元净莫澄停。盘泊逾朝日，玲珑映晓星。"又卷五："屡日扣精微，更不他游，盘泊澧源三十余载。"均为其例。此词在宋词中尤为习见（详见《中国语文》1983年第2期拙文《诗词曲语辞释义补》）。此词新旧版《辞海》、旧版《辞源》失收。朱起凤《辞通》卷二三"槃礴"条云：箕坐也。宋秦观诗："解衣屡槃礴。"下列异体"般礴"，引《庄子·田子方》："宋元君将画图，众史皆至，受揖而立，舐纸和墨，在外者半。

有一史后至者,僧僧然不趋,受揖不立,因之舍。公使人视之,则解衣般礴赢。君曰:'可矣,是真画者也!'"按"箕坐"之义,先秦或然,但施之《广记》、《祖堂集》、秦观诗之例,均嫌未确。恐因降至唐宋,词义已经有了变化的缘故。

3. 骎骤,或作"趁趣",唐诗屡见,宋词亦有用者。这是一个叠韵联绵词,状马牛小步行走貌(亦见《中国语文》1983年第2期拙文)。此词新旧版《辞海》未收。旧版《辞源》有"参谭"条,据《文选》李善注释为"相随貌"。从所举嵇康赋"或参谭繁促,复叠攒仄"及成公绥赋"怫郁冲流,参谭云属"二例看,似属另一形近义异词。《中文大辞典》马部收此,释为"驾骎骤以行",举崔液《上元夜》诗:"骎骤始散城东曲,倏忽还来南陌头。"按此例"骎骤"与"倏忽"相对为文,一言其缓,一言其疾。上说误拆联绵词,实未尽确。

4. 龙钟。岑参《逢入京使》诗:"故园东望路漫漫,双袖龙钟泪不干。"《唐诗三百首》陈婉俊注:"卞和歌云:空山歔欷涕龙钟。"章燮注:"龙钟,竹名,喻年老者如枝叶摇曳,不自禁持。"二注孰正孰误?值得探讨。旧版《辞海》云:"龙钟,潦倒笨累貌……《通雅·释诂》:'裴度曰:见我龙钟。'王褒《与周弘正书》:'龙钟横集。'杜弼为侯景檄梁曰:'龙钟稚子'。或言老,或言泪,或训小人行,总皆状其潦倒笨累耳……"《中文大辞典》承此,解为:(一)潦倒笨累貌。①言老也。②言失志也。③泪湿貌。④踯躅也。⑤强健之马。(二)竹名。新版《辞海》则析为三义:①行动不灵活。②潦倒貌。③泪流貌。

按以上各种说解，均未能释岑诗之疑。"泪流貌""泪湿貌"乍看可通，但诗中"龙钟"显然作"双袖"的谓语，而不是"泪"的状语，"双袖泪湿""双袖泪流"不仅于义难通，且与下文"泪不干"犯复。白居易《携诸山客同上香炉峰遇雨而还沾濡狼藉互相笑谑题此解嘲》诗："潇洒登山去，龙钟遇雨回。"与"泪湿""泪流"之义均不相涉。据诗题及诗句，"龙钟"实有"沾濡""润湿"一义。岑参诗、卞和歌均应如是解，王褒书一例亦同。总的来看，"龙钟"应是一个叠韵联绵词，用法有二：一状行步艰难，引申为潦倒失志貌。字形或作"躘踵""儱偅"，从"足"或从"亻"均与行步有关。二为沾濡润湿义，字形或作"瀧涷""瀧湩"。实际上，这应该是两个意义各别的词，只不过读音与形体偶合为一罢了。旧版《辞源》对此词的解释远较以上各书为优，却未被后出诸书采用，不免是一件憾事。

旧版《辞源》《辞海》成书较早，其有缺漏，固无足怪。新版《辞海》重在百科，语词所收有限，亦可理解。《辞源》新版尚未出齐，《汉语大辞典》尚在编纂之中，无从评骘。唯台湾编《中文大辞典》成书较晚，全书累计数千万言，精装十大巨册，理应网罗宏富，义例详赡，但以下列十二个白话文献及诗词曲中常见的词语检核之，结果是：

1. 未立条目者四。

恶发——发脾气。（见《敦煌变文字义通释》第五编，上海古籍增订本227页）。

弯犇——凶猛狠劣。（见拙著《诗词曲语辞例释》114页）

撮补——辅助、相帮。（同上28页）

随计——唐代诗文习见，略同汉代所谓"计偕"。《汉书·武帝纪》："受计于甘泉宫。"颜注："受郡国所上计簿，若今之诸州计账也。"又同书同篇："元光五年，征吏民有明当世之务、习先圣之术者，县次续食，令与计偕。"颜注："令所征之人与上计者俱来也。"但唐代已兴科举，"随计"系指入京应试而非征辟，实际上也不一定与计吏偕行，于是从一个词组演变为双音词。黄滔《襄州试白云归帝乡》诗："阵触银河乱，光连粉署微。旅人随计日，自笑比麻衣。"徐铉《送彭秀才南游》诗："他日时清更随计，莫如刘阮洞中迷。"《太平广记》卷一七九"李义琛"条："随计至潼关，遇大雪，逆旅不容。"《能改斋漫录》卷五"辨误"引《江南野史》："（牛僧孺）既随计长安，以文投韩退之、皇甫湜为知遇，由是擢上第。"均可证。

2. 虽有条目而无所检之义项者四。

感消息——无"斟酌"义。（详本文第一节）

处分——无"责备"义。（同上）

龙钟——无"沾濡润湿"义。（见上文）

录——无"收藏、收留"义。（详下节）

3. 虽有条目而说解未确者三。

骎骎——"乘骎骎以行"。（详上文）

撒唔——"犹扯淡也，含忍也。《西厢记》：'似这般干相思的好撒唔。'"（按：此系沿《五剧笺疑》及旧版《辞海》之误。"唔"即"钝"字，犹言"呆憨"，"撒唔"即"撒呆发憨"

之义。"扯淡、含忍"云云，于义无征。)

准拟——"预想之词也。刘得人（应为"仁"）《旧宫人》诗：'曾缘玉貌君王宠，准拟人看似旧时。'"（按："准拟"有"盼望"义，此说近是而未尽确。)

4. 义项较全备者，有"迁次"一词。共列五义：①迁易旅次。②谓升迁之位次。③移居也。④谓变迁之节序。⑤狼狈、造次。其中第③④义仍有可商。

以上分析统计难免带有一定程度的主观随意性，因而未必科学。其用意也不是刻意吹求，贬低海峡对岸同人的劳绩，不过是为了说明白话词汇的研究与大型词典的编纂关系至密而已。注意吸收前人与今人在这一领域内的研究成果，使词典在收词释义方面更加全面、准确，应是提高词典质量，增强其科学性、系统性和实用性的关键之一。

三

由于作为解字释词之"典"的词典在诠释白话语词方面尚有不足，这就必然给读者阅读以至注家注释这一历史阶段的作品带来困难。黎锦熙先生早在20世纪30年代就曾指出："五代北宋之词，金元之北曲，明清之白话小说，均系运用当时当地之俗语言而创制之新文学作品。只因向来视为文人余事，音释阙如。语词句法，今多不解。近来青年读物既多取材于此，训诂不明，何从欣赏？一查字书，则绝不提及；欲加注释，则考证无从。故宜各就专书，分别归纳，随事旁证，得其确诂，以阐妙文，以惠学子。"[7] 罗常培先生亦云："金元戏曲中之方言俗语，今日流传于民间者尚多，唯董理无人，索解匪易。"[8] 自然，两先生所指出的情况，现在已有改变，但问题尚多，未能尽如人意。故加强白话词汇的研究，亦为批判继承此段文学乃至全部文化遗产所必需。读者之困惑限于一己，尚无大碍；注家误释，则势必谬种流传，影响匪浅。以下择取作品注释中可商榷之例，试加讨论。

1.《孔雀东南飞》诗中有"君既若见录"之句，较多的选注本都释"录"为"记"，释全句为"既然蒙你惦记着我"。乍看文从字顺，细加推敲则不无问题。因为"录"虽可训"记"，但却是"记载""记录"义而非"惦记"义。《康熙字典》"录"字下引《集韵》云："记也。"书证有《公羊传·隐公十年》："春秋录内而略外。"《礼·檀弓》："爱之斯录之矣。"上例"录"表"记载"义甚明。下例连上文是："铭，明旌也。以为死者不可别已，故以其旗识之，爱之斯录之矣。""明旌"是一种书写死者名讳而插于灵柩前的旗幡，徐彦疏"录之"二字为"存录其神"，可见仍是记录的意思。"记录"和"惦记"是两个不同的概念，现代可用同一个单素词"记"来表达。训"录"为"惦记"之"记"既然于古无征，则不免有混淆古今、偷换概念之嫌。按："录"在魏晋以迄隋唐的文献中，常可作"收藏、收留"解。《晋书·范宁传》："补豫章太守，在郡大设庠序……

远近至者千余人,资给众费,一出私录。"此犹言私藏、私蓄。《南史·张敷传》:"求母遗物,而散施已尽,唯得一扇,乃缄录之。每至感恩,则开笥流涕。""缄录"即加封收藏,是倍加珍惜的表现。汪绍楹校《搜神后记》卷四:"唯于(奴)发髻中得一纸,画作大虎,虎边有符,因密取录之。"《太平广记》卷四"月氏使者"条:"帝信神香,乃密录余香。"均为指物之例,并表"收藏"义。"录"如用于指人宾语之前,则为"收留"义。《太平广记》卷三五"王四郎"条:"洛阳尉王琚,有孽侄小名四郎。孩提之岁,其母他适,因随去。自后或十年或五年至琚家,而王氏不复录矣。"(出《集异记》)又卷三〇四"李伯禽"条:"幸蒙见录,得事高门。"(出《通幽记》)又卷四八七"霍小玉传":"王之初薨,诸弟兄以其出自贱庶,不甚收录,因分与资财,遣居于外。"均为其例。倘涉及刑律,"录"则为"收系"之义。《晋书·陆云传》:"为浚仪令,人有见杀者,主名不立。云录其妻而无所问。"《太平广记》卷一三〇"绿翘"条:"卒遂录玄机京兆,府吏诘之辞伏。"(出《三水小牍》)故上举《孔雀东南飞》之例,"录"亦当为"收留"义,全句意云:既然蒙你收留我。

2.《颜氏家训·涉务》:"江南朝士,因晋中兴,南渡江,卒为羁旅,至今八九世,未有力田,悉资俸禄而食耳。假令有者,皆信僮仆为之,未尝目观起一坡土、耘一株苗,不知几月当下,几月当收,安识世间余务乎?"卢文弨注:"信如信马之信。"一些节选本多从此说。按:"信马"之"信"为"任随"义,施之句中，似可通而未确。因作者意在强调南渡贵族养尊处优、百事不问，而不在强调放手僮仆，任其所为。此例"信"当为"依靠""凭靠"义。此义在同书中即有例证。《归心》篇："如以行善而偶钟祸报，为恶而倘值福征，便生怨尤，即为欺诡，则尧舜之云虚，周孔之不实也，又欲安所依信而立身乎？"又《音辞》篇："前世反语，又多不切……不可依信，亦为众矣。"并为"依凭"义。又此种用法，唐代尚然。白居易《对酒闲吟赠同志者》诗："扶持仰婢仆，将养信妻儿。"王周《道院》诗："忘虑凭三乐，消闲信'五禽'。""信"并与"仰""凭"互文。"凭靠"义虽与"任随"义有联系，但以看作两个不同的义位为妥。二者用法上亦有区别：前者作动词，后者多为副词。

3.《本事诗·情感篇》载：陈亡，乐昌公主归隋臣杨素，其夫徐德言追寻至京。素"即召德言，还其妻，仍厚遗之……仍与德言、陈氏借饮，令陈氏作诗。曰：'今日何迁次，新官对旧官。笑啼俱不敢，方验作人难。'"此诗首句，某刊的"成语典故"栏译作："今天怎么又要迁居？"按："迁居"云云，乃为仇注杜诗引王洙说所误。杜甫《入宅》诗："客居愧迁次，春酒渐多添。"仇注："洙曰：次，舍也。迁次，犹移居也。"其实这里的"迁次"是一个浑成的双音词，为"草率、简陋"义，其中的"次"与上古汉语的"舍止"义无关。王洙说乃据诗题而望文生训。杜甫另有《王十五司马弟出郭相访兼遗营茅屋赀》诗："客里何迁次，江边正寂寥。"可为佐证。由此义引申，则"迁次"又可表"仓猝、迅疾"义及状尴尬狼狈之处境。上引乐昌公主诗,《敦煌变文字义通释》及《中文大辞典》均以后一义为解,是完全正确的。只有如此,方能与下文的语气、文义榫合。《全宋词》467页秦观《调笑令》亦咏此事,中云:"旧欢新爱谁是主,啼笑两难分付。""分付"即"对付"。由此可看出宋人对"迁次"一词的理解。

4. 杜甫《凭韦少府班觅松树子栽》诗:"欲存老盖千年意,为觅霜根数寸栽。"又《萧八明府实处觅桃栽》诗:"奉乞桃栽一百根,春前为送浣花村。"仇兆鳌注:"桃栽,犹俗云桃秧。桤栽、松栽亦然。"杨伦《杜诗镜铨》却于此诗题下加注云:"栽即种也。仇注作桃秧解,于松树子不可通。"按两说相较,仇是而杨非。杜甫二诗均作于成都经营草堂之时,其中"松树子"即"松树","子"为语缀,用的是蜀地方言。《中国古典戏曲论著集成》本段安节《乐府杂录》"歌"字条:"(永新)及卒,谓其母曰:阿母钱树子倒矣!"用法略同。今川西一带尚称"树"为"树子","松树子秧"并非不可通。又白居易《送李校书趁寒食归义兴山居》诗:"大见腾腾诗酒客,不忧生计似君稀。到舍将何作寒食,满船唯载树栽归。"元稹有《花栽绝句》。均可为"栽"有"秧、苗"义之佐证。(今安徽歙县方言尚存此种用法,详鲍不迟《歙县方言古语词略证》《中国语文通讯》1981年第4期)。故上引杜诗第一首以"数寸栽"对"千年意","栽"为表"秧苗"义之名词殆无疑问,第二首中"栽"作"乞"的宾语,其词性词义亦灼然可见。

5.《太平广记》卷四四五"孙恪"条:"忽遇表兄张闲云

处士。恪谓曰:'既久睽间,颇思从容,愿携衾绸,一来宵话。'"或注云:"从容,原是舒缓不急的样子,这里引申作恳谈、畅谈解。"按:此所谓引申义未确,下文"宵话"才是"彻夜恳谈"的意思,"从容"应为"盘桓、逗留"或"过从"之义。同书卷三四"崔炜"条:"谢君子疗我所苦,无以厚酬,有钱十万奉子。幸从容,无草草而去。"李频《长安书情投知己》诗:"陕服因诗句,从容已半年。一从归阙下,罕得到门前。"元好问《柳亭雨夕与高御史夜话》诗:"关塞无缘笑语同,偶然情话此从容。"凡此之属,均不能以"畅谈、恳谈"为解。

6. 苏轼《江城子·密州出猎》词:"为报倾城随太守,亲射虎,看孙郎。"上句注家多释作"为了酬答满城人都随同去看打猎的盛意",以"报"为普通的"报答"义,似是而实非。蒋绍愚《杜诗词语札记》"为报"条云:"'为报'是唐诗宋词中之熟语,意即'替我告诉'。('为'后省略宾语)但一些通行的注本常将此词语注错。"下举杜诗四例,唐代其他诗作五例,说甚允当。[9]又《中国古典戏曲论著集成》崔令钦《教坊记》:"王辅国、郑衔山与解愁相知,又是侯乡里,密谓薛忠、王琰曰:'为我报侯大兄,晚间有人进粥,慎莫吃。'"校记十九:"'报'字,各本均作'语'。"可见"报"即是"语"。"为×报×"本是口语格式,诗人加以节缩而提炼入诗。此亦为蒋说之有力佐证。故上引苏词之例,其意略云:替我告诉满城百姓,让他们都随同太守出城观猎吧。

7. 辛弃疾《摸鱼儿》词:"长门事,准拟佳期又误。蛾眉曾有人妒,千金纵买相如赋,脉脉此情谁诉?"其中"准拟"一词,或注为"约定"。按:此词借题发挥,寓有强烈的不满和牢骚。所用司马相如代陈皇后献赋事,实以自喻。"准拟"应为语气副词,表"准定"定义,含有十分肯定的语气,借以表达作者濒于绝望的心境。"约定"之说,于义无征(参见拙著《诗词曲语辞例释》165页该条)。

8. 关汉卿《救风尘》剧二折:"他每待强巴劫深宅大院,怎知道摧折了舞榭歌楼。"对于上句,一般选注本仅注"巴劫"为"巴结",至多再加注"每"字。其实此句除"他"字以外的每个词语均需注释,否则便不可能真正理解二句的含义,且注"巴劫"为"巴结"也不确切。在元曲中,"巴劫"或"巴结"并不是"趋附、讨好"的意思,而是"盼望"的意思,与今义有所不同(见拙文《元明剧曲语释》,《文史》第十六辑)。"待"为语助,犹云"呵"(见《诗词曲语辞汇释》卷二)。"强"为程度副词,犹言"十分""非常"。此义唐代已然。王维《酬郭给事》诗:"强欲从君无那老,因将卧病解朝衣。"王绩《建德破后入长安咏秋蓬示辛学士》诗:"孤根何处断,轻叶强能飞。"辛弃疾《念奴娇用韵答傅先之提举》:"下笔如神强押韵,遗恨都无毫发。"均可为证。"深宅大院"亦非一般地指贵族豪门,而是指良家宅眷。柳永《集贤宾》词:"眼前时,暂疏欢宴,盟言在,更莫忡忡。待作真个宅院,方信有初终。"苏轼《减字木兰花·赠胜之》词:"天然宅院,赛了千千并万万。"胜之者,作者友人徐君猷之侍姬,故云。《风光好》剧二:"我想这歌台舞袖风流相,怎如大院深宅窈窕娘。"并可证。故《救》剧例之上句意思是说:"她们呵都十分盼望弃贱从良。"只有作如是解,方能与下句"摧折舞榭歌楼"(实即迫使妓院关门歇业)相应。 从以上极不完全的举例中不难看出,不论古人今人作注,凡属不尽确切的地方,大都与白话词汇有关。究其原因,除了成果不足、考证无从之外,恐怕也还有这样的情况,即某些专治古典文学者往往重视思想艺术而轻视训诂,以为雕虫小技,壮夫不为。但扎实的文学史家却不如是,朱自清、闻一多以及今天尚健在的许多前辈(包括国外卓有成就的汉学家)的治学经验即是明证。

四

　　古代白话词汇的研究与作品的断句校勘亦关系至密。加强这方面的研究,无疑有助于提高古籍整理工作的质量,反之则会影响质量。这同作品的注释一样,一有失误,难免谬种流传,贻误后学。《颜氏家训·勉学篇》载"江南有一权贵,读误本《蜀都赋》注,解'蹲鸱,芋也',乃为'羊'字。人馈羊肉,答书云:'损惠蹲鸱。'举朝惊骇,不晓事义。久后寻迹,方知如此。"之所以成此笑柄,这位权贵过于轻信固然是主要原因,但劣本误人,也是事实。故校勘断句,绝不可视为"小道"而掉以轻心。关于戏曲作品的校勘问题,笔者曾在《俗语词研究与戏曲校勘》一文中有所论列(见《中华文史论丛》1983年第1辑),这里再就变文、诗词、小说之例略作补充。

先论断句。在已加整理的古籍中，常可见因误解白话语词而标点欠妥之例。

1.《敦煌变文集·前汉刘家太子传》："当此之时，处有东方朔在于殿前过见。"按：郭在贻《敦煌变文校勘拾遗》云：于"时"字断句，其义难通，应于"处"字绝句。"时"与"处"同义叠用，犹言"时候"，诗词多有其例，变文亦然。《父母恩重经讲经文》："闻语嘆（笑）时无意听，见歌欢处不台头。""时""处"互文（《中国语文》1983年第2期）。其说甚确，宜从。

2.《唐人小说》选录《三水小牍》"王知古"条："保母忽惊叫仆地，色如死灰。既起，不顾而走入宅。遥闻大叱曰：'夫人差事宿客，乃张直方之徒也！'"按："差事"之"差"读去声，为"诧"之同音借字（参见《敦煌变文字义通释》第二编，新版51页），差事即诧事，亦即怪事或祸事。故全句应点作："夫人，差事！宿客乃张直方之徒也！"《太平广记》卷四五五此条题作"张直方"，点作"夫人差事。宿客乃张直方之徒也。"大体不误，但"夫人"系呼语，仍以断开为宜。

3.《太平广记》卷二〇四引《逸史》"李謩"条："李生曰公如是。是轻薄为（明钞本"为"作"技"）。复是好手。"按：校点者一律以圈号断句，不再细分标点的不同用法，本无可厚非。但于"为"字绝句，并用小字校记将它与"复"字隔断，却是一个明显的错误。"为复"系双音连词，表选择关系，略同今之"是……还是……"。诗词、变文、笔记、小说多有其例（亦见《敦煌变文字义通释》第六编,新版348页)。

4.上海古典文学1957年版《唐语林》:"李当尚书镇南梁,境内有朝士庄严,子孙侨寓其间,而不肖者相效为非……当严明有断,处分宽。织篾笼,召其尤者……遂命盛以竹笼,沉于汉江。"按:此例于"宽"字绝句,与文意适得其反。"处分"为"吩咐"义,"宽"乃"织"之状语。之所以"宽织篾笼",是因为用以盛人沉江。无须过密。故绝不可将二者断开。此书此例中华书局1978年版已作了改正。(《北梦琐言》卷三载此事,"庄严"之"严"作"产",是。)

5.人民文学出版社《水浒全传》第四十四回:"刽子手叫起恶杀,都来将宋江和戴宗前推后拥,押到市曹十字路口。"按:"恶杀都来"连文,为刽子手行刑时逞威壮胆之喊叫声,不宜分拆为二。《醒世恒言》卷十三:"监斩官读了犯由牌,刽子手叫起'恶杀都来'。"[10]又《古本戏曲丛刊》朱素臣《十五贯》传奇第十出:"眼见得三推六问,早已九重闻,怎敢一言半语便把缧囚贷?叫刽子手须早把宝刀齐掣,叫一声'恶煞都来'。"亦足资参证。(此例上海古籍《十五贯校注》注云:"恶煞,即'凶神恶煞',指非常凶狠的人,此指刽子手。"实未确。因为依照这样的解释,则此句与上文"叫刽子手"四字纯属毫无意义的重复。)

次论勘误。古代作品尤其是俗文学作品文字每多通假,又多讹误衍夺,如再涉及白话语词,往往益滋迷惑。稍一不慎,失校、误改、错疑等情况极易发生。

1.《伍子胥变文》:"国相可不闻道:'成谋不说,覆水难收。'"

人民文学出版社《敦煌变文集》校"可"为"何"。《降魔变文》"纤毫差驰（池），臣可得全要领"一例亦然。刘坚认为二例均误，并云："唐五代'可'多作'岂'字解，不能作'何'字。"（《中国语文》1981年第6期《校勘在俗语词研究中的运用》）其说甚愜。按：在上古汉语里，"可"与"何"确可通用，但降至唐五代，"可"产生了作"岂"字解的新兴用法。这种用法的"可"与"何"是不相通的。如第一例，改"可"为"何"则文意扞格。

2.《太平广记》卷二一九"周广"条："某乃主讴者，惧其声不能清，且常食炖蹄羹。"校记云："'常'原作'长'，据明钞本改。"按：此处不烦改字，以"长"为"常"是唐宋人的用字习惯。司空图《狂题》诗："长短此身长是客，黄花更助白头催。"《敦煌曲子词集》上卷《浪淘沙》："八十颓年志不迷，一竿长地坐磻溪。"又同书残卷甲："白日长相见，夜头各自眠。"周邦彦《南柯子·咏梳儿》词："长是枕前不见瀸人寻。"均可证。他如以"判"作"拼"、以"元"作"原"之类，恐以保存其原有形体为宜，因为这种书写习惯具有帮助人们鉴别作品真实年代的作用。

3.柳开《塞上》诗："鸣骹直上一千尺，天静无风声更乾。"袁枚《随园诗话》卷十一引作"风紧秋高雪正乾"。钱锺书先生《宋诗选注》云："大约是袁枚的改笔。"按：袁枚这样一改，使得上下二句的文义全不相干，实在不见得高明。推其原因，大概是认为"声乾"于义未安，故改为"雪乾"，并连类而及"天静无风"四字。殊不知唐宋诗词下迄元曲,"乾"可表"清脆"义(参见拙著《诗词曲语辞例释》"乾"字条)。正因无风声干扰,故鸣骹(即响箭)的响声才显得格外清脆响亮。

4.《全宋词》1696 页上栏张孝祥《鹧鸪天》:"短襟衫子新来棹,四直冠儿内样新。"按:"棹"字失校,当为"掉"字之误,"掉"有"美好"义。秦观《品令》词:"掉又矅,天然个品格,于中压一。"古本《董解元西厢记》卷一:"虽为个侍婢,举止皆奇妙,那些儿鹘鸰那些儿掉。"意谓既聪明又美丽。蒋礼鸿《义府续貂》74 页谓"掉"乃"嬛"字的同音借字,其说是。

5.《全金元词》604 页下栏李治《鹧鸪天》:"云澹濘,月朦胧。"又 1023 页下栏张翥《鹧鸪天》:"花淡濘,月朦朦。"又 1025 页上栏李齐贤《鹧鸪天》:"云淡濘,月荒凉。"三"濘"字并失校,乃"泞"字之误。《康熙字典》"濘"字下云:"乃定切音宁,淖也。""泞"字下云:"丈吕切,澄也,淡也。木华《海赋》:'泆溔澹泞,腾波赴势。'"可见二字音义俱异。"淡泞"("淡"又作"澹","泞"又作"佇""竚")亦唐宋诗词中习用语,义或状水云之澄净明澈,或状花卉与容饰之素净淡雅(参见孙德宜《语同札记》该条,《中国语文》1979 年第二期)。

关于古代白话词汇研究的上述各点,主要是就语言和文学的角度而言。此外,白话词汇研究的成果对文化史、民族关系史及历史地理学等学科也有一定的参考价值,这里就不再详说了。

[原载《文史》二十五辑,又刊于《近代汉语研究(二)》]

注 释

[1] 马瑞辰《毛诗传笺通释》卷二《采蘩》"于以"下注："凡诗言'于以'，犹言'爰以''粤以'，皆语词。"王先谦《诗三家义集疏》卷一《卷耳》疏："毛传：'姑，且也。'以'姑'为语词，望文生训，失古义矣。"

[2] 见《中国文学概说》第一章"语学大要"第二节"训诂"。隋树森译，重庆人民出版社，1982年。

[3]《唐诗俗语新解》一、二、三、四部分，分别刊于《立命馆文学》1981年4至6月号及弘前大学教养部《文化纪要》17、18、19号。

[4]《中国书目季刊》十四卷二期。

[5] 中华书局，1958年，563页。

[6]《中华文史论丛》1983年第1辑，137页。

[7] 转引自旧版《辞海》黎序。

[8]《金元戏曲方言考》罗序。

[9]《语言学论丛》第六辑，117页。

[10] 此条参用胡竹安先生说，上引二例并出自他所撰之《中古白话及其训诂的研究》一文的油印稿。

五

近代汉语词汇研究与中古汉语

对于汉语史的分期,虽然存在种种不同意见,但经近年来比较深入的讨论,至少在国内语言学界已逐渐取得共识。多数学者认为可分以下四段:上古—先秦两汉(或以东汉为过渡时期而属下)、中古—魏晋南北朝、近代—唐宋元明至清初、现代—清代中叶迄今。本文所谓"近代汉语"和"中古汉语",即据以上意见划分。

如所周知,汉语传世文献存在文言和白话两大系统,中古和近代正是白话系统由萌芽而渐臻成熟的时期。在这一时期内,汉语词汇面貌发生了很大变化。但由于历史的原因,前人对此重视不够,给汉语词汇史的研究留下了大段空白。半个世纪以来,尤其是二十世纪八十年代以来，在老一辈学者的倡导下，近代汉语阶段词汇研究已取得长足进展，研究成果较多，研究队伍不断扩大。中古阶段通过一些学者的努力，虽也取得不少成果，但相形之下却仍显得较为滞后。这一问题如不及时解决，则近代汉语词汇研究乃至整个汉语词汇史的系统性和科学性都将受到严重影响。

下面拟就词语的溯源与释义、对复音词语理据的分析等方面，谈谈近代汉语与中古汉语的密切联系，从一个侧面说明进一步加强中古词汇研究的重要性与迫切性。

一、关于词语溯源

汉语有不少新词新义诞生在中古阶段，这大致有两种情况：一是中古业已产生，但用例不多，尚属偶见，近代才大量使用；二是中古已有较多用例，近代沿用不衰。这前一种情况尤其值得注意，因为很容易将他们误认为纯属近代语词。一些有关近代汉语词汇研究的专著在这方面往往存在可议之处，前辈张相的《诗词曲语辞汇释》被公认为具有开拓性的高水平的著作。在溯源方面，《汇释》有不少条目已提及中古或举有例证。如"敢""解""稍""与"诸条引陶潜诗，"况"字条引谢灵运诗，"底"字条引《读曲歌》，"暂"字条引何逊诗，"始"字条引江淹、王筠诗及《孔雀东南飞》，"不分"条引《南史·王僧虔传》，"可念"条引《世说新语》等。但正如张永言先生所指出的，还有不少条目失考语源，其中主要是属中古阶段者。兹转引数例于下：

是$_4$　本书释为"该括词，犹凡也"，引唐宋诗词用例（97—98），这个意义是"是"六朝已有。例如颜之推《颜氏家训·书证》："（荇菜）今是水悉有之。"

会　本书释为"应、当"，引唐宋诗用例（126）。这个意义的"会"六朝已见。例如《世说新语·贤媛》："不须极哀，会止便止。"

尔许　本书所引最早用例为杜荀鹤诗："九华山色真堪爱，留得高僧尔许年。"（320）这个词三国时代已有。例如《三国志·吴书二·吴主权转》裴注载曹丕诏："此鼠子自知不能保尔许地也。"

大都　本书释为"不过"，引宋词用例。（366）这个词晋代已有。例如王羲之《杂帖》："吾服食久，犹为劣劣，大都比之年时，为复可耳。""大都比之年时"犹言"不过比起往年来"。

此外尚有"若为、为当、许、能、顾藉、可怜"等十一条。[1]

拙撰《诗词曲语辞例释》为续貂之作，可视为《汇释》补编。1986 年修订本在按语或引例中已上溯中古者，据粗略统计为 43 条，占全书 412 条的十分之一强。另有两汉以上者 9 条，待考者 4 条。可见重点是在中古。但后来发现仍有遗漏，遗漏的也多属中古阶段。例如：

虽 "本、本来，语气副词，与表让步的连词不同。"首引李白《幽州胡马客》诗："虽居燕支山，不道朔雪寒。"今按，《史记·项羽本纪》："然身被坚执锐，暴露于野三年，灭秦定天下者，皆将相诸君与籍之力也。义帝虽无功，故当分其地而王之。"例中"虽"即已不表让步。故《汉书·陈胜项籍传》仅作："怀王无功，固当分其地而王之。"

处 "表示时间，作用与时间名词略同，有'……时''……际'的意思，并不指处所。"首例为杜甫《述怀》诗。今按，梁刘昭补注《后汉书·五行志》："桓帝元嘉中，京都妇女作愁眉、啼妆、堕马髻、折腰步、龋齿笑"。所谓愁眉者，细而曲折；啼妆者，薄试目下，若啼处；堕马髻者，作一边……"若啼处"犹云"好像啼哭时（的样子）"。

将谓 "以为，表示测度和推断的动词。"首引杨万里《明发西隐寺》诗。今按，《说苑·尊贤》："或曰：将谓桓公仁义乎？杀兄而立，非仁义也；将谓桓公恭俭乎？与妇人同舆驰于道中，非恭俭也；将谓桓公清洁乎？闺门之内无可嫁者，非清洁也。"据笔者省览所及，汉代典籍仅此一例。此词中古多作"将为"（"为"与"谓"音义俱近），见《敦煌变文字义通释》该条。

从来[2] "从前、原来。"首列唐郎士元、施肩吾诗。今按，北周庾信《代人伤往》诗："青田松上一黄鹤，相思树下两鸳鸯。无事教渠更相失，不及从来莫作双。"

另如"裁"表书翰以外的"作成"义，已见《文选》卷二七班婕妤《怨歌行》及卷二八《古诗十九首》之十八;"骎骎"条失引《玉篇·走部》之"趍趣,驱步",原来"马牛等小步行走貌"的解释也须略加修正。如此等等。

二、关于语词释义

近代汉语阶段普遍使用的新词新义,有的不仅需要溯源到中古,而且必须联系中古的用法才能获得确解并弄清其引申途径和引申系统。如"不免"一词,修订本《辞源》失收,《汉语大词典》该条列四义:(1)不能免除;(2)免不了;(3)无法幸免;(4)不如。然《本事诗·情感》载元稹于褒城驿题黄明府诗,序云:"说问前事,黄生惘然而悟,因馈酒一樽,舣舟邀余同载。余不免其意,与之尽欢。"拿《大词典》所列四义去解释这里的"不免",好像都不恰当。原来在中古阶段,"不免"尚有"不拂逆、不违背"之义,详见方一新《东汉魏晋南北朝史书词语笺释》该条。[2] 所谓"不免其意",就是说"不(能)拂逆或拒绝其好意"。由这一意义进一步引申,在近代汉语阶段又产生了一种新的用法,即联系一先一后的两种动作行为,与"于是"一词大致相当,由意义较实在的动词虚化为表示顺承关系而且有副词性质的词。这更不是《汉语大词典》以上四义所能包括。例如:

(1)见留书云:"专在赤山相待。"即(既)如此,不免

向乳山趁逐彼船。(唐[日]圆仁《入唐求法巡礼行记》卷四)

(2)举头见一寺,额号"香山之寺",法师与猴行者不免进上寺门歇息。(《大唐三藏取经诗话·入香山寺第四》)

(3)苏云回家住了数月,凭限已到,不免择日起身赴任。(《警世通言》卷十一)

与"不免"同义的"未免"也随之产生了类似用法,如:

(4)其马县尉一行人,行到五花营堤上田地里,见路旁垂杨掩映,修竹萧森,未免在彼歇凉片时。(《宣和遗事·前集》)

(5)(院子)应云:"偶在河池内钓鱼,被一大青虾蟆在莲叶上用口吸钓丝,未免用钓竿击之。"(《湖海新闻夷坚续志》前集卷一《精灵应世》)

又如"和哄"一词,《元曲释词》二册26页该条释其含义兼及得名之由,谓"和哄,简作和,意谓哄骗。盖因'和哄'连文,乃'哄'字长读,遂成'和哄'。连用既久,'和字'便也含有'哄'的意思。"举元剧《来生债》等例。按《南史·梁武帝纪上》:"俗话谓密相欺变者为和欺。"唐陈子昂《感遇》诗之十二:"呦呦南山鹿,罹罟以媒和。"今四川话仍有此种用法。《成都话方言词典》89页"喝"字条,"喝(呵、诃)hō哄,欺骗:你这是~我,我不信。"联系中古及今方言用例,可知《元曲释词》以上的分析不妥,"和哄"并非分音词,"和"有"哄"义也不是来自语法的影响。

三、关于构词理据的分析

这里所谓"构词理据",包含两层意思:一是双音词中各个单语素的含义及其构成的整体意义;二是它们的内部结构,如联合、偏正之类。不论哪一方面,往往都须联系中古汉语的情况来分析,才能获得正确的答案。例如近代有个双音词"合作",多指书画翰墨之佳善美好。《太平广记》卷二〇八《褚遂良》条引《国史异纂》:"遂良问虞监曰:'某书何如永师?'曰:'吾闻彼一字直五万,官岂得若此者。'曰:'何如欧阳询?'虞曰:'闻询不择纸笔,皆能如志,官岂得若此'。褚曰:'既然,某何更留意于此。'虞曰:'若使手和笔调,遇合作者,亦深可贵尚。'褚喜而退。"清翟灏《通俗编》卷二〇"当家"条引宋沈作喆《寓简》:"近世言翰墨之美者多云'合作'。予问邵公济:'合作何意?'曰:'犹俗语当家也。当去声。'"据此,这个词的含义不难理解,但这个双音词是用什么方式构成的?看来却不易分析,如果联系中古单音词"合"的一种新用法新义项,这一困难便可迎刃而解。"合"在中古可单独表示佳美佳善义。《宋书·范晔传》载范晔在狱中自夸其《后汉书》成就不凡时说:"至于循吏以下及六夷诸序论,笔势纵放,实天下之奇作,其中合者往往不减《过秦论》。"《南齐书·王僧虔传》叙王评谢灵运之书法云:"谢灵运乃不伦,遇其合时,亦得入流。"可见"合作"

应是偏正结构,本意为"佳善之作",整体用作形容词时只取"佳善"之义。

唐代诗人岑参名作《白雪歌送武判官归京》中有二句云:"忽如一夜春风来,千树万树梨花开。"或把其中"忽如"视为词组,解作"忽然好像"。其实早在汉魏之际,它已成为一个浑成的双音词。曹植《白马篇》:"捐躯赴国难,视死忽如归。"《古诗十九首》之三:"人生天地间,忽如远行客。"张协《咏史》:"达人知止足,遗荣忽如无。"以上"忽如"均与岑诗用法不殊,意即"犹如"。"忽"在中古单用时可同表假设之"如""若",按照同步引申的规律,也可用同表譬喻的"如""若"。由此可知以上"忽如"应是同义复词,即由同义语素构成的联合式合成词。《广释词》120页"忽"字条引张华《游猎篇》"人生忽如寄,居世遽能几",以为"忽""遽"互文,其说可商。又《安帝义熙童谣》:"芦橙橙,逐水流,东风忽如起,那得入石头?"这里的"忽如"则义同"忽然",其结构为附加式,"如""然"声同而韵可通转,均可作附加式之词缀。

日本志村良治《中国中世语法史研究》71页说:"在副词复合词化的现象中,最活跃的是词尾……譬如上古的'偶''曾''犹''况'等,这一时期复合成为'偶然''曾经''尤其''况复',后置成分可以看作是词尾。"太田辰夫《中国语历史文法》253页也把"曾经"的"经"看作"接尾词",意即后缀。据此,"曾经""已经"之类应是附加式构词,但实际上这样的分析是不妥的。因为"经"在中古也常单用，表示过去有过的经历，义略同"曾"。《南齐书·周山图传》："义乡县长风庙神姓邓，先经为县令，死遂发灵。"又《世说新语·文学》："谢镇西经船行，其夜清风朗月，闻估客船上有吟诗声，甚有情致。"[3] 因此，"曾经""已经"之类应是联合式，是由同义语素连用而形成的。

[原载于《贵州大学学报》（社会科学版）2003 年第四期]

注　释

[1] 张永言《古典诗歌"语辞"研究的一些问题——评张相著〈诗词曲语辞汇释〉》《语文学论集》（增补本）语文出版社，1999 年，72 页。

[2] 方一新《东汉魏晋南北朝史书词语笺释》，黄山书社，1997 年，15 页。

[3] 杨永龙《"已经"初见的时代及成词过程》一文对此论述甚详，见第九届全国近代汉语学术讨论会论文（打印稿）。

六

《诗词曲语辞例释》前言

前言

张相先生的《诗词曲语辞汇释》一书,是考释唐宋金元明之际诗词曲特殊词汇的一部专著。它不仅是阅读这些古典文学作品不可缺少的工具之一,而且对汉语史词汇、语法的研究,也很有参考价值;尤其在研究对象方面,它突破了传统"小学"局限于先秦两汉"雅诂旧义"的狭隘圈子,而注意到唐以后保存口语资料较多的诗词剧曲,这应该是很有意义的具有开创性的工作。

《汇释》自一九五三年问世以来,由于它搜罗宏富,取舍谨严，方法缜密，释义精当，往往发前人所未发，在学术界和读者中都深受好评。不过，《汇释》所做出的成绩，还远远不是这个领域内研究任务的结束。像任何事物都不可能完美无缺一样，《汇释》也还存在着一些美中不足之处。就个人管见所及，这至少表现在以下几个方面：

第一，在收词范围上，《汇释》全书标目五百三十七，附目六百多，分条八百有余，搜罗不为不广；但一则由于我们祖先的语言极为丰富多样，二则由于作为研究材料的这部分作品时间上下千年，体裁又不止一种，因而挂万漏一的情况，仍然在所难免。例如"处"，一般指处所，这在先秦两汉或在现代，其用法都没有什么两样，但诗词中却往往用以指示时间。岳飞《满江红》词："怒发冲冠，凭栏处，潇潇雨歇。"这里的"处"就等于"时"或"际"，意云凭栏远眺之时，已是雨后天晴（详见本书"处"字条，以下举例并各见该条。）"空"一般表示"徒然、枉然"义，但诗词中又往往用为范围副词，作"只、仅"解。李白诗"屈平词赋悬日月，楚王台榭空山丘"，便是只余山丘的意思。"度"一般表示"度量""忖度""渡过"义，但韩翃诗"山驿尝官酒，关城度客衣"，却是"送"的意思。"了然"一般表示"明白领悟"，但李白诗"了然绝世事，此地方悠哉"，却是"全然"的意思。凡此之类，都是所谓"字面普通而义别"的语辞。又如剧曲中"弯犇""劣蹶"之表示"勇猛凶狠"义，"撮哺""慢帐"之表示"相帮"及"蹩脚"义，都是所谓"字面生涩而义晦"的语辞。按《汇释》序言所定体例，这都是"应在探讨之列"而尚付阙如的。

第二，即以已收词语而论，《汇释》有些条目的义例也尚嫌不够完备。如"在"，诚然有作语助词、相当于"得""着"的用法[1]，但此外又可表"本""此"义，用如指示代词。孙光宪《竹枝词》"杨柳在身垂意绪"一句中的"在身"，即是指本身或自身。"还"字确有表示假设、相当于"如其"的用法，[2]但此外又可用作语气副词表示转折而相当于"却"。白居易诗"不得人间寿，还留身后名"，即等于说"却留"。"须"可同"虽"，用作连词以表示让步关系[3]，但另一方面，"虽"也可用如"须"之"本来"义而不表让步关系。李白诗"虽居燕支山，不道朔雪寒"，即为本居燕支山的意思。"与"可以同"向"表示"面对""面向"义[4]，但另一方面，"向"亦可用如"与"而介绍关系人物。白居易诗"岂是交亲向我疏，老慵自爱闭门居"，即等于说与我疏。"诸处"解作"他处"固然正确[5]，但"诸"表"他"义却不限于"诸处"一词，此外还有"诸家""诸丛""诸村""诸禽""诸人"等说法。"当家"解作"本家"固然允当[6]，但"当"表"本"义也并非仅仅"当家"一词如此，此外还有"当村""当山""当身""当坊"等等说法。凡此之类，也是既与先秦两汉不同，又和现代有别的特殊用法，都是应加探讨的。

第三，《汇释》中也还有极少数条目在举例释义方面值得商榷。如卷六"正本"条将"折证"一词作为附目，解云："折者折本，证者证本"，"亦清算义"[7]。其实"折证"应是"质证"，乃当面分辨或对质之意，"折本""证本"的说法似属牵强。

"当行"一词,既有内行的意思,也有本行的意思;但卷六"当行家"条云:"凡云当行或行家,均为内行之义。"[8] 其所引《盆儿鬼》剧二之例,却恰恰只能解作本行。又如卷二"那更"条云:"犹云况更也,兼之也。此那字无意义。"[9] 而实际上单是"那"字本身亦可表示"况更""兼之"义,"那""更"连用应属同义重言之列(说详本书"那"字条)。"立挣"与"吃挣"本系一声之转,而卷六"痴挣"条引《董西厢》一"立挣了浑身森地",却作为"挣"字单用之例[10]。

以上所举一些不足之处,与《汇释》全书的成就相比,自然只不过是一眚之失。这里的用意也不是要肉中挑刺,苛求前人,而只想说明:《汇释》所进行的工作,还有待我们去继续发展它;《汇释》所取得的成果,还有待我们去补充和丰富它;帮助人们确切理解我们祖先留下的东西,以便批判地继承这份珍贵遗产,在语文研究方面还有很多工作要做。

《诗词曲语辞例释》这本小书的编写,就是试图在《汇释》已有的基础上,做一点拾遗补阙的工作,在这方面尽一分绵薄的力量。这里收录的诗词曲中的单词短语,大都是所谓"非雅诂旧义所能赅,亦非八家派古文所习见"的特殊词汇。在资料来源、取例汇义以至编排体例方面,大率不出《汇释》序言中所指示的蹊径和范围。此书本具有《汇释》补遗的性质,之所以不题作"补遗",一则是为了使书名较为简短明了;二则由于编者学识浅陋、见解愚庸,加之条件所限,读书不多,自知臆解及不惬之处不少,因而不敢妄希前贤而附骥尾,只是姑且作为诗词曲语词札记或随笔之类的东西以就教于专家和读者罢了。

最后，将编写中有关事项作一些必要的说明。

一、本书所收词语，计标目四百七十六，附目四百二十六，分为五百八十三条，按汉语拼音字母顺序排列，后附笔画索引，以便检索。

二、本书所收词语，有少数并见于《敦煌变文字义通释》《金元戏曲方言考》《元剧俗语方言例释》诸书；但举例颇有不同，解说不尽一致，一般都于该条末尾予以注明。

三、每条重点解说的词语，以黑体为识；可以起间接印证作用者，以楷体为记。

四、解说及引用例证，原则上都用 1986 年国家语委重新发表并略有修改的《简化字总表》所规定的简体字。个别简化后容易发生歧解的（如"併""並"之类），则仍用繁（异）体字；少数有时代特色的繁（异）体字（如作"们"解的"每"，作"此"或"个"解的"箇"），也酌情保留。

五、本书所举例证，多采自诗词曲有关总集和各大家专集。为了节省篇幅，避免繁琐，除总集中无名氏作品及有文字歧异可资参证的情况之外，一般不标举书名及其版本。另在编写过程中，还广泛参考了新中国成立以来所能见到的各种选注本，文中亦未能一一列举出处，特此说明，并向有关作者谨致谢忱。

注 释

[1] 中华书局 1957 年第三版，精装本第 307 页。

[2] 同上，第 126 页。

[3] 同上，第 36 页。

[4] 同上，第 395 页。

[5] 同上，第 710 页。

[6] 同上，第 733 页。

[7] 同上，第 736 页。

[8] 同上，第 734 页。

[9] 同上，第 264 页。

[10] 同上，第 740 页。

七

《汉语大词典》商补

前言

  关于编纂《汉语大词典》的设想和提议，如果撇开新中国成立前中国大词典编纂处那一段不计，可以追溯到二十世纪六十年代初期。当时担任中国科学院语言研究所领导的吕叔湘先生在《汉语研究工作者的当前任务》这篇长文中说："汉语史研究中最薄弱的环节应该说是语汇的研究。个别词语的考释，古代和现代学者都做了不少，但在全部汉语语汇中所占比例仍然是很微小的。现在中国科学院哲学社会科学部的部分委员已经提出编纂《汉语大词典》的建议，这是将要代表我国语言学水平的极其重要也极其艰巨的一项工程。"[1] 但是此后不久，即开始了"文化大革命"的十年动乱，这项提议被搁置起来，并未能付诸实施。

到了"文化大革命"后期的 1975 年，在周恩来总理亲自关怀下，原国家出版事业局在广州召开了中外语文词典编写出版座谈会。会上制定了《1975—1985 年中外语文词典编写出版规划》，准备在十年内出版一百六十部中外语文词典。在中文词典里边，《汉语大字典》和《汉语大词典》是两大重点。两书有明确分工：《汉语大字典》以收字为主，力求全备，不避生僻字、怪字；《汉语大词典》以收复词和固定词组为主，酌收古字古义。

《汉语大词典》由罗竹风先生任主编，聘请全国著名语言学家吕叔湘、叶圣陶、王力、陈原、倪海曙等为学术顾问，组织华东五省一市（鲁、苏、皖、浙、闽、沪）四百多位专家学者参加编写。经过二十年的艰苦努力，于 1986 年开始出版第一卷，此后陆续出版以下各卷。至 1994 年，正文十二卷、附录及索引一卷全部出齐，当年即荣获国家图书奖。

《汉语大词典》是一部大型的历时性的语文详解词典，编纂方针是"古今兼收，源流并重，力图反映出汉语词汇的历史演变"。对于这一编纂方针，首席学术顾问吕叔湘先生有一段通俗而精辟的说明。他说："我有个比方，这个《汉语大词典》就是古往今来汉语词汇的档案库。比方说有那么五十万个词，每个词有个档案，它是什么时候产生的，原来什么意义，它后来意义有变化，不出现了、不用了或者只用这个意思，不用那个意思了。每个词写个档案，放在这个库里头。《汉语大词典》就是这么个东西。"[2]

《汉语大词典》和《汉语大字典》及其他各种辞书的相继出版，掀起了一股"辞书热"，改变了过去那种"大国家小词典"令人尴尬的局面，对于提高全民族的科学文化水平起到了重要作用。在辞书编纂史上，《汉语大词典》和《汉语大字典》是相互辉映的双璧，反映了我国语文辞书编纂的最新成就和最高水平。不少论者认为，《汉语大词典》在篇幅上不如此前出版由台湾编纂的《中文大辞典》，但在总体质量上却大大超过它。不过，人无完人，书无完书，编纂这样一部反映汉语几千年历史变迁的大型语文词典，不可能一蹴而就地达到相对完美的境界。这正如主编罗竹风先生所说："人类可以创造出空前未有的新事物，但绝不可能创造出'绝后'的任何东西。""由于所收词目浩繁，又加时间紧迫，疏漏、错误必然难免；如有发现，一定记录在案，在重版时修订补充。"[3] 实际情况正是如此。《汉语大词典》陆续问世之后，便有不少评价文章，在充分肯定此书优点的同时，也指出它某些明显的不足之处；后来还有些文章是专门挑错的，甚至出现了王宣武所著的专书《〈汉语大词典〉拾补》。[4] 中外辞书编纂的历史证明，一部辞书，尤其是大型辞书，当它一旦问世之后，其修订工作也就提上了议事日程。而且随着科技发展，知识更新的速度加快，修订周期也越来越短。[英]霍恩比《牛津现代高级英语学习词典》1974 年出第三版，1980

年又出了新的修订版；美国打着韦伯斯特氏招牌的《韦氏新世界美语词典》，为了和正宗的韦氏词典抗衡，几乎每隔一两年就挖补增删一次。[5]《汉语大词典》从出齐至今已有整整十年，不少学者认为，应该是着手修订的时候了。

多年来，由于教学和科研的需要，《汉语大词典》一直是笔者案头必备的经常翻检查阅的首选辞书。在翻检过程中获益不少，同时也发现一些问题，随手记下了一些材料。这些材料有的已经撰写成文发表，[6]有的则藏诸箧笥，尚待研究。现在一并整理出来，分为"商"和"补"两部分，共六个细目。或侧重在"商"，或侧重于"补"，或"商"与"补"兼而有之。所有这些，都意在为《汉语大词典》的修订贡献一得之愚；在新的修订版问世之前，也可为读者查阅时提供点比对和参考的资料。现谨就两部分六个细目的大概内容，逐一略加说明如下：

一、立目商补。一部词典的收词范围，是与它的编辑方针、规模体制密切相关的。《汉语大词典》作为大型语文词典，其编辑方针是"古今兼收，源流并重"。据此，在汉语历代文献中出现的复词，只要不是过于生僻罕见的，似均应在收录之列。在收词立目方面，当然要反对滥收自由词组，无限扩大词典篇幅的倾向，同时也要注意当收漏收的问题。《汉语大词典》对前一方面的把关是做得比较好的，但在后一方面却存在明显的不足。具体说来，主要表现在以下几点：（1）漏收古代常用词。如卷五 537 页"悖"字下无"悖理"目，而《庄子·在宥》篇已有"悖于理"的说法，在《汉书·张汤传》中已作为双音词使用；[7]卷九 576 页"薄"字下收"薄酌"而无"薄酒"，其实后者比前者更为常见。（2）只收录了派生词而漏收本源词。如卷一

1361页"便"字下有"便民房"却无"便民",而"便民"一词《史记》已见;卷三682页"布"字下收"布头笺"而无"布头";卷八217页"白"字下收"白鹤仙""白鹤茶""白鹤峰""白鹤翎"等却无"白鹤",218页收"白鹭策""白鹭转花"而无"白鹭"。(3)漏收释文中曾经出现的词。编者释文里用到的词,即使中小型词典也不能不收,何况《汉语大词典》这样的超大型词典?如卷五266页"比"字下"比率"目:"②比值,两数相比所得的值。"但十画内未见"比值";卷八1267页"簿记"目:"①谓用簿册记录。"又"簿书"目:"①记录财物出纳的簿册。"但五画内未见"簿册"目。(4)漏收现代常用词。作为历时性的大型语文词典,对于纯属现代的语词应如何取舍,可能见仁见智。不过根据编辑方针,有些现代使用频率很高或者意义重大的词,如"冰柜、壁纸、播发、包扎、包产、兵马俑"等等,是不应漏略的。

除了应收当补的情况之外,笔者也发现少量立目不当的例子。如"啉唔"本是近代联绵词,有"愚、呆"义。而卷三376页"啉"字下却无此目,而以单字立目。卷十二250页收"须管"目,释为"必定,定要"。其后又立"须管教"目,释为"同'须管'",把连用的两个词"须管"和"教"硬拉到了一起。

二、释义商榷。释义是一部辞书质量高低的主要标志。应该首先肯定,《汉语大词典》在释义方面总体质量是很高的。不过,由于稿出众手,编写者的水平有参差,加上一些客观因素的制约,释义不尽妥当之处也时有所见。这大体上存在三方面的问题:第一,解释文字本身不确切、不全面,乃至完全错误。如卷一1275页以"低籔"立目,释为"象声词。风吹物体发出的籔籔声。"其实"低"即"高低"之"低","籔"是"拂拭"之"拂"的假借。卷四202页"孛老"目,释为"古代戏曲中老年男子的俗称。外、末、净各种角色均可扮演。"这里"俗称"的概括不很确切,另此词还可称妓院男掌柜,即鄙称所谓"乌龟""王八"者。卷十一 1168 页"金叶"目第三义,释为"茶叶的美称",其实"金叶"是"金蕉叶"之省,指的是酒杯,与茶叶不相干。第二,解释文字与所举例证对不上号。如卷二 1009 页"在"字目第十七义"犹些许",举宋杨万里诗:"比雪犹松在,无丝可得飘",实则此处"在"为语气词,略同"呢"。卷三 1327 页"安置"目第一义,释为"安放,安排。谓使人或事物有着落。"首举《谷梁传·哀公元年》:"'卜之不吉,则如之何?''不免,安置之,系而待。'"其实这里的"安置"是两个词,疑问代词和动词,共同表示"怎么处置"的意思,与下文是一问一答。卷五 351 页"些"字目,第二音项 xiē 写邪切下第四义为"语气词",举《清平山堂话本·快嘴李翠莲记》:"年老爹娘无依靠,早起晚些望顾照",实际上句中"晚些"为词,为"晚夕"之异形,义即"晚上"。第三,失考语源,即某些词语应该说明它之所以然,才能使读者更好理解的,却未予追溯和说明。如卷六 313 页"打尖"目第一义,释为"在旅途或劳动中休息进食"。但该词何以能有此义?姜亮夫先生指出其中的"尖"是"蹔"字的假借,"蹔"字有止息义,"打"则在宋元以降多作动词词头。卷七 1107 页"磨旗"目第一义,释为"摇旗,挥动旗帜"。解释正确;但何以如此,却未作交代。实则"磨"是"簸"字的假借,"簸"有摇动的意思。又同卷 1384 页"畸零"目列二义:"①谓零数。②孤特;孤单。"举清恽敬及当代徐迟文。其实这两种意义都与明代的里甲制度有关,指明这一点对读者会很有帮助。

三、义项商补。词典是词汇研究成果的载体,是词汇研究水平的集中反映。在传统语文学中,训诂学是主要研究词汇词义的。由于历史的原因,它注重的只是先秦两汉的"雅诂旧义",对魏晋以后口语中的新词新义则视为"俗语"而弃置不论，因而给汉语词汇史的研究造成大段空白。这种情况不能不反映在历代的辞书编纂中，乃至影响到现代语文辞书的编纂。在收录和诠释古代白话的新词新义方面，修订本《辞源》和《汉语大词典》都给予了相当注意并做了很大努力。但由于时间跨度长、文献数量浩大、研究成果分散等原因，两书在这方面的工作还不能尽如人意。这既表现在收词立目上，也表现在义项的收列和概括上。如卷三1223页"度"字目，失收"翻越"及"送、递"义，前者见于《木兰诗》等中古作品，后者则唐宋以下白话文献常见；卷四72页"巴"字目，失收"指经过处理的鱼肉等"一义，而此义已见于南宋洪迈所撰《夷坚志》；卷十一349页"谘"字目，失收"告语、告诉"义，此义在唐宋笔记中极为常见，如此等等。另外有些指示时间的词语往往不止一个义项，例如"周星"既可指十二年，也可仅指一年；"纪"与"周星"一样，或指十二年，或指一年；"旬"的用法更为特别，除了指十年或十天两种情况以外，有时还可指一天。凡此之类，如果仅知其一因而仅收其一，往往给读者甚至编者自己造成困惑，使解释与例证方枘圆凿。在收录诠释某些现代词语的常用义项方面，和收词立目一样，也有个如何取舍的问题。依笔者浅见，像"被套"一词的"即指棉胎"义，"冰花"一词的"指雾凇"义，"变声"一词的"指男女青春期嗓音改变"义，诸如此类的现代常用义项，也是不应该漏略的。

除了失收当补的情况以外，还偶见义项分合不当的问题。如卷四719页"本命年"目，以六十年一轮为正解，以十二年一轮为另一说，同在一个义项之内。这样的说法和处理方法显然不妥，这是当分而未分者。再如卷二804页"动履"目，其第二义为"起来行动"，引《醒世姻缘传》第六回；其第三义为"费力相助",引《封神演义》第八十四回。其实两处"动履"都是走动的意思,只是出现的意境不同。这是不当分而分者。

四、阙例增补。例证是辞书的血肉,"一部没有例子的字典就是一具骷髅"。[8]王力先生曾经指出近代辞书"有两个明显的进步",其一就是"知举例",并称赞《康熙字典》"除了僻字僻义之外,差不多每一个字的每一个意义都有例子"。[9]《汉语大词典》在编撰之前,曾制作了七百万张卡片,资料准备应该是很充分的。在所收词目和义项之下也举有大量十分精当的例子。不过笔者在检阅中也发现,有些词目的有些义项之下没有举例,有些现代词目的有些义项之下,举的是编者自造例。辞书编纂可不可以自造例句?王力先生说,在一定条件下可以这样做。美国韦伯斯特氏的描写型的《新国际英语词典》第三版也曾自撰十万例证。不过,作为一部大型语文词典,笔者以为,不论是古代词语还是现代词语,乃至古今通用词语,最好都能有书为证,做到无征不信。本着这样的目的,凡在检阅中发现《汉语大词典》未举例或只举自造例的情况,这里都酌情补充一二书证。

五、提前书证。历时性的大型语文辞典的首例应该举始见例,即在传世文献中最初出现的例子,这已经成为语言学界和辞书学界的共识。上面说过,《汉语大词典》的资料准备不能说不充分,但是由于客观条件的限制,如当时汉语古籍电子语料库的研制还未进入实用阶段,加上某些主观方面的原因,《汉语大词典》在这一方面存在的问题较多。在不少词目的义项下所举的首例常常不是始见例，而是比始见例晚，有的甚至晚了几百年、上千年。"书证滞后"成为《汉语大词典》问世后遭受批评最多的一个方面。如卷一 441 页"不符"目，释为"不相合"，首举清李渔《闲情偶寄》之例，实则此义《后汉书》已见；卷三 1270 页"厨子"目，首举《儒林外史》之例，实际上初唐笔记《朝野佥载》已有这一称谓；卷六 1141 页"有"字目第六义，释为"等候、等待"，首举元杂剧之例，其实此种用法已见《战国策·齐策》；卷八 348 页"疮疤"目，举现代作家魏巍及萧乾文，其实元代杂剧中已不少见。南京大学汪维辉教授曾撰文具体分析了这一问题存在的原因，并提出了解决的办法：建议所有的语文工作者，尤其是汉语史研究者"大家都来做有心人"，"平时看书的时候勤查《汉语大词典》《汉语大字典》，尤其注意那些明白通俗的口语词，把有用的例句记下来"。如果能有一批人长期坚持下去，这样日积月累，"两大"书证滞后的问题应该是大部分得到解决。[10] 对于汪维辉同志的这一提议，笔者深表赞同，也曾撰文响应。本节内容即是在这些文章基础上的进一步扩充。

六、引文斠议。主要是对引文中的文字讹误给予校正，对一些断句和标点未当之处提出商榷，也顺带指出不便纳入上举各项的其他一些舛误。前一种情况，如卷二 659 页"到了"目，引唐吴融《武关》诗："贪生莫作千年计，到了都成一梦间"，"间"字实为"闲"字之误。卷三 1219 页"底事"目，引宋张元干《贺新郎·送胡邦衡侍制赴新州》词，"侍制"显为"待制"

之误。后一种情况，如卷六 331 页"打扑"目，引《朱子语类》卷一百二十："语黄敬之，须是打扑精神，莫教恁地慢慢底"，节引和断句均有不当。连下文应是："语黄敬之：'须是打扑精神，莫教恁地慢。慢底须是矫教紧，紧底须是莫教放慢。'"又卷七 1400 页"当价"目，引宋袁文《瓮牖闲评》卷五："然太史集中亦有：'颇似山阴写《道经》，虽与群鹅不当价'之诗，而太史亦不误也。""有"后冒号及"道经"所标书名号均应删。

《汉语大词典》收词多达三十五万条，如以一个词目平均包括十个义项，一个义项平均举三个例证计，所引例证当在一千万条以上。如此庞大的数量，文字和标点讹误是难以完全避免的。不过作为语言文字之"典"，要求把这类讹误减少到最低限度，应当也是合理的。对《汉语大词典》的文字标点做匡谬正误的工作，有人认为"意义不大"，笔者对此未敢苟同，所以仍然一一加以论列，立此存照，以备考索。

最后，还须就以下三点略作交代：一是条目编排。为兼顾编者参考、简择和读者检阅或作进一步研究的需要，本书条目的编排先是以类相从，即按上述六个方面分为六节。每一节所涉及的词目，则按《汉语大词典》卷次、页码的先后依次排列。全书后附"词目首字汉语拼音索引"及"词目首字笔画索引"，以利检索。二是关于例证。本书每一部分各条举例的多少，视情况和需要而定。新增补的条目和义项如果时代涉及古今，意义用法比较复杂，则尽可能多举几个例子以取信读者；纯粹属于现代条目而意义又较明白显豁者，则只酌举一两个例子，以省篇幅。"提前书证"部分一般也只举出一个或两个早于《汉语大词典》所举首例的例子。它是不是最早的书证？由于个人见闻有限，目前也还不可能遽加论定。另外，这一部分的个别条目，《汉语大词典》只举出一个首见例，这里也补充一二较晚的例证，以阐明其流。此外，有的条目本来应该多举一些例子的，但限于个人见闻，只能举出一二例证，目的是供进一步研讨。 三是用字问题。《汉语大词典》原来的体例，是释文用简体字，引文用繁体字。现为减少排印的麻烦，不论释文、引文，一律改用规范简体字。但于改变后对意义有影响的繁、异体字，则酌情保留。有的繁体字有两种简体，如"其馀"的"馀"既可作"余"，又可作"馀"。本书多数条目涉及古代，为避免和作第一人称代词用的"余"产生混淆，一律用"馀"不用"余"。

注　释

[1]《中国语文》1961年第4期，又见《吕叔湘语文论集》28页。

[2]《在北京〈汉语大词典〉工作会议上的讲话》，《辞书研究》1982年第3期。

[3]《回顾与展望——记〈汉语大词典〉首卷出版》，《辞书研究》1986年第6期。

[4]贵州人民出版社1999年9月版。

[5]参见李开《现代词典学教程》178页。

[6]《〈汉语大词典〉证滞后举例》，[香港]《语文建设通讯》

第 61 期（1999 年 10 月）；《汉语大词典〉释义商榷》，《中国语言学报》第 10 期（2001 年 4 月）；《再谈〈汉语大词典〉释义和引证的一些问题》，浙江大学汉语史研究中心《中古近代汉语研究》第一辑（2000 年 4 月）；《〈汉语大词典〉一些条目释义续商》，《中国语文》2002 年第 3 期。

［7］见本节所补"悖理"目，以下所举各例并见该节所补。

［8］［法］《新小拉普斯字典》卷头语，转引自《理想的字典》，《龙虫并雕斋文集》第一册 358 页。

［9］《理想的字典》，《龙虫并雕斋文集》第一册 358～359 页。

［10］［香港］《词库建设通讯》总 19 期，1999 年 3 月。

八

宋元明市语略论

市语，顾名思义，即市井小民的口头语言。从现代语言学的观点看来，它应当是所谓"同行语"和"社会习惯语"，属于社会方言之列。贯华堂本《水浒传》第六十四回写燕青才艺，称他"亦是说得诸路乡谈，省得诸行百市的市语"。这说明"市语"主要和诸行百艺有关，而可与诸路乡谈相提并列。因为二者都是全民共同语的变体，不过一则出于行业的不同，一则出自地域的区别而已。

关于市语的起源，至迟在唐代已见诸文字记载。元稹《估客乐》诗云："亦（或作'一'）解市头语，便无乡里情。"宋代曾慥《类说》卷四引唐佚名《秦京杂记》："长安市人语各不同，有葫芦语、锁子语、纽语、练语、三摺语，通名市语。"另唐代又有所谓"查语"，亦作"叉语"，或称"查谈"，《封氏闻见记》卷十、《酉阳杂俎》续集卷四、日僧遍照金刚《文镜秘府论》南卷等均有所揭载。其流行时间既长，流行范围亦广。它的具体内容虽不得而详，但也属市语之一种，当无疑问。

宋、元以降，随着城市经济的进一步发展，各色市语盛行，较唐代又有过之而无不及。一个明显的证据就是出现了著录市语的专著。如宋代汪云程《蹴鞠谱》所载《圆社锦语》，宋代陈元靓编又经元人增订的民间日用大全《事林广记》所载《绮谈市语》，明代无名氏之《金陵六院市语》《六院汇刻江湖方语》，《墨娥小录》卷十四所录《行院声嗽》等。其中以《绮谈市语》《行院声嗽》二书所收材料较多，且分门别类地加以编排，已粗具特种辞书规模。虽然它们仍同早期"雅"书一样，对搜集到的语汇只加训释而不举例证，并且所作训释也嫌过于简略，有时也未必尽妥，但毕竟为后人保存了较为系统完整的材料，使我们得以窥见市语产生流行的一个大概。此外，这一时期的戏曲、小说、笔记、杂著中也每每可见关于市语的一些零星记载。《说郛》卷五王君玉《续杂纂》"难理会"条有所谓"经纪人市语"。明代朱有燉《诚斋乐府·乔断鬼》中载有表背匠的一段"市语声嗽"，把"绢子"叫作"旗儿"，"纸"叫作"荒资"，"刀儿"叫作"青资"，"柜子"叫作"压重"。《古今小说》卷三十三《张古老种瓜娶文女》中一位卖药老人特地向顾客说明，市语把甘草叫做"国老"。《警世通言》卷三十七叙述江浙一带茶博士暗中窃取茶钱,其市语叫作"走州府",如此等等。市语有时还把手势隐语之类都兼括在内,《喻世明言》卷二四《杨思温燕山逢故人》:"三儿应命上楼去,思温就座上等。一时,只见三儿下楼,以手指住下唇。思温晓得京师人市语:恁地乃了事也。"

从现存的各种材料看来,"市语"与当时全民共同语的差异,主要在语汇上。这些语汇的行话色彩很浓,有的干脆就是隐语,具有一定的排他性,为行业之外的人们难于索解。《说郛》卷五苏轼《续杂纂》"会不得"条,便把诸行市语列为难以理解的对象之一。不过市语又毕竟是一种语言变体,一种交际工具,因而它与全民共同语又有相通的一面。这主要表现在"市语"与"通语"语汇的互相转化上。有些市语语汇原本来自"通语""雅言",如《绮谈市语·天地门》称日为"烛龙",源于《楚辞·天问》"日安不到,烛龙何照";称月为"玉兔",源于晋傅玄《拟天问》"月中何有?玉兔捣药";《君臣门》称儒学教授为"广文",源自杜甫《醉时歌赠广文馆学士郑虔》"诸公衮衮登台省,广文先生官独冷";称县尉为"梅仙"源自《汉书·梅福传》,梅福先曾为南昌尉,后弃官隐居会稽,相传得道成仙;《亲属门》称母为"圣善",源于《诗经·邶风·凯风》"母氏圣善,我无令人";称母舅为"渭阳"源于《诗经·秦风·渭阳》"我送舅氏,日至渭阳";《飞禽门》称雁为"宾鸿"源于《礼记·月令》"鸿雁来宾";《文房门》称琴为"绿绮"源于傅玄《琴赋》,赋序谓"司马相如有琴曰绿绮"。凡此之属,说明有些市语语汇不仅来自全民共同语，而且来自它的古代书面语，本身便具有一种古雅的风格色彩。这是问题的一方面。另一方面，有的市语语汇由于自身具有很强的生命力，也可以突破市语藩篱而进入通语。如"团鱼"（《绮谈市语·水族门》）、"火烧"（《行院声嗽·饮食》）、"扯谈""扫兴""出神""杀风景"（均见《梨园市语》）、"上当"（《四平市语》）之类至今已成为普通语文词典必须收录的一般语词。

唐宋元明四朝一般认为属于汉语历史上的近代汉语阶段，汉语词汇至此已逐渐形成以双音词为主的格局。市语成熟于这一时期，它的产生和发展自然不会违背这一总的趋势。据粗略统计，市语中双音词约占百分之九十以上，单音词、三音以上的词都是少数。较早的语言中乃至当时口语中用单音词表示的，市语往往用增加后缀的办法使之成为双音词，因此市语中附加式构词法特别发达。除了"子""儿""头"之类的后缀是通语和市语所共有的之外，市语还有一些自己特有的后缀，如"老""作""物""粗""道"等。举例如下：

老	抱老（保儿）	孛老（父）	顶老（小娃子）	妲老（娼妇）
	盖老（丈夫）	底老（妻子）	邦老（贼）	嵌老（口）
	扣老（拳）	庵老（肚）	听老（耳）	嗅老（鼻）
	爪老（手）	瞛老（眼）	驮老（牛）	樵老（柴）
	汕老（茶）	鸣老（鸡）	木老（果）	英老（花）
作	者作（赌）	便作（病）	灰作（大）	撚作（吃）

	佞作（睡）	雁作（病）	嚈作（唱曲）	怨作（死）
物	黄物（金）	白物（银）	艮物（银）	券物（钞）
	缣物（布）	豖物（猪）	醯物（醋）	酝物（酒）
道	拆道（脚）	线道（肉）	窜道（香）	禀道（文书）
粗	侵粗（床）	线粗（鸡）	者粗（猪肉）	浮粗（鹅鸭）
	斗粗（牛肉）			

以上个别后缀在个别词语中也许还残留着一定的实义，如"黄物""白物"之"物"；但"券物""豖物"之"物"，却很难说仍有那样的实义。"老""作""粗""道"等更与它们原来具有的词汇意义无关。

孙维张《汉语社会语言学》一书[1]根据汉语隐语和全民共同语语汇之间的关系，把隐语的构成分为变形和换形两大类，大类之下各分若干小类。这里参考该书分类，对市语语义构成的特点试作说明。

甲、变形类。这是用改变词语语音形式或书写形式的方法来表达特定语义，使市语新词成为原词的一种特殊变体。具体包括下面几种：

1. 析字语

析字即通常所谓"拆字"或"拆白道字"，就是把汉字中的合体字分开来说，改变这个字的形体，表达的仍是该字代表的那个词原有的内容。如《三国演义》第九回所载民谣："千里草，何青青！十日卜，不得生。""千里草"为"董"的析字，

"十日卜"为"卓"的析字。市语中类似的例子如：

丁不钩（一）　示不小（二）　王不直（三）　罪不非（四）
吾不口（五）　交不义（六）　皂不白（七）　分不刀（八）
馗不首（九）　针不金（十）　十八公（松）　折皮（动行）
不正（歪）　叟氏（嫂）

"折"下加"皮"为"挞"的异体。"氏"在晚近成为女性标识，如张氏、李氏、张王氏之类，与"女"同义，故"嫂"可析为"叟""氏"。

2. 谐音双关语

利用词语间的同音关系，以甲代乙。这种方式在文学上是为了取得含蓄委婉的效果，市语则主要为了达到隐秘的目的。前者著名的例子如刘禹锡《竹枝词》"东边日出西边雨，道是无晴却有晴"，字面上"阴晴"之"晴"实际上谐"情爱"之"情"。市语的例子有：

忆多娇（一）　耳边风（二）　散秋香（三）　思乡马（四）
误佳期（五）　柳摇金（六）　砌花台（七）　霸陵桥（八）
救情郎（九）　舍利子（十）　消梨花（小）　落梅风（老）
歹该（呆子）　殂（四）

"殂"音 cú，义为死，"死"谐"四"音，多转一道弯子。

其余各例后一字均与其前多音词所含第一字谐音,如"一"与"忆"、"二"和"耳"等。

3. 藏头缩脚语

"藏头"是将一个多音词或词组开头部分藏去不说,并用后半部分代指前半部分。如以"杏树"指银,即系"银杏树"的藏头语;其他如以"羔儿"指羊,以"止渴"称梅子,"灵盖"称丈夫之类。这种构造方式在市语中为数不很多。"缩脚"即通常所谓"歇后语"。其构成方式与藏头相反。如以下各例:

柳青(娘)　梁山(伯)　踏莎(行)　崑山(玉)　马蹄(金)
菱花(镜)　博山(炉)　三寸(舌)　管蔡(叔)　绿头(鸭)
洞庭香(桔)　百花酿(蜜)

4. 反切语

古亦称"切脚语"。这是利用字音结构的变形而构成的隐语。宋洪迈《容斋三笔》卷十六:"世人语音有以切脚而称者,亦间见之于书史中。如以蓬为勃笼,盘为勃兰,铎为突落,叵为不可,团为突栾,钲为丁宁,顶为滴领,角为矻落,蒲为勃卢,精为即零,螳为突郎,诸为之乎,旁为步廊,茨为蒺藜,圈为屈挛,锢为骨露,橐为窟驼是也。"其中有的即为市语语汇,如"勃兰""突栾""即零""屈挛"等。此外,尚有"博浪"切"庞","鲫跳"切"俏","撒楼"切"头",不胜枚举。

乙、换形类。这是把表达某种语义的原有形式整个换掉,

用一种新的形式代替。如以"海"代换"酒",以"笋芽"代换"幼女",以"叉子"代换"裤"之类。具体可分为以下几种:

1. 联想语

原词和代换词之间,内容和形式都没有直接联系,能够代换是基于人们的某种联想。譬如以"果老"称"驴","驴"只是张果老这个传说人物的坐骑,以人名代换畜名是由熟语"张果老骑驴"而产生的联想。同类的例子有:

肩上(哥哥)　肩下(兄弟)　月儿(楼上)　仙果(桃)
河戏(鱼)　仙衣(荷)　顶天儿(帽子)　玉栏杆(手)

来自古书典故的市语语汇也是基于某种联想。例如:

五德(鸡)　乌衣(燕)　宾鸿(雁)　齐女(蝉)
陇客(鹦鹉)　隐雾(豹)　回雪(舞)　绕梁(声)

2. 象形语

代换词是描绘原词所指称事物的某一外部特征,如"六书"中的"象形"那样。例如:

团鱼(鳖)　撒条(放屎)　叉子(裤)　撺红(放火)
大红(日出)　乌薪(炭)　破腹(泻)　长条(丝)
门墩(矮而壮)　飞鼠(蝙蝠)　角黍(粽)　弓儿(馄饨)

长须公（虾） 毛锥子（笔）

3. 比喻语

其构成与一般修辞方式的比喻略同，原词与代换词两者所指称的事物在形体上有相似处。它与象形语的区别是：象形只涉及一种事物，比喻则涉及两种事物。例如：

笋芽（幼女） 踹瓢（行船） 荷叶（盘子） 梭儿（钗）
秋波（眼） 桃花（脸） 春山（眉） 瓠犀（齿）
青葱（指） 绿云（鬓） 宵烛（萤） 佳城（墓）
云厚（多人） 紫玉簪（蕨） 吕公绦（猪肠） 言语疾（翻饼）

4. 借代语

其构成与一般修辞方式的借代略同，或以部分代整体，或以原料、状态、用途、特征代指事物本身。例如：

柔毛（羊） 红掌（鹅） 锦鳞（鲤） 方絮（纸） 海青（长衫）
丝桐（琴） 司晨（鸡） 接引（拐杖） 绞儿（剪） 滑老（油）
郭索（蟹） 干稀（饭）

"郭索"或以为蟹爬行貌，或以为蟹爬行声，均可看作以状态代事物。

此外，市语语汇也还有其他一些构成方法，如"太水"指岳母是仿拟，是比照"太山"称岳丈而成；"剪拂"表下拜义是出于禁忌，因"拜"和"败"谐音，是为绿林所忌讳的不祥字眼。另有相当数量的市语语汇，目前还不了解它们构成的理据，有待进一步深入研究。

市语语汇中存在一定数量的一义多形或一形多义的情况。这可能是由不同的时间、不同的地域积累而成。其中有的是构成方式或读音小异，有的是书写形式即用字的不同。一义多形的情况如眼有"六子、六老、渌老、瞇老、纳老"等名称，"妓之假母有卜儿、保儿、鸨儿、波么、薄嬷"等名称，又"拆道""撒道"均指脚，"线老""线道"均指肉，"擦老""漂老"均指米，"嘻溜""喜黎"均指笑，如此等等。一形多义的情况如"喜子"有刀和书信二义，"鲍老"有面粉和焦躁二义，"洒溲"有雨和撒尿二义，"染"有黄色、写字二义，"天浆"有石榴和梨二义。

市语作为反映着社会历史某些侧面的文化语言现象，不能不在传世的书面材料以至现代口语中留下广泛的影响。除上举宋元明三代的市语专书外，清代至民国都有不少同类著作行世，如《江湖通用切口摘要》《江湖行话谱》《江湖丛谈》之类。新中国成立后的一些文艺作品如《林海雪原》《燕子李三传奇》所记录的黑话隐语其实也是早期市语的流裔。直到今天，也还有一些市语语汇保存在某些地区的某些行业中，或者稍许有所变化。如山西平遥称武术界为"挂子行"，念书人为"咬垛子"，纸币是"楮头儿"，刀是"劈水"，剑是"翅肢"，枪是"长虫"，计谋是"出点子"，富是"火点"，穷是"水点"，死是"土点"，好是"照福",多是"海",吃饭是"搬山",如此等等[2]。据报道,甘肃永登薛家湾有一个以算命为生的流浪群体,他们称爸爸为"根子",妈妈为"英子",头为"听宫",眼为"兆宫"[3]。今福建建瓯方言隐语称妻子为"老底"[4],就完全是前代市语的继承,仅仅颠倒其语素顺序而已。

对于市语这种源远流长而又比较特殊的语言现象,我们至今研究得很不够。《中国大百科全书·语言文字卷》无"市语"条,一些特种或断代辞书如《诗词曲语辞汇释》《小说词语汇释》《戏曲词语汇释》《宋元语言词典》等收录了市语中少量常见的语汇,有的在释义方面还大可商榷。除此以外,系统的研究和理论的探讨几等于零。现在人们阅读唐宋元明四代的韵文和散文著作,尤其是通俗文学作品,还有不少地方似懂非懂,注家注释也不免出错,或以今律古,以一般推特殊,或知其一不知其二,知其然不知其所以然,这除了一般口语词汇的障碍之外,就往往由于市语作梗。笔者在《元明市语疏证》一文中,曾举出"调皮""顶老""开呵""水客""歇马""邮亭""阵马"等误释或诠解不甚确切的例子[5],这里再拈出数例补充于下:

例一,《范张鸡黍》剧第一折:"这里有的海郎,打半瓶吃罢。"《戏曲词语汇释》334页该引此例,释"海郎"为"酒名"。《汉语大词典》五册1223页"海郎"条同。按,《绮谈市语·饮食门》:"酒,欢伯、酝物、海老。"明代李开先《词谑》六"掉侃"《醉太平带莲花落》:"执着磁老,就着盏老,饮着海老,吃着气老。哩莲花,莲花落。""海老"即"海郎","老"与"郎"一声之转。"海老"或省去后缀而径称"海",《金陵六院市语》:"称'海'知其用酒。"故"酒名"之说,似嫌不切。又"海"或"海老"之所以指酒,当出借代,系以工具代事物本身。"海"本指酒器之大者,温庭筠《乾䉇子》:"裴均镇襄州,设宴,有银海,受一升。"《蜀方言》卷下:"饮酒器曰盒。《集韵》:'盒,音海,盛酒器,一作海。'白居易诗:'词就花枝移酒海。'字亦作榼。《玉篇》:'榼,酒榼也。'《正字通》:'榼,酒器,以木为之。'"

例二,《水浒传》四十二回:"走出庙门,只听得庙里有人叫:'饶恕我们!'赵能再入来看时,两三个土兵跌倒在龙墀里。"其中"龙墀"一词,修订本《辞源》不载,《汉语大词典》十二册 1489 页"龙墀"条第三义引此例,释为"法坛、道场。"据《水浒传》此回上文所述,宋江当时避难之处是一所"墙垣倾倒,殿宇倾斜","供床上蜘蛛结网,香炉内蝼蚁营巢"的荒凉古庙,不可能有建法坛、兴道场之举。故此义立项的根据似嫌不足。按《绮谈市语·宫殿门》:"殿庭,龙墀。"该书《宫殿门》并非专收帝王宫廷苑囿名称,而是兼括公私各色建筑,如馆驿、客店、寺院、道观之类。"龙墀"的本义自然是帝王宫殿,但引申之后,也可指庙宇殿庭。故上例中"龙墀"的正确解释应是庙中殿庭,即大殿之前的院落。

例三,《阳春白雪》后一王嘉甫《八声甘州》套:"倾城倾国,难画难描,窄弓弓撇道,溜刀刀渌老。"《仗义疏财》剧三折:"你看我撇道儿勾一尺,爪老儿墨定黑。"二例中"撇道"为"脚"

之市语。《金陵六院市语》。"撇道者，脚也。"《行院声嗽·身体》："足，撇道。"按"足"与"脚"在元明之际已为一词，可互通互训。对于这一市语，明代戏曲大师汤显祖也不明所以，以致误用。明代王骥德《曲律》"论讹字第三十八"云："又撇道，北人调侃说'脚'也。汤海若《还魂记》末折'把那撇道儿拶长舌揸'，是以撇道为嗓子也，误甚。"

例四，宋代王迈《墨歌寄林明叔》诗："昔我得之于异人，使我拾袭藏为珍。"修订本《辞源》1256 页"拾袭"条引此例，释云："珍重收藏。"《汉语大词典》六册 567 页该条亦引上例，释为"重重包裹"。按以上二说并误。《绮谈市语·器用门》："减装、了事、拾袭"。"了事"即"了事匣"，乃后世所谓梳妆盒、拜匣之类，《西湖老人繁胜录》"诸行市"一节列有："造翠纸、乾红纸、筒笏袋、幞头笼、腰带匣、读书灯、笔砚匣、窗子匣、了事匣"等名目，"了事"与"减装""拾袭"为互训词，所指当是同一物。故王迈诗之例意谓将佳墨珍藏于箧笥之中。《辞源》解释的不是"拾袭"而是下文"藏为珍"三字，《大词典》的解说亦属想当然。

例五，关汉卿《一枝花》套《不伏老》："我也会围棋，会蹴鞠，会打围，会插科，会歌舞，会吹弹，会咽作，会吟诗，会双陆。"朱东润主编《历代文学作品选》下编第一分册 93 页节录此套尾曲，注⑩云："咽作，可能是一种表演性的游戏，情况不详。"注者态度比较审慎，未下断语但仍不免想当然，其误在不知此为市语语汇。按"咽作"或作"谚作""念作"，均指唱曲。《金陵六院市语》:"讨曰设而唱曰咽。"《行院声嗽·人事》:"唱,咽作。"《绮谈市语·举动门》:"唱曲,诤作。"《诚斋乐府·桃源景》剧楔子:"我咽作的吞子忒献斗,你道我撒末的场中无对手。"吞子,谓嗓子;撒末,搬演。《孤本元明杂剧》康海《王兰卿》剧一折:"止不过胡逞些硡念作,歪道些闲声嗽。"均可证。

例六,《乐府群珠》卷四曾瑞卿小令《红绣鞋(风情)》:"乔断案村俫杂嗽,望梅花子弟单兜。"《诚斋乐府·曲江池》剧二折:"你你休杂嗽他,秀才是读书人,知道今古。"二例中"杂嗽"一词,亦为市语,辞书编者往往不得其解。朱居易《元剧俗语方言例释》326 页"杂嗽"条云:"闲言闲语。"《汉语大词典》十一册 877 页该条引上举二例,释云:"犹言打搅、为难。"按《金陵六院市语》:"杂嗽者,骂也。"《梨园市语》《行院声嗽》所说亦同。《诚斋乐府·庆朔堂》剧三折:"受了些娘杂嗽,学稳重妖娆体态,不施呈宛转歌喉。"《词林摘艳》卷五鲍吉甫《新水令》套:"若是他人知替我愁,我怕甚娘知道将杂嗽。"均可证"杂嗽"为责骂之义。"闲言闲语"及"打搅、为难"之解,施之句中,均嫌不甚贴切。又上引《曲江池》剧之例,《汉语大词典》误题为元石德玉撰,今检《元曲选》同名剧作中无此例,当系编者失考。

市语研究属于近代汉语词汇研究的一部分, 又和近年新兴的社会语言学文化语言学密切相关。一则由于研究对象的特殊性,二则由于资料相对说来十分缺乏,因而研究难度比一般口语词汇研究更大。以上所论,意在抛砖引玉,其妄说臆断之处,尚祈同行及读者不吝赐教。

(原载《语言研究》1995 年第 1 期)

注 释

[1]贵州人民出版社,1991 年,300 页。

[2]郭诚《丰富的语言》,《中国语文》1990 年第 6 期。

[3]鲁赣《东方中国的"吉卜赛"人》,《南方周末》1991 年 4 月 19 日,转引自曹聪孙《汉语隐语说略》,《中国语文》1992 年第 2 期。

[4]潘渭水《建瓯方言中的隐语》,《中国语文天地》1989 年第 1 期。

[5]《文史》三十五辑,中华书局,1992 年。

九

试论"通感生义"
——从"闻"字说起

"闻"的本义是"听到",这从记录该词的字形本身便可推见。《说文·耳部》:"闻,知声也。从耳,门声。"段玉裁注:"往曰听,曰闻。《大学》曰:心不在焉,听而不闻。"上古文献中的大量用例也可为证。在《诗经》里"闻"出现了12次,除两例借作"问"之外,其余10例都表示"听到"义或这一意义的引申。在《论语》中"闻"使用了58次,情况与《诗经》略同。

20世纪60年代初《中国语文》曾开展过一场讨论,谈到"闻"的词义由听觉转移到嗅觉及其时代。张永言先生《再谈闻的词义问题》[1]一文把嗅觉义出现的时代上推到西周初年的

《尚书·酒诰》。不过，《酒诰》"弗惟德馨香祀，登闻于天"那个例子还在疑似之间，解释成"使天帝听到""使天帝得知"好像亦无不可。而《韩非子·十过》"闻酒臭而还"和《史记·滑稽列传》的"微闻香泽"两例，"闻"表嗅觉则是确定无疑的。此后，"闻"表嗅觉义的例子历代都不罕见。《论衡·四讳》："故鼻闻臭，口食腐，心损口恶，霍乱呕吐。"《世说新语·惑溺》："后会诸吏，闻寿有奇香之气。"干宝《搜神记》卷十九："（蛇）闻糁香气，先唊食之。"韩愈《风折花枝》诗："浮艳侵天难就看，清香扑鼻只遥闻。"均为其例。

"闻"的词义除了可以从听觉转移到嗅觉之外，还可转移到视觉。张相《诗词曲语辞汇释》卷五"见"字条已证明"见"可与"闻（听）"相通，但却忽视了事情的另一面，即"闻"也可表"见"义。南朝宋刘敬叔《异苑》卷六："河内司马惟之奴天雄死后还，其妇来喜闻体有鞭痕而脚著锁。""闻"表"见"义显而易见。《太平广记》卷三百四十"畅璀"条引《戎幕闲谈》："（老翁）乃遗一书曰：'慎不可先览，但经一事，改一官，即闻之。'""闻""览"于上下句中互文见义。《敦煌变文集·丑女缘起》："王郎才见公主面，闻来魂魄转飞扬。""闻"与"见"亦互文，"来"犹云"了"。又《地狱变文》："恨汝生迷智，不曾闻好人。"意即不曾见好人，不曾碰上好人。蒋礼鸿《敦煌变文字义通释》第5版第62页以为"闻好人"意为学好人，说解似嫌迂曲。《永乐大典戏文三种·张协状元》第八出："（净白）我物事到强人来劫去，你自放心！我使几路棒与你看。（末愿闻。"对话中净言"看"而末言"闻",可证"闻"义同"看"义。另正统诗文中亦不乏此类用例。杜甫《晓望》诗:"高峰寒上日,叠岭宿霾云。地坼江帆隐,天清木叶闻。"这是一首五律的颔、颈二联,四句均写在白帝城清晨登楼所见,诗题《晓望》已经点明。末句紧缩,隐含因果关系,意谓天气清朗,故可清晰地看到枯叶飘零的景象,暗用楚辞《九歌·湘夫人》"洞庭波兮木叶下"之意。《杜诗镜铨》卷十七引张缙注:"天清无风雨,故木叶声落可闻。"《杜少陵集详注》卷二十引黄生注亦云:"地坼岸高,故江帆隐伏;风静天清,故叶落闻声。"二注不仅添字为训,而且与"天清"及以上三句不能榫接密合。其实"闻""见"可以互通在杜集中还有例可证。《木皮岭》诗:"仰干塞大明,俯入裂厚坤。再闻虎豹斗,屡蹋风水昏。"这四句也是写登岭时所经所见,"闻"也是"见"的意思。如仍作"听闻"义解,就不得不添字为训,把"虎豹斗"说成"虎豹斗之声"。黄庭坚《读方言》诗:"忽闻辚轩书,涉读劳辅齶。虚堂漏刻间,九土可领略。"句中"闻"字也与诗题中的"读"字相应,亦当为"见""睹"或"观览"之意。

几种感觉之间可以互通,并不是仅限于"闻"字的个别现象。这里还可举出与"闻"字类似的"闹"字为例。"闹"的本义是喧闹。《说文新附·斗部》:"闹,不静也。"《古今韵会举要·效韵》:"闹,喧嚣也。"但在唐宋诗文中,"闹"的词义也可由听觉转移到视觉,表示"簇聚、攒聚"和"浓密、浓郁"义。拙著《诗词曲语辞例释》修订本169页该条曾举出宋词与元杂剧二十余例，《唐宋笔记语辞汇释》115页该条举有三例，分别证明以上二义。其实，例证数量还可补充并将时代提前。李商隐《洞庭鱼》诗："洞庭鱼可拾，不假更垂罾。闹若雨前蚁，多于秋后蝇。""闹"与下句"多"对文，当为"密集"之义。苏舜钦《拣书》诗："轩昂醉墨闹，纤悉新书杂。"按：《宋诗钞》作者小传云："子美善草书，酒酣落笔，往往惊人。"故诗中有此语。"醉墨闹"意即醉墨浓，是形容其淋漓之状。黄庭坚《奉和王世弼寄上七兄先生用其韵》诗："西归到官舍，尘土昏案版。寒窗穿碧疏，润础闹苍藓。"《送吴彦归番阳》诗："黄花满篱落，白蚁闹瓮盎。"范成大《立秋后二日泛舟越来溪三绝》："行入闹荷无水面，红莲沉醉白莲酣。"杨万里《病中春雨闻东园花盛》诗："花底报来开已闹，雨中过了更曾知？"又《连天观望春忆毗陵翟园》诗："北望翟园春正闹，海棠锦绕雪荼蘼。"又《赵达明太社回与四月一日招游西湖》诗："到得孤山翻作恶，海棠闹日不曾来。"均为其例。按：对于宋祁《玉楼春》词中的名句"红杏枝头春意闹"，历代词家有两种截然不同的评价。王国维《人间词话》云："著一'闹'字而境界全出。"清李渔《窥词管见》则云："琢字炼句，虽贵新奇，亦须新而妥，奇而确，妥与确，总不越一'理'字。有蜚声千载之上而不能服强项之笠翁者，'红杏枝头春意闹'是也。争斗有声谓之'闹'，桃杏争春则有之，红杏闹春，予实未之见也。'闹'字可用，则'吵'字'斗'字'打'字皆可用矣。予谓'闹'字极粗极俗。非但不可加于此句，并不当见之诗词。"李渔对此"闹"字深恶痛绝,要将它逐出文学语言之外,不免失之偏颇,其误在不明"通感"可以"生义"之理。

又如"抹"字本是磨掉、抹去的意思。《广韵·末韵》:"抹,抹杀,摩也。"《集韵·末韵》引《字林》:"抹,抹杀,灭也。"此外,尚可表示涂抹、碰触、轻按、擦拭等义,读音也不止一种,都与手的动作有关。然在宋元之际的散文剧曲中却可由触觉而通于视觉;表示偷看、瞥见之义。《南部新书》癸卷:"太和中入阁,阁内郎官班中,有抬眼窃窥上者,觉之。班退,语宰相曰:'适省郎班内第几人,忽抬眼抹朕,何也?'时裴晋公对曰:'省郎庶僚极卑微,不合抬眼抹陛下。'"此书作者钱易为北宋人,所记者为唐代事,即使不作唐代语料看,定为宋代语料应不成问题。《董解元西厢记》卷一:"见人不住偷睛抹。"王实甫《西厢记》一本二折:"胡伶渌老不寻常,偷睛望,眼挫里抹张郎。"其义并同。今徐州方言尚有此用法,参张喆生《抹、蒲合、每》一文。[2] 或以为"抹"的这种用法出于假借,我们认为,与其花力气辗转曲折地去寻求所谓本字,不如径作通感生义看待,因为就"抹"这个特定的语词而言,用手一抹和用眼一瞥显然有相类之处,这是二者可以沟通可以转移的基础。此外,"满意"可以由一般心理感觉转移到视觉,等于说"满眼",如程垓《醉落魄·赋石榴花》:"夏围初结,绿深深处红千叠,杜鹃过尽芳菲歇。只道无春,满意春犹惬。"(参《诗词曲语辞例释》修订本 158 页该条)"看"也可由视觉转移到听觉,等于说"闻""听",如杜甫《西阁口号(呈元二十一）》诗："社稷堪流涕，安危在运筹。看君话王室，感动几销忧。"（同上引书第 136 页该条）如此等等，都是适例。

"通感"是钱锺书先生在《文学评论》1962 年第 1 期上一篇文章的标题，嗣后周振甫先生在他的《诗词例话》中加以阐发，对修辞学的研究颇有影响。不过钱、周二文主要是从文学创作和欣赏角度立论的。其实，揭示"通感"这一现象并从语言学角度进行分析的，20 世纪 20 年代便有法国语言学家房德里耶斯（J. Vendryes），他在 1921 年出版的《语言》一书中写道："感官活动的名称也是容易移动的，表示触觉与听觉、嗅觉、味觉的词常常彼此替代着用。"书中并举出希腊语的"感觉"一词可用于听觉和嗅觉，威尔士语 clybod（听见）可表示"嗅""尝""摸"等义。（转引自张永言《再谈闻的词义问题》[3]）修辞学上的"通感"只是一种辞格，而词汇学上的"通感"则是词义的滋生衍变的途径之一，两者的区别类似比喻和比喻义、借代和借代义的区别。后者要看文献或实际语言中是否有较多用例，是否已经约定俗成。拿上举"闻""闹"二词来说，不仅在唐宋金元之际的韵文中有用例，散文中也有用例；不仅正统诗文中有用例，通俗文学作品中也有用例，因此，应当承认它们已经取得了词义转移之后的新义项。

关于词义滋生衍变的方式和途径，中国传统的说法只有引申和假借两种。实际上，假借纯属文字问题，与词义演变无关。在国外，德国语言学家赫尔曼·保罗（Hermann Paul）的《语言史原理》，以及房德里耶斯的《语言》曾提出意义的扩大、缩小、转移、其他四种类型,但都未能全面概括词义演变的复杂情况。近年国内一些古汉语通论著作在前人的基础上继续探索,提出了一些新的观点,其中可以蒋绍愚的《古汉语词汇纲要》为代表。该书第三章第三节"词义发展的几种方式"把词义的扩大、缩小、转移、易位都看作引申的结果。引申之外尚有相因生义、虚化、语法影响、修辞影响、简缩、社会原因六种。在修辞影响一类里,作者只谈到借代,其实上述通感生义也可归入这一类,这样可以使该类的内容更加充实丰富。这里还应补充说明的是,通感生义的适用范围是很受限制的,它只能在表示心理感觉的几个语义场中起作用。

(原载《语言教学与研究》1997 年第 4 期)

注 释

[1][3]《中国语文》1962 年 5 月号。
[2]《中国语文》1979 年第 4 期。

十

诗词曲语辞举例

边

边,方位词,相当于"中",不是"旁边"的意思。李白《奔亡道中》诗:"苏武天山上,田横海岛边。"这等于说海岛中。高适《信安王幕府》诗:"大漠风沙里,长城雨雪边。""边"与"里"互文见义。岑参《晚发五渡》诗:"江村片雨外,野寺夕阳边。""边"与"外"相对。《唐诗纪事》引郭元振《宝剑篇》诗:"何言中路遭弃捐,零落漂沦古狱边?"按宝剑本在丰城狱底,不是狱旁(见《晋书·张华传》)。"狱边"就是狱中。杨万里《新晴读樊川诗》诗:"九千刻里春长雨,万点红边花又空。""边"与"里"亦互文。许棐《鹧鸪天》词:"绿随杨柳阴边去,红踏桃花片上行。"义并同。

不论

相当于"不仅""不但",是表示递进关系的连词,和现代表示无条件的用法不同。白居易《履信池樱桃岛上醉后走笔送别舒员外兼寄宗正李卿考功崔郎中》诗:"樱桃花,来春千万朵。来春共谁花下坐?不论崔李上青云,明日舒三亦抛我。""不论"与"亦"字相应,显然为"不仅"义。又《春暖》诗:"发少嫌巾重,颜衰讶镜明。不论亲与故,自亦昧平生。"施肩吾《桃源词》诗:"归去不论无旧识,子孙今亦是他人。"用法同上。苏轼《书林逋诗后》诗:"不论世外隐君子,佣儿贩妇皆冰玉。"意言不仅山林隐士高逸,就连佣儿贩妇也都不俗。《紫钗记》剧十四:"不论靡家靡室,兼之无食无衣。"义并同。

参差

参差,有"几乎""大概""大约"等义,表示估量的副词,与通常用作形容词、作"不齐貌"解者不同。张谓《春园家宴》诗:"山简醉来歌一曲,参差笑杀郢中儿。"这里暗用宋玉《对楚王问》"客有歌于郢中"的典故。"参差"为"几乎"义。施肩吾《抛缠头词》诗:"一抱红罗分不足,参差裂破凤凰儿。"段成式《吴画联句》:"妙瞬乍疑生,参差夺人魄。"《董西厢》八:"莺莺在普救,参差被虏。"义并同。以上为"几乎"义。

韩翃《送高别驾归汴州》诗:"久客来知何计是,参差去借汶阳田。"意云:你久客初归,须谋生计,大概是到汶阳之田去耕种吧。白居易《长恨歌》诗:"中有一人字太真,雪肤花貌参差是。"参差是，大概是。因系传闻，所以含有不十分肯定的语气。辛弃疾《贺新郎》词："一见萧然音韵古，想东篱醉卧参差是。"用法并同。以上为"大概"义。

徐夤《吴》诗："一主参差六十年，父兄犹庆授孙权。"此为"大约"或"将近"义，表示对数量的约略估计。吴从公元222年孙权被魏文帝曹丕封为吴王，至公元280年孙皓国亡，将近六十年。敦煌词《破阵子》："风送征轩迢递，参差千里余。"柳永《望海潮》词："烟柳画桥，风帘翠幕，参差十万人家。"这是说杭州当时大约有十万户人家，不是形容房屋的高低不齐。

处

处，表示时间，作用与时间名词略同，有"……时""……际"的意思，并不是指处所。杜甫《述怀》诗："自寄一封书，今已十月后。反畏消息来，寸心亦何有？汉运初中兴，生平志耽酒。沉思欢会处，恐作穷独叟。"欢会处，欢会之际。刘长卿《江州留别薛六、柳八二员外》诗："江海相逢少，东南别处长。"别处，相别之时。李商隐《王十二兄与畏之员外相访见招小饮》诗："更无人处帘垂地，欲拂尘时簟竟床。""处"与"时"互文。元稹《鄂州寓馆严涧宅》诗："何时最是思君处，月入斜窗晓寺钟。"这等于说"何时最是思君时"。《宋百家诗存》高九万《旧寓舍》诗："梅欲开时多是雨，草财生处便成春。""处"与"时"互文。冯延巳《舞春风》词："燕燕巢时帘幕卷，莺莺啼处凤楼空。""处""时"互文。柳永《雨霖铃》词："都门帐饮无绪，留恋处，兰舟催发。"一本作"方留恋处"，"处"

表时间之义益明。《岳忠武王集》岳飞《满江红》词："怒发冲冠，凭栏处，潇潇雨歇。"这是说凭栏之时，正逢雨后，所凭者即栏杆，并非另有处所。《王西厢》三之三："今夜晚妆处比每日较别，我看他到其间怎的瞒我。"义同。

当

"本""此""该"（"该同志"的"该"）的意思，作用与指示代词相同。李白《少年行》诗："遮莫姻亲连帝城，不如当身自簪缨。"当身，本身。《敦煌变文集·董永变文》："慈耶得患先身故，后乃便至阿娘亡。殡葬之日无钱物，所卖当身殡耶孃。""当身"义同上。欧阳修《和太傅杜相公宠示之作》诗："两辱嘉篇永为宝，岂惟荣耀诧当时。""当"与"永"字相应，当时，指此时。《岳阳楼》剧三："你是个当坊社长，不和你说和谁说？"当坊，本坊，本街。《小张屠》剧一："住孤村小庄，无亲族当房，若母亲命亡，天那谁人觑当？""当房"等于说本家，"觑当"的"当"为语助词。《盆儿鬼》剧二："谁着你烧窑人不卖当行货，倒学那打劫的偻儸。"张相《诗词曲语辞汇释》卷六"当行家"条释作"内行、拿手"，似未尽妥，实际仍应为"本行"义。

贵　贵欲

贵，相当于文言的"欲"或"须"，白话的"要"或"想"，用法略同现代的助动词。张籍《寄王六侍御》诗："贵得药资将助道，肯嫌家计不如人。"这是说欲得药资以助修道。元稹《送崔侍御之岭南》诗："试盅看银黑，排腥贵食盐。"这等于说"须食盐"。诗前有小序云："海物多肥腥，啖之好呕哕，验方云：

备之在咸食。"李商隐《无题》诗："幽人不倦赏，秋暑贵招邀。竹碧转怅望，池清尤寂寥。"意谓欲招友人游赏而未至。陆龟蒙《桃花坞》诗："行行问绝境，贵与名相亲。空经桃花坞，不见秦时人。"大意是说本要循名责实，访问桃源，结果却不见桃源中人。辛弃疾《沁园春·带湖新居将成》词："意倦须还，身闲贵早，岂为莼羹鲈脍哉。""贵"与"须"互文。按刘淇《助字辨略》卷四有"贵"字条，但仅列《战国策》"贵合于秦以伐齐"一例，并引注云："贵，犹欲也。"由此或可推见这一用法来源之久远。

因"贵"有"欲"义，故二者可连用而组成一词，即前人所谓"同义重言"。王建《送衣曲》诗："絮时厚厚绵纂纂，贵欲征人身上暖。"韩愈《东都遇春》诗："得闲无所作，贵欲辞视听。深居疑避仇，默卧如当暝。"二例中的"贵欲"，与单用"欲"字同义。

还

还，却，可是，表示转折语气的副词。白居易《吟前篇因寄微之》诗："君颜贵茂不清羸，君句雄华不苦悲。何事遣君还似我，髭须早白亦无儿。"还似，却是。徐夤《辇下赠屯田何员外》诗："厨非寒食还无火，菊待重阳拟泛茶。"非寒食而厨下无火，"还"表转折语气显而易见。崔庸《题惠严寺》诗："人莫嫌山小，僧还爱寺灵。""还"与"莫"相应。裴说《送人宰邑》诗："官小任还重，命官难偶然。"义同上。《救风尘》剧二："他本是薄幸的班头，还说道有恩爱结绸缪。""还"与"本"相应。《李逵负荆》剧四："须不是我倚强凌弱，还是你自揽祸招灾。"《绣襦记》剧四："你腰间须软,背上还硬。""还"与"须"相应,"须"亦"本"义。

将谓 将为 将谓

将谓,以为,认为,表示测度和推断的动词。杨万里《明发栖隐寺》诗："将谓是夜着,月轮已没星都落。将谓是昼休,银河到晓烂不收。""着""休"都是语气词,相当于"呢"。大意是说:以为是夜呢,然而星月都落;以为是昼呢,然而银河灿烂。程颢《春日偶成》："云淡风轻近午天,傍花随柳过前川。时人不识余心乐,将谓偷闲学少年。"这等于说"以为偷闲学少年",并非"将要说我偷闲"的意思。赵令畤《商调蝶恋花·会真记》："数夕孤眠如度岁,将谓今生,会合终无计。正是断肠凝望际,云心捧得嫦娥至。"《王西厢》二之三："今日命小生赴宴,将谓有喜庆之期。不知夫人何见,以兄妹礼相待?"义并同上。

"将谓"或作"将为",义不变。晏殊《木兰花》："别来将为不牵情,万转千回思想过。"《寻亲记》剧十三："将为是何人撇下物,却原来是个尸横路。"其第十出作"觉一物当路,唬得人战战兢兢,将谓是何人沉醉。"两例说的是同一件事,一用"将为",一用"将谓",可见只是用字的差异。

有时"将"或"谓"又可单独地表示"以为"的意思。韦应物《示全真元常》诗："无将一会易,岁月坐推迁","无将"等于说"莫以为"。《渑池会》剧一："你若将容易得,便做等闲看。"意谓以为轻易获得。由"谓"单表"以为"义之例更为习见。王维《桃源行》诗："自谓经过旧不迷,安知峰壑今来变。"刘禹锡《有獭吟》诗："有獭得嘉鱼,自谓天见怜。"按蒋礼鸿《敦煌变文字义通释》第六篇有"将为、将作"条,解作"以为、认为",这是对的;但作者以为"将"字义实而"为"字义虚,却不尽然。

空

空,只,仅,表示范围的副词,不是通常"枉然""徒然"的含义。刘长卿《平蕃曲》诗："绝漠大军还,平沙独戍闲。空留一片石,万古在燕山。""空留"即"只留",如作"徒然"解,则与下文抵牾。李白《江上吟》诗："屈平词赋悬日月,楚王台榭空山丘。"这是说仅余小丘。杜甫《塞芦子》诗："边兵尽东征,城内空荆杞。""空"与"尽"对举。岑参《阻戎泸间群盗》诗："三江行人绝,万里无征船。唯有白鸟飞,空见秋月圆。""空"与"唯"互文。李颀《古从军行》："年年战骨埋荒外,空见蒲桃入汉家。"义同上。王涯《广宣上人以诗贺放榜和谢》诗："在冶只求金不耗,用心空学秤无私。""空""只"互文。孙光宪《浣溪沙》词："何处去来狂太甚,空推宿酒睡无厌,争教人不别猜嫌?"余桂英《小桃红》词："宝镜空留恨,筝雁浑无据。"《王西厢》一之一："似神仙归洞天,空余下杨柳烟,只闻得鸟雀喧。"二例"空"分别与"浑""只"相应。

想

想,"似""如""像"的意思,不作通常的"思想""料想"义讲。李白《清平调》词:"云想衣裳花想容,春风拂槛露华浓。"意即"衣裳似云,容貌如花"。杜甫《东屯月夜》诗:"数惊闻雀噪,暂睡想猿蹲。"这等于说"似猿蹲"。高适《同薛司直诸公秋霁曲江俯见南山作》诗:"南山郁初霁,曲江湛不流。若临瑶池前,想望昆仑丘。""想"与"若"互文。姚合《奉和门下相公雨中寄裴给事》诗:"晓起闲看雨,垂檐自滴阶。风清想林壑,云湿似江淮。""想""似"互文。孙温业《鸟散余花落》诗:"共看飞好鸟,复见落余花。来往惊翻电,经过想散霞。"等于说"似散霞"。欧阳修《秋怀二首寄圣俞》诗:"群木落空原,南山高垅苁。巉岩想诗老,瘦骨寒愈耸。诗老类秋虫,吟秋声百种。""想"与"类"相应。

十一

《八卷本〈搜神记〉语言的时代》补证

江蓝生先生《八卷本〈搜神记〉语言的时代》一文,[1]用语言学的方法,考定八卷本《搜神记》应是晚唐五代或北宋的作品,与题名干宝所撰二十卷本《搜神记》分属不同的系统。文章用了六条语法方面的鉴定词和四条词汇方面的鉴定词,逐条详加比勘,结论翔实可信。作者认为"词汇方面的现象难以与语法方面的同等对待",因而只举了四条作为参考,未免稍感不足。其实有些具有鲜明时代特色的词语,对鉴定作品的语言年代也是相当有效的。汪维辉先生《从词汇史看八卷本〈搜神记〉语言的时代》一文,举出"阿娘"等十九个词语证明该书"绝不可能是晋代干宝作,而应该成书于唐以后";又举出"分说"等七个词语证明应成书于北宋。[2] 本文打算着重从这方面再做些补充证明。用以补证的词语有"辍、凭、却活、如何、只、咨"六个,除"只"和"如何"属半虚半实的副词之外,其余四个都是实词。

辍

"辍"在唐宋之际可表示"分给、分派、让出、转买"等义,这样的用法不见于隋代以前的文献。[3] 信应举《古汉语语词札记》"辍"字条,[4] 拙撰《唐宋笔记语词汇释》该条,[5] 及《"辍才"并非"免职"》一文均已论及,[6] 现就其含义的细微差别各举出一例如下:

(1) 时洛中物价翔贵,难致口腹,庚常于公堂辍己馔以饷其姊。(唐赵璘《因话录》卷三)

(2) 幕府辍谏官,朝廷无此例。至尊方旰食,仗尔布嘉惠。(杜甫《送樊二十三侍御赴汉中判官》)

(3) 吾买婢得前令之女,吾特怜而悲之,义不可久辱。当辍吾女之奁笸,先求婿以嫁前令之女也。更俟一年,别为吾女营办嫁资以归君子。(宋魏泰《东轩笔录》卷十二)

(4) 梁师成以三百千取吾族人《英州石桥铭》,谭稹以五万钱辍沈元弼"月林堂"三字。(宋何薳《春渚纪闻》卷六)

例(1)为"分给"义,例(2)为"分派"义,例(3)表"让出"义,例(4)表"转买"义。

"辍"字的这种用法在八卷本《搜神记》中出现了一例。该书卷五第二十五条叙太兴县尉赵明甫得知所觅女仆是前县令之女,于是与妻子商量说:"彼我女不忧不嫁遣,且辍吾女妆奁之具,先嫁之。"其事与上引《东轩笔录》卷十二记钟离君嫁婢事相仿佛,而且两书此处都用了"辍"字,表示先让出亲生女的嫁妆,可见时代相去不会太远。《东轩笔录》的作者魏泰是北宋中晚期人,书中称此事是从他的祖母那儿听说的,事件的背景是在"江南有国日"的南唐时期。

"辍"字从车,应和车辆的行止有关。《说文·车部》:"辍,车小缺复合也。从车,叕声。"段注:"引申为凡作辍之称,凡言辍者取小缺之意也。《论语》:'耰而不辍。'"意谓由"车小缺复合"引申为一般的停止。这是"辍"的常用义,贯穿古今。但"停止"义很难与义挂钩,上举各例中的"辍"字记录的可能是另外一个词。《广韵》中有"餟"字,与"辍"字均有"陟劣切"一读。《方言》卷十二:"餟,馈也。"从馈赠义引申为分惠于人应该是顺理成章的。现代汉语中所用"给"字,在元明之际朝鲜人学汉语的会话书《老乞大》《朴通事》里,就径写作"馈"。

凭

张相《诗词曲语词汇释》卷六"凭"字条:"犹仗也;亦犹烦也;请也。"举例繁富,最早者为杜甫诗。下面举出几个散文的例子,说明这并不是诗词曲中特有的用法:

（5）周恩州刺史陈承亲，岭南大首领也，专使子弟兵劫江。有一县令从安南来，承亲凭买二婢，令有难色。（《朝野佥载》卷二）

（6）陈还得苏，即向夫说，即凭妹夫赵师子欲写《法华经》。（《太平广记》卷九九《刘公信妻》条引《法苑珠林》）

（7）以卑贱所系，是未获省拜，故凭某以达信耳。（同上书卷一二五《崔无隐》条引《博异记》）

（8）后数日，云"设斋"，凭蔡为借食器及帐幕等。（同上书卷三七二《蔡四》条引《广异记》）

（9）方食，太夫人忽眼赤，直视贯词。女急曰："哥哥凭来，宜且礼待。况令消恚，不可动摇。"（同上书卷四二一《刘贯词》条引《续玄怪录》）

"凭"此义亦不见于隋以前文献，[7] 八卷本《搜神记》卷一第三条却有一例："语女子曰：'仆是陇西人，姓辛，名道度。游学他方，粮食乏尽。凭女子与报，欲求一餐，可否惟命。'"这条材料又见句道兴一卷本第九条，文字小异，"凭女子"句以下作"希望娘子为道度向主人传语，乞觅一餐。""希望"与"烦请"义近。

却活

称死而复生为"却活"或"却生"，唐以下文献多见。《汉语大词典》卷二542页收"却生"条，其第一义为"死而复苏"，举唐牛僧孺《玄怪录》一例，但543页九画内无"却活"。其实"却

活"比"却生"更为常见,仅在《太平广记》一书中即多达11例("却生"只6例),在其他典籍中也常可碰到。酌举数例如下:

(10)(智灯)遇疾死,弟子启手犹热,不即入木,经七日却活。(《太平广记》卷一〇六《智灯》条引《酉阳杂俎》)

(11)老家人叫曰:"娘子却活也!"(同上,卷三七六《崔生妻》条引《芝田录》)

(12)护鹅人却活,黄雀义犹轻。(《祖堂集》卷四,丹霞和尚《玩珠吟》)

(13)周娥殉死,十载却活。(《全唐文》卷五二八顾况《戴氏广异记序》)

(14)有染户许琛,一旦暴卒,翌日却活。(五代孙光宪《北梦琐言》卷十二)

(15)心上微暖,三日却活。(《云笈七签》卷一二一《马敬宣为妻修黄箓道场验》)

在干宝《搜神记》中,同样的意义是用"却苏"或"复生"等词表示。如该书卷十五361条:"文合卒已再宿,停丧将殓,视其面有色,扪心下稍温,少顷却苏。"又362条:"武陵太守闻娥死复生,召见问状。"绝无"却生""却活"字样。然而在八卷本《搜神记》中,这一对同义词曾不止一次地交替出现。如卷一第四条叙扁鹊行经虢国时遇太子早夭,语王之左右曰:"太子莫不要却生否？"下文又云："鹊乃施妙术，用医太子却活。"又卷三第十四条，叙李信在阴间遭鬼使换头而还魂事："不敢再返，亦不暇于鬼使处换头，忽然却活。"

如何

"如何"在敦煌变文中有一种特殊用法，即在祈使句中表示请求，而且语气强劲，相当于"务必""千万"之类。试看下例：

（16）特将残命投仁弟，如何垂分乞安存！（《捉季布传文》，《敦煌变文集》56页）

（17）皇帝曰："天下亢旱，天师如何与朕求雨，以救万姓！"（《叶净能诗》，同上222页）两例中的"如何"都不能按通常的"怎么样"的意思去理解，只有连读解作"千万垂分""务必与朕求雨"才切合文意和语气。这样的例子在变文中虽仅两见，但在后来的白话小说中也可碰到：

（18）宋江答道："梢公不知，我们也是没奈何犯下了罪，迭配江州的人。你如何可怜见，饶了我三个！"（《水浒传》三七回）

（19）三巧儿千恩万谢，又道："妾与哥哥久别，渴思一会，问取爹娘消息。官人如何做个方便，使妾兄妹相见，此恩不小！"（《喻世明言》卷一）

"如何"的这种用法也不见于隋代以前的文献，应是晚唐以后才出现的。八卷本《搜神记》中却有一例。该书卷第一条叙管辂善相术，能预见未来，当他路过南阳平原时，看到一少年寿不过二十，即将夭亡，因而失声嗟叹。少年告知其父，一同追上管辂，下马参拜请求："适来某小儿蒙圣人之言，'不逾二十而夭亡'，圣人如何延命，终当报之！"同样的事迹也见于句道兴一卷本第六条，文字略有差异："行至十里趁及，遂拜管辂，谘请之曰：'［小］儿明日午时将死，［管圣如］何忧怜，方可救命！'"（《敦煌变文集》867页）

"如何"是个半雅半俗的词，在一些口语程度较高的作品中也很常见，但基本属文言。早期白话中与它意义、功能相当的一个词是"怎生"（包括结构与之相同的"怎地"）。"怎生"可表"务须设法"之义，"与普通作'怎样'解者异"，见《诗词曲语词汇释》卷二该条。大概是受了"怎生"的"渗透"或"沾染"，"如何"也产生了类似的用法。《水浒传》四七回叙石秀在祝家庄迷路，向砍柴老人请求说："爷爷，怎地可怜见！小人情愿把这担柴相送爷爷，只指与小人出去的路罢！"与上引同书三七回的"如何可怜见"意思和语气完全相同，"如何"与"怎地"可以互换。

只

刘坚先生《语词杂说》"只"字条："'只'在早期白话里有用如'就'字的"，"大凡'只'字用在表示处所的词语前多作'就'字讲"。举变文四例，平话小说及《老乞大谚解》七例。末云："不过这只是个别用例，'只'字用在一般动词前仍以解作仅、仅仅为常。"[8] 其实，"只"字的这种用法例证不少，并非"个别用例"，不仅见于白话文献，也见于正统诗文。例如：

（20）龙溪只在龙标上，秋月孤山两相向。（唐王昌龄《送崔参军往龙溪》）

（21）长安何处在？只在马蹄下。（唐岑参《忆长安曲二章寄庞漼》）

（22）稚子比来骑竹马，犹疑只在屋东西。（唐顾况《悼稚》）

（23）沼又云："遥见虎食人尽，乃脱皮改服禅衣，为一老僧也。"拯极怖恐。及沼见僧曰："只此是也！"（《太平广记》卷四三〇《马拯》引《传奇》）

（24）谁谓蜀山远，只在殿山头。（宋魏了翁《水调歌头》）

例（20）（21）（22）（24）中，"只"都用于表处所的介宾结构之前，只有例（23）"只"用在指示代词"此"之前。无论哪一种情况，语气上都有一种强调意味。

"只"的这种用法隋以前文献未见，八卷本《搜神记》中却多达三例。"鬼官对曰：'只如（李）信之徒，世间极有。今若放此，后者举例。请下本司定罪，轻重取旨。'"（卷三第14条）又："忽一日，经过善相人复谒于令，见令大骇，曰：'昨观君容，其命将殂；今日观之，福禄与寿，未可言也。莫是在政别有异能，不然雪冤乱之事，方可获此果报。'令曰：'某别无能改。'因话嫁仆之事。答曰:'只此便是,更何求之。'"(卷五第26条)又:"玄曰:'请童仆男女等,遍观之。'皆言'不是'。又曰:'宅上更有何人?'大夫曰:'某有一女,小字金英。幼小怜之,颇能羞慙。'玄曰:'只此小娘子,便是大夫之冤家矣。'"第一例"只如"犹言"就像",二三例犹言"就这个",与上举《广记》一例用法相同。

咨(諮)

"咨(諮)"在唐宋之际产生了一种新义,即相当于文言的"告、语",白话的"告诉",而不含征询义。例如:

(25)"大卿胡元礼承旨欲陷人死,令(李)日知改断,再三不从。'元礼使谓李曰:胡元礼在,此人莫觅活!'李起谓使者:'日知諮卿,李日知在,此人莫觅死!'竟免之。"(《隋唐嘉话》卷下)

(26)"司马温公从庞颖公辟为太原府通判,尚未有子。颖公夫人言之,为买一妾,公殊不顾……颖公知之,对僚属咨其贤。"(《邵氏闻见录》卷一一)

以上"咨"用于同级之间或上对下,犹言"语卿""语其贤"。如用于下对上,则为"禀告"义,详见拙撰《唐宋笔记语词汇释》该条。这种用法的"咨(諮)"在隋以前的文献中未见,但八卷本《搜神记》单用者亦有一例。该书卷二第八条:"翊日咨玄石:'外言兄是鬼物,子珍闻此语,故咨兄。'"

另外还出现了由"咨"作语素构成的双音词"咨告""咨白"。如卷四 20 条:"翊日,复自梦见己子曰:'昨日请阿娘咨告知,何却以为无凭也?'"又卷六第 30 条:"玄曰:'勿讶造次起居,然有事咨白,未知可否?'答曰:'望示及。'"

注 释

[1]《中国语文》1987 年第 4 期。

[2] 上篇见《汉语史研究集刊》第三辑 208—222 页,巴蜀书社 2000 年 10 月;下篇见该刊第四辑 244—256 页,巴蜀书社 2001 年 9 月。

[3] 就笔者手边材料,主要检索了以下辞书、语料库和词汇专著:《汉语大词典》,《汉语大字典》,尹小林《国学宝典》,北京大学汉语史研究中心《历代汉语》,王云路、方一新《中古汉语语词例释》《东汉魏晋南北朝史书词语笺释》,刘百顺《魏晋南北朝史书语词札记》,蔡镜浩《魏晋南北朝词语例释》,李维琦《佛经释词》,汪维辉《东汉至隋常用词演变研究》。以下各条凡称"不见于隋以前文献"者准此。

[4]《中国语文》1980 年第 4 期。

[5] 中华书局 2001 年修订本。

[6]《词库建设通讯》(香港)第 20 期,1999 年 7 月。

[7] 承《中国语文》编辑部见告,"凭"表"烦请"义南朝文献有二例可疑:宋谢庄《与大司马江夏王义恭笺》:"仰凭愍察,愿不垂咎。"陈徐陵《与顾记室书》:"缘弟深眷,故此敬凭。干谒非宜,益增悚慨。"细审文例,其中"凭"字确为"烦请"义,尤以后一例

更加显豁。由此笔者重新检阅了中文出版社《文选索引》及两种电子语料库,尚未发现晋以前的类似用例。如此,则此词此义仍可用为八卷本《搜神记》与干宝同名之作无干的参证。

[8]《中国语文》1978年第2期。

十二

元明市语疏证

市语,顾名思义,即市井小民的口头语言。从现代语言学的观点看来,它应当是所谓"同行语"和"社会习惯语",属于社会方言之列。贯华堂本《水浒传》第六十回写燕青才艺,称他"亦是说得诸路乡谈,省得诸行百艺的市语"。这说明"市语"主要和诸行百艺有关,而可与诸路乡谈相提并论。因为二者都是全民共同语的变体,不过一则出自行业的不同,一则出于地域的区别而已。

关于市语的起源,至迟在唐代已见诸文字记载。宋曾慥《类说》卷四引唐佚名《秦京杂记》云:"长安市人语各不同,有葫芦语、锁子语、纽语、练语、三摺语,通名市语。"另唐代又有所谓"查语",亦作"叉语",或称"查谈",《封氏闻见记》卷十、《酉阳杂俎》续集卷四、日僧遍照金刚《文镜秘府论》南卷等均有所揭载。其流行时间既长,流行范围亦广。它的具体内容虽不得而详,但本属市语的一种,当无疑问。

宋、元以降,随着城市经济的进一步发展,各色市语的盛行,较唐代又有过之而无不及。一个明显的证据就是出现了著录市语的专书专文。如宋汪云程《蹴踘谱》所载《圆社锦语》,宋陈元靓编又经元人增订的民间日用大全《事林广记》所载《绮谈市语》,明无名氏之《金陵六院市语》《六院汇刻江湖方语》,无名氏《墨娥小录》卷十四所录《行院声嗽》等。其中又以《绮谈市语》《行院声嗽》二者所收材料较多,且分门别类地加以编排,已粗具特种辞书规模。虽然它们仍同早期"雅"书一样对搜集到的语汇只加解释而不举例证,而且所做的解释也嫌过于简略,有时也未必妥当,但毕竟为后人保存了较为系统完整的材料,使我们得以窥见市语产生流行的一个大概。此外,这一时期的戏曲、小说、笔记中也每每可见关于市语的一些零星记载。明朱有燉《诚斋乐府·乔断鬼》中载有表背匠的一段"市语声嗽",《古今小说》卷卅三《张古老种瓜娶文女》中一位卖药老人特地向顾客说明市语把甘草叫作"国老",如此等等。

从现存的各种材料看来,"市语"与当时全民共同语的差异,主要表现在语汇上。这些语汇的行话色彩很浓,有的干脆就是隐语,具有一定的排他性,为行业之外的人们所难于索解。但市语毕竟又是一种语言变体、一种交际工具,因而它和全民共同语又有着相通的一面。这主要表现在"市语"与"通语"语汇的互相转化上。有些市语语汇原本是来自"通语""雅言"的，如称母为"圣善"（《绮谈市语·亲属门》），源于《诗经·邶风·凯风》"母氏圣善，我无令人"；称舅为"渭阳"（同上）源于《秦风·渭阳》"我送舅氏，日至渭阳"。有的市语语汇由于自身所具有的生命力，也可以突破市语的藩篱而进入通语，如"扯淡""扫兴""出神""杀风景"之类（均见《梨园市语》），至今已成为普通语文词典必须收录的一般语词。

"市语"作为一种绵延十世纪之久的语言现象，不能不在传世的书面材料中留下广泛的影响。可惜迄今为止，我们对它研究得还太少。只有一些特种或断代辞书如《诗词曲语辞汇释》《小说词语汇释》《宋元语言词典》等收录诠释了市语中少量较常用的语汇，理论上的探讨则几等于零。现在人们读元明曲剧，还有不少地方不懂，注家注释也不免出错，或以今律古、望文生义，或知其一不知其二、知其然不知其所以然，就往往由于市语作祟。

本文试图为补苴罅漏而抛砖引玉。这里应感谢钱南扬先生，因为他的《汉上宧文存》收有《市语汇抄》一文，对迄今尚存的市语训诂专书专文已搜罗得相当完备并做了初步校勘。本文疏证多所取资。又疏证仅限元明，是由于可供取证的作品多在这两代。条目选择的标准则大体有三：一、凡市语训诂专书专文曾收录诠释仍较难索解而元明作品中又有例足供考证者；二、《诗词曲语辞汇释》《宋元语言词典》诸书已收条目而尚须补正者；

三、市语训诂著作虽未收录而揆之情理可断定为市语者。

碑记

《全元散曲》1753页无名氏小令《水仙子》："你强我弱我便宜，人善人欺天不欺。墙板般世事无碑记，料想来争甚的。"《行院声嗽·通用》："假——兴和、碑记。"按"兴和"未详，"碑记"之表虚假义则上例可证，第三句意谓上述事实如墙板般坚固挺立，故下言不须争。又《诗词曲语辞汇释》卷四收"无碑记"条，释为"无数、不可记"，当系市语之外的另一用法。

柴

《张协状元》戏文二十四出写店主与旅客相争："（净）我讨柴！（丑）我讨柴！（生末）要厮打只得请退。"钱南扬注："讨柴，犹云取棒，准备打架，今温州语谓讨打也叫讨柴。"按其源当出自市语，《绮谈市语·拾遗门》："遭杖——柴、批衮。"《行院声嗽·人事》"吃棒——餐柴。""柴"用为名词即棒，用为动词即遭棒。《梦溪笔谈》卷二十二载：李献臣好为雅言，知郑州日，孙次公遣一使臣到郑庭参。"献臣甚喜，欲令左右延饭，乃问之曰'餐来未？'……其人惭沮而言曰：'不敢仰昧，为三司军将日，曾吃却十三。'盖鄙语谓道杖为'餐'。"此所谓"鄙语"当亦即市语。"餐"或为"餐柴"之省，或即"柴"的一声之转。

掉闪

曾瑞小令《红绣鞋》（风情）："实馒的剔皮割肉，虚恩情撇闪提鼩。""提鼩"谓提线木偶，已见《宋元语言词典》

887页该条。"撖"字当为"掉"字之误,《行院声嗽·伎艺》:"调影戏——掉闪。""掉闪"与"提鼩",乃以相近之伎艺表演构成复喻,比喻恩情之虚假也。

怀怪 坏怪 均怪

《全元散曲》1848页无名氏《新水令》套:"咱非参,坏怪斗来搋,怎肯袄庙火绝,蓝桥水淹?""参者"猜测之义(见《宋元语言词典》596页"参"字条)。"坏怪"当作"怀怪",《行院声嗽·人事》:"不作成——怀怪。"上例大意略谓并非自己猜测,而是种种不能成合的迹象已经纷至沓来,但自己仍不会放弃对爱情的追求。又王季思注《西厢记》后附王实甫《韩彩云丝竹芙蓉亭》残折:"我不比你穷酸般胡诌教均怪,不放参,紧闭定看书斋。""均怪"亦疑为"怀怪"之误,此写彩云黉夜私去书房会见心上人时所唱,她担心对方矫情而托辞拒绝,致使好事不能成合也。

昏撒

高安道《哨遍》套(嗓淡行院):"撺断的昏撒多,主张的自吸嘟。"《行院声嗽·人事》:"失忘——昏撒。"上句谓演奏者多失忘,下句谓末泥色已先笑也,均含揶揄之意。《宋元语言词典》553页"昏撒"条云:"昏迷,神志不清。"引证二例,其一为《扬州梦》剧二折:"相公,你敢昏撒了,几曾见什么女子来?"按此已是"昏撒"一词的引申之义,盖即由"失忘"而来者也。

昏兜

《全元散曲》1822页无名氏《耍孩儿》套（拘刷行院）："闻不得腥臊臭，半年两番小产，一日九遍昏兜。"《行院声嗽·时令》："晚——昏兜。"此篇亦为揶揄行院之作，但用语粗鄙，已堕恶道，上例系暗喻妓女与人交合无度，故言"一日九遍"也。

嗏

高安道《哨遍》套（嗓淡行院）："供过的散噘生，嗏顶老撇朗兜。"《盛世新声·点绛唇》套（娇艳名娃）："他是个嗏顶老，又不曾求食串瓦，休猜做章台街路柳墙花。""顶老"可指妓女或一般妇女，说已见前。嗏者，小也，《圆社锦语》："表——妇人。""嗏表——少女。"《金陵六院市语》："超者打之谓，嗏乃小之辞。"《行院声嗽·人物》："小妮子——嗏姑。"均可证。上例中"嗏顶老"与"雏妓"同义，下例则犹言年轻女娃也。

靠后

《秋胡戏妻》剧三折："（做扯正旦科云）小娘子，你随顺了我罢！（正旦做推科云）靠后！"《张天师》剧一折："（陈世英云）兀的不唬杀我也！靠后！（正旦云）秀才休惊莫怕，我乃月中桂花仙子。"此亦属市语语汇，其实际意义与字面意义小有区别。《绮谈市语·拾遗门》："退——靠后。"语气缓和时可作"退开"解，语气强烈时则犹言"滚开"。

朗兜

高安道《哨遍》套《嗓淡行院》："供过的散噘生，嗏顶老撒朗兜。"《金陵六院市语》:"朗兜以明乎大。"《行院声嗽·通用》:"大——朗兜朗。"钱南扬校:"《玄雪谱》无下'朗'字。"故"撒朗兜"即撒大,与装幺做大同义。

马船 搜马

《醒世恒言》卷二八《吴衙内邻舟赴约》:"彼处吏书差役,市锁马船,直至长沙迎接。"顾学颉注:"马船——大船、官船。"按《行院声嗽·器用》:"船——搜马。"又《人物》:"梢工——搜马徕。""搜马"可简作"马"。如此,则"马船"当为同义叠用之复语。

猛

顾德润《点绛唇》套(四友争春):"翠红乡钞猛,都不如邓通。"《六十种曲·还魂记》六出:"白占了江山,猛起些功殿。""猛"均为"多"义,拙撰《诗词曲语辞例释》(修订本)160页"猛"字条已及此,但未明其源。今按,"猛"此义当源自市语,《行院声嗽·通用》:"多——猛作。""作"在市语中已有虚化为后缀的趋势,如"唱"称"咽作"、"吃"称"抚作"之类,故"猛作"即"猛"也。

染

关汉卿小令《普天乐》(崔张十六事):"张秀才能书妙染,孙飞虎好是羞惭。"周文质《蝶恋花》套(悟迷):"和恨染至诚他,连愁书负心我。"二例中"染""书"互文,均为"写"义。《绮谈市语——拾遗门》:"写字——染、醮。""写""染"因同义而可叠用为复词,例见《宋元语言词典》诸书。

撒彪

曾瑞小令《梧叶儿》（赠喜温柔）："你撒彪，怨温柔，自落得出乖弄丑。"《行院声嗽·天文》："风——彪子。""子"为后缀，故"彪"亦可单指"风"，天文人事，语意双关。故"撒彪"即装疯弄傻，与另一四字熟语"撒欠彪风"同义异构。又石子章《八声甘州》套："前时唧嚼，今番抹彪，急料子心肠天生透。"《全元散曲》457页校记云："彪，《阳春白雪》作'风'。"亦可证二字相通。疑此例中"抹"亦为"撒"字之误，意言从前聪明伶俐，现今又装疯弄傻，天生来心肠多也。

山

《梦粱录》卷十六"酒肆"："若酒力高美者，牌额卖过山之名，其言一山二山三山之类是也。"城市酒店牌额称"过山"，未免奇怪，实则此亦源自市语。《六院汇选江湖方语》："浪同，乃酒也；山，亦酒也；扰山，乃吃酒也。"

水客 水局

《金瓶梅》九十四回："这雪娥看见，只得叫苦，才知道那汉子潘五是个水客，买他来做粉头。"张远芬《金瓶梅新证》六《词语选释》"水客"条释云："在河道上来往做买卖的人。"按上文潘五假称山东卖棉花客人，其诓骗孙雪娥至临清亦是乘车，"河道"云云，恐属望文生义。按市语有称妓女为"水表"者，《绮谈市语·人物门》："娼妇——妓者、水表、妲老。"《圆社锦语》："水——表。"故妓院可称"水局"，《金线池》剧二折："往常个侍衾裯，都做了付东流，这的是娼门水局下场头。"据此，则妓院老板即旧时所谓"乌龟"者亦可称为"水客",书中潘五正属此等。

秀

《永乐大典戏文三种·张协状元》二十四出:"打脊笔簪赖秀!打脊笔簪赖狗!"笔簪,肮脏,与"打脊""赖"均詈语,"秀"字费解。按《行院声嗽·通用》:"细——秀。"转为名词,则犹言"小子""崽子"也。又戏曲小说中有"隐秀"一词,义为"隐秘",具见《西厢》王季思注及诸辞书,"秀"之"秘密"义,恐亦系由"细小"义引申而来。

歇马 起马

《裴度还带》剧二折:"某姓李,名文俊,字邦彦,今奉圣人命……着某随处体察采访,某来到这洛阳歇马。"《东坡梦》剧一折:"谁想安石将小官《满庭芳》奏与圣人,贬小官黄州歇马。"《诗词曲语辞汇释》卷六"歇马"条云:"'小驻'之义,多为贬谪时用语。"下举《裴度还带》等三例以证"小驻"之义,举《东坡梦》等五例以明"贬谪"之义,解证堪称全面、精审。然后出之作反而有以偏概全者,朱居易《元剧俗语方言例释》262页该条释为"贬谪、闲居";《宋元语言词典》936页该条亦谓"歇马"为"官员在贬谪地居住"。如此解说,施之张书第一类例证,均嫌凿枘。《六院汇选江湖方语》:"歇马,是住了。"即一般的停止、居留之义,当然也通于遭贬谪者。另与"歇马"相对的有"起马",即动身、启程之意。《警世通言》卷十一《苏知县罗衫再合》:"徐继祖起马到采石驿住下,等得奶公姚大到来。"

新下城

《东堂老》剧一折"你见一个新旦色下城呵。(带云)贼丑生。你便道请波请波(唱)连忙的紧邀。"按《行院声嗽·伎艺》:"行院初来——新下城。"

牙恰 讶掐

《全元散曲》1689 页无名氏小令《满庭芳》:"牙恰母亲,吹回楚雨,喝退湘云。"牙恰,犹言严厉,《行院声嗽·人事》:"利害——牙恰。"亦作"讶掐",盖随声取字也。马致远《青杏子》套(悟迷):"也不怕薄母讶掐,谙知了性格儿从来织下。"又《衣袄车》剧中有番将史牙恰,疑"牙恰"一词本源于番语。

窑变

刘庭信《案儿令》(戒嫖荡):"情意牵,使嫌钱,论风流几曾识窑变。"王晔小令《水仙子》:"书生俊俏却无钱,茶客村虔倒有缘,孔方兄教得俺窑变。"张可久《察儿令》(妓怨):"他山障他短命,怎窑变怎薄情。""窑变"均指妓女变心。此词当系由通语而入市语者。《古今小说》卷三十六《宋四公大闹禁魂张》:"他那卖酸馅架它上一个大金丝罐。是定州中山府窑变了烧出来的,他惜似气命。"许政扬注"定州,宋徽宗政和三年升为中山府,宋时以产瓷著名,称为定窑(窑地在今河北曲阳县附近)。窑变,是烧瓷器时由于釉料中铜的还元焰所引起的一种偶然的变态,也有用铜药人工烧的,瓷呈红色或紫色。"此当为词之本源。市语系以借喻方式引入,且语意双关,因为"窑"也指妓院。又《宋元语言词典》843 页收此条，释义为"借喻男女情爱的变心"，近是而未尽确。

邮亭

刘时中《折桂令》（送王叔能赴湖南廉使）："快野寺寻春酒醒，喜邮亭问俗诗成。"《梧桐叶》剧三折："恰才迎候友人花仲清，至邮亭徘徊半晌，尚不见来，不免向寺中消遣去咱。"《绮谈市语·宫殿门》："馆驿——邮亭。"按陆澹安先生《戏曲词语汇释》413页"邮亭"条云："筑在路旁供驿夫休息的亭子。"同一作者之《小说词语汇释》该条则释为"驿舍"并引《汉书·薛宣传》："过其县，桥梁、邮亭不修。"两者相较，后说是而前说非。

杂嗽

《乐府群珠》卷四曾瑞卿小令《红绣鞋》（风情）："乔断案村徕杂嗽，望梅花子弟单兜。"《诚斋乐府·庆朔堂》剧三折："受了此娘杂嗽，学稳重妖娆体态，不施呈宛转歌喉。"《元剧俗语方言例释》326页"杂嗽"条云："闲言闲语。"按此解未的，《金陵六院市语》："杂嗽者，骂也。"《梨园市语》《行院声嗽》所说亦同。

掌记

高安道《哨遍》套（嗓淡行院）："带冠梳硬挺着粗脖项，恰掌记光舒着黑指头。"《永乐大典戏文三种·错立身》十二出："（末白）都不招别的，只招写掌记的。（生唱）我能添插更疾，一管笔如飞，真字能抄掌记，更压着御京书会。"按《宋元语言词典》891页"掌记"条第三义云："手抄的曲本、剧本。"

其说是矣，唯据上引第一例，似亦指执剧本以提示台词者。

阵马

《永乐大典戏文三种·错立身》四出："婆婆且往，听说与：阵马挨楼满，不成误看的？"钱南扬注："阵马，形容观众拥挤。楼指神楼……是头等看席。"按"阵马"亦为市语，注解所释非是。《行院声嗽·人物》："男——阵马。"例中"阵马"指男性观众，"挨"才是形容拥挤。《行院声嗽》钱先生之《汉上宦文存》曾予收录，以上小误乃偶尔失检。

走衮　走滚

董君瑞《哨遍》套（硬谒）："你要寻走衮、觅转关，上天掇着梯儿赶。""寻走衮"与"觅转关"义近，均有寻找借口之意。《行院声嗽·人事》："说不定——走衮。"意谓说话无定准也。字亦作"走滚"，《金瓶梅》二十八回："我几次戏他，他口儿且是活，及到中间，又走滚了。"《金瓶梅新证》六《词语选释》解作"变卦、滑脱"，近是。又"走衮"原为蹴鞠市语，本义似即走开、离开。《事林广记》续集卷七"文艺类"载"圆社市语"《中吕宫·圆里圆》套"勘脚并打二，步步随定伊，何曾见走衮？"

拽大拳

《独角牛》剧二折："看那厮拽大拳可这般出出出的赶来，你看我跌过脚轻轻的倒台。"此写拳脚相扑，"拽大拳"为常见义：举大拳或握大拳也。借为行院市语，因适用对象不同可细分为两种情况：倘自妓院鸨母方面言，为敲大竹杠之意。《两世姻缘》

剧一折:"俺娘休想投空寨,常则待拽大拳,恰便是老妖精曾吵闹了蟠桃宴。"《百花亭》剧一折:"既然解元要与妾身为伴,怎敢推辞?但是俺娘拳手大、枷棒重,只怕你当他不起。"倘自嫖客方面言,则譬喻花大注钱以寻欢买笑。曾瑞小令《快活三带朝天子》(劝娼):"花刷子拽大拳,俏勤儿受懊煎。""花刷子"指"庄家学俏者",见《行院声嗽·人事》。《对玉梳》剧二折:"(正旦唱)划地你拽大拳人面前逞喽啰,请起来波小哥!(净云)由大姐骂我,则是二十载绵花都送与大姐。"按《宋元语言词典》616页"拽大拳"条云:"犹言大手大脚。"近是而未尽确。

做口　做嘴　做吕字

《全元散曲》1796页无名氏《赏花时》套:"空耽着闷忧,虚陪了消瘦,不承望刚做了口儿休。"《二刻拍案惊奇》卷十《赵五虎合计挑家衅》:"揾腮是皱面颊,做嘴是白须髯。""做嘴"与"做口"同,均犹言接吻也。《行院声嗽·身体》:"做口——吕儿。"据此编体例,被释词一律在后,解释词一律在前,则"做口"当系市语中较流行者,"吕儿"则属所谓拆字法,因"吕"字为两口相接之像,故"做口""做嘴"也可说成"做吕字",《醒世恒言》卷十五《赫大卿遗恨鸳鸯绦》:"(空照)却早已立起身,大卿上前拥抱,先做了个'吕'字。"

(原载《文史》第三十五辑,有删节)

十三

敦煌变文词义补笺

自敦煌石窟文献问世以来，敦煌学已渐成为国内外学者瞩目的显学，研究范围涉及文化、政治、经济各个方面。变文只是其中一部分文学性较强的通俗作品。由于这部分作品经过种种艰难之后率先整理刊行，从文学和语言两方面去研究它们便得风气之先，取得成果较早，成绩较大。语言方面的研究主要集中在文字校勘和词语考释上，因为这是研读变文乃至所有敦煌文献的难点所在。单就词语考释一项而论，二十世纪五十年代即有蒋礼鸿先生《敦煌变文字义通释》之作，其后继踵者众，论著日多，探微发隐，各见功力。唯因变文内容十分丰富，语言情况复杂，诸家所论，容有小阙，挂万漏一，或所难免。今不揣固陋，谨将年来浏览所得草成补笺若干事，聊以助波澜、备参择而已。下所条列，或有时贤于唐宋诗文中已获确诂而举例未及变文者，意在以变文之例助成其说，并借以说明该词应用不限一隅。文中举证，多采自《敦煌变文集》1984年重印本，为便排印与观览，字形凡属明白无误者，一律改从现今规范简体，前后详注篇名、页码，以利复核。

不绍　不诏

不绍，本义指不能绍继家世家业，"绍" 即"克绍箕裘"之"绍"，有继承义。《太子成道变文》："皇宫不绍金轮位，居山定证佛菩提。"（317页）《难陀出家缘起》："难陀又怕妻怪，恶发便骂世尊：'轮王低此不绍作个师僧，□我他人！'"（398页）按二例说的是同一件事，下例文字有脱漏，语意不甚明确，但合起来看，大意可知。"低此"疑为"抵死"之形误，"不绍"之后似应点断。又《太子成道经》："大王莫怪，[此]孩子不绍世间，证得无上菩提，之时我缘不遇，所以悲泣。"（290页）此例"诏"字当为"绍"字之误，"不诏世间" 义即不会绍续世俗家业。又《变文集》原在"之时"后断句，文意不贯，今改。"之" 为指示代词，同"此"，上文"大王……即便问之仙人曰" 可证。

不能绍继家世家业者于父母为不孝，故"不绍"有时可径作"不孝"解。《伍子胥变文》："子胥良久，揽发而言：'臣父兄事君不谨，遂被楚帝诛身。臣即不绍于家，弃父离君逃走。'"（17页）《无常经讲经文》："休趁闲行兼不绍，不绍交君沉

恶道。"（667 页）

不拣　不谏

不拣，犹言不论、不管，表示无条件，连词。《金刚般若波罗蜜经讲经文》："不拣山河大地，不拣日月星辰，不论三恶道中，不说十方世界，将来打碎作成尘，我佛身似三千界。"（440 页）"不拣"与"不论""不说"互文，均作连词。《佛说阿弥陀经讲经文》："莫同大石纵愚痴，不拣前头及后面。法师今朝分明说，只怨（恐）门徒不觉知。"（468 页）此例前二句倒装，意谓不论以前以后，均不得纵任痴迷。又《无常经讲经文》："不论贵贱与高低，拣甚僧尼及道侣，除却牟尼一个人，余残总［被无常取］。"（659 页）《八相变》："他道世间病患之时，不谏贵贱。"（337 页）"拣甚""不谏"均与"不拣"用法相同，其字作"谏"者当因形近而误。

处分

处分，有吩咐、嘱咐义，见《诗词曲语辞汇释》卷五，另又有批评、责备义，见拙撰《诗词曲语辞例释》增订本 45 页。这两种用法在变文中都有用例。前者如《庐山远公话》："惠远闻语，喜不自胜，既蒙师处分，而已丁宁，岂敢有违？"（167 页）"丁宁"为分明义。后二句意即蒙师嘱咐，且已清楚明白。后者如《父母恩重经讲经文》："晨朝问信起居，且莫失恭颜色。父母忽然处分，辄莫应对二亲。"（699 页）"信"同"讯"。"忽然"犹言"如果"（见《敦煌变文字义通释》增订本 289 页该条）。后二句意谓倘若父母责备，切不可回嘴顶撞。"处分"显然与吩咐义有别。

抽 抽军 抽头

《说文》十二篇上手部："畱，引也。抽，畱或从由。""引"有退缩义，如《战国策·赵策》"秦军引而去"，"抽"亦然。但以抽为退，秦汉少见，变文则较习用。如《张义潮变文》："犬羊才见唐军胜，星散回兵所在抽。"（116页）《降魔变文》："须达情地樟惶，抽身数步之外。"（370页）《无常经讲经文》："自作得，自家收，旋把灾殃旋旋抽。"（666页）以上为"抽"字单用例，"所在抽"意言处处退，"抽身"指身体倒退，与常用义"脱身"不同。另有习惯性词组"抽军""抽头"。"抽军"义即退兵，"头"与"身"同义（以部分代全体），"抽头"即脱身之义。如《捉季布传文》："臣骂汉王三五口，不施弓弩遣抽军。"（51页）《燕子赋》："黠儿别设谋，转急且抽头。"（263页）另"抽头"之说，元曲亦习见。（参见《诗词曲语辞例释》该条）。

次

"次"在唐诗中可表"……之际""……之时"的意思，说详蒋绍愚《杜诗词语札记》（《语言学论丛》第六辑），变文中此类用例亦多。如《太子成道经》："遂出南门，忽尔行次，见老人，发白面皱，形容燋燋"（291页）《叶净能诗》："其时张令妻入，正拜堂次，使者高声作色。"（218页）又同篇同页："我在岳神前拜堂之次，忽有一将军……拔剑上殿，拟斩岳神。"《韩擒虎话本》："整梳妆之次，镜内忽见一人，回故（顾）而趋。"（197页）上列四例中，后二例"次"前有"之"字，其"时""际"义益加显豁。《叶净能诗》二例说的是同一件事，一作"次"，一作"之次"，尤有启发。又"次"表"时""际"义六朝已然。《宋书》卷五三《谢方明传》："尚书仆射殷景仁爱其才，因言次，白太祖。"《南史》卷二二《王昙首传》："何承天《礼论》三百卷，俭抄为八帙，又别抄条目为十三卷，朝仪旧典，晋末来施行故事，撰次暗记，无遗漏者。"均可为证。

淡泞　淡伫

"淡泞（zhù）"本澄深义，见《集韵》语韵"泞"字条，又见《文选》木华《海赋》李善注。孙德宣《语词琐记》云：宋词中"淡泞有用来形容花卉、容饰之素净、淡雅或雅致的。"（《中国语文》1979年第2期）此词变文凡两见，均用于形容人的神态举止，有"恬淡、闲雅"义。《维摩诘经讲经文》："三底异越，和云水已（以）随身；五德超群，共温恭而淡伫。"（530页）又同篇名变文："光严被唤，便整容仪，纤手举而淡泞风光，玉步移而威仪庠序。"（610页）

丁宁

"丁宁"有"分明、仔细"义，拙撰《诗词曲语辞例释》增订本65页已发之；此外又有"殷勤、辛苦"义，见《中国语文》1983年第5期李崇兴《词义札记》。两种含义的"丁宁"变文中均有用例。如《庐山远公话》："惠远闻语，喜不自胜。既蒙师处分，而已丁宁，岂敢有违？"（167页）《维摩诘经讲经文》：" 世尊处分苦丁宁，不敢筵中陈恳素。"（639页）以上为分明、仔细义。苦，程度副词犹言"十分""非常"，"苦丁宁"义即十分清楚明白。二例中"处分"均为吩咐义。又《长兴四年中兴殿应圣节讲经文》："调御垂慈虽恳切，君王求法更丁宁。"（412页）《妙法莲华经讲经文》："只有仙人修至业，神祇遵奉各丁宁。"（489页）以上为殷勤、辛苦义，末例意言仙人修道有成，则可驱役神灵，使之殷勤奉行。

度

度，递，送，唐宋元明诗文习用，参见《诗词曲语辞例释》该条。变文中用例亦多。如《汉将王陵变》："霸王闻语，拔太阿剑度与陵母。"（45页）《庐山远公话》："相公处分左右，取纸笔来度与。"（177页）《韩擒虎话本》："某等兄弟八人别无报答，有一合龙膏度与和尚。"（196页）《太子成道经》："大王遣宫人抱其太子，度与仙人。"（290页）均为其例。

方便

"方便"一词，解说历来聚讼纷纭：《敦煌变文字义通释》221页该条以为"采用不正当的手段，虚妄"；周光庆《敦煌变文释词》以为"方法、设法"义（《中国语文通讯》1981年第2期）；项楚以为有"机会、伺机"义，名动两用。（《敦煌变文语词札记》，《四川大学学报》1981年第2期）；郭在贻《游仙窟释词》则谓有"特地、故意"义（《杭州大学学报》1981年第2期）。按"方便"确有"特地、特意"一解，唐宋诗词中亦有例可证（说详《诗词曲语辞例释》该条），今但增缀变文数例。《伍子胥变文》:"子胥被问相辞谢,方便软言而帖写:'娘子莫漫横相干,人间大有相似者。'"(11页)《韩擒虎话本》:"单于一见,忽然大怒,处分左右:'把下王子,便擗腹取心——有挫我蕃家先祖!'天使一见,方便来救。"(205页)苏联所藏押座文及说唱佛经故事五种《双恩记》第七:"王闻此,譬如人喑,亦不得咽,又不得吐。语太子言:'是汝有库藏珍宝,随意取用,何为方便自入大海?'"(见《敦煌变文论文录》835页)同上《维摩碎金》:"居士已作念了,便入王宫,见宝积逐乐追欢,方便发言呵责,令厌奢华,交归三宝。"(同上书857页)《伍子胥变文》一例,《敦煌变文字义通释》曾加征引,以为"帖写"即"推卸、推脱",是;但谓"方便帖写"是用假话来推脱,却未尽妥。"软言"在此即指委曲不实的话,"方便"应是特意义。其余三例,观上下文可知,无烦疏释。

贵

"贵"可表"欲、须""要、想"义,《诗词曲语辞例释》该条已论及,变文中也有此种用法。如《伍子胥变文》:"龙泉宝剑,与子防身;璧玉荆珍,将充所贵。"(14页)"所贵"义同"所须"。《燕子赋》:"雀儿已愁,贵在淹留,迁延不去,望得脱头。"(250页)意言欲再淹留。脱头,脱身,指摆脱官司。苏联所藏押座文及说唱佛经故事五种《佛报恩经讲经文》:"吾得宝珠,见在髻内,朝暮守护,动止提防。贵满父母之忧怜,兼教生灵之贫困。"(《敦煌变文论文录》837页)其义亦同。按"贵"表此义由来已久,代有所见。刘淇《助学辨略》已引《战国策》"贵合于秦以伐齐"一例，又《汉书·贾谊传》："然而曰礼云礼云者，贵绝恶于未萌，而起教于微眇，使民日迁善远罪而不自知也。"《说苑·说丛》："君子不羞学，不羞问，问讯者知之本，念虑者知之道也。此言贵因人知而加知之，不贵独自用其知而知之。""贵"犹言"须"，"不贵"犹"无须"。

还

"还"有"却"义，见《诗词曲语辞例释》该条，《敦煌变文字义通释》漏收，今请广变文之例。《庐山远公话》："虽有髑髅，还无两眼。"（190页）《维摩诘经讲经文》："虽即寿年长远，还无究竟之多。"（624页）"还"均与"虽"相应。"究竟"为"长久、永久"义。《父母恩重经讲经文》："行藏逐意皆能遂，出入遂心到处安。设使命终皈大夜，三途还是不相干。"（674页）三途，指火途、血途、刀途，均地狱之苦。此例意言若能生前行善，即使死归冥间，也可不受地狱之苦。

决

决，打，鞭打。《舜子变》："把舜子头发，悬在中庭树地，从项决到脚瞅，鲜血遍流洒地。"（131页）《庐山远公话》："这遍若不取我指拶，不免相公边请杖决了，趁出寺门，不得闻经。"（187页）《燕子赋》："国有常刑，合笞决一百。"（252页）《维摩诘经讲经文》"其大官甚怒，便令从人拖出，数人一时打决。"（577页）前一例"决"字单用，后二例"决"与"笞""打"同义连言。又此义唐初笔记中亦有例可证。《太平广记》卷三八〇《韩朝宗》条引《朝野佥载》："入屏墙，见故刑部尚书李乂,朝宗参见。云:'何为决杀人?'朝宗诉云:'不是朝宗打杀,县令重决,因患天行病自卒。'"文中"决""打"互见。按林昭德《诗词曲语辞杂释》释"决"为"骂人"或"父兄恶颜厉色地教训自己的子弟"。(《中国语文》1980年第3期)王雪樵《决字小议》认为此说不够全面,"决"除"训骂"义外,尚有"责罚、打揍"义。(《中国语文通讯》1981年第5期)两文均分别联系四川和山西方言以证元曲。今按,王说是,且"决"有揍打义,唐宋已然。

决定

决定,一定、必定,用作加强肯定语气的副词,而非名词或动词。《妙法莲华经讲经文》:"要去任王归国去,下官决定不相留。"(494页)《维摩诘经讲经文》"尔时世尊见舍利佛心疑,言此佛土决定秽浊,世尊即以足指案地,即时三千大千世界若干百千珍宝严饰。"(569页)篇名同上:"道场决定亲瞻礼,火室多应出网罗。"(607页)此例意言光严一定得成正果、出离尘网,非决心瞻礼之意。又此义尚可征之唐宋笔记及禅宗语录,参见拙文《唐宋笔记语词释义》(《语文研究》1986年第4期)、蒋绍愚《〈祖堂集〉词语试释》(《中国语文》1985年第2期),按"决"本有"必"义,用作副词,先秦已然。《战国策·秦策四》:"王曰: 钧吾悔也,宁亡三城而悔,无危咸阳而悔也,寡人决讲矣。"高诱注:"决,必。"讲,和也。

空

"空"可用作范围副词而表"只、仅"义,已见拙著《诗词曲语辞例释》该条,现请广变文之例。《王昭君变文》:"更无城郭,空有山川。"(99页)《难陀出家缘起》:"最后房内空有天女,并□(无)天男。"(399页)《佛说阿弥陀经讲经文》:"矮发天然宜剃度,空披荷叶作袈裟。"(486页)苏联所藏押座文及说唱佛经故事五种《佛报恩经讲经文》"非空饭味人人足,兼得衣裳日日多。"(《敦煌变文论文录》848页)"非空"犹言"不仅",与下文"兼得"相应。

亲情

亲情,有二义:一为亲属,一为亲戚。均作名词。《舜子变》:"舜子问云:'冀郡姚家人口,平善好否?'商人答云:'姚家千万,阿谁识你亲情?'"(133页)《齖𪘏书》:"齖𪘏新妇甚典砚,直得亲情不许见。"(859页)以上为亲属义,上例指父母兄弟,下例指公婆丈夫。齖𪘏(yájiā),快口利舌。典砚,行为不检,(见《敦煌变文字义通释》219页)。《父母恩重经讲经文》:"几度亲情屈唤,无心拟去相随,纵然家内延宾,实是懒陪欢笑。"(697页)又:"三朝为喜蒙平善,满月延僧息障灾。邻里争相看不足,亲情瞻嘱意徘徊。"(699页)以上为亲戚义。上例"亲情屈唤"犹言亲戚邀请,与"家内延宾"相对为文。下例"亲情"与"邻里"相应。

取别 取别离

取别,即分别,告别,唐宋习惯用语。《韩擒虎话本》:"皇帝闻奏,遂诏合朝大臣内宴三日,只在殿前与擒虎取别。"(206页)《搜神记》:"子京曰:'若如兄言,岂敢违命,[可]

不放弟共妻儿取别？'"又："明日路上，共珍执手取别。"（880页）此外尚有在"取别"之后再加"离"字之例，系韵文中增字以足句并押韵者。《太子成道变文》："我儿年少正当时，争忍今朝取别离。"（318页）又此熟语诗文中亦不乏其例。杜甫《送长孙九侍御赴武威判官》诗："问君适万里，取别何草草？"意言"君将远行万里，何故匆匆而别？"。《太平广记》卷三三六《张守一》："至七日，谓女曰：'天上人间当隔异，欢合尚浅，便尔乖离，如何？'因流涕取别。"《异闻总录》卷二："胡氏喜，又赠绢五十匹，因取别。"

如何

如何，务必、务须之义，用于祈使句而非疑问句。元曲中"怎生"可如此用，见《诗词曲语辞汇释》卷二该条。据两词时代先后与意义上的关联，其间当有一脉相承的关系。如《捉季布传文》："特将残命投贤弟，如何垂分乞安存！"（56页）意言务必看在昔日情分上让我暂且安身。《叶净能诗》："皇帝曰：'天下亢旱，天师如何与朕求雨，以救万姓！'"（222页）《搜神记》："（颜子父母）遂拜管辂，咨请之曰：'［小］儿明日午时将死，［管圣］如何忧怜，方可救命。'"（867页）用法并同。

唯

唯，与"更""益"同，表程度递加，副词。《长兴四年中兴殿应圣节讲经文》："淑妃伏念：灵椿比寿，劫石齐年。推恩之誉更言，内治之名唯远。"（412页）"唯""更"互文，

"言"字疑误。《佛说观弥勒菩萨上生兜率天经讲经文》:"宝塔年多犹尚减,真身岁久色唯新。"(648页)"唯新"与"尚减"对文见义。《欢喜国王缘》:"皇帝既被有于(相)夫人再三频问,唯唯惆怅,转转悲啼。"(773页)此用重叠式,义亦同。"转转"亦"益发"义,二者互文。意犹云更加愁闷,益发悲啼。又"唯"如此用法唐诗中亦有例可证。姚合《寄张溪》诗:"秋卷多唯好,时名屈更肥。"又《武功县中作》;"鬓发寒唯短,衣衫瘦渐长。"卢纶《送畅当》诗:"四望无极路,千里流大河。秋风满离袂,唯老事唯多。"均犹言"多更好""寒更短""益老事益多"。

心口

心口,犹言心上、心里。"口"字原义已趋虚化,成为处所标记。《舜子变》:"舜子当即知是父母小弟也。心口思惟,口亦不言。"(133页)《伍子胥变文》:"子胥心口思惟:'此人向我道家中取食,不多唤人来捉我以否?'"(13页)《捉季布传文》:"季布既蒙子细问,心口思惟要说真。"(64页)《韩擒虎话本》:"杨妃拜谢,便来后宫,心口思量:阿爷来日朝觐,必应遭他毒手……"(197页)按"心口"一词,今川西等处方言尚有如此用者。如称胃痛为"心口痛"之类。徐震堮《〈敦煌变文集〉校记再补》于《舜子变》一例云:"'心口'疑当作'心中'。"(《华东师大学报》1958年第2期)乃属不知"心口"此种用法而错疑。

谓言 为言 言为

谓言，同义复词，含义有二：一为通常的"告诉"义。《祇园因由记》："一见太子，而谓言曰：'臣适出城，见太子园有其不祥之事，太子可须卖却。'"（407页）一表"以为""认为"义。"谓"在诗词曲中可单独表示此义，见《诗词曲语辞例释》增订本123页及蒋绍愚《杜诗词语札记》该条（《语言学论丛》六辑）；"言"也可单独表示此义，见蒋绍愚《唐诗词语札记》（《北京大学学报》社科版1980年第3期）。变文中则每每二字连用，含义仍无不同。《降魔变文》："须达忽见光明，谓言天晓，寻光直至城门，未开关钥。"（364页）《祇园因由记》："唔吟之间，太子不测，谓言无金。"（407页）又敦煌本《启颜录·昏忘》："其子至市，于镜行中度行。人列镜于市，顾见其影，少而且壮，谓言市人欲卖好奴，而藏在镜中。"均犹言以为天晓、以为无金、以为欲卖好奴。

这一含义的"谓言"亦可作"为言"，或倒其序作"言为"。《伍子胥变文》："郑王曰：'远使将书，云舍慈父之罪。臣不细委知，遣往相看。为言旬日即还，不知平王诛戮。'"（22页）《孟姜女变文》："姜女哭道何取此，玉貌散在黄沙里。为言坟陇有标题，壤壤髑髅若个是？"（33页）以上系作"为言"之例。《维摩诘经讲经文》："尔时持世不识魔王，将为娇尸迦，错认作帝释，所以经言、我言为是帝释，而语之言："善来，娇尸迦！乃至与修坚法。"（624页）此乃倒序作"言为"之例。

按"谓言"连用而表"以为"义，六朝已然。古诗《焦仲卿妻》："谓言无謇违，供养卒大恩。"意谓自己以为不会有过失，可以自始至终报答公婆供养之大恩。

音声

音声，名词，亦有二义：一为"声音"之倒序词，《伍子胥变文》："四十二面大鼓笼天，三十六角音声括地。"（19页）此外尚可特指音乐。例如，《八相变》："大王见太子忧愁不乐，更添百般细乐，万种音声，令遣宫内，为欢太子。"（335页）《父母恩重经讲经文》："学音声，屈博士，弄钵调弦浑舍喜。"（686页）按，"钵"当为"拨"。又此种用法唐宋笔记中亦可见，《国史补》卷上："每宴乐，则宰臣尽在，太常教坊音声皆至。"《唐语林》卷一《政事上》："元宗宴蕃客，唐崇句当音声，先述国家盛德，次叙朝廷欢娱，又赞扬四方幕义，言甚明辨。""句当音声"指导引乐舞并先致颂辞。

院长

《捉季布传文》："季布不知新使至，却著言辞怪主人：'院长不须相恐赫，仆且常闻俗谚云：古来久住令人贱，从前又说水烦昏。'"（58页）又："自嗟告其周院长：仆恨从前心眼昏。"（60页）王重民先生跋《敦煌本〈捉季而传文〉》云："濮阳周氏，《史》《汉》亦不著名字；此传文中则又一称周谥，三称周院长。谥即谥，或氏字之声误，'院长'二字不似名号，不知何所取义？"（《敦煌变文论文录》558页）按"院长"之称，中唐本指御史台三院长官，降至晚唐五代两宋，亦可指中央以至地方法治机构之吏卒（说详拙文《新版〈辞源〉近代语词若干条目解说商兑》），

《语文建设》1986年第5～6期)。此传上文云:"周氏身名缘在县,每朝巾帻入公门。"则胥吏也,故有此称。

周旋

"周旋"在变文中可表"应酬、应对"义。如《丑女缘起》:"每日将身赴会筵,家家妻女作周旋。"(795页)《父母恩重经讲经文》:"若于父母解周旋,土地神龙尽喜欢。"(673页)此义习见,不备举。此外,"周旋"尚可表"周全、圆备"义。例如,《八相变》:"三大僧祇愿力坚,六波罗蜜行周旋。"(329页)《长兴四年中兴殿应圣节讲经文》:"为见君王契上天,进加尊号义周旋。"(421页)《无常经讲经文》:"望儿孙,羞饭味,垒七修斋兼远忌。饶你垒七总周旋,也不如[闻健先祇备]。"(665页)《丑女缘起》:"毁谤阿罗汉果业,致令人貌不周旋。"(795页)第一例犹言行为周全,指修行圆满,不犯戒条;第二例意言尊号之含义完备;第三例谓祭祀之斋食完备;末例谓形貌完美无缺。按《敦煌变文字义通释》52页"周旋"条释末一例为"漂亮好看",恐未尽确。相貌可以说"周全圆备",变文中例证不少。《父母恩重经讲经文》:"若欲来生相周圆……须于今生行其孝养。"(673页)《大目乾连冥间救母变文》:"还得女人身,全具人状圆满。"(744页)丑女原来"头似兽头,发如驴尾,上唇半斤有余,鼻孔竹筒深小",不只是"不漂亮"的问题,简直是不具人形,故言"不周旋"。另"旋""全"音近,方言或可互通。

又宋人笔记中"周旋"有"周全、赈济"义,当径由以上用法引申而来，亦可参证。《春渚纪闻》卷三《孙道人尸解》："道人举手告众曰：'我今年九十岁矣，久寓此土，荷郡人周旋。今当小别，各勉力事善。'"《容斋四笔》卷八："方滋之为人，天性长者，凡于人唯以周旋为志，非独于迁客然也。"

装

"装"在诗词曲中有"做、造"义，已见《诗词曲语辞例释》该条，今但增变文二例。《维摩诘经讲经文》："巧裁缝，能绣补，刺成盘凤须甘雨，个个能装百纳衣，师兄收取天宫女。"（629页）此缝制义，"纳"当作"衲"。《目连缘起》："献珍馔千般羞味，造盂兰百宝装成。"（709页）此亦言盂兰盆为百宝做造而成，"装"与"造"本句互见。"装"在元曲中或作"妆"，一字异体，义无不同。《潇湘雨》剧三："这雨呵，他似箭杆悬麻，妆做十分苦。""妆""做"连言，"妆"即"做"也。《戏曲词语汇释》该条释为"妆点、衬托"，固嫌未确；刘凯鸣《〈戏曲词语汇释〉注释续议》以为"撞筑"的同音借字，说亦可商，（《字词天地》1984年第4期）"妆""做"同义连言，意犹造成、酿成。

谘 谘说 谘白

谘，犹言"语"，即"对……说"之意，非通常之"谘询""谘谋"义。《韩朋赋》："贞夫谘宋王［曰］：既筑清陵之台讫，乞愿暂往［观］看。"（139页）《搜神记》："女郎即谘度曰：'我是［秦］文王女，小遭不幸，无夫独居，经今二十三年。'"（870页）上一例"谘"下原校记［一〇三］："甲卷'谘'作

'语'。"可见"谘"即是"语",下例略同。又"谘"每每与"说""白"等字连言,益可坐实此义。如《叶净能诗》:"伏惟使者照为谘说,即劣(为)恩幸。"(218页)《破魔变文》:"于是三女遂即进步向前,谘白父王。"(350页)另唐宋笔记中亦不乏其例,可为参证。《隋唐嘉话》卷下:"大卿胡元礼承旨欲陷人死,令(李)日知改断,再三不从。元礼使谓李曰:'胡元礼在,此人莫觅活!'李起谓使者:'日知谘卿,李日知在,此人莫觅死!'竟免之。"《太平广记》卷七一《窦玄德》:"家人在道危急,即焚香谘白。"用法并同。

按《说文》第二篇下口部:"咨,谋事曰咨,从口次声。""谘"字《说文》未见,《龙龛手镜》平声卷一言部第三:"谘,音资,谘询,访问也。"据李荣先生的研究,"谘"这一字形出现较早,汉灵帝中平(185年)二年《郃阳令曹全碑》"圣主谘诹",即已加"言"旁。《出师表》两种传本"谘""咨"并用,(《中国语文》1986年第5期《汉字的演变与汉字的将来》)但意义均限"谘询""谘谋"。"谘"表"告语"义当属唐宋之际的新义项。

参考书目

[1]《诗词曲语辞汇释》 中华书局 1953 版
[2]《诗词曲语辞例释》 中华书局 1986 版

[3]《敦煌变文字义通释》 上海古籍出版社 1981 版

[4]《宋书》 上海古籍出版社、上海书店 1986 年影印本

[5]《南史》 上海古籍出版社、上海书店 1986 年影印本

[6]《集韵》 中国书店 1983 年影印本

[7]《敦煌变文论文录》 上海古籍出版社 1982 版

[8]《说苑》 万有文库本

[9]《太平广记》 中华书局 1987 版

[10]《战国策》 商务印书馆 1934 国学丛书本

[11]《杜诗镜铨》 上海古籍出版社 1980 版

[12]《全唐诗》 中华书局 1960 版

[13]《国史补》 上海古籍出版社 1984 版

[14]《唐语林》 中华书局 1978 版

[15]《春渚纪闻》 中华书局 1983 版

[16]《容斋随笔》 上海古籍出版社 1978 版

[17]《元曲选》 中华书局 1958 版

[18]《隋唐嘉话》 中华书局 1979 版

[19]《说文解字》 中华书局 1979 年影印本

[20]《龙龛手镜》 中华书局 1985 年影印本

十四

近代汉语联绵词考

对联绵词历来有不同的理解，这里指由语音造词法造成的双音单纯词，两个音节之间有双声或叠韵的关系。近代汉语联绵词包括两部分：一是沿用上古或中古的联绵词，从旧词中衍生出新义；二是此期新造者。前一类如"参差"之表"大约、几乎"义，"踌躇"与"沉吟"之表"思量"义，"荒唐"之表"慌张"义，"因循"之表"清闲游乐"义，如此等等；后一类如"腌臜""鳖跛""骎驔""战敠""都卢""麻茶""跷蹊""搋把""资次"等等。有的联绵词有不同的书写形式，有的同一书写形式却包含着意义不同的两个联绵词。由于时代和地域方言的不同，一些联绵词曾产生各种音变。这些因素彼此联系又相互影响，造成了某些联绵词之间错综复杂的关系。清理这种关系和它们各自发展变化的脉络，是一件相当困难的事。其中有的条目是修正笔者过去不大确切的解释，有的是根据现有材料对其含义做出初步概括，有的条目的某些地方只是提问题，供进一步探讨。

骖䮃

叠韵联绵词。骖，《广韵》音仓含切，清母覃韵；䮃，徒玷切，定母忝韵。覃与忝邻韵通转。此词拙撰《诗词曲语辞例释》已收，引例最早者为梁代车嶯诗，但失引《玉篇·马部》"趁䮃，驱步"，且原来"马牛小步行走貌"的解释也嫌不够贴切。今按，"骖䮃"有时为形容词作状语，应释为"奔腾驰骋貌"，有时径作句中主要动词，则义为"奔驰"，原举之武平一以下各例均宜作动词解。另如宋欧阳修《晓发齐州道中》诗二首之一："东州几日倦征轩，千骑趁䮃白草原。"苏轼《过庐山下》诗："乱云欲霾山，势与飘风南。群隮相应和，勇往争骖䮃。"陈造《怀莒堂上梁文》："抛梁南，横前江影晓涵涵。端复与翁供藻思，老来吟兴尚骖䮃。"均径作动词，且动作的主体也不限于马牛之类。

惆怅

双声联绵词。惆，《广韵》音丑鸠切，彻母尤韵；怅，丑亮切，彻母宕韵。"惆怅"一词古今通用，其常用义为"失意、懊恼"。但在近代汉语阶段有两项意义值得注意：一是由"失意、懊恼"加重语意而表"痛恨、愤怒"义。《太平广记》卷二七八"王播"

条引《逸史》:"杜仆射亚在淮南,端午日,盛为竞渡之戏……凡扬州之客,无贤不肖尽得预焉。唯王公不招,惆怅自责。"《敦煌变文校注·孟兰盆经讲经文》:"时饷之间不的见,恓惶惆怅似汤煎。"以上为"痛恨"义。《元曲选·赵氏孤儿》五折"将那厮钉木驴推上云阳,休便要斩首开膛,直剁的他做一埚儿肉酱,也消不得俺满怀惆怅。"《孤本元明杂剧·鞭打单雄信》:"见军师骤马走飞荒,报言追赶主人伤。尉迟听罢心惆怅,欲闹嚷,急慌忙,便须敌军将。"以上为"愤怒"义。二是用为副词,表"轻率、仓猝"义。《敦煌变文字义通释(第四次增订本)》365页"惆怅"条举《敦煌掇琐》"昨夜马惊辔断,惆怅无人遮拦"一例,并谓"这个'惆怅'就是'仓猝'的意思。'造次',和'惆怅'也是一声之转"。"惆怅"表"仓猝"义在唐诗宋词中也偶有所见,以下酌举数例,以证成《通释》之说。杜甫《瘦马行》诗:"士卒多骑内厩马,惆怅恐是病乘黄。当时历块误一蹶,委弃非汝能周防。""乘黄"为神马名。这里"惆怅"在句中的位置和含义均可与上引敦煌词比勘。第二句意谓仓猝间使骏马意外受伤,以下三四两句即其注脚。白居易《三月二十八日赠周判官》诗:"一春惆怅残三日,醉问周郎忆得无。柳絮送人莺劝酒,去年今日别东都。"首句亦犹言一年春光转眼便只剩三日。宋吴潜《昭君怨》词:"脉脉此情何限,惆怅光阴偷换。"义亦同。但《通释》以为"惆怅"是"造次"的一声之转,却值得商榷,因为"惆"与"造"、"怅"与"次"声韵均相去甚远,通转恐较困难。刘凯鸣以为"惆怅"应是"周章"的"音近借字",两者无论在上古还是中古,其音韵地位都比较接近,而且"周章"的众多义项中,也恰有"匆遽、仓猝"之义。《文选·九歌》:"聊翱翔兮周章"。五臣注云:"周章,往来迅疾也。"《三国志·魏志·陈登传》裴松之注引《先贤行状》:"(陈登)引军诣贼营,步骑抄其后。贼周章方结阵,不得还船……皆弃船迸走。"《太平广记》卷三八二"齐士望"条引《法苑珠林》:"其中更无屋宇,遍地皆是热灰,士望周章不知所计。"[1]从音与义能否榫合看,刘说似较优长。

答飒 搭飒

叠韵联绵词。"答""搭"与"飒"《广韵》都在合韵。从近代文献的用例看,"答飒"主要有三个意思。一是披拂下垂貌。宋李昴英《自赞》:"冷屏山癯,搭飒野服。煮茗松根,煨芋岩曲。"《元曲选·盆儿鬼》三折:"你看这白须搭飒的,是像个贼。"二是萎靡不振貌,有时含有闲散洒脱、纵放不拘之意。宋晁公溯《致虞参政》:"犍为尤答飒不振,甚为门墙羞,近闻大为州将所苦。"宋李流谦《谢陈仆射启》:"衰踪答飒,甘自屏于林丘;大冶恢弘,犹俯收于樗栎。"宋文同《寄宇文公南》诗:"懒对俗人常答飒,厌闻时事但卢胡。"明陈献章《弄笔》诗二首之二:"弄水忘归真洒脱,看山扶步小逡巡。等闲未许丹青手,搭飒平生画此中。"三为失意、不得志。宋吴泳《答文子丹书》:"某仕途答飒,秋初忽叨秘馆之命。"宋朱翌《送郑公绩赴试金陵》诗:"念我答飒久,区区劳此生。"元杨公远《借虚谷太博狂吟十诗韵书怀并呈太仆十首》之四:"头颅搭飒一山翁，万事随宜敢讳穷。"按《汉语大词典》卷八1154页"答飒"条："懒散不振作的样子。"引《南史·郑鲜之传》及文同《送张宗益工部知相州》诗。仅为列第二义项的一半，似嫌疏略。

"答飒"是不是联绵词？从两个字的音韵地位看，显然具有叠韵关系。但郭在贻认为是同义复词，即由同义语素构成的并列式合成词。其说云："'答'当读《庄子·齐物论》'答焉似丧其耦'之'答'，《释文》云：'答，本又作嗒，解体貌。'"所谓"解体貌，犹今之'灰心丧气''萎靡不振'也。'飒'当读杜甫《夔府书怀》四十韵诗'白首飒凄其'之'飒'，犹言'衰颓'也。'答飒'即潦倒、落拓、晦气、不振作之意"。[2] 这里提出一个问题，即是否存在不符合联绵词通常定义的例外？

另有"傝偸"一词，文献用例较少而多见于辞书。《玉篇·人部》："傝，他盍切。傝偸，恶也；一曰不谨貌。"清陈鳣《恒言广证》卷二以为'傝偸'本作'答飒'。段观宋力申其说云："依《广韵》，'傝''偸'为盍韵字，'答''飒'为合韵字，盍韵与合韵关系十分密切（诗韵中盍、合二韵同用）。声母方面，'傝'透纽，'答'端纽，二字旁纽双声；'偸''飒'皆为心纽，二字声纽相同。"'傝偸'和'答飒'在意义和语音方面的双重吻合，可证成陈鳣之说。"[3]

"答飒""挞煞""傝偸"还可前加否定副词"没"而成为三音节词。明李实《蜀方言》卷上："不谨曰没傝偸。"清钱大昕《恒言录》卷二："傝偸，上吐盍切，下私盍切，叠韵字。《广韵》：'偝僀，不谨貌'。今吴人以不谨为没偝僀。"据笔者所见，文献中除《长生殿·驿备》"我做驿丞没偝僀"一例外，多写作"没挞煞""没答煞""没搭撒"等形。拙撰《诗词曲语辞例释·存疑录》已举明代戏曲小说三例，现增缀数例，以供研讨。明《石点头》卷六："此人原有名有表，因做人没挞煞，不曾立得品地，所以人只叫他周六。"《鼓掌绝尘》二回："李箴道：'哥哥又来说得没搭撒，终不然坐在家里，那银子肯滚进门来？'"《清夜钟》八回："叔冕身边，有两个最没搭煞、疏狂的酒友宫乐君、相国祚，都只晓得打开，再不晓得打拢。"

如果"偝僀""答飒""挞煞"是同一个词，那么，何以它和它的否定形式同义？清人倪涛认为否定形式是误用，其《六艺之一录》卷二六三云："答飒，俗语纷杂之称。今反云没答飒，谬。"段观宋举"没颠没倒"实际等于"颠倒"为例，认为这是一种"以反语见义的修辞手法，起加重语气的作用"[3]。王宗祥《"没挞煞"索解》不同意这种说法，认为"'没挞煞'是吴方言俗语，至今习用，义为'没出息、无用、没意思'，与'偝僀''答飒'无涉"。[4]

交加

双声联绵词。交，《广韵》音古肴切，见母肴韵；加，古牙切，见母麻韵。在近代汉语阶段，"交加"除了"交互错杂"这一常用义之外，还有两个义项为辞书所忽略：一是纠葛纠缠；二是乖忤、差错。分疏如下：

白居易《渭村退居寄礼部崔侍郎翰林钱舍人诗一百韵》："愤

懑胸须豁,交加臂莫攘。"意谓当愤懑时心胸须豁达,遇纠葛时心情莫激动。唐代释道宣《广弘明集》卷一四:"有同罪而殊刑,有齐德而异袟。业多端而交加,果遍酬而缕悉。"此纠结、纠缠义。宋李焘《续资治通鉴长编》卷二七四:"今访闻戎沪州县分,前此汉人亦多私典买夷人田土者,皆出情愿,即无竞争,但不敢经官印契。谓宜许令赍契赴官陈首,如无交加,即印契给还。"又卷四九五:"(章)惇问(蔡)京云:'人言公与之有钱物交加,是否?'京变色曰:'无此事,只曾将一犀带来与京,京不曾受。'"均纠葛义。《元曲选外编·猿听经》二折:"怕的是红尘混杂,愁的是业海交加。"用法与《广弘明集》一例同。以上为纠葛、纠缠义。

《全唐文》卷九三李枻《允吏部请诸道申送员阙诏》:"选人指射之时,既不详审;铨司注唱之际,遂使交加。颇属弊讹,频起论讼。所司厘革,合议允从。"此乖忤差错义,于下文可见。《册府元龟》卷五一〇:"延龄又奏京兆府妄破用钱谷,请令比部郎中崔元翰覆勾——元翰尝为陆贽所黜也。及比部奏谷帛又无交加,二年三月,加(陆贽)户部尚书,依前判度支。"《朱子语类》卷五三:"问:'推四端而行,亦无欠阙?'曰:'无欠阙只恐交加了。合恻隐底不恻隐,合羞恶底不羞恶,是是非非交加了。'"宋袁采《袁氏世范》卷下:"人户交易,当先凭牙家索取阄书砧基,指出邱段围号,就问现佃人有无界至交加,典卖重叠。"义均同。

按"交加"一词,其源可上溯秦汉,字形或作"胶加""胶葛"，"交"与"胶"同音，"加"与"葛"一声之转。《楚辞·远游》："骑胶葛以杂乱兮，斑漫衍而方行。"朱熹《集注》："胶葛，杂乱貌；一曰交加也。"这里应是交错之义，与下文"杂乱"相近相关。宋杨侃辑《两汉博闻》卷六："又《甘泉赋》：'齐总总蹲，樽其相胶葛兮。'师古曰：'胶葛，犹言胶加也。'"宋玉《九辩》："何况一国之事兮，亦多端而胶加。"王逸《章句》："贤愚反戾，人异形也。"朱熹《集注》："胶加，戾也。"均意谓背戾不顺。实则这里的"胶加"解为纠缠不清亦无不可。

"交加""胶加""胶葛"与后来的"纠葛"其实是一个词，只是在不同的时期写成了不同的形式。据笔者检索几种大型古籍语料库的结果。"纠葛"的出现是晚至清代的事。最早的例子见于清孙静安《栖霞阁野乘》和夏敬渠《野叟曝言》。《汉语大词典》卷九698页"纠葛"条云："葛蔓纠结，难于分解。比喻纠缠不清之事。"所举首例为小刀会史料。不仅例证过晚，释义也有望文生义之嫌。

抹搭 抹挞 抹答

抹搭，音mada，叠韵联绵词。抹，《广韵》音莫拨切，明母末韵；挞，他达切，透母曷韵；答，都合切，端母合韵；搭字同。末、曷、合三韵相近相邻，例可通转。抹、挞、答、搭四字在《中原音韵》中均入家麻韵，抹字入作去，挞字入作平，答、搭二字入作上。"抹搭"等约有二义，分述如下。

其一为痴憨蠢笨义。《景德传灯录》卷三十道吾和尚《一钵歌》："遏喇喇，闹聒聒，总是悠悠造抹搭。如饥吃盐加得渴，枉却一生头桩桩。究竟不能知始末，抛却死尸何处脱？"意谓世俗之人总是自陷于愚蠢境地，以下四句可为注脚。宋僧惠洪《渔父词·丹霞》："古寺天寒还恶发，夜将木佛齐烧杀。炙背横眠真快活，憨抹搭，从教寺主无须发。"按，丹霞烧木佛是禅宗著名公案，丹霞，唐元和中人，初习儒，后出家，号丹霞天然禅师。《景德传灯录》卷十四载其生平。中叙烧木佛事云："后于慧林寺遇天大寒，师取木佛焚之。人或讥之，师曰：'我烧取舍利。'""憨"与"抹搭"同义叠用，意谓浑浑噩噩或痴痴呆呆。复按《广韵·末韵》："侎㑩"，肥貌。"侎㑩"当即"抹搭"，由"肥胖臃肿"引申为"粗蠢痴憨"是顺理成章的。

其二为轻忽、漫不经心之义。《元曲选·倩女离魂》二折："我敢似孟光般贤达，休想我半星儿意差、一分儿抹搭。"意谓对爱情如孟光般专一坚定，绝不会有半点轻忽。陈加辑《全元散曲补遗》王大学士《点绛唇》套："一个做生活的不颗恰，一个觅虱子头上掐，一个编蒲笠特抹答，一个鞭就叱咤。"此写农家悠闲生活，"特抹答"犹言十分漫不经心。按明方以智《通雅》卷五《释诂》："汏过轻忽，谓之侎㑩。"今江苏徐州方言尚有"抹打"一词，为"失手"之义[5]，当由"汏过轻忽"引申。复按，《汉语大词典》卷六438页收此词，释云："怠慢，变心。"举《倩女离魂》一例，显系据朱居易《元剧俗语方言例释》该条而来，恐未确。"怠慢、变心"解释的是上文的"意差"，而不是"抹搭"。又《玉篇·人部》："侎，摩葛切。侎㑩，事济。"与《广韵》的解释有所不同，但这样的解释未见文献用例，姑此志疑。

却略

叠韵联绵词。却，《广韵》音去约切，溪母药韵；略，离灼切，来母药韵。此词中古偶见。汉乐府《陇西行》："酌酒持与客，客言主人持。却略再拜跪，然后持一杯。"表"退后、退步"之义。《世说新语·方正》："周王既入，始至阶头。帝逆遣传诏，遏使就东厢，周候未悟，即却略下阶。"义亦同。"却略"在近代汉语中用例颇多，完全继承上述用法的例子有：唐顾况《酬本部韦左司》诗："白云帝城远，沧江枫叶鸣。却略欲一言，零泪和酒倾。"宋祁《去郡作》诗："州民拥前道，重为使君别。尊酒却略跪，丝管参差发。"明尹台《送吕秀才司教弋阳》诗："客有南来者，士服缝掖裾。却略再三拜，致我姑蔑书。"但在更多的情况下已从"退后、退步"义有所引申变化，表"回环、回旋"义。《渊鉴类涵》卷四三四引唐佚名《舞马赋》："饰金羁，顿红绶，类却略以凤态，终宛转而龙姿。""却略"与"宛转"对举。刘禹锡《复荆门县记》："徯公之还兮，觞以祝之。却略蹁跹，百形一音。"宋陈造《淮海楼赋》："来禽去雁，却略跕跮而挨去兮，雾霏霩奕荟郁而聿在下。""跕跮"当为坠落貌，前加"却略"是形容禽雁时而盘旋空际时而降落地面的情景。又《赠妙腾主人》诗："舆台却略车不前，寒风皴肌冰在袖。"亦表"盘旋"义。

"却略"的第二项意义为凸起、凸现貌，多就山岭岩石而言，但不限于此。杜甫《桥陵诗三十韵因呈县内诸官》："陂陁因旧地，却略罗峻屏。"清人何焯释此联云："陂陁因旧地，沃野开也；

却略罗峻屏，崇冈拥也。"（何焯《义门读书记》卷五一）"却略"句形容山峦凸起如高大的屏风。唐温庭筠《和周繇》诗："却略青鸾镜，翘翻翠凤簪。"则是描状铜镜背面凸现的青鸾图案。宋王安石《化城阁》诗："却略罗翠屏，秀色各异状。"宋李纲《畴老修撰所藏华岳图》诗："平原陡起三万仞，峻屏却略罗秋空。"宋洪刍《拟岘台》诗："连山颇偃蹇，却略倚翠屏。"范成大《自石林回过小玲珑，岩窦益奇，昔为富人吴氏》诗："一丘乃中虚，洞穴四无碍。却略岩岫杳，黝纠石状怪。"明范凤翼《买山清凉山游憩志喜》："峰势却略，松风清穆。森阁冠岭，直造云族。"用法均与杜诗同。明王鏊《游京城西山三首》之一："郊原却略青骢度，天水苍茫白鸟飞。"此则为凸现义，意谓在广袤的郊原上奔驰而过的青骢马显得格外惹眼。

"却略"此外还可以用为副词，表"大略、略略"义，但仅见于朱熹著作。《朱子语类》卷二九："又问：狂而不直如何？曰：此却略相近，狂而不直已自是不好了，但尚不为恶；狂若罔念作狂，则是如桀纣样迷惑了。"《朱子全书》卷四九："太极如一本生，上分为枝干，又分而生花生叶，生生不穷。到得成果子，里面又有生生无穷之理，生将出去，又是无限个太极，更无停息。只是到成果实时，又却略少歇也。"

"却略"不见于《辞通》与《联绵字典》。《汉语大词典》卷二543页该条列二义：其一为"山背隆起貌"，引杜甫及范成大诗；其二为"退身。表谦恭"。引《世说新语》和顾况诗。按释为"隆起貌"正确，但前加限定词"山背"却不全面。第二义的"退身"不如作"退后"概括性强,且"退身"也不一定表谦恭。

注 释

[1] 刘凯鸣,敦煌变文字义校释零札 [A].《文史》第二十七辑 [C]. 北京:中华书局,1986.176.

[2] 郭在贻,魏晋南北朝史书语词琐记·答飒 [A]. 郭在贻语言文字论稿 [C]. 杭州:浙江古籍出版社,1992.26.

[3] 段观宋,释"没挞煞" [J]. 古汉语研究,1992.(2).

[4] 王宗祥,"没挞煞"索解 [J]. 古汉语研究 1995,(4).

[5] 李申,徐州方言词汇 [J]. 方言 1980,(2).

十五

近代汉语联绵词续考

联绵词是由语音造词法造成的双音节单纯词,两个音节之间有双声或叠韵的关系(存在少数例外)。它的起源很早,《诗经》中已见运用。在近代汉语阶段又有所发展,一是产生了一批新的联绵词,一是从上古中古的旧词中衍生出新义。本文主要从以上两个方面做一些探讨,顺带指出某些辞书举例释义的不当之处。因已有《近代汉语联绵词考》发表在前,故名之曰"续考"。

踌躇 踟蹰

"踌躇"也作"踌蹰",双声联绵词。踌,《广韵》音直由切,澄母尤韵;躇,直鱼切,澄母鱼韵。"蹰"与"躇"同音。"踟"音直离切,澄母支韵;与"蹰"亦为双声。"踟蹰"与"踌躇"

音近义通。除了"徘徊、犹豫、从容、自得"等义已见诸辞书之外，尚有下列二义：

其一为"思量、考虑"义。拙撰《诗词曲语辞例释》该条已发此义，举李白诗以下等例。今按，此义散文中也常见。《全唐文》卷七一八吴武陵《上崔相公书》："伏惟相公越群士之胸臆，姑为跨踏，天下幸甚。"又同书卷九〇七慧立《玄奘三藏法师论》："法师以往今古大德阐扬经论，虽复俱依圣教，而引据不同，净论纷然，其来自久……法师亦跨踏此文，怏怏斯旨，慨然叹曰：'此地经论，盖法门枝叶，未是根源，诸师虽各起异端，而情疑莫遣。终须括囊大本，取定于祇洹耳。'"宋王楙《野客丛书》卷十三："近时有直学士院制诰中用'龙光之宠'之语，而上不喜，以谓意重……客有言上语者，跨踏久之，谓'宠'字难改。"宋曾敏行《独醒杂志》卷四："王荆公作《字说》，一日，跨踏徘徊，若有所思而不得。"明杨士聪《玉堂荟记》卷上："上于此颇费跨踏，而乌程初无一言。"另词作中也还有例可补，宋刘辰翁《满江红》："南又北，相思错。朝异暮，人情薄。漫跨踏在目，奢华如昨。"意谓莫去思量尚历历在目、犹如昨日之繁华景象。汪莘《水调歌头》："发轫朝兮东壁，弭节夕兮西极，故国入跨踏。"亦"思量"义。

其作"踟蹰"而表此义者，如宋曾巩《访石仙岩杜法师》："君琴一张酒一壶，笑谈衮衮乐有余。我今归来尚踟蹰，羡君决发真丈夫。"意谓归后尚思量不已。宋郭祥正《南卒》："奈何天子诏，苦禁蓄兵书。军旅非素习，壮士心踟蹰。群蛮屡骚动，主将复左除。

有急何以报？思之可惊呀。"此例"踟蹰"作"心"的谓语，其义可知。宋黄裳《六祖》："法身行止本来无，叶落归根是幻躯。生灭已除还寂灭，有情相感莫踟蹰。"宋徐梦莘《三朝北盟会编》卷一二九："臣任枢管之寄，今者被命奉使川陕，行有日矣，乃心踟蹰，若不尽言，乞伸典宪，死且不瞑。"

其二为"惆怅、悲戚"义。《中国语文》1983年第5期李崇兴《词义札记》"踌躇"条云："惆怅、愁苦、悲戚，与解作'犹豫徘徊'的意思不同。"举唐诗及元曲多例。今按，此义散文中亦常见，增缀如下，以助成其说。《全唐文》卷三六九元载《故相国杜鸿渐神道碑》："封章十上，肃宗深自闭绝，留中寝答。公独排阍及雷，披诚见意，哀辞扣玉，沥血洒地……上亦踌躇感动，回虑迁思。公乃陈仪撰吉，登帝大位。"又同书卷五三三李观《贻先辈孟简书》："是以昨昼徒步奉寻所居，将拜足下先丈人之灵，问足下不灭之戚。如何称倦哭泣，辄安床褥，辞以有疾，坐而诬我？人子丧礼，岂其然乎？仆踌躇愀然，顷乃能去。"宋欧阳修《有美堂记》："今其江山虽在，而颓垣废址，荒烟野草，过而览者，莫不为之踌躇而凄怆。"朱熹《夫人吕氏墓志铭》："其出内用度不以一钱自私，文簿整整，虽龠合分寸无所漏。少或遗亡，则为之踌躇不怿者累日。"史达祖《齐天乐》词（中秋宿真定驿）："殊方路永，更分破秋光，尽成悲境。有客踌躇，古庭空自吊孤影。"

此义而作"踟蹰"之例如唐柳宗元《故大理评事柳君墓志》（元和六年永州作）："鸟兽号鸣，助我踟蹰。刻此悲辞，藏之奥隅。"

又《寿州安丰县孝门铭（并序）》："草木悴死，鸟兽踟蹰，殊类异族，亦相其哀。"孟郊《和宣州钱判官使院厅前石楠树》："争芳无由缘，受气如郁纡。抽肝在郢匠，叹息何踟蹰。"白居易《寄杨六》："清觞久废酌，白日顿虚掷。念此忽踟蹰，悄然心不适。"又《东南行一百韵》："忆归恒惨澹，怀旧忽踟蹰。"宋范成大《吴郡志》卷一九录贺力牧《乱后别苏州人》诗："言离已惆怅，念别更踟蹰。"元程雪楼《吴进学挽词二首》："可惊生世短，挥涕重踟蹰。"元侯克中《寄王国用总管》："十月收君六月书，呼儿读罢重踟蹰。"明倪岳《冬雨叹》："新坟已筑高嵯峨，旧坟犹作荒坡陀。长镵欲出泥没胫，对此踟蹰将奈何。"

从容

从容，叠韵联绵词。从，《广韵》音七恭切，清母钟韵；容，余封切，余母钟韵。这一联绵词来源很早，已见于先秦典籍。但在近代汉语阶段又衍生出以下新义：

其一为"消闲游乐"义。《诗词曲语辞例释》已收此义，举阮籍以下韵文例证甚多，此不赘。

其一为"宽裕"义。《汉语大词典》第3册第11页收此义，但首举明凌濛初《二刻拍案惊奇》之例，嫌晚，此义至迟宋代已见。宋周密《齐东野语》卷一《吴偡》："时蔡京罢相居城中，意其生计从容，委买霅川土物无虚月。偡意不平。"宋洪迈《夷坚志·丁志》卷一七《薛贺州》："薛寓会稽久，生理从容，宦情素薄。"元孔齐《至正直记》卷一《富州奇闻》："市民某，家道颇从容，以贩货为业，惟一妻一女。"《皇明典故纪闻》卷五："自今以后，所从役者，使得从容足衣食，俾无窘迫，自然效力无怨咨，则家道昌矣。"

其一为"宽容"义。《全唐文》卷二四四李峤《自内史再让成均祭酒表》："寻而犬马私疾，颇至虚羸。蝼蚁残生，俯蒙含育。矜其不逮，备以闲司。臣获从容，稍似强健。"《太平广记》卷二七五《李锜婢》引《国史补并本事诗》："锜夜自裂衣襟，书已冤……教侍婢曰：'结之于带。吾若从容赐对，当为宰相、杨益节度使；若不从容，受极刑矣。'"此例中二"从容"均表被动。又卷三八〇《郑洁》条引《博异记》（或作《广异记》）："至明，方语云：'鬼两人，把帖来追。初将谓州县间，犹冀从容，而俄被使人曳将。'"五代孙光宪《北梦琐言》卷一二："弘农忧惶，遂然诺之，恳希从容一月，处理家事。"宋吴曾《能改斋漫录》卷一三《章子厚与叔安仁令书》："弊政之后，谅烦整葺。宽而不弛，猛而不残……一切守法，而于人情从容。此亦吾叔所能辨也。"宋王清惠《满江红》词："问姮娥，于我肯从容，同圆缺。"这是望异族统治者大度宽容，善待自己。今人胡云翼《宋词选》列此词，注云："'问姮娥'三句——表示要追随嫦娥到月宫里去，不愿意留在人间（也就是表示不愿意向元军低头）。……肯从容，容许我追随。从容，同怂恿，有诱导的意思。"这里解释"从容"同"怂恿"，又在串讲句意时把它说成"追随"，实在难以圆通，且对三句的解释均不免有拔高古人之嫌。据明蒋一葵《尧山堂外纪》卷六三记载："此辞传播中原，文山读至末句，叹曰：'惜也！

夫人于此少商量矣。'""少商量"犹言"欠考虑"。可见文天祥虽然对王昭仪被掳北去的遭遇十分同情，却不赞成她在词末表示的希望和幻想。文天祥还特地依韵和了一篇，又代作一篇。这两篇的末尾三句分别为："算妾身，不愿似天家，金瓯缺。""笑乐昌，一段好风流？菱花缺。"都是就原词作翻案文章。如果按照《宋词选》的解释，那文天祥这些言谈举动都是无的放矢了。《元曲选·虎头牌》杂剧三折："告相公心中暗约，将法度也须斟酌。小官每岂敢自专，望从容尊鉴不错。"《警世通言》卷四○："水伯收得水迟，真君大怒。水伯道：'常言泼水难收，且从容些！'"《二刻拍案惊奇》卷四："公人道：'多谢厚情。只是老爷立等回话的公事，从容不得。'"均为"宽容"义。

斗薮　抖擞

《汉语大词典》第7册第330页"斗薮"条："①抖动，抖落。"引唐白居易、孟郊诗及宋王禹偁诗。"②犹摆脱。"引唐李华文及白居易诗。"③小的泽地。宋苏舜钦等《地动联句》：'斗薮不知大，轩干主者谁。'"又同书第6册"抖擞"条第四义："振作，奋发。"首引明唐顺之《与万思节主事书》："吾友闲居少过，却是不曾抖擞提醒精神。"次引清龚自珍诗及柳青《创业史》。

按，"斗薮"是个叠韵联绵词，"斗"《广韵》音当口切，端母厚韵。"薮"音苏后切，心母厚韵。上列第三义应是词组，意谓如斗大之薮泽，与第一、二义情况完全不同，且属孤证，不宜以此立项。作为联绵词，"斗薮"表"振动、摇落"义要早于唐。《太平御览》卷六九一："《赵书》曰：勒参军周承为馆陶令，断官绢数百匹狱，以八坐议宥之。后每宴大会，使俳儿着介帻，黄绢单衣。优问曰：'汝何官？'答："我本馆陶令。'斗薮单衣曰：'正坐取是，故入汝辈。"上引所谓《赵书》当指十六国时石勒之后赵，其时在公元319～329年之间。北魏贾思勰《齐民要术》卷二《胡麻第十三》："候口开，乘车诣田斗薮，倒竖，以小杖微打之。"

作为联绵词，它写作"抖擞"，表"振作、振奋"等抽象意义也是较早的事，《广韵》一书已见收录，绝不会晚至明代。《广韵·厚韵》："抖，抖擞，举貌。""擞，抖擞，举也。"这里的"举"既可理解为"举起、拿起"等具体义，也可理解为"振兴、振作"等抽象义。《全唐诗续拾》卷二三僧大义《坐禅铭》："抖擞精神着意看，无形无影悟不难。"按僧大义俗姓徐，元和十三年卒。唐李洪宣《缘情手鉴诗格》："诗忌俗字，'摩挲''抖数'之类是也。"北宋释文莹《湘山野录》卷上记孙冕诗："寄语姑苏孙刺史，也须抖擞老精神。"宋龚明之《中吴纪闻》卷六《周妓下火文》："休记丑奴儿怪脸，便须抖擞好精神。"元马致远《青杏子》套（姻缘）："体面妖娆，精神抖擞。"

龙钟[一]　 躘蹱　 躘踵　 儱偅

龙钟，叠韵联绵词。龙，《广韵》音力锺切，来母钟韵；钟，职容切，章母钟韵。本作"躘蹱""躘踵""儱偅"，均与"龙钟"同音，或声调小异。宋方崧卿《韩集举正》卷二引王彦宾曰："文士用躘蹱字，多作龙钟，从省文也。""躘蹱"的本义是"小儿行貌"，见《玉篇·足部》。"儱偅"的含义为"行不正也"，见《玉篇·人部》。小儿学步时行走不稳，歪歪倒倒，故从"足"旁。

由此扩大所指对象，兼及成年人和老年人，故从"人"旁，含义也相应变化为"行动不灵便的样子"。唐王维《夏日过青龙寺谒操禅师》诗："龙钟一老翁，徐步谒禅宫。"宋石介《离郓州至寿张南村舍中有老姥年八十余出拜》诗："老姥龙钟八十三，犹能指点认青衫。"陆游《衰病》诗："衰病龙钟已要扶，谁怜犹作折腰趋。"叶梦得《江城子》词："强扶衰病步龙钟，雪花蒙，打窗风。"元程端礼《乙未闰四月十日余宿东溪朱家得梦异甚觉而书之》："翁乃回视责我懦，余复勉强行躘踵。"清查慎行《院长近以赤藤杖见赠合之前诗意盖欲易我画叉也作诗报之》："此藤产寒山，年深蟠石缝。细筋渐成骨，直理透条综。坚如铁铸成，亦可扶躘踵。"循此再进一步抽象化，则常指仕途坎坷、遭逢不偶，因而产生了一个很常见的义项"潦倒失意"，多作形容词，偶亦作动词。唐卢照邻《五悲文·悲才难》："天子闻之而欲用，群公畏之而莫取。徒窘蠢于泥沙，竟龙钟于尘垢。"刘长卿《江州重别薛六柳八二员外》诗："今日龙钟人共弃，愧君犹遣慎风波。"杜甫《寄彭州高三十五使君适虢州岑二十七长史参三十韵（时患疟疾）》："何太龙钟极，于今出处妨。"宋苏轼《除夜病中赠段屯田》诗："躘踵三十九，劳生已强半。"

龙钟〔二〕　瀧涷

叠韵联绵词，沾渍、浸湿。本作"瀧涷"，《广韵·东韵》："瀧，瀧涷，沾渍。卢红切。""涷，德红切。""瀧"与"龙"同音，"涷"与"钟"韵同声异，例可通转。"瀧涷"之所以作"龙钟"，同上引王彦宾所说的道理一样，都是弃繁趋简，去生就熟，而且早在汉代即已如此。《先秦汉魏晋南北朝诗·汉诗》卷一一下和《信立退怨歌》:"紫之乱朱,粉墨同兮;空山歔欷,涕龙钟兮。"《周书·王褒传》:"白云在天,长离别矣。会见之期,邈无日矣。援笔揽纸,龙钟横集。"唐宋之问《高山引》:"天高难诉兮,远负明德。却望咸京兮,挥涕龙钟。"岑参《逢入京使》诗:"故园东望路漫漫,双袖龙钟泪不干。马上相逢无纸笔,凭君传语报平安。"白居易《携诸山客同上香炉峰遇雨而还沾濡狼藉互相笑谑题此解嘲》诗:"潇洒登山去,龙钟遇雨回。"《全唐诗补编·补全唐诗拾遗》卷二佚名《逢故人之作》:"故人相见泪龙钟,总为情怀昔日浓。"宋李弥逊《浪淘沙》词:"临水不禁频送客,风袖龙钟。"

　　大概就在唐代,不少文人已经不知道"龙钟"此义的由来。唐李济翁《资暇集》卷下:"亟有孔文子之徒,下问'龙钟'之义,且未知所自。辄以愚见,'钟'即'渼',与'钟'并蹄足所贱(践)处,则龙之致雨,上下所践之钟,固淋漓溅淀矣。义当止此,余俟该通。"其实李济翁此解亦属望文生义。他认为"龙钟"是龙的蹄足所踏出的水坑,而龙可致雨,故有"淋漓溅淀"之义。这不仅是误拆联绵词,而且以"渼"训"钟"也显得牵强附会。后代一些辞书和古籍注本对这个词的解释也常常出错。旧版《辞海》云:"龙钟,潦倒笨累貌……或言老,或言泪,或训小人行,总皆状其潦倒笨累耳。"新版《辞海》则析为三义:一、行动不灵活;二、潦倒貌;三、泪流貌。旧版《辞海》把"龙钟"的两个意义各别的词混为一谈,不免粗疏。新版《辞海》所立"泪流貌"一义,也还值得斟酌。拿上引岑参诗来说,"双袖泪流"不仅于义难通,且与下文的"泪"字犯复。如果将此解用于白居易诗,那就更显得方枘圆凿了。另《唐诗三百首》章燮注岑参诗云:"龙钟,竹名,喻年老者如枝叶摇曳,不自禁持。"按"龙钟"确实可指一种竹,但以为上述两种意义都由此引申,并把它用来解释岑诗,其误与旧版《辞海》同。中国社会科学院文学研究所《唐诗选》注岑参诗的"龙钟"为"淋漓貌",虽似可通而不尽确切,其误也与新版《辞海》略同。

生狞　狰狞　鬤鬤

生狞,唐宋以下文献中常见,叠韵联绵词。"生"在《广韵》音所庚切,山母庚韵;"狞"在《广韵》音乃庚切,泥母庚韵。修订本《辞源》第三册第 2098 页该条云:"生狞,恶貌。"首引唐韩愈《赴江陵途中寄赠王二十补阙李十一拾遗李二十六员外翰林三学士》诗:"生狞多忿恨,辞舌纷嘲啁。"次列宋李觏《俞秀才山风亭小饮》诗:"雨意生狞云彩黑,秋容细碎树枝红。"《汉语大词典》亦收此词,其第 7 册第 1516 页该条:"生狞:凶猛、凶恶。"首引唐李贺《猛虎行》:"乳孙哺子,教得生狞。"次引宋李觏诗与《辞源》同。末引清唐孙华《时世公子行》:"生狞面目骄横色,如睹魑魅逢山臊。"

修订本《辞源》上引韩愈诗中"忿恨"一词,1935 年世界书局本《韩昌黎全集》作"忿很"。按作"忿很"是,此诗上文二句是"远地触途异,吏民似猿猴","生狞"形容边远地区的人外貌凶猛,"忿很"形容其性格桀骜。根据两种辞书的解释和引例,"生狞"一词好像均含贬义,至多是个中性词。但实际情况并非如此,它往往用于表示褒义的场合。在这样的情况下,恐怕只有解释为"威严、威猛"才合适。唐方干《献王大夫二首》之二:"金章照耀浮光动,玉面生狞细步匀。历任圣朝清峻地,至今依是少年身。"诗中以"生狞"形容王大夫的"玉面",其绝非贬义或中性用法可知。唐秦韬玉《紫骝马》诗:"生狞弄影风随步,蹀躞冲尘汗满沟。"唐吕岩《七言》:"来年定赴蓬莱会,骑个生狞九色龙。"宋赵崇嶓《南内》诗:"已剪诸郎百虑轻,骄儿长大又生狞。只愁南内无归日,南内归来万古情。"宋牟巘《和王寅甫御史游南山韵》:"红亭白塔出湖外,下瞰诸峰等臣仆。祖禅晏坐服生狞,法席宏开俨清肃。"元郝经《宿铁塔寺》诗:"中庭一塔揭暝色,倔强生狞半生涩。" 这几例用"生狞"说骏马,说龙,说骄儿,说南山,说塔,都是作者心目中喜爱的人与物,则它不含贬义也显而易见。明宋濂《重建绳金塔院碑》:"绘画诸菩萨,以及天龙众。拥护于后先,生狞若飞动。"此例"生狞"用来形容"菩萨"及"天龙众",释为"恶貌"或"凶恶、凶猛"显然欠妥。又《义侠歌·效白乐天体》:"高骑紫骝马,好似汉灌婴。下马入门坐,气象犹生狞。"这里"生狞"作"气象"的谓语,也只能作"威严"解才合适。

与"生狞"音义相近者有"狰狞"。"狰",《广韵》音侧茎切,庄母耕韵,与"狞"属邻韵通转,因此也应是联绵词。修订本《辞源》第 2005 页收此词,释为"凶恶貌",举《古今小说》一三《张道陵七试赵昇》一例:"只见庙中……供养着土偶神象(像),

狰狞可畏。"《汉语大词典》第5册第46页也收此词,立二义:"①凶恶。指性情、行为或状貌十分可怕。"首举元杂剧《豫让吞炭》。"②犹凶猛。"举明李东阳诗及《红楼梦》五十回。

按"狰狞"一词,唐宋已多见,除了表示"凶恶、凶猛"之外,有时是"丑恶、鄙陋"的意思。唐戴孚《广异记·杜万》:"某试寻,行百余步,至石窟中,其妻裸露,容貌狰狞,不可复识。"此为"丑恶"义。唐元稹《酬独孤二十六送归通州》诗:"鳌钓气方壮,鹘拳心颇尊。下观狰狞辈,一扫冀不存。"此"鄙陋"义。宋朱嘉《狮子峰》诗:"石骨苔衣虽赋形,蹲空独逞忒狰狞。"元佚名《东南纪闻》卷二:"九江有周教授者,家太乙观前,畜犬狰狞,穿窬者无敢视其藩。"明《天启宫词》:"彩旒翩翩进彩妆,狰狞阘戟两班行。"注云:"惜薪司以炭塑将军,高二三尺许,用金彩装画,如门神……奏安各官门旁。"清冒辟疆《影梅庵忆语》:"甲申三月十九日之变,余邑清和望后,始闻噩耗。邑之司命者甚懦,豺虎狰狞踞城内,声言焚劫。"以上为"凶猛、凶恶"义,均属贬义或中性用法。有时同"生狞"一样,"狰狞"也可用于褒义。明郎瑛《七修类稿》卷四二《事物类》:"潘杨私印……纽制极工,狰狞可爱,子母印式,唐人物也。"清况周颐《玉栖述雅·伦灵飞词》条录其《南乡子·咏雪狮子》词云:"蓄锐貌狰狞,抟象精神照玉霙。"

又有字形作"鬇鬡"者,也应是叠韵联绵词。"鬇",《广韵》音七耕切,"鬡"为女耕切。释"鬇鬡"为"毛发乱貌"。隋巢元方《巢氏诸病源候总论》卷四七:"魃之为疾,喜微微下痢,寒热或有去来，毫毛鬓发鬇鬡不悦，是其证也。"唐韩愈、孟郊《征蜀联句》："怒须犹鬇鬡，断臂仍瓝觚（微动貌）。"寒山《群狗》诗："我见百十狗，个个毛鬇鬡。"《宋百家诗存》卷二六姜夔《昔游》诗："又如白狮子，山下跳鬇鬡。"明倪元璐《倪文贞集》卷一《制诰·兵科给事中陶崇道》："尔义须鬇鬡，谏舌摩切，竟逢彼怒，因致汝迁。"清雍正朝《广西通志》卷九二："胎发不薙，长大无梳篦，不裹巾，蓬垢鬇鬡，自古已然，曰椎结。"

由以上引例可知，这个联绵词本作"鬇鬡"，含义为"毛发乱貌"。其后从两方面引申：用于褒义者为"威严、威猛"义，用于贬义者为"凶恶、丑陋"等义。字形也弃繁就简，弃生就熟，作"狰狞"或"生狞"。

十六

近代汉语联绵词三考

近代汉语联绵词是一个值得进一步研究的课题。朱起凤先生的《辞通》（包括《续编》），符定一先生的《联绵字典》，是两部研究联绵词的专著，搜罗广泛，体制宏伟。但取材以先秦两汉为主，最迟至魏晋南北朝，偶尔涉及唐宋以下。有些近代汉语阶段产生的联绵词，两书中是查不到的；有些联绵词从上古中古的旧形式中衍生出新义来，两书也尚付之阙如。如果有人在两书的基础上编出一部《近代汉语联绵辞典》，那对汉语词汇史的研究，对于读者阅读唐宋以下文献特别是通俗文学作品，将会是大有裨益的。有鉴于此，笔者曾经写过两篇文章：

一篇是《近代汉语联绵词考》[1]，一篇是《近代汉语联绵词续考》[2]，现在又写了《三考》，目的只有一个，就是抛砖引玉，引起年轻同行的注意，希望他们当中有人能把编纂词典的工作承担起来。因为这是件相当繁难的工作，不是年届耄耋、衰弱多病的人所能胜任的。

骯髒〔一〕 抗髒 麈糟 敖曹

读 kǎng zǎng，叠韵联绵词。《玉篇·骨部》："骯，口朗切。骯髒，体盘。"《龙龛手镜·入声·骨部》："骯，正，胡朗、苦朗二反。骯髒，身盘也。"《广韵·荡韵》"骯"字下说解略同。又《集韵·荡韵》："骯髒，体胖"。按"胖"即成语"心广体胖"之"胖"，与"盘"音同义通。该词的本义是形容身体硕大丰满，若用于贬义则指臃肿肥胖。《全唐文》卷四〇六杜泄《越人献驯象赋》："所过之邦，徒观其骯髒之貌；所遇之众，岂识其谦柔之心。"此前一义。明人小说《明珠缘》二十五回描写一位在寺庙中化油供厨的头陀："短发齐眉际，金环附耳旁。双眉常突兀，身体更骯髒。直裰裁深皂，丝绦束杏黄。声音多响亮，拐李众称扬。"义亦同。北周庾信《拟连珠》："笼樊之鹤，宁有六翮之期；骯髒之马，无复千金之价。"此后一义。"骯髒"在文献中比较常见的是所谓"高亢婞直"义，含有高尚脱俗、刚正不阿等意思。字亦作"抗髒"。东汉赵壹《刺世疾邪赋》："伊优北堂上，抗髒倚门边"。《梁书》卷二二《太祖五王传》："彼士流骯髒，有关辅遗风；黔首扞格，但知重剑轻死。"唐李白《鲁郡尧祠送张十四游河北》诗："猛虎伏尺草，虽藏难蔽身。有如张公子，骯髒在风尘。"《册府元龟》卷九二四："顾繇吴人，代宗时诣阙献书称旨，受京兆府华原县令。性疏狂，恃封事可以奏，冀有超拜。及领华原，骯髒不受诏。乃讪时政，发宰臣元载阴私。"原于"骯髒"二字下注云："音亢音葬。"宋程俱《秋夜写怀呈常所往来诸公兼寄吴兴江仲嘉八首》之二："马融辞东观，抗髒与世疏。"《齐东野语》卷七："温陵洪公出台，以执事继之者，正谓其平时负骯髒之誉。"金王喆《贺新郎·次范君铎诏后喜雨韵》词："自笑飘零成底事，裂荷衣、骯髒尘埃地。"明沈德符《万历野获编》卷九："陆庄简太宰，生平骯髒。然铨罢还家，亲见其肩舆抵县门。"

骯髒［二］ 腌臢 醃臢 麋糟

骯髒，又犹云"窝囊"，含委屈不伸、萎靡不振、命运多舛等意思。宋晁冲之《书怀寄李相如》诗："我生复何如？憔悴常照颜。清晨戴星出，薄暮及日还。骯髒二十载，老发羞儒冠。"宋朱松《戏赠吴知伯》诗："书生复何者？骯髒老笔墨。刺口论安危，事往竟何益。"金洪皓《食羊次韵》诗："骯髒无聊但独愁，未甘降服作秦囚。"元《荆钗记》十出："奴家被继母逼嫁孙郎，我爹爹不允……匆遽之间，将奴出配王家。首饰衣服并无一件。苦呵！若是亲娘在日，岂忍如此骯髒！"清《御定佩文斋书画谱》卷七九引《弇州续稿》之《元柯九思隶书十九首》："敬仲始受知人主，司书画考功。晚途骯髒，流落江左。盖于篇中有深慨焉。"明贝琼《壬子夏端居二湖与二三子读书而苦热如焚……》诗："泪泣荆人玉，肠回织女梭。

只怜成骯髒，及此叹蹉跎。"清钱谦益编《列朝诗集·丁集第四》吴参议子孝《玄宁夜集赠张子言》诗："燕京骯髒谁与怜？拜趋公府心欲穿。"又《丁集第六》王司勋士骐小传："在铨司，推彀废弃名贤无虚日，为权贵所嫉，骯髒以死。公议惜之。"明冯梦龙《醒世恒言》卷三："刘四妈道：'……假如你执意不肯接客，做娘的没奈何，寻个肯出钱的主儿，卖你去做妾，这也叫从良。那主儿或是年老的，或是貌丑的，或是一字不识的村牛，你却不骯髒了一世？"清《山西通志》卷二二一录北宋孙渤《石勒城》诗："孤城出云层，遗址尚千丈。我来一把酒，慷慨追昔往。崛起亦奇才，晋室方骯髒。敢与南阳公，逐鹿中原上。"有时用于自谦，则犹云"愚笨、粗蠢"。宋朱熹《次张彦辅韵》："故人书鼎来，照眼一连玉。把玩不知疲，日宴坐空腹。卷藏什袭秘，寒光夜穿楹。嗟余骯髒姿，十驾不能速。丘壑聊自娱，箪瓢亦云足。"

　　表示这种意义的"骯髒"又可写成"腌臜""醃醢"或"麋糟"。明臧懋循编《元曲选·马陵道》三折："自从做作风魔汉，受了些腌臜歹气息"。明冯梦龙编《警世通言》卷三："荆公晓得东坡受了些醃醢，终惜其才，明日奏过神宗天子，复了他翰林学士之职"。《元曲选·燕青博鱼》一折："（燕二云）哥哥，俺是甚等样人家，着他辱门败户，顶着屎头巾走，你还不知道！（燕大云）兄弟也，我怎生顶着屎头巾走？（搽旦云）你哥哥更是麋糟头！""麋糟头"犹言"窝囊废"。

骯髒〔三〕麋糟　腌臜　腤臜

骯髒 āng zāng，污秽不洁。在宋元之际多写作"麋糟""腤臜"。宋庄绰《鸡肋编》卷中："又有大泽，弥望草莽，名'好草陂'，而夏秋积水，沮洳泥淖，遂易为'麋糟陂'。"《元曲选·铁拐李》四折："一个麋糟叫化头，出去！"又《曲江池》三折："天阿！这叫化头身子腤腤臜臜希臭的，你还想和他作伴？"字形写作"骯髒"，大约在明清之际。明末冯梦龙编《挂枝儿·隙部》五卷《多心》："我的心肠也不算多，还只是自己的差池也，莫把恶话儿骯髒我。"这里用作使动，与现代所谓"泼我的脏水"义近。由明入清的作家李渔《李笠翁小说十五种·老星家戏改八字，穷皂隶陡发万金》："这'方便'二字，是毛坑的别名。别人泻干净，自家受骯髒。"《云仙笑》四册《一碗饭报德胜千金》："和尚大笑道：'常言道：斋僧不饱，有如活埋。谁鸟耐烦再来吃你这样骯髒东西！'"此书题名为"天花主人作"，据考证当为顺康间人。《东周列国志》八八回："地方但见骯髒衣服，撒做一地，已不见孙膑矣"。清刘鹗《老残游记》续第一回："只是香铺子里被褥，什么人都盖，骯髒得了不得，怎么盖呢？"其义并同。和上引《曲江池》一例的"腤臜"一样，道"骯髒"也可以用AABB式重叠。清夏敬渠《野叟曝言》一〇五回："怎好好一个玉人儿，弄这许多斑痕，骯骯髒髒的涂些什么药来？"清小和山樵《红楼复梦》十七回："是那里来的绢子？骯骯髒髒的，别拿到我屋里来！"

这种意义的"骯髒"又可写作"腌臜"。明徐伯龄《蟫精隽》

卷九："吕居仁《轩渠录》云：'米元章居镇江，尝于甘露寺榜其所寓曰米老菴。后大火，惟李卫公塔及米老菴独存。元章作诗云："神护卫公塔，天留米老菴"。有戏之者各添两字云："神护李卫公塔飐，天留米老娘腌臜。"盖元章母入内为收生婆也'。"清《四川通志》卷十三上："一沿河两岸，俱系居民。凡粪草腌臜，每图便易，倾入河内，易至堙塞。请刊木榜，晓谕禁止。"清魏之琇《续名医类案》卷十九："孙文垣治程绍溪：中年患鹤膝风，两腿及腿肚内外臁肉尽削，两膝肿大，乃酒后纵欲所致。且四肢脓疥，淫湿腌臜，自分必死。"

惨淡　惨澹　惨怛

惨淡，叠韵联绵词，也作"惨澹"。"惨"《广韵》音七感切，清母感韵；"淡"音徒滥切，定母阚韵。"澹"音徒甘切，定母谈韵，与"淡"仅有声调的区别。《辞通》卷二二第2416页"惨怛"条云："悲痛也。"首引《史记·屈原列传》："疾痛惨怛，未尝不呼父母也。"《汉语大词典》7册第716页该条列二义：①"黯淡；悲惨凄凉"，引《春秋繁露》《世说新语》等例。②"谓尽心思虑"，引杜甫及巴金等例。修订本《辞源》略同。

今按，"惨淡"除"黯淡，悲惨凄凉"这一常用义之外，还有"辛劳、殷勤"之义（二者义近可通）。唐杜甫《寄张十二山人彪三十韵》："独卧嵩阳客，三违颍水春。艰难随老母，惨澹向时人。"宋郭知达《九家集注杜诗》引赵（次公）云："此言张山人自颍水而隐嵩阳，与母同在也。违者离也……言卧于嵩阳而离颍已三年也。"下联"惨澹"与"艰难"对,犹言"殷勤"。又《寄题江外草堂》:"顾惟鲁钝姿,岂识悔吝先。偶携老妻去,惨澹陵风烟。"又《四松》诗:"有情且赋诗,事迹可两忘。勿矜千载后,惨澹蟠穹苍。"又《奉酬薛十二丈判官见赠》:"西来有好鸟,为我下青冥。羽毛净白雪,惨澹飞云汀。"其义均同。宋孔平仲《枯柳》诗:"想见方浓时,飞花舞青天。行人多攀折,惨淡驻征鞭。"宋严仁《水调歌头·上韵州方检详时有节制之命》词:"惨淡望京阙,慷慨梦天山。"元末明初陶宗仪《南村辍耕录》卷二六《诗画题三绝》录元虞文靖公(集)题画诗:"高怀古谊两相得,惨澹酬酢皆天真。"明于野《宿白龙寺》诗:"肃肃秋林大寺荒,只余一衲独焚香。向人惨澹言兵事,不是传闻古战场。"清吴长元《宸垣识略》卷十四录明王嘉谟《耶律丞相墓》诗:"惨澹尚思戎马日,艰难深仗哲人心。"上举各例,"惨淡(澹)"均可以"殷勤"或"辛勤、辛劳"为代。

苍茫

苍茫,叠韵联绵词。"苍",《广韵》音七冈切,清母唐韵;"茫"莫郎切,明母唐韵。这是个产生于中古而在近代汉语阶段应用颇广的词,其意义也比较复杂。《汉语大词典》第9册第506页列三义:①广阔无边的样子。举潘岳、杨炯诗等。②模糊不清的样子。举沈约、王昌龄诗等。③犹匆忙。举杜甫诗"苍茫问家室"及仇兆鳌注。蒋绍愚《唐诗词语小札》"苍茫"条增二义:①除了形容景色的荒寂、地域的旷远外,还可以指人的精神状态,有"迷茫、怅惘"之义。②匆遽、急迫。下面先探讨上述几项意义之外的新义，然后再对已列出的几项意义作些补充。

"苍茫"有时指一定的空间，犹言"天空、空际"。这是由"旷远无边"义引申而来，但与原义已大为不同。唐钱起《雨中望海上怀郁林观中道侣》："山观海头雨，悬沫动烟树。只疑苍茫里，郁岛欲飞去。"唐司空曙《望水》："永无人迹到，时有鸟行过。况是苍茫外，残阳照最多。"二例中"苍茫"后缀以方位词"里""外"，其为名词显然易见。唐杜牧《大雨行》："三吴六月忽凄惨，晚后点滴来苍茫。"五代贯休《秋晚野步》："登高吟更苦，微月出苍茫。"均犹言雨来自天空，月出自天空。明高启《雨中书湖上渔家壁》："山昏望易失，波动愁难定。归思满苍茫，空怜去帆迴。"又《闻橹》："谁摇飞橹入苍茫，带梦惊凫柳边起。"二例则泛指空际。

有时指人事遭逢不偶，犹言"飘零、飘泊"。南朝陈阴铿《和傅郎岁暮还湘州诗》："苍茫岁欲晚，辛苦客方行。"唐杜甫《奉赠射洪李四丈》："苍茫风尘际，蹭蹬麒麟老。""苍茫"均与"辛苦""蹭蹬"对文。唐岑参《陪狄员外早秋登府西楼因呈院中诸公》："兵马休战争，风尘尚苍茫。谁当共携手，赖有冬官郎。"唐柳宗元《梅雨》："梅实迎时雨，苍茫值晚春。愁深楚猿夜，梦断越鸡晨。"杜牧《昔事文皇帝三十二韵》："窜逐诸丞相，苍茫远帝阍。一名为吉士，谁免吊湘魂。"唐杨巨源《上刘侍中》："忠贤多感激，今古共苍茫。"明方孝孺《应召赴京道上有作》："摇落秋冬际，苍茫鄞越间。青山欹枕过，白鸟背人还。"高启《报恩寺逢蒋主簿就送还如皋》:"造次灯前面,苍茫舶上身。"

有时为"迷茫、渺茫"义。《全梁文》卷七三释慧皎《兴福论》:"若乃心路苍茫,则真仪隔化;情志慊切,则木石开心。"此指内心,为"迷茫"义。唐李益《马嵬二首》之二:"金甲银旌尽已回,苍茫罗袖隔风埃。"此言历时久远,为"渺茫"义。《全唐文》卷四五六独孤及《燕昭王筑黄金台赋》:"绵邈千载,苍茫一时。孰为来者,曾莫嗣之。"宋王安石《宿金山寺集句》:"人事随转烛,苍茫竟谁主?"宋叶绍翁《四朝闻见录·附录》录龙仁夫跋《保母帖》文:"予尝为诸君言:世迁物化以来,凡商彝、周鼎、汉碣、秦碑散落人间者,传讹袭是,奇诡苍茫,岂能一当时故物哉?"明陈子龙《寄献海道王兵宪》:"更值珠崖方议郡,汉家远略事苍茫。"明蒋一葵《尧山堂外纪》卷八六录张方洲《雷峰夕照》诗"爽朗忽苍茫,山高易夕阳。百年歌舞地,消得几昏黄?"明袁宗道《桂阁黎收余二十年前题壁诗》:"是否灯前字,将去醉后书?苍茫廿载外,潦倒数行余。"高启《虎丘行次朱赏静见寄韵》:"苍茫万事孰可问,孤鸟已没空烟霏。"

有时为"荒凉、荒寂"义。梁简文帝《招真馆碑》:"远望仲雍,而高坟萧瑟;旁临齐女,则衰垄苍茫。"梁朱异《田饮引》:"属风林之萧瑟,值寒野之苍茫。"南朝陈陈昭《聘齐经孟尝君墓》:"苍茫空垄路,憔悴古松栽。"唐李颀《行路难》:"一朝谢病还乡里,穷巷苍茫绝知己。"贯休《塞下曲》:

"万战千征地,苍茫古塞门。"明刘基《次韵和石末公感兴见寄》:"梧桐冷落鸾先逝,芦荻苍茫雁独留。"此义还可形成重叠式。唐白居易《草茫茫》:"草茫茫,土苍苍。苍苍茫茫在何处?骊山脚下秦皇墓。"

有时为"惆怅、怅惘"义。唐王维《山居即事》:"寂寞掩柴扉,苍茫对落晖。"由下文"对落晖",可知"苍茫"言人之心境。李白《赠张相镐》:"卧病宿松山,苍茫空四邻。"杜甫《乐游园歌》:"此身饮罢无归处,独立苍茫自咏诗。"明袁宏道《游骊山记》:"余倚松四顾,苍茫久之。"李雯《大树行同舒章赠张子美》:"少年脱顶坐树旁,口吟不言心苍茫。"

有时为"匆遽、匆忙"义。《全梁文》卷七三释慧皎《答王曼颖书》:"而笔路苍茫,辞语陋拙。本以自备疏遗,岂宜滥入高听。"意谓下笔匆促。唐杜甫《送从弟亚赴安西判官》:"令弟草中来,苍茫请论事。"宋苏洵《欧阳永叔白兔》:"飞鹰搏平原,禽兽乱衰草。苍茫就擒执,颠倒莫能保。"明袁中道《大别山怀李龙潭兼呈王子》:"见子聪明更有情,苍茫一别正愁人。"

按"苍茫"二字有时读仄声,宋陈鹄《耆旧续闻》卷八、王楙《野客丛书》卷八"苍茫作上声"都曾指出。这一来是由于诗歌韵律的要求,二来是因为联绵词的书写形式比较自由。元李冶《敬斋古今黈》卷十:"苍茫盖本莽苍,但以茫易莽而倒之耳。此亦何足致疑。"

胡卢　卢胡

胡卢,叠韵联绵词。"胡"《广韵》音户吴切,匣母模韵;

"卢"音落胡切,来母模韵。其义有三:一指笑声。《孔丛子·抗志第十》:"卫君乃胡卢大笑,曰:'寡人不好农,农夫之子无所用之。'"意犹云"呵呵大笑"。按此书旧题汉孔鲋撰,《四库总目提要》认为魏晋时人伪托。唐潘好礼《徐有功论》:"主人胡卢而笑,久而应之曰:'子徒见培塿,未睹泰山乎?'""唐王季友《商丘开泳得明珠赋》:"瞪睢盱之拙目,钳胡卢之笑口。"有时径作动词,略等于"笑",多带嘲讽意味。《全唐文》卷七六九王棨《樵夫笑士不谈王道赋》:"幸遭仄席之时,遂皆沉默;遂使执柯之子,因此胡卢。"宋范成大《桂海虞衡志·志器》:"邕州人已如此记之,以发览者一胡卢也。"明张吉《赠同事吴顺德献臣赴永州》:"江心一见一胡卢,谙练君应过野夫。"明王鹏《太湖赋》:"客乃胡卢舒襟,挥袂再揖,拜谢鼓枻而去。"清方浚师《蕉轩随录》卷八:"世间不少明眼,有不为之胡卢掩鼻欤?"又构成此词的两个语素也可倒其序而作"卢胡"。《后汉书·应劭传》:"昔郑人以干鼠为璞,鬻之于周。宋愚夫亦宝燕石,缇缊十重。夫睹之掩口卢胡而笑。"唐张鷟《杜俊对仗遗箭于仗内御史弹付法》:"岂得钦承圣旨,曾无战灼之心;侍奉天威,敢纵卢胡之笑。"按明方以智《通雅》卷四引《应劭传》等例并云:"卢胡,笑在喉间声也……按胡,喉也。《汉书》'捽胡',捽其喉也。卢胡正状其掩口之声。或曰'狼跋其胡',亦跋其喉间肉也。喉间肉垂,故云。又曰:掩口则笑不出声,非哄堂大笑矣。"其说将联绵词拆开来讲,只说"胡"字而置"卢"字于不顾,恐涉牵强。《汉语大词典》第 6 册第

1220页"胡卢"条、第7册1471页"卢胡"条之第一义项均采用方说,释为"喉间的笑声""谓笑声发于喉间",也值得商榷。

"胡卢"或"卢胡"的第二义略同"糊涂",音近而义亦可通。宋文同《寄宇文公南》诗:"懒对俗人常答飒,厌闻时事但卢胡。"元吴镇《渔家傲》词之七:"舴艋为家无姓名,胡卢世事过平生。"元王恽《题醉仙图》之三:"何物诸人作怪癫,眼花落井口流涎。滔滔总是胡卢辈,强著衣冠作散仙。"明袁宗《夜游曲》:"劝尔痛饮毋踟蹰,醉后笑语从卢胡。"

"胡卢"的第三义同"葫芦",指一种一年生草本植物的果实。北魏贾思勰《齐民要术》卷十引《异物志》:"椰树……如瓠,系在于巅,若挂物焉。实外有皮如葫芦。"金元好问《三士醉乐图》:"依样胡卢画不成,三家儿女日交兵。"

挥霍[一] 挥忽

双声联绵词。"挥"《广韵》音许归切,晓母微韵;"霍"音虚郭切,晓母铎韵;"忽"音呼骨切,晓母没韵。与其本义"迅疾貌"(见修订本《辞源》1285页,《汉语大词典》第6册778页该条)密切相关者有二义:

其一为"匆促、忙乱",此虽由其本义引申而来,但与原义已不尽相同。晋张协《七命》:"翕忽挥霍,云回风列。"刘良注:"并飞走乱急也。"《全晋文》卷八六引《艺文类聚》一《风赋》:"九域动摇,区宇挥霍。"意谓普天之下都忙于抗御飓风。《全唐文》卷二六一李邕《鹘赋》:"万乘为之顾眄,六军为之挥霍。"又卷七六八卢肇《海潮赋》:"倏皇舆之前跸,孰不奔走而挥霍?"唐韩昱《壶关录》:"有道士徐鸿客,上《经天纬地策》一篇于密。军旅挥霍,失其本文。"唐李肇《国史补》卷中:"进士何儒亮,自外州至,访其从叔。误造郎中赵需宅,白云'同房'。会冬至,需家致宴挥霍。需曰:既是同房,便令引入就宴,姊妹妻女并在座焉。儒亮食毕徐出,需细审之,乃何氏子也。"按修订本《辞源》《汉语大词典》均仅节引"会冬至,需家致宴挥霍"二句,作为"豪奢"义的最早例证,实误。细审以上引文,"挥霍"之"匆遽、忙迫"义十分明显,无烦覼缕。李端《长安书事寄薛戴》诗:"三山不可见,百岁空挥霍。"五代孙光宪《北梦琐言》卷六:"郑文公畋与卢相携亲表也,阀阅相齐,词学相均,同在中书。因公事不叶,挥霍间言语相挤诟,不觉砚瓦翻泼。"又卷十二:"唐黄寇奔冲,有小朝士裴,忘其名,移挈妻子,南趋汉中。才发京都,其室女路次暴亡,兵难挥霍,不暇藏瘗。"《太平广记》卷三百七《沈聿》:"聿自谓官罢,无事诣府,拒之未行。二吏坚呼,聿不觉随出,经历亲爱洎家人,挥霍告语,曾无应者,二吏呵驱甚迫。"又卷四四六《狨》:"其雌与奴则缓缓旋食而传其树,殊不挥霍,知人不取之。"宋王衮《博济方》卷四:"产时傍人不得挥霍,恐惊动产母。只可令一两老成并亲属人扶持令行,或不能行,即须且立直,候儿逼生方可得正产。"宋陈自明《妇人大全良方》卷十七:"三则临觉太早,大小挥霍,或信卜筮,或说鬼祟,多方误恐,致令产母心惊神恐,忧恼怖惧。"宋辛弃疾《一枝花·醉中戏作》词:"更千骑弓刀,挥霍遮前后"。宋吴潜《满江红·和吴季永侍郎见寄》词："况等闲、客里送年华，成挥霍。"

其二为"顷刻"义，指时间短暂，多作名词。此亦由本义引申而来。字或作"挥忽"。《全齐文》卷十五张融《海赋》："遍万里而无时，浃天地于挥忽。"又卷十九何昌寓《与司空褚渊书理建平王景素》："百年之寿，同于朝露，挥忽去留，宁足道哉！"梁武帝《孝思赋》："年挥忽而莫反，时瞬睒其如电。"隋巢元方《巢氏诸病源候总论》卷二二："霍乱有三名：一名胃反，言其胃气虚逆，反吐饮食也；二名霍乱，言其病挥霍之间，便致缭乱也；三名走哺，言其哺食变逆者也。"唐王湾《晚夏马嵬卿叔池亭即事寄京都一二知己》："逡巡期赏会，挥忽变星斗。"唐李商隐《行次西郊作一百韵》："奚冠西北来，挥霍如天翻。"宋王炎《大水行》："屯云墨色日将暮，晦明挥霍雨如注。水声夜半摇匡床，平旦出门吁可畏。"

挥霍［二］挥忽

挥霍，又犹云"挥舞、挥闪"。《北堂书钞》卷一四四："杜预《七规》云：'膳夫骋伎，飘忽若仙。披素面之挥霍，若将绝而复连。'"又卷一五二："陆机《感时赋》云：'敷层云之葳蕤，坠零雪之挥霍。冰冽冽而寝兴，风漫漫而妄作。'"唐韩愈《酬蓝田崔丞立之咏雪见寄》诗："崩奔惊乱射，挥霍讶相缠。"宋贺铸《菱花怨》词："叠鼓嘲喧，彩旗挥霍，苹汀薄晚，兰舟催解。"元洪希文《题学士赵子昂近帖》"天马腾骧金袅蹄，赤刀挥霍玉如泥。"元虞集《江楼看剑歌书赵子昂剑铭后》："等闲千年不一试，壮士酣歌谩挥霍。"明胡俨《孔雀图》诗："有鸟有鸟名孔雀,文彩光华动挥霍。修颈昂昂翠羽翘,大尾斑斑金错落。"明薛蕙《宝剑篇》："昔闻欧冶铸宝剑,冶中蛟龙歘挥霍。"其字亦可作"挥忽"。梁虞骞《视月》诗："清夜未云疲,珠帘聊可发。泠泠玉潭水,映见蛾眉月。靡靡露方垂,晖晖光稍没。佳人复千里,余影徒挥忽。"唐张说《江路忆郡》："雾敛江早明,星翻汉将没。卧闻峡猿响,起视榜人发。倚棹攀岸条,凭舣弄波月。水宿厌洲渚,晨光屡挥忽。"

挥霍〔三〕

挥霍,又犹言"挥洒",多指写诗作文作画时能放纵不拘,风格豪放。南齐谢赫《古画品录》："毛惠远:画体周赡,无适弗该,出入穷奇,纵横逸笔,力遒韵雅,超迈绝伦,其挥霍必也极妙,至于定质块然,未尽其善。"宋司马光《和冲卿崇文宿直睹壁上题名见寄并寄邵不疑》："欢余叹薄宦,离合何能常。濡毫纪岁时,挥霍素壁光。"宋米芾《画史》："王防,字元规,家二天王,皆是吴之入神画。行笔磊落,挥霍如莼菜条,圜润折算,方圆凹凸,装色如新。"又《书史》："晋右将军会稽内史王羲之行书……是竹丝干笔所书,锋势郁勃,挥霍浓淡如云烟,变怪多态,清字破损。"宋文同《许道宁寒林》："许生虽学李营丘,墨路纵横多自出。交柯挥霍裴旻剑,乱蔓淋漓张旭笔。"元张养浩《天涯歌为崞山公赋》："元姚自是一世豪,若比公诗少挥霍。"明陆时雍《诗镜总论》："鲍照材力标举,凌厉当年……当其得意时,直前挥霍,目无坚壁矣。"清沈德潜《说诗晬语》卷上："少陵才力标举,纵横挥霍,诗品又一变矣。"

清吴衡照《莲子居词论》卷一《潨南论坡词》："公以文章余事作诗，又溢而作词。其挥霍游戏所及，何矜心作意于其间哉？"清张德瀛《词征》卷五《陈同甫词》："然挥霍自恣，识者或以夸大少之。"《清诗别裁》卷二四马维翰小传："意不肯庸，语不肯弱，莽莽苍苍，纵笔挥霍。"

如果用于形容人的性格，则有放纵而不自检束之意。《太平广记》卷四百九十《东阳夜怪录》："吾家龟兹苍文毕，甚乐喧厌静，好事挥霍。兴在结束，勇于前驱。"元张养浩《祢衡》诗："才如利器要深藏，挥霍于人何可当？自古杀身多坐此，圣贤固不贵词章。"明吕坤《呻吟语摘》卷下："其文雄畅者，其人必挥霍，而察其弛跅之病；其文温润者，其人必和顺，而察其巽软之病；其文简洁者，其人必修谨，而察其拘挛之病。"

迷奚 眯䁯 迷稀 眯䁯

叠韵联绵词。"迷"《广韵》音莫兮切，明母齐韵；"奚"音胡鸡切，匣母齐韵。眯缝着眼（看）。有时特指妇女向人抛媚眼。宋杨无咎《瑞鹤仙》词："渐娇慵不语，迷奚带笑，柳柔花弱。宋沈端节《西江月》词："幸自心肠稳审，怎禁眼脑迷奚，招愁买恨带人疑，一味笑吟吟地。"字亦作"眯䁯"。宋杨炎正《桃源忆故人》词："眯䁯呷丁些来酒，越曾把人僝僽。"又《柳梢青》词："捧杯更着眯䁯，唱一个、新行耍词。"按清李调元《雨村词话》卷二引杨氏此二词，谓"眯䁯"为"江西土语，犹言随意也"。恐未确。宋洪迈《容斋四笔》卷一"迷痴厥拨"条云："柔词诣笑，专取容悦世俗，谓之迷痴，亦曰迷嬉。""迷嬉"当即"眯朦"。元高安道《哨遍》套（皮匠说谎）："迷奚着谎眼先陪笑，执闭着顽心更道易。"《误入桃源》三折："醉疏狂闲吟夜月诗千首，眼迷稀细看春风玉一围。"以上则只是眯缝着眼的意思。字亦可作"迷稀"。

有时眯缝着眼是由于视物不清，故"迷奚"又有视线模糊的意思。《丽春堂》剧二折："不比你射柳处，也推着马眼迷奚。"《六十种曲·南柯记》三十一出："[田] 司宪公，酒放醒些，抬眼哩！[周看作怕背介] 他他他，他叫俺挣着迷奚。"《盛明杂剧·团花凤》二折："莫是我眼迷稀，没甚么带叶连枝。"清洪昇《长生殿》五出："望前尘馋眼迷奚，不免挥策频频。"

沓拖[一] 拖沓

双声联绵词。"沓"《广韵》音徒合切，定母咸韵；"拖"音托何切，透母果韵。声母仅有清浊之别，且"透"为送气音，与"定"之浊音十分相近，故得为双声。含"富态、俗气"等义，疑为齐梁唐宋之际的方言俗语。有褒贬两种用法。《全梁文》卷四八引《淳化阁帖》五，袁昂《评书》："王子敬书，如河朔少年，皆充悦，举体沓拖，不可耐。"按，此贬义，后世论书法者多据此而有所评论。唐张彦远《法书要录》卷一称王献之书法"骨势不及父，而媚趣过之"。元盛熙明《法书考》卷一《书谱》："李云：子敬草书，逸气过父……而正书、行书，如田野学士，越参朝列，非不稽古宪章，乃时失体处。旧说称其转妍，去鉴疏矣。"都不约而同地指出王献之的某些书体有媚俗之弊。明王世贞《陈道复书陶诗》："陈复甫书，能于沓拖中生骨，于龙钟中生态，以柔显刚，以拙藏媚。或老或嫩，不古不今，第不脱散僧本来面目。"又《苏黄小像》："旧传苏长公为五祖戒后身，黄豫章为涪州学佛女子后身。及读其诗，觉长公瑰丽而稍沓拖，类吴兴富儿郎；豫章矫劲粗涩，不耐软欸，绝无支公顾妇姿态。"明汪砢玉《珊瑚网》卷二十四下："故武帝评子敬为河朔子弟，举体充悦，然沓拖不可耐；而评羊欣如婢学夫人，举止羞涩。是以文皇诋子敬为饿隶，而学敬元者，时人讥以为重儓，子敬饿隶，敬元成一重儓矣。然同人书也，饿隶之与沓拖子弟，一瘦一肥，毋乃太相牴牾欤？"又："古人论行书云：八面拱心，而无横画。余向未荐此，今春得米元章书朱乐圃墓表，逐字玩之，见其揉团凑合，无有间隙，乃始了然。今人或谓学苏米则沓拖不紧峭，是未得真迹到眼缝耳。"

　　有时也用为褒义或不褒不贬的中性词。宋苏轼《洞庭春色并引》："安定郡王以黄柑酿酒，谓之洞庭春色，色香味三绝。以饷其犹子德麟。德麟以饮余，为作此诗，醉后信笔，颇有沓拖风气。"清翁方纲《石洲诗话》卷三认为"沓拖风气"是指"钓诗钩""扫愁帚"之类的"不雅"字眼，恐不妥。它指的应是一种富贵或富态气。宋韩驹《送王秘阁二首》之一："乌衣诸王吾早闻，晚涂独识和州孙。风流沓拖欲垂尽，文采陆离今尚存。"这里"沓拖"与"风流"并列，且用作六朝贵族王、谢的谓语，其义昭然。宋黄庭坚《与韩纯翁宣义书二首》之一："子舍乃有佳士，沓拖不可耐。观其诗句，知其言行必超逸绝尘。衰老不进，殊觉后生过人，恨未识耳。"宋赵长卿《蓦山溪·遣怀》词："学此沓拖，也似没意志。诗酒度流年，熟谙得、无争三昧。"按此例前一句意谓即使学得些风流倜傥，也好像没啥意思。修订本《辞源》及《汉语大词典》都引为"不爽利""拖拉"的首用例，实不妥。金李俊民《吊曹庆之》诗："杯酒中间气沓拖，从教千丈起风波。丝梦世事无一可，花落人生得几何？"元倪瓒《题王耕云所藏墨迹》："余谓子山之书，风流沓拖，如王谢家子弟，无一点寒陋气，可与鲜于奉常相照映也。"明江南詹詹外史《情史》卷七《老妓》："凡游闲子、沓拖少年，走马章台街者，以不识马姬为辱。"《御定佩文斋书画谱》卷七二引明文征明《甫田集·跋唐李怀琳仿晋嵇康绝交书》："愚按，此帖字迹多类右军，在前若刘伶、阮籍，字画虽佳，然皆疏宕纵逸，非若此帖精神沓拖，行间茂密，卓然名家也。"又卷七九引明李日华《六研斋二笔》："吴兴公字画之妙，不待赞咏而知。是帖盖在兵部时所与江南故人者，王谢沓拖风气不可复作，抚卷为之太息。"清毛先舒《诗辩坻》卷二："太冲《娇女诗》，独以沓拖俚质见工，然又非乐府家语。自写本事，不厌猥琐，似雅似俳。盖王褒《僮约》、敬通《数妇》之流也。"此词也可倒其语素顺序而作"拖沓"。明《陈子龙集》卷七《二周文稿序》："典午之间，士以风流蕴藉、举止玄迈为贵。故宁遗落世情，以求免俗，而拖沓近鄙者，虽才不录。"

沓拖［二］溚漜　拖沓

字亦作"溻漜"，最早见于晋代木华《海赋》，赋中有"长波溻漜"之句。李善注"溻漜"为"相重貌"，李周翰注为"延长貌"。二注含义可通,本指波浪前后相推、叠叠相重、连绵不断的样子。由此引申,可指诗文字画创作中叠床架屋、啰唆重复等弊病。明袁宏道《雷太史诗序》:"夫回道人、玉蟾子,彼家所称才仙也,而诗沓拖无秀句。古宿偈颂,理掩其致,何关风雅?"明陆云龙《钟惺集序》:"沓拖晦涩,真睡魔之招;压架填床,堪覆瓿之用。"明孙鑛《书画跋跋·凡例》:"一注释例宜附载本句之下,第有止摘一二语颇不足以发明本句者,必连及之。又病于沓拖,故酌从纲举目张之例,而冠之于前。"明顾起元《客座赘语》卷八:"余睹其字多沓拖疏慢,似非双井笔也。后竟为徽贾以重价购去。"清布颜图《画学心法问答》:"吾少时学画,费纸过于学书。诲无不遵,笔无妄下,晨警夕惕,不惜用力。究其极止于定质而已,局促沓拖,终所不免。"清李慈铭《越缦堂读书记·史部·杂史类》:"魏源《夷舶入寇记》,观其文笔沓拖,不及前记之叙次简老。"也可倒其语素顺序而作"拖沓"。明陈宏绪《寒夜录》:"上滩船与逆风舟,自是两种文章应着气力处,也须呕心血指一番。若但放乎中流,听其所止而休,势必至于拖沓。"清李光地《榕村语录》卷二九:"看归震川、王道思古文,拖沓说去,又不明白,两三言可了者,千余言尚不了,令人气闷。"

迤逦 逦迤

叠韵联绵词。"迤"《广韵》音移尔切,余母纸韵;"逦"力纸切,来母纸韵。也作"迤逦""迤遇""迤里"等形,或倒其字序而作"逦迤"。其含义及引申系列比较复杂,初步梳理如下：

其一为"绵延、连绵"义。魏吴质《答东阿王书》："夫登东岳者，然后知众山之迤逦也；奉至尊者，然后知百里之卑微也。"南朝齐谢朓《治宅》诗："结宇夕阴街，荒幽横九曲。迢递南山阳，迤逦西山足。"南朝梁萧统《钟山讲解》诗："伊予爱丘壑，登高至节景。迢递睹千室，迤逦观万顷。"此例后二句按意义词序应为"睹千室之迢递（高耸貌），观万顷之迤逦"。唐窦泉《述书赋并序》："犹以为登泰山之崇高，知群阜之迤逦。"有时用于说明时间，则犹云"延迟、推迟"。周世宗柴荣《京城别筑罗城诏》："如或土功未毕，则迤逦次年修筑，所冀宽容办集。"有时用于形容声音，则犹云"悠扬、悠长"。唐元稹《善歌如贯珠赋》："其始也，长言迤逦，度曲缠绵。吟断章而离离若间，引妙啭而一一皆圆。"宋贺铸《伴云来·天香》词："烟络横林，山沉远照，迤逦黄昏钟鼓。"刘一止《望海潮》词："清晓九门开，听舜韶声举，迤逦天街。"

其二为"高峻、耸立"义。梁武帝萧衍《游钟山大爱敬寺》诗："棱层叠嶂远，迤逦陒道悬。""迤逦"与"棱层"互文。《全唐文》卷一七四张鷟《疏勒镇军大使……请停四镇》："狼望萧条，龙堆莽荡。迤逦白云之表，迢递苍松之外。""迤逦"与"迢递"亦互文，"迢递"也有"高峻"义。又卷六二〇刘宇《河东盐池灵庆公神祠碑阴记》："面㟧沦之积水，跨迤逦之重冈。阴阴森森，容卫毕备。"又卷七七〇王棨《芙蓉峰赋》："上下迤逦而九疑失翠，旁侧参差而五岭迷烟。"《全唐诗续拾》

卷二十八白居易《题法华山天衣寺》诗："山为莲宫作画屏，楼台迤逦插青冥"。《唐文拾遗》卷五十张湛《大房山投龙壁记》："丹岭嵯峨，双峰迤迤。渌水涓涓，清泉泚泚。"五代冯延巳《开先禅院碑记》："后倚崇崖，前临无地，屈曲延袤，高低迤逦。"

其三为"辗转、连续"义。南朝梁刘孝绰《春日从驾新亭应制》诗："纡余出紫陌，迤逦度青楼。"唐黄滔《段先辈第二启》："昨于道路累附状，伏计迤逦上达。"《全唐文》卷五三七裴度《代李大夫请朝觐表》："况李光颜、薛苹，皆武臣也，淮海以为要重。然犹迤逦而至，述职明庭。"敦煌变文《庐山远公话》："远公迤逦而行，将一部《涅盘》之经，来往庐山修道。"又《丑女缘起》："嫔妃彩女令诏入，内监忙忙迤逦催。"五代孙光宪《北梦琐言》卷九："有西班李将军女，奔波随人，迤逦达兴元。骨肉分散，无所依托。"宋姜夔《征招》："迤逦，剡中山，重相见，依依故人情味。"小序云："越中山水幽远，予数上下西兴、钱清间，襟抱清旷。"葛长庚《水调歌头》："多少风前月下，迤逦天涯海角，魂梦亦凄凉。"

其四为"渐次、渐渐"义。唐白居易《长恨歌》："揽衣推枕起徘徊，珠箔银屏迤逦开。"宋释文莹《玉壶清话》卷一："果数日感疾，迤逦不起。"金成无己《伤寒明理论》卷二："所谓烦躁者，谓先烦渐至躁也；所谓躁烦者，谓先发躁而迤逦复烦者也。"

其五形容动作所需的时间短，犹言"迅即、转眼就"。《全唐文》卷七五唐文宗《讨郑注优赏军士德音》："况诏旨既追，已离城堞，阴谋且败，中路遽回，又迤逦使人迎接逆贼李训。稽之国法，岂逭常刑？"又卷三六〇杜甫《为华州郭使君进灭残寇形势图状》："臣伏请平卢兵马及许叔冀等军郓州西北渡河，先冲收魏，或近军志避实击虚之义也。伏惟陛下图之。遣李铣、殷仲卿、孙青汉等军迤逦渡河佐之，收其贝博。"《太平广记》卷四三二《械虎》："鸷兽将欲出井，即迤逦合其荷板，虎头才出，则蹙而钉之。"《靖康纪闻》："守御官兵拥窄，不能施放，退师迤逦崩溃。"《全宋词》赵通判《沁园春·寿太守李宗丞》："从此去，看腰黄眼赤，迤逦堤沙。"意谓转眼间拜相也。又罗子衍《三登乐·庆黄守正月廿二》："自栖鸾展骥，迤逦黄堂，每登要路无留滞。"又无名氏《解佩令·寿李宰二月三十》："曾妙年拾芥功名易，暂栖鸾，何厌小试。迤逦哦松，便整顿、河阳桃李。""哦松"，称县丞，谓转眼即升县令也。"河阳桃李"用潘岳事，潘任河阳令时，满县栽花。

注 释

[1] 见《遵义师范学院学报》2005年第1期，《语文丛稿》第7页，中华书局2006年版。

[2] 刊《张振珮先生诞辰一百周年纪念文集》，贵州人民出版社2011年版。

十七

现代汉语常用词语源杂考

现代汉语里一些看来稀松平常的词,往往寿命很长,古已有之。古到秦汉以上的,字书、辞书一般可以查到;资格稍嫩、唐宋以后才孳生的新词新义,有时反而不易弄清它们的来龙去脉。追寻这些孳生衍变的轨迹,是一件颇有意思的事。个人见闻有限,下面仅就宋人笔记所载,揭示数条,聊资谈助与参考。

一、"肥皂"的由来

肥皂是一种"洗涤去污用的化学制品"(《现代汉语词典》310页),这是今天老幼皆知的事实。不过这个名称至迟宋代已经有了，指的是具有洗涤去污作用的另一种东西。周去非《岭外代答》卷八"蕉子"条说："芭蕉极大者凌冬不凋，中抽一干，节节有花，如菡萏，花谢有实，一穗数枝，如肥皂长数寸。"又同卷"南山茶"条："中有数子，如肥皂子大。"两处所谓"肥皂"，显然是指皂荚（一称"皂角"）。此外还有一种东西也叫"肥皂"。庄绰《鸡肋编》卷上："浙中少皂荚，澡面浣衣皆用肥珠子。木亦高大，叶如槐而细，生角，长者不过三数寸。子圆黑肥大，肉亦厚，膏润于皂荚，故一名肥皂。"这种东西在西南地区很多地方也有，或称"患子"。直到解放前，农村人买不起"洋胰子"，仍多用以上两种东西"澡面浣衣"。可见"肥皂"本义是"肥腴"或"肥润"之"皂"，现代用来指化学制品，是着眼于两者功用相同。同拿"火柴（引火之柴）"指称"洋火"一样，用的是"旧瓶装新酒"的方式。

二、"一刹那"有多久

"刹那"是个源自佛教的词，为梵语的音释。对于这个词的含义一般辞书只是说"指极短的时间"。"一刹那"究竟短到什么程度呢？南宋洪迈的《容斋三笔》卷十四"瞬息须臾"条引《新婆娑论》说："百二十刹那成一怛刹那，六十怛刹那成一蜡缚，二十蜡缚成一牟呼麦多，三十牟呼麦多成一昼夜。"据此可以推算出：

一昼夜 = 4，320，000 刹那

一昼夜 = 86,400 秒

一刹那 = 0.02 秒

在现代比较正规的体育竞赛中,短跑、游泳等项目计时已精确到零点零几秒。"分秒必争"好像已经不足以形容它那紧张激烈的程度,而应该改为"刹那必争"了。

三、"新闻"原是"内参"

现代所谓"新闻"是指报纸上的最新消息,有时干脆就是报纸的同义语,古代与此稍有不同。宋赵升《朝野类要》卷四"朝报"条说:"(朝报),日出事宜也,每日门下后省编定,请给事判报,方行下都进奏院,报告天下。其有所谓内探、省探、衙探之类,衷私小报,率有漏泄之禁,故隐而号之曰新闻。"由此看来,宋代的"朝报"倒类似今天的"新闻",当时的"新闻"却有点像今天的"内参"。后者大概是由朝廷或政府别的下属部门和地方搜采编定的,所以称为"衷私小报",而且有"漏泄之禁",不得轻易外传。这里须得顺便指出的是,《辞源》新版1375页"新闻"条第一义解释说,"新近听说的事"。第二个例证引的就是上面赵升的话,不过削去了"请给事判报"至"皆衷私小报"共三十三字,而代之以删节号。这样的引证和删节都不够妥当:第一,删节后好像赵升认定"朝报"就是"新闻",其实并不如此;第二,"朝报"与"新近听说的事"也不完全对当。

四、"睡觉"何时才成为词

白居易的《长恨歌》中有这么两句:"云鬓半偏新睡觉,花冠不整下堂来。""新"相当于"刚","睡觉"是睡醒的意思,"觉"应念 jué,同今天所说的"睡觉(jiào)"不是一回事。今天的"睡觉"只取"睡"义。"睡觉"是什么时候才开始凝合成一个词的呢?主要反映晚唐五代语言实际的禅宗语录《祖堂集》,"睡觉"共有三例,都还是"睡"加"觉(醒)"的词组。如卷十七"双峰和尚"条:"母高氏夜梦,异光荧煌满室,愕然睡觉,有若怀身。"在南宋洪迈所撰志怪小说《夷坚志》里,我们则可以看到这样的用例:"梦中愧谢,睡觉至亥时,妻生一子。"(甲志卷十三《谢希旦》)"睡觉到亥时"意思就是"睡到亥时","睡觉"可以说已经成为一个词。当然,如单就这个例子看,也还有解释为"睡醒已到亥时"的可能,不过同书支景卷四《吴法师》篇已有"且欲事了出外睡一觉"的说法。"觉"虚化为动量词,这只有在"睡觉"已不含"醒"义的情况下才能产生。

五、关于"闹矛盾"的"矛盾"

《韩非子·难一》里面讲过一个自相矛盾的故事,这是人们所熟知的。"矛盾"由此用来比喻事物互相抵触(见《辞源》

新版 2225 页）。但我们今天还常常说"闹矛盾"，例如"他们夫妻俩闹矛盾了"，将这个词用于人事方面表示意见不一致、感情不融洽等意思。这种用法的来源也很早。南宋佚名《中兴御侮录》卷下："是日督府移文军前：'邵宏渊可听李显忠节制。'宏渊怏怏不乐。十九日，复移文军前：'显忠、宏渊同节制诸军。'自是两将之权各专，始相矛盾矣。"这很可能还不是最早的用例，姑志于此，以俟博雅。

（原载《汉语学习》1985 年第 2 期）

十八

云梦秦墓竹简所见某些语法现象

1975年,湖北云梦睡虎地第十一号墓出土大批秦代竹简。简文共十种,内容有秦代的法律条文,有解释律文的答问和治狱的文书程式。其中《编年记》等八种,已由整理小组编成《睡虎地秦墓竹简》一书,[1]并加了注释和语译。八种简文本身近三万字,是秦代典型的应用公文文体,包含着比较丰富的词汇、语法现象,对汉语史的研究颇有参考价值。下面仅就个人浅见所及,对其中几个语法问题作一些初步探讨。

一、补充式

补充式是在一动词性成分之后再加上表示行为结果的另一

成分的语法现象。在现代汉语中,补充式是一种构词手段,如"提高、改善、扩大、说明、摧毁、战胜"等等,都已分别凝结为一个整体,成为一个双音节的合成词。但在上古汉语中,补充式主要是一种句法手段。从句法手段过渡到构词手段,其间经历了漫长的过程。王力先生在《汉语史稿》中把这种格式称为"使成式",并把它作为语法发展演变的一个标志。[2] 关于这种语法格式的发生发展过程,《汉语史稿》说:"依我们现在考察到的史料来看,使成式产生于汉代,逐渐扩展于南北朝,普遍应用于唐代。"[3] 马真同志在《先秦复音词初探》一文中也断言:先秦没有补充式。[4] 然而简文的材料却证明,这种语法格式当时已运用得相当广泛,因为它在不到三万字的简文中即多达 14 例,出现频率为 20 次,已很难说是个别的偶然现象。例如:

(1)是以圣王作为法度,以矫端民心,去其邪避(僻),除其恶俗。(《睡虎地秦墓竹简》,第 15 页。以下不标书名)

(2)百姓居田舍者毋敢蓝(酤)酉(酒),田啬夫、部佐谨禁御之,有不从令者有罪。(第 30 页)

(3)官府臧(藏)皮革,数杨(炀)风之。有蠹突者,赀官啬夫一甲。(第 120 页)

(4)或斗,啮断人若耳若指若唇,论各可(何)殹(也)?(第 186 页)

(5)父杀伤人及奴妾,父死而告之,勿治。(第 197 页)

(6)斗折脊项骨,可(何)论?比折支(肢)。(第 183 页)

（7）夬（抉）裂男若女耳，皆当耐。（第185页）

（8）吏有故当止食，弗止，尽禀出之，论可（何）殹（也）？（第217页）

（9）夫、妻、子十人共盗……今甲捕得其八人，问甲当购几可（何）？（第209页）

（10）署中某所有贼死、结发，不智（知）可（何）男子一人。（第264页）

"矫端"的"端"即"正"字，因避秦始皇讳改。"禁御"即"禁止"，简文注引《左传·襄公四年》注云："御，止也。""蠹突"犹云"蛀穿"，"夬裂"犹云"撕裂"。"禀"字在简文中兼有"领取""发放"二义，例（8）为"发放"义，"禀出"即"发出"。"贼死"义同"杀死"，这里兼有被动语气。凡此之类，都是在动词后加上表示行为结果的另一成分的格式。

在构成方式上，上举诸例多为"外动词加内动词"，如"啮断、杀伤、斗折、夬裂、禀出"之类（"断、伤、折、裂、出、死"等在古汉语中虽可带宾语，但一带了宾语便成为所谓"使动用法"）。"外动词加形容词"者仅"矫端"一例。"蠹突、捕得"似为"外动词加外动词"的格式，《汉语史稿》认为这应排除在"使成式"之外，[5]因为它与英语中的"causative"不相当。我们认为，不论就它表示的语法意义看（后一成分为前一成分所表动作、行为的结果），还是从它们发展变化的趋向看（现代汉语中补充式合成词这种情况不少），都应承认它们和其他两类并没有什么实质上的区别。

在比简文晚出一个世纪的《史记》中，补充式的运用又有所发展、有所扩大。陈克炯同志认为：在《史记》中补充式已开始成为一种构词手段，所举的例子有"感动、惊动、发明、望见、禁止"等。[6]除此之外，我们还可以作如下补充：

（1）广暂腾而上胡儿马，因推堕儿。（《史记·李将军列传》）
（2）旦日飨士卒，为击破沛公军！（《史记·项羽本纪》）
（3）与父老约法三章耳："杀人者死，伤人及盗抵罪。"余悉除去秦法。（《史记·高祖本纪》）
（4）顷之，怨大将军青之恨其父，乃击伤大将军。（《史记·李将军列传》）
（5）居无何，二世杀死，优旃归汉。（《史记·滑稽列传》）
（6）信所出奇兵二千余骑，共候赵空壁逐利，则驰入赵壁。（《史记·淮阴侯列传》）
（7）至郡，遂案宁氏，尽破碎其家。（《史记·酷吏列传》）

上举各例中，除出现了"驰入、除去"等"外动词加方位词"的新格式外，有些还在文章中反复出现，使用频率很高。故可窥见，补充式在秦汉之际并不是刚刚产生、萌芽，而是已经处于扩大发展的阶段。

我们知道，语言的发展是渐变而非突变。一种语法格式会突然兴起或突然消亡，那是不可想象的。既然补充式在秦汉之际已经大量涌现，那么在此之前就必然有蛛丝马迹可寻。虽然笔者由于条件所限，未能对先秦史料作系统全面的调查，但仅就个人阅读所及，以下这些例子恐怕很难否认它们作为补充式的资格的：

（1）若火之燎于原，不可向迩，其犹可扑灭？（《尚书·盘庚》）

（2）挠乱我同盟，倾覆我国家。（《左传·成公十三年》）

（3）久矣，吾不复梦见周公！（《论语·述而》）

（4）擢乱六律，铄绝竽瑟。（《庄子·胠箧》）

（5）暴至杀伤，而不亿（通"意"，疑也）忌者与？（《荀子·赋篇》）

（6）必先修正其在我者，然后徐责其在人者，咸乎刑法。（《荀子·富国》）

对于例（1）和例（2），《汉语史稿》认为属于似是而非的情况，理由是"灭、乱"等可以单用。[7] 我们认为，补充式在萌芽阶段既然是一种句法手段，那么单用与合用的情况并存是不足为奇的。即使在现代汉语中，像"揭穿、突破、促进、放松"之类也依然如此。只要"灭、乱"所表示的是"扑、挠"的结果，我们便不能不承认它们是补充式。例（4）的"擢"借为"搅"，"擢乱"即"搅乱"（见马叙伦《庄子义证》）。

综上所述，可以对《汉语史稿》关于这个问题的结论作某些修正，即补充式这种语法格式产生于先秦，逐渐扩展于秦汉之际，魏晋以下则是普遍应用的阶段。

二、疑问句

（一）疑问句代词宾语的位置

《马氏文通》卷二之五："询问代字凡在宾次，必先其所宾，其不先者仅矣。此不易之例也。"王力先生主编的《古代汉语》教科书承袭了这一说法而语气更加肯定："在上古汉语里，疑问句里的疑问代词宾语也必须放在动词的前面。""疑问代词宾语前置的规则，比否定句代词宾语前置的规则更为严格，可以说基本上没有例外。"[8]其中所谓"上古汉语"，按照《汉语史稿》的分期是指公元3世纪以前，即"五胡乱华"以前；秦代包括在上古汉语中是没有问题的。但简文中却出现了好些"例外"。以疑问代词"何"作宾语的疑问句来说（它在全部疑问句中占百分之六十），简文共有58例。前置者37例，为数稍多；后置者21例，为数虽然较少，但绝不是个别例外。例如：

（1）士五（伍）甲盗，以得时直（值）臧（赃），臧直百一十，吏弗直，狱鞫乃直臧，臧直过六百六十，黥甲为城旦，问甲及吏可（何）论？……甲有罪，吏智（知）而端重若轻之，论可（何）殹（也）？（第166页）

（2）或斗，啮断人鼻若耳若指若唇，论各可（何）殹（也）？

(第186页)

（3）馈遗亡鬼薪于外，一以上，论可（何）殹（也）？（第206页）

（4）甲、乙交与女子丙奸，甲、乙以其故相刺伤，丙弗智（知），丙论可（何）殹（也）？（第225页）

上面所举，例(1)最富有启发性，上文说"可论"，下文说"论可"，可见两种说法可以并行不悖。这里还需加以说明的是，疑问代词宾语前置和不前置的格式，都集中在八种简文之一的《法律答问》里。按照整理小组的说法，秦自商鞅变法以来，都是由国君制定统一的法令并专门设置官吏统一解释法令（参看第150页的有关说明）；那么，《法律答问》便很可能出自一人之手，至少是由一人统一加工整理而成。同一作者在同一篇文章中两种格式交替使用，那就更足以证明实际语言中是可此可彼的。

在先秦两汉以"雅言"写成的作品中，疑问句代词宾语不前置的现象确属罕见，但也不是那么绝无仅有的。试看下例：

（1）连叔曰："其言谓何哉？"（《庄子·逍遥游》）

（2）子曰："由，知者若何？仁者若何？"（《荀子·王道》）

（3）三日后，优孟复来，王曰："妇言谓何？"（《史记·滑稽列传》）

（4）子反曰："子之国何若矣？"……子反告庄王，庄王曰：

"若何?"(《韩诗外传》卷二第一章)

以上几个罕见的例外,先秦西汉都有。这说明不会是文字上的偶误,而是在实际语言中已经出现了这种新兴格式;特别是《韩诗外传》一例,疑代宾语前置、不前置并用,与简文的情况相类。如果没有实际口语做依据,那它们就成了无源之水、无本之木,这是违反语言发展规律的。秦汉以来的作品中这种格式之所以少见,恐怕与书面语使用者的保守倾向不无关系。由于秦汉迄隋缺少比较完整的口语资料,因而单就书面作品考察,自然会得出《文通》和《古代汉语》教科书那样的结论了。

(二)正反相叠表示疑问的格式

简文的是非问句多用正反相叠的格式,细分又有三种情况:

A. 肯定式加"不"(否)。例如:

(1)遗矢溺不殹(也)?(第268页)

(2)相与斗,交伤,皆论不殹?交论。(第183页)

(3)当三环(读为"宥")之不?(第195页)

B. 肯定加否定。其中已有与现代汉语完全相同的"动·不·动"式,但仅见二例:

(4)人后告臧(藏)者,臧者论不论?(第230页)

(5)乃视舌出不出。(第268页)

多数情况下是在肯定式动词或助动词之后还插入宾语或别的成分,构成"动·×·不·动"式。如:

(6)问罪当驾(加)如害盗不当?当。(第152页)

(7) 工盗以出，臧（赃）不值一钱，其曹人当治（笞）不当？不当治。（第156页）

(8) 得比公士赎耐不得？得比焉。（第231页）

C. 以选择问句的形式出现，实际仍是正反相叠的是非问。例如：

(9) 顷半（畔）封殹（也）？且非是？（第178页）

(10) "窦署"即去署？且非是？（第236页）

(11) 人奴妄盗其主之父母，为"盗主"？且不为？（第159页）

以上三种格式，A式是古汉语中习见的，B、C两式却不多见。王力先生说："纯粹传疑，在现代汉语里往往用正反并列法。例如'管仲俭乎？'现代说成'管仲俭不俭？'或'管仲算不算俭？'"王力先生还指出"这种正反并列法的来源很早"。[9]但文中所举例证，却只有"如此则动心否乎"一种，相当于简文的A式，B、C两式均未论及。

三、物量和动量表示法

物量词包括表示度量衡单位的和表示天然单位的两种。简文中表示度量衡单位的物量词略如下表：

长度：丈、尺、寸、里、步、顷、亩、堵

容量：石、甬（桶）、半石、斗、半斗、参、升

重量：石、钧、斤、两、锤、朱（铢）

"顷、亩、堵"为面积单位，一堵等于一平方丈。"甬"与"石"

同为十斗。"半石、半斗、参"都是法令规定的正式容量单位，"参"为三分之一（参见第114页《效律》），不是偶尔一用的分数或约数。"石"既是容量单位，又是重量单位（120斤）。"锤"为八铢，即三分之一两。

表示天然单位的物量词在简文中尚属罕见。不过除"马一匹""车牛一两""履一两"之类已见于先秦其他典籍者外，还出现了以下值得注意的几个例子：

（1）卒岁，以正月大课之。最，赐田啬夫壶酉（酒）束脯。（第30页）

（2）省殿，赀工师一甲，丞及曹长一盾，徒络组廿给。（第136页）

（3）甲室、人：一宇二内，各有户，内室皆瓦盖，木大具，门桑十木。（第249页）

（4）某里士五（伍）甲、乙缚诣男子丙、丁及新钱百一十钱，容（镕）二合。（第252页）

（5）今鋈丙足，令吏徒将传及恒书一封诣令史。（第261页）

（6）内中及穴中外壤上有厀（膝）、手迹，厀、手各六所。（第271页）

例（1）在"壶酉"与"束脯"之前省去了数词"一"，这里还把量词直接加在名词之前，为先秦所罕见。例（2）的"络组"为穿联甲札的绦带，"给"字整理小组的注疑读为"缉"，实应为"根"或"条"的意思。例（3）的"木"整理小组认为应是"朱"字之误，并引《礼记·檀弓》注"公叔木"当为"公叔朱"为证，说明"木"即是"朱"，也就是"株"。这是令人信服的。（退一步说，"木"即便不训"朱"，其为量词亦无疑问）。例（4）全句意谓抓到两名私自铸钱的罪犯，其中"容"指钱模。钱模分上下两扇，故以"合"为单位。

关于先秦物量词的问题，王力先生说："天然单位的单位词在先秦已经萌芽了"，但还很少见，"只有'匹'、'乘'、'两'（指车）、'张'（指帷幕）、'个'（指矢）等极少数几个字。"[10] 简文的情况证实了这一论断，同时在具体有哪些天然单位量词及其发展的问题上，又可以有所补充。

动量的表示，简文仍基本上停留在数词与动词直接结合的阶段。其结合方式及出现频率如下表所示：

结合方式	举例	出现频率
动·数	治（笞）五十	5次
数·动	一食 一更 一亡	6次
动·数·量	冗边五岁 徭三旬	8次

只有下面一例中的"一课"或可看作动量词的萌芽：
今课县、都官公服牛各一课。（第33页）

简文的语法现象是很丰富的。以上所述，不过是其中的一鳞半爪。其未尽未妥之处，还望前辈专家和广大读者指正。

（原载《语言研究》1982年第1期）

注 释

[1] 文物出版社,1978年第一版(平装本)。

[2] 见王力《汉语史稿》上册第一章《绪论》,科学出版社,1958年,35页。

[3] 见《汉语史稿》中册,404页。但在上册第35页绪论中,王先生又把"使成式"和"处置式"的产生作为中古期(公元4世纪到12世纪)汉语发展的特点之一。这就把这种格式的产生时间推得更后了。

[4]《北京大学学报》1981年第1期。

[5] 见《汉语史稿》中册,403页脚注。

[6]《江汉语言学丛刊》第一辑《从〈左传〉和〈史记〉的比较看汉语发展变化的某些词汇语法现象》。

[7] 王力《汉语史稿》中册,404页。

[8] 王力主编《古代汉语》上册,中华书局,1960年,247页。

[9]《汉语史稿》中册,451页。

[10]《古代汉语》上册,236页。

十九

关于古汉语中"所"的用法与词性

在先秦两汉的书面语言中,"所"是一个用得很广而用法又较为复杂的词。对于"所"的用法与词性,许多古汉语语法论著都有较详细的分析,但其中不无未尽未妥之处。因此,还有进一步探讨的必要。

一

"所"最常见的用法之一,是放在多种动词或动词性词组之前,从而构成一个名词性词组(也可称之为"所字结构")。这个词组的语法功能,完全与名词相当。例如:

（1）所宝惟贤。（《尚书·旅獒》）

（2）所重：民、食、丧、祭。（《论语·尧曰》）

（3）九月非所用郊也。（《公羊传·成公十七年》）

（4）乃丹书帛曰"陈胜王"，置人所罾鱼腹中。（《史记·陈涉世家》）

（5）他日，子夏、子张、子游以有若似圣人，欲以所事孔子事之，强曾子。（《孟子·滕文公上》）

（6）所贵于天下之士者，为人排患、释难、解纷乱而无所取也。（《战国策·赵策》）

（7）君无所辱赐于使臣，臣敢辞。（《仪礼·燕礼》）

上举各例中，例（1）（2）"所"置于动词之前。"宝""重"本是名词和形容词，一旦前加"所"字，便都用如动词。例（3）（4）（5）"所"置于动宾词组之前。例（6）（7）"所"置于动补词组之前。可见，通常认为"所"只用在及物动词之前的说法是不全面的。马汉麟《古代汉语"所"的指代作用和"所"字词组的分析》一文已予指出。[1] 不过，马文只举出可用于不及物动词及动宾词组之前的例子，而未涉及动补词组，仍稍嫌疏略。另从"所"字词组的语法功能看，例（1）（2）（6）作主语，例（7）作动词"无"的宾语，例（3）作判断句（即一般所谓名词谓语句）的谓语，例（4）作"鱼"的定语，都和一个名词的功能相当。

二

"所"字的又一基本用法，是插在主谓词组（或称"句子形式"）的主语和谓语之间，从而把它转变为名词性的偏正词组。例如：

（8）予弗知乃所讼。（《尚书·盘庚》）
（9）周道如砥，其直如矢，君子所履，小人所视。（《诗经·小雅·大东》）
（10）遂听信计，部署诸将所击。（《史记·淮阴侯列传》）
（11）西河魏土，文侯所兴。（杨恽《报孙会宗书》）

以上诸例中的"乃（你们）讼""君子履""小人视""诸将击""文侯兴"，原来都是主谓词组，现在插入"所"字，就变成了名词性的偏正词组，等于说"你们争辩的事情""君子行走的地方""小人注视的地方""诸将攻击的目标""文侯兴起的处所"。现代汉语变主谓词组为偏正词组的语法手段，是在主、谓之间加结构助词"的"，如"我看书——我看的书""他害病——他害的病"。在这一点上，"所"的语法作用和"的"是完全相同的。另王力先生在分析"所以"这个词语组合的性质时曾说道："我们对于上古的'所以'，最重要的一点就是承认它有使谓语结构和句子结构变为仂语结构的功能"。[2] 由上举各例可以看出,"所"字在单用时,同样具有这种功能。

由于主谓词组插入"所"字后变成了偏正词组,因此,这个偏正词组的定语和中心语之间还可加上"之"字。这与现代汉语中两个名词构成的偏正词组中往往可以加"的"的情况是相同的,这个"之"字也同现代的结构助词"的"相当。例如:

(12)民之所欲,天必从之。(《尚书·秦誓》)
(13)其北陵,文王之所避风雨也。(《左传·僖公三十二年》)
(14)法之所非,君之所取;吏之所诛,上之所养也。(《韩非子·五蠹》)
(15)粟者,民之所种。(《汉书·食货志》)

但是,对这两类"所"字词组,从《马氏文通》以来,多数人认为仍是主谓词组或句子形式。说得最明白的,应推杨伯峻的《文言语法》。在分析"莫知计所出"一例时,杨著认为"计所出"为"包孕子句",作"知"的宾语。在这个包孕子句中,"计"为主语,"所出"为谓语。[3] 这种分析其实是不妥的。因为"所出"是个名词性词组,功能完全等于一个名词,"计"也是名词;两个名词摆在一起在古汉语中虽可构成主谓关系,但必须是判断句;而"计所出"并非"计者,所出也"的意思,它只是等于说"办法产生的地方",相当于今天主谓词组作定语的偏正词组,"计"为"所出"的限制性定语。这和上述"乃所讼""君子所履"等例的情况是完全一致的。

三

在以上两种用法中,"所"除了在结构上将动词、动词性词组以及主谓词组变为名词性词组之外,它还有一种功能,即在这个词组中指代与动作行为有关的各项内容。如例(1)代人;例(2)代事物;例(3)代时间,"所用郊"即"用郊之时";例(5)代方式,"所事孔子"即"事奉孔子的礼节";例(6)代某种品质,"所贵于天下之士"即"比天下之士更高贵的品质";例(9)(10)(11)都代处所。可以说,"所"指代的内容是无所不包的,它也像一般代词那样,指代内容因上下文而各异,远远不限于指代动作行为的受事。

值得说一说的是"君无所辱赐于使臣"这一类例子,这类例子在《经传释词》和《词诠》中都归入"语助无义"之列。马汉麟文认为"似乎是指代动作行为的理由"。[4] 这虽有一定的道理,但不如说是指代动作行为的必要性更为确切:"无所辱赐于使臣"意即"并没有赏赐我的必要"。《词诠》认为这类例子中的"所"纯属语助虽然不妥,但它把"无所"解释为"不必",却是相当准确的。具有这种指代内容的"所"在古汉语中还比较常见。由它构成的词组常常作动词"无"的宾语。除《词诠》《经传释词》已举例句外,再略举数例如下:

(16)虽有舟舆,无所乘之;虽有甲兵,无所陈之。(《老

子·八十章》）

（17）宋人资章甫而适诸越，越人断发纹身，无所用之。（《庄子·逍遥游》）

（18）王必欲长王汉中，无所事信；必欲争天下，非信无所与计事。（《史记·淮阴侯列传》）

（19）及鄙者为之，以为无所事圣王，欲使君臣并耕，悖上下之序。（《汉书·艺文志》）

这些例子中的"无所……"，都可解作"不必""无须"或"没有……的必要"。

和"所"的指代作用密切相关的一个问题，是"所"字与其后成分究竟是何种关系，也就是说，如像"所思"之类的词组其内部结构应如何分析？一种比较普遍的看法，是把"所"当作其后动词支配的对象，[5]即二者之间存在施受关系；照此推论，则"所思"是宾语在前的动宾结构。这种看法实际是建筑在"所"只能用于及物动词之前这个观点的基础之上的；既然事实上"所"也可以用在其他动词及各类动词性词组之前，那么这种看法便显然站不住了。如"所事孔子"一例中，动词"事"支配的对象是孔子，而不是前面的"所"。比较妥当的说法应是："所思"之类不是动宾结构而是偏正结构，"所"与其后成分是修饰与被修饰的关系，与现代汉语中动词作定语的偏正结构相当。"所思"即"思念的人"，"所重"即"重视的事"，"所避风雨"即"躲避风雨的地方"，"所用郊"即"进行郊祭的时间"，如此等等。

四

在多数情况下，"所"具有明显的指代作用，这一点已如上述。然而，当"所"字词组作定语而修饰其后的名词时，由于"所"指代的内容实际上已经出现，因而"所"的指代作用便趋于消失而只起着某种不很明显的指示作用了。例如：

（20）厎(zhǐ，定也)商之罪，告于皇天后土，所过名山大川。（《尚书·武成》）

（21）梁乃召故所知豪吏，谕以所为起大事。（《史记·项羽本纪》）

（22）夜乃解纵所送徒，曰："公等皆去，吾亦从此逝矣！"（《史记·高祖本纪》）

（23）和氏璧，天下所共传宝也。（《史记·廉颇蔺相如列传》）

"所过名山大川"等于说"经过的名山大川"，"所共传宝"等于说"大家辗转相传的宝物"，"所"字都可不译。

如果"所"字词组后加"者"字，则指代作用主要由"者"担任，因而"所"也只有微弱的指示作用。例如：

（24）所求者生马，安事死马！（《战国策·燕策》）

（25）臣之所好者，道也。(《庄子·养生主》)

（26）舟止，从其所契者入水求之。(《吕氏春秋·察今》)

（27）所爱者，挠法活之；所憎者，曲法诛灭之。(《史记·酷吏列传》)

还有一种值得注意的情况："所"字词组作定语而不用"之"的格式，在形式上与动宾词组前加"所"而构成的偏正词组完全相同，但二者表达的意义和内部结构却是两回事。试比较：

所避风雨　　所过名山大川
所事孔子　　所知豪吏
所事信　　　所送徒
所用郊　　　所罾鱼

上述左侧的例子都是动宾词组加"所"而成的偏正词组。它们表示的意义是："避风雨之所""事孔子之礼""事信之必要""用郊之时"，"所"的指代作用明显，动宾之间不能插入"之"字（例如不能说成"所避之风雨"），整个词组在结构上浑然一体。右侧四例是"所"字词组作定语以修饰其后名词的偏正词组。它们表示的意义是："所过之名山大川""所知之豪吏""所送之徒""所罾之鱼"，"所"后动词与名词之间可以插入"之"字，整个词组在结构上显然可分为两个单位，其中"所"的指代作用消失，只起着一定的指示作用。

五

由于"所"的用法有种种复杂的情况，所以诸家论著中尽管对它的分析在基本点上大体一致，但给"所"的命名却颇有歧异。《马氏文通》称之为"接读代字"，"即一般所谓关系代词"。[6]《文言虚词》和《古代汉语》教科书基本上承继了马氏的说法称为指示代词或"特殊的指示代词"。《词诠》则根本否认"所"的代词性，认为马氏的说法"非是"，只承认有被动助动词一种用法。[7]《文言语法》则称之为"小品词"。[8] 王力先生先是在《中国语法理论》中把它看作动词词头，继而在《汉语史稿》中修正了自己的意见，承认它是指示代词。[9] 这些名称的分歧，究其原因，主要是一则着重于"所"的指代作用，一则着重于"所"在结构上的辅助作用，二者似乎都未能全面概括"所"的词性。因为如果把"所"称为代词，它却不能单用，与一般代词有别；如果径称之为动词词头或小品词，它又确有指代作用，和外语语法中这类词并不相同。事实上它是一个既有指代作用又有结构上的辅助作用的词。在一般情况下，它两种功能兼而有之；而在某些情况下，则其指代作用消失，主要起结构上的辅助作用。因此，为切合"所"字之词性，以便名实相符，似可称之为"有指代作用的助词"或简称"指代助词"。这个名称虽有些奇特，与诸家语法论著中所用的术语不类，但它是否能较好地反映古汉语中"所"字固有的语法特点呢？笔者愿以此就教于专家和广大读者。

（原载《贵阳师院学报》1982年第1期，暨中国人民大学复印报刊资料《语言文字学》1982年第4期。）

注　释

[1][4] 见《中国语文》1962年10月号。

[2]《汉语史稿》中册，401页。

[3] 见该书160页。

[4]《马氏文通》校注本63页云："'所'字常位领读，或隶外动，或隶介字，而必先焉。"在分析"人之所引"一例时，更明确地指出"所"为"引"的止词（即宾语）。马氏这一说法为不少语法论著所采用。

[6] 转引自《汉语史稿》中册，295页。

[7]《词诠》，中华书局，1954年，448页。

[8]《文言语法》，159页。

[9] 见《汉语史稿》中册259页脚注。

二十

关于古汉语定语后置问题的再探讨

不少语法论著都谈到古汉语中存在定语后置的现象。[1]20世纪70年代末期编撰的全日制十年制高中语文课本第四册收有一篇知识短文《文言句法的一些特点》，文章根据已有的研究成果概括说："文言里定语一般放在中心词的前面……有时也放在中心词后面。"举的例子有"战士还者""求人可使报秦者""民不足而可治者"等。这个问题在当时曾引起争论，《中学语文教学》《中国语文通讯》先后刊登过一些文章，好几篇文章不同意古汉语有后置定语的说法。[2]近年来，仍有一些同志撰文对定语后置问题表示异议。有的文章断言：古汉语中除了数量结构作定语可以后置外，不存在其他形式的后置定语。[3]

有的文章则认为，除了"大名冠小名"的语序之外，"定语后置到目前为止还仅仅是一种有待证实的推论"[4]。古汉语中是否存在后置定语？这是一个值得进一步探讨的问题。它不仅涉及古汉语语法的普及和应用，也关系到如何正确认识汉语语法的历史发展。笔者认为，定语后置的现象在古汉语中确实不多，但却是不可否认的客观存在，其存在形式至少有下面几种类型。

一、名词及体词性成分作定语后置

古今汉语的通常语序是：在偏正结构中，修饰语一般在前，中心语在后。从形式逻辑的观点看来，这样的偏正结构是用限制外延而加深内涵的办法构成的。例如"路—铁路—电气化铁路"，"菜—白菜—卷心白菜"。这就是说，"小名"或"别名"（种概念）在前，"大名"或"共名"（属概念）在后。但古汉语中有一种偏正结构语序与此相反，这就是所谓"大名冠小名"的格式。首先注意到这种现象的是王念孙父子，《经义述闻》卷十四《礼记上》"蝗虫"条云："此言'虫蝗'犹上言'虫螟'，亦犹《礼》言'草茅'，《传》言'鸟乌'，《荀子》言'禽犊'，今人言'虫蚁'耳。"清末俞樾在他的训诂名著《古书疑义举例》中，专门就此概括为一条以"大名冠小名"的古书辞例。此书卷三该条说："古人之文，则有举大名而合之于小名，使二字成文者。如《礼记》言'鱼鲔'，鱼其大名，鲔其小名也。《左传》言'鸟乌'，鸟其大名，乌其小名也。《孟子》言'草芥'，草其大名，芥其小名也。《荀子》言'禽犊'，禽其大名，犊其小名也。"以上两书所举，除"禽犊"一条不甚切合外，其余都是大名冠小名的佳例。

自此以后，不少古汉语语法论著都或多或少地涉及这一问题。孟蓬生《上古汉语的大名冠小名语序》一文，"对材料做了一番全面整理"，将所搜集到的例证细分为以下七类：

1. 国名：有虞 有夏 有苗 句须 句绎
2. 地名：丘商 丘皇 丘莸 丘舆 城父 城郚 城棣
   城钮 城颍 城麋 城濮
3. 人名：
   君主名：帝尧 帝舜 帝鸿 帝丁 后羿 后夔
   后缗 后杼
   庙　号：王亥 王恒 侯屯 侯喜 侯虎 祖甲
   祖乙 妣甲 妣丙 父甲 父庚 母丙
   母己 兄乙 兄丁 子丁 子庚
   臣工名：亚雀 师贮 师般 小臣妥 小臣啬
   史颂 史佚 寺人披
   普通人名：女娲 女歧 子渔 子雍 妇好 母犬
   神　名：神天愚 神耕父 神耆童 神陆吾
   神荼
4. 星名：星鸟 星火 星虚 星昴
5. 动物名：虫螟 虫蝗 虫蛇 虫蚁 鱼鲔 鸟乌 鸟雀

　　　　　兽鹿　禽鹿

6. 植物名：草芥　草莱　草菅　草茅　草苴　草蒯　树杞
　　　　　树桑　树檀　树檖　树桃

7. 水土名：水潦　土涂　蓄水潦　积土涂　河漳

　　孟文搜集的材料的确相当丰富，但仍有补充的余地。据裘锡圭先生的研究，在一二期卜辞里，除"丘商""丘雷"之类外，还有"自荥""自喜""自给"等名称。"自"当读为"京师"之"师"，意即都城。[5]邢公畹先生认为《诗经》中的"木瓜、木李、木桃"也是大名冠小名的格式，因为这里的"木"都是果实的意思。[6]星名除了上列四个，《春秋》《左传》及《史记》《汉书》中尚有"星孛"（指彗星）的名目（详见下文）。

　　孟文第二节"大名冠小名语序的发展与消亡"将这种语序的变化分为三个阶段：1. 夏以前，是这种语序一统天下的时期；2. 商周两代，是大名冠小名与小名冠大名语序并存的时期；3. 秦汉两代，是大名冠小名语序消亡的时期。文章并申论到了第三阶段，"除去反映古代文化的历史名词之外，小名与大名组合时一律采用小名冠大名的语序，口语中残留的大名冠小名结构也大都获得了泛指的意义"。这样的结论恐怕值得商榷，因为不尽符合古汉语的实际。试看以下诸例：

　　（1）都官有秩吏及离官啬夫，养各一人，其佐、史与共养；十人，车牛一两（辆），见牛者一人。（《睡虎地秦墓竹简》

第 58 页）

（2）大夫不得造车马。（《礼记·玉藻》）

（3）朝鲜之拔，星茀于河戍。（《史记·天官书》）

（4）元封中，星孛于河戍。（《汉书·天文志》）

（5）后充上甘泉，逢太子家使乘车马行驰道中。（《汉书·江充传》）

（6）忽见湖中有大道，上多风尘。有数吏，乘车马来候明。（晋干宝《搜神记》，汪绍楹校本 83 条）

（7）从同县男子王伯，赁车牛一乘。（同上，卷十六，384 条）

（8）按柏之性，不生虫蠹，四时皆得，无选焉。（《齐民要术》卷五）

以上数例时间上自秦汉以迄北魏。"车马"即马车，"车牛"即牛车。过去有人以为是偏义复词，其实不妥。"星孛"即孛星，后世称彗星。《春秋·文公十四年》："秋，七月，有星孛入于北斗。"《左传·昭公十七年》："冬，有星孛于大辰。"《公羊传·文公十四年》："孛者何？彗星也。""星茀"亦即"星孛"，茀与孛音义均同。司马贞《索隐》于第三例下注云："茀音佩，即孛星也。"或以为作"孛"是避汉昭帝刘弗陵嫌名，见清周广业《经史避名汇考》卷七。"星茀"《史记》中又作"茀星"，如《齐太公世家》："茀星将出。""虫蠹"在《齐民要术》中又作"蠹虫"，如该书卷三："书厨中欲得安麝香、木瓜，令蠹虫不生。"两种语序在同一部书中互见，说明其变化尚处于过渡状态。

古汉语中作为定语后置的并不限于单音节名词，有时还可以是名词性的词组。例如：

（9）今官之师旅，无乃实有所阙。（《左传·襄公十四年》）

（10）汉章帝时，零陵文学奚景于冷道县祠下，得笙白玉管，舜时西王母献。（南朝宋刘敬叔《异苑》）

例（9）中"官之师旅"即"师旅之官"，指当时晋国之执政者。[7] 例（10）之"笙白玉管"即"白玉管笙"。

二、形容词及谓词性成分作定语后置

孟文说：在上古汉语中，"我们找不到形容词作定语时后置的足够证据"。这话恐怕说得过于绝对。这样的例子不仅上古有，中古以下也时有所见。例如：

（1）月正元日，舜格于文祖。（《尚书·舜典》）

（2）王若曰："猷大诰尔多邦，越尔御事。"（《尚书·大诰》）

（3）宾称奉圭兼币，曰："一二臣卫，敢执壤奠。"（《尚书·康诰》）

（4）菀彼桑柔，其下侯旬。（《诗经·大雅·桑柔》）

（5）周宗既灭，靡所止戾。（《诗经·小雅·雨无正》）

（6）子曰："邦有道，危言危行；邦无道，危行言孙。"（《论语·宪问》）

（7）迅雷风烈必变。（《论语·乡党》）

（8）牛大牝十，其六牡子，赀啬夫、佐各一盾。（《睡虎地秦墓竹简》第142页）

（9）可（何）谓"无券而害"？亡校券右为害。（同上，第228页）

（10）为器同物者，其小大、短长、广亦必等。（同上，第69页）

（11）弓善反，弓恶反；善马狠，恶马狠。（扬雄《太玄·止·次八》）

（12）择降人壮健，刺手给粮，以为战兵，得二千余人。（宋司马光《涑水纪闻》卷十一）

例（1）"月正"即"正月"，见孔安国注。例（9）"券右"即"右券"，周法高《中国古代语法·构词编》第326页说："方位词通常可作形容语，如先君、下土、左手、右手、西方、北门等。"例（2）中"猷大"即"大猷"。桥本万太郎《语言地理类型学》第67页说："'猷大诰'按传统的解释，有的把'猷'注作发语词，有的解作'诰大猷'。但对照《诗经·巧言》的大猷'和扬雄《方言》的解释'猷，道也'，可见《尚书》的这一句理解为'大道'似乎是正确的。"例（4）"桑柔"即"柔桑"。例（5）"周宗"郑笺云："镐京也。"《诗》中又作"宗周"。如《小雅·正月》:"赫赫宗周,褒姒灭之。"《辞源》修订本第 814 页:"周为诸侯所宗仰,故王都所在称宗周。"例(6)何晏注:"孙,顺也,厉行不随俗,顺言以远害。"可知"言孙"即"孙言",义同"顺言"。例(7)"风烈"即"烈风",可与《尚书·舜典》"纳于大麓,烈风雷雨弗迷"比照。例(11)转引自《古书疑义举例》,原按云:"弓善弓恶,即善弓恶弓,与善马恶马同义。"此与例(6)(7)三例该书都归在错综成文的辞例之内,以为都是作者有意错综其辞。我们认为,与其把它们当做修辞现象,不如当做语法现象看待。例(8)之"牛大牝"即"大牝牛"。例(10)整理小组引《汉书·五行志》注"物"为"类","同物"为"同一类型"。据此可知"为器同物"意即"制造同类物件"。末例显然是壮健降人之倒置,无须赘言。

在《诗经》和《楚辞》中,双音节形容词作定语后置时,其前面往往加一"之"字,构成前正后偏的偏正结构。例如:

(1)桃之夭夭,灼灼其华。(《诗经·周南·桃夭》)

(2)氓之蚩蚩,抱布贸丝。(《卫风·氓》)

(3)鹑之奔奔,鹊之彊彊,人之无良,我以为兄。(《鄘风·鹑之奔奔》)

(4)安能以身之察察,受物之汶汶者乎?(《楚辞·渔父》)

(5)驾八龙之婉婉兮,载云旗之委蛇。(《离骚》)

(6)带长铗之陆离兮,冠切云之崔巍。(《涉江》)

"桃之夭夭"即"夭夭之桃","氓之蚩蚩"即"蚩蚩之氓",如此等等。或以为"桃之夭夭"是主谓结构,由"之"取消其独立性,作下句"灼灼其华"的主语。这样的分析是不妥的。因为第一,句中的"桃""氓"等人或物都是有定的,并非泛指,它们和它们的修饰或限定成分一起,共同做句子的话题或主语。第二,这类前正后偏的结构在一定条件下可转换为前偏后正的结构。可比较:"涓涓者蠋,烝在桑野。"(《豳风·东山》)"皇皇者华,于彼原隰。"其中"者"字与"之"的用法略同。

不仅形容词和它所构成的词组可充当后置定语,其他类型的谓词性词组作定语时也可后置。试看下例:

(1)毛公易朕文考臣自厥工。(《盂鼎》)
——毛公赏赐我先父来自厥工的臣。
(2)易女田于寒山。(《大克鼎》)
——赐给你在寒山的田。
(3)易女井人奔于量。(同上)
——赐给你逃到量去的井人。
(4)易女……人鬲自驭至于庶人六百又五十有九夫。(《大盂鼎》)[8]
——赐给你……从驭到庶人的人鬲六百五十九人。
(5)小臣有晨梦负公以登天,及日中,负晋侯出诸厕,遂以为殉。(《左传·成公十年》)

——有晨梦负公以登天之小臣。

（6）禁不得祠明星出西方。（《史记·秦始皇本纪》）

——出西方之明星。

（7）择羌人可使使罕。（《汉书·路充国传》）

——可使之羌人。

例（1）（2）为介词词组，其余各例为动词词组。

三、"者"字结构作定语后置

在古汉语中，"者"字结构的功能相当于一个名词。上文已经证明，名词作定语时可以后置，那么，"者"字结构作定语也可后置就是顺理成章的事。例如：

（1）（赵）高乃与公子胡亥、丞相（李）斯阴谋，破去始皇所封书赐公子扶苏者，而更为丞相斯受始皇遗诏沙丘，立子胡亥为太子。（《史记·秦始皇本纪》）

（2）他小渠披山通道者，不可胜言。（同上，《河渠书》）

（3）召辱己之少年令出胯下者，以为楚中尉。（同上，《淮阴侯列传》）

（4）呼邪韩单于归庭数月，罢兵使各归故地，乃收其兄呼屠吾斯在民间者，立为左谷蠡王。（《汉书·匈奴传下》）

（5）贤士大夫有能从我游者，吾能尊显之。（同上，《高帝纪》）

（6）中世(指夏商周三代以后)偏行一介之夫能成名立方(犹言"道")者，盖亦众也。（《后汉书·独行传》）

（7）即便举奏，更选清廉奉公之人能班（颁）宣法令、情在爱惠者。（同上，《陈蕃传》）

（8）吾欲裘褐之人可与俱隐深山者尔。（同上，《梁鸿传》）

（9）其收黄初中诸奏植罪状，公卿已下议尚书、秘书、中书三府、大鸿胪者，皆削除之。（《三国志·魏志·陈思王传》）

（10）欲得啖童女年十二三者。（晋干宝《搜神记》卷一九）

以上各例中加符号的部分，都是一个复杂的偏正结构，定语是多层次的。其中加点号者为前置定语，作黑体者为中心词（有的中心词还可分析，现姑且作为一个整体看待），加黑线者为后置定语。能不能把加黑线的部分看做中心词而把前面部分看做定语呢？看来不行。因为第一，这几部分的轻重主次是很明显的。拿例（1）来说，"始皇所封书赐公子扶苏者"这个偏正结构是动词"破去"的宾语部分，其中"书"是由动词直接支配的对象，是宾语部分的核心。如果把它去掉单说"赐公子扶苏者"，则所指欠明确，可以理解为别的事物。第二，这些后置定语和中心词之间多属同位关系，它使中心词成为有定的，所指为单一的特定的事物。"赐公子扶苏者"指的就是这一封载有遗诏的书，"令出胯下者"指的就是这一位辱已之少年，如此等等。有人以为"求人可以报秦者"这句话中，"人可以报秦者"为前偏后正的结构,"人可以报秦"为定语,"者"字是中心语,意即人们之中可以出使回报秦国的人。姑且不论把"者"字看做地道的实词可独立作句子成分有悖于情理,如果按照这样的分析去理解或翻译以上例句,也往往扞格不通。

同普通名词一样,者字结构作定语可以后置,自然也可以前置。两种结构之间可以转换。这可从另一角度证明我们的以上观点。例如:

(1)有卷者阿,飘风自南。(《诗经·大雅·卷阿》)
——有阿卷者。(朱熹《集传》:"卷,曲也;阿,大陵也。")
(2)太后乃阴厚赐主腐者吏,诈论之,拔其须眉为宦者,遂得侍太后。(《史记·吕不韦列传》)
——吏主腐者。
(3)项王怒,将诛定殷者将吏。(同上,《陈丞相世家》)
——将吏定殷者。
(4)汉有善骑射者楼烦,楚挑战三合,楼烦辄射杀之。(同上,《项羽本纪》)
——楼烦善骑射者。
(5)又因厚币用事者臣靳尚。(同上,《屈原贾生列传》)
——臣用事者。(这个偏正结构又作"靳尚"的同位性定语)
(6)封故楚、赵傅、相、内史前死事者四人子。(《汉书·景帝纪》)
——前死事者故楚、赵傅、相、内史。(这个偏正结构又作"四

人"和"子"的定语）

（7）诏以谴责兢，抵主者吏罪。（《后汉书·班固传》）
——吏主（办）者。

（8）问去者处士第几？往何处？（唐杜光庭《虬髯客传》）
——处士去者。

比较一、二两节所引例证的时代，"者"字结构作后置定语应是较后起的现象。《词诠》所举首例为《战国策·楚策》，这是经过刘向整理的，只能当做汉代的语料。其余例证均在秦汉以后。推寻这种句法结构产生的原因，可能有两方面：一是受上古汉语名词作定语可以后置的影响；二是语言表达日趋精密化的需要。也就是说，当一个复杂的偏正结构带有多层定语时，一部分定语往往挪后，以避免整个句子过于冗长累赘。吕叔湘先生《文言虚字》"者"字条第三义说："加词（即定语——引者）太长，或两加词共一端词（即中心语），加词移后，用'者'煞尾。"[9] 指的就是这种情况。黎锦熙先生《新著国语文法》第十三章"后附的性状形容词"也指出："形容语越长越要后附，这实在是国语的特别习惯。"[10] 这种特别习惯从上古汉语到现代汉语都有所表现。王力先生《汉语语法史》第五章论"者"字时说："'者'字又可以用于复指，复指有三种情况：第一，者字结构等于后置的定语：'它小渠披山通道者，不可胜言。'（等于说，其他披山通道的小渠不可胜言）这种句法一直沿用到后代，但是后来在口语里又产生了一种新的形式，就是'的'

字。如'因明宗名作嗣源的在镇州守德胜城。'(《五代史平话·晋史》) '有妻兄柴守礼的孩儿名荣的,郭威养以为子。'(同上《周史》)。"[11]《汉语语法史》是 20 世纪 80 年代在《汉语史稿》基础上修订而成的,代表了王先生晚年的观点。在现代汉语中,的字结构作定语时后置也不是十分罕见的现象。如:

(1)她一手提着竹篮,内有一个饭碗,空的。(鲁迅《祝福》)

(2)荷塘四面,长着许多树,蓊蓊郁郁的。(朱自清《荷塘月色》)

(3)党员革命意志衰退,不履行党员义务,不符合党员标准,经多次教育帮助仍无转变的,劝其退党,不予登记。(《中共中央关于整党的决定》)

其实这种现象不仅古今汉语中有,外语也有。桥本万太郎《语言地理类型学》第二章"句法结构的推移"分析说:"比如英语,通常被当做 A 形 +N 名型语言。"但这只是从局部观察到的表层结构。只要分析一下英语名词修饰语的句法特性,马上可以发现,放在名词前面的成分最长只能这样:

冠词 + 副词 + 形容词 + 名词
a   very   tall   man

如果再长些,限定词以外的修饰成分就只好搬到被修饰名词的后面去了：

A man who is very tall but not too impressive.
一个个子高但给人印象不深的人。[12]

四、数量结构作定语后置

数量结构作定语，在上古汉语中以后置为常。对这个问题的认识分歧好像不大。例如：

（1）王易金百锊。（《禽簋》）
（2）用赉尔秬鬯一卣。（《尚书·文侯之命》）
（3）不稼不穑，胡取禾三百廛兮。（《诗经·魏风·伐檀》）
（4）余既滋兰之九畹兮，又树蕙之百亩。（《离骚》）
（5）小城旦、隶臣作者，月禾一石半石。（《睡虎地秦墓竹简》第49页）

《汉语史稿》中册第240页指出："就名词、数词、单位词三者的结合方式来说，有一种发展情况是非常值得重视的，那就是，在先秦时代，数词兼带天然单位词或度量衡单位词的时候，位置是在名词的后面……先秦只说'马十匹'，不说'十匹马'；只说'幄幕九张'，不说'九张幄幕'。后代沿用先秦这个规则，情况非常普遍。"同时又指出："就在先秦时代，数词及其容量单位词的位置已经可以放在名词的前面。"举例有"一箪食，一瓢饮"（《论语·雍也》），"一杯水，一车薪"（《孟子·告子上》），"一尺布，一斗粟"（《史记·淮南衡山列传》）等。[13]

　　数量结构位于名词前的例子，在先秦的确是屈指可数。但随着时间的推移，数量日益增多，所占比重加大。到了元明之际，在朝鲜人学汉语的会话课本《老乞大》和《朴通事》里，有两种情况值得注意：一是量词已达到非用不可的程度，数词与名词直接结合仅占很小的比例；二是数量结构的位置在名词前的远远多于在名词后的。据于涛的统计，二书中仅名量词分别为490个次和681个次（重复出现的也计算在内），而数量结构的位置在其使用总数中的比率则如下表：[14]

数量结构的位置	《老乞大》	《朴通事》
数词+量词+名词	47%	70%
名词+数词+量词	18%	8%

　　《老乞大》略早于《朴通事》，所以"名+数+量"的结合方式还占有较大比重，在《朴通事》里，所占比重则已小得多。可见变化速度之快。在现代汉语里，数量结构作定语有时仍可置于名词之后，但需要一定条件，如多项列举或有意强调或突出中心语，如"肉二斤，米三斗，面五袋"之类。在一般情况下后置已很少见。

　　以上分类探讨了古汉语中几种定语后置现象。应该承认，这种现象的数量并不太多，而且越到后来数量越少，但却不能否认它们的客观存在。如果把汉语的发展变化放在一个更广阔的背景上来考察，就会发现，这种现象实际是原始汉藏语的语序在汉语中留下的残迹。俞敏先生对此曾有过不止一次的论述。他在《倒句探源》一文中说："原始汉语跟藏语都保留汉藏母语的特点：止词在前，动字在后；中心词在前，修饰词在后。汉人入中土以后，也不知道为什么（受被征服的民族影响？），词序演变得颠倒过来了。"[15] 又在《汉藏两族人和话同源探索》一文中指出："周朝人最早的作品里有好些古语言遗迹。《诗》里有管柔软的桑树条叫'桑柔'，管大道边叫'周行'，管林子当中叫'中林'的（《卷耳》《兔罝》篇）。……《尚书·康诰》管华夏族的领土叫'区夏'。就是说，附加语放在后头。这和西藏话管汉人叫'rgyanag'黑色的（是指穿黑衣服）jiǎ（夏？）一样。'姜原'无非是高'原'上的'姜'罢了。看起来'后稷'也应该是'稷后'——庄稼大王。"[16]《中国大百科全书·语言文字卷》第191页"汉藏语系"条就语法方面的情况介绍说："各语言的基本词序有共同点，主语都在谓语前……但也有差异，名词作定语时，汉语、藏缅语族、苗瑶语族是'名定+名中'，而壮侗语族是'名中+名定'，形容词作定语时，汉语是'形定+名中'，而藏缅、壮侗、苗瑶等语族一般是'名中+形定'。数词或数量词作定语时，汉语、苗瑶语族是'数量定+名中'，藏缅语族是'名中+数词（数量）定'，壮侗语族数量词定语有的在名中前，也有的在其后。"[17] 华中理工大学胡长青同志的硕士论文《〈睡虎地秦墓竹简〉语言研究》曾根据若干种少数民族语言简志的材料作成一表，[18] 比上引叙述文字更为醒目，这里借来权作本文的结束。

语族	语支	语言	中心词（名词）和修饰语的词叙	有无"大名冠小名"
壮侗	壮傣	壮	修饰语后置	有
		傣	修饰语后置	有
	黎	黎	修饰语后置	有
	侗水	侗	修饰语后置	有
		水	修饰语后置	有
苗瑶	苗	苗	修饰语后置，前置须加助词	有
	瑶	瑶	修饰语后置	有
藏缅	藏	藏	形、数、指代后置，名词人称代后置（词形变化）	有
	彝	彝	形、量，名、代词修饰语后置	有
	景颇	景颇	除名词外其他词类作修饰语均后置	有
		独龙	饰语可前置也可后置	有

（本文系提交第 34 届国际汉藏语暨语言学会议论文，曾在汉语史分组会上宣读，后刊于《徐州师范大学学报·哲学社会科学版》2004 年第 2 期）。

注 释

[1] 见《马氏文通》实字卷之二"者字煞尾用如加语者",又实字卷之三"起词止词后,凡系读以为解者。亦曰加词";杨树达《词诠》卷五"者"字条第二义;吕叔湘《文言虚字)"者"字条;王力《汉语语法史》第五章论"者"字结构;黎锦熙《新著国语文法》第十三章"附加成分的后附";周法高《中国古代语法·造句编上》第135页"后加的形容语";杨伯峻《文言语法》第84页;以及一些单篇论文。

[2] 陈瑞衡《关于定语"后置""改装"的异议》(《中学语文教学》1980年8月),王琳、胡铁军《关于古汉语中的定语移后)(同上),谢质彬《古代汉语中的范围定语》(《中国语文通讯》1980年4月),施民权《古代汉语"定语后置说"商榷》(同上,1981年4月)。

[3] 张桁《"古汉语定语后置"献疑》,《中国语言学报》第四期,商务印书馆1991年版。

[4] 孟蓬生《上古汉语的大名冠小名语序》,《中国语文》1993年4月。

[5] 裘锡圭《古代文史研究新探》第165页,江苏古籍出版社1992年版。

[6] 邢公畹《〈诗经〉"木"字说》,《中国语文》1991年6月。

[7] 苏宝荣《古汉语特殊词序与原始思维心态》,《古汉语研究》1990年第3期。

[8] 赵平安《西周金文中的后置定语》,《古汉语研究》1990年2月。

[9] 吕叔湘《文言虚字》,上海教育出版社1978年版。

[10] 黎锦熙《新著国语文法》,台北出版社1959年版。

[11] 王力《汉语语法史》,《王力文集》卷十一,山东教育出版

社 1990 年版。

［12］［日］桥本万太郎《语言地理类型学》第 56、57 页，余志鸿译，北京大学出版社 1985 年版。

［13］王力《汉语史稿》中册第 240～241 页，科学出版社 1958 年版。

［14］于涛《贵州大学汉语言文字硕士研究生学年论文》，2002 年版。

［15］俞敏《倒句探源》，《语言研究》1981 年创刊号。

［16］俞敏《汉藏两族人和话同源探索》，《俞敏语言学论文集》黑龙江人民出版社 1989 年出版。

［17］《中国大百科全书·语言文字卷》，中国大百科全书出版社 1988 年版。

［18］胡长青《〈睡虎地秦墓竹简〉语言研究》，华中理工大学语言研究所油印本 2000 年版。

二十一

唐诗方位词使用情况考察

方位词表示事物或动作的方向和方位。它们在唐诗中出现频率很高。特别在律诗的对仗里,方位词往往成双配对地使用,形成所谓方位对。七言律诗一句中有用到两个以至三个方位词的。王维《春日与裴迪过新昌里访吕逸人不遇》:"城上青山如屋里,东家流水入西邻。"苏颋《奉和春日幸望春宫应制》:"宫中下见南山尽,城上平临北斗悬。"本文打算统计分析一定数量的作品,了解唐诗使用方位词的情况和特点。使用的材料主要是清人沈德潜编选的《唐诗别裁》(中华书局1975年影教忠堂本)。这部书选诗1928首,是一个"取材比较全面、分量比较适中的唐诗选本"。[1]举例偶有逸出此书者,则另加说明。

一、方位词的范围和使用频率

方位词是一个可以列举的类,其中一部分意义和用法相当稳定,应属语言的基本词汇之列。唐诗中多数方位词沿用至今,只是用法或使用频率或多或少有所变化,也有少数几个方位词是当时习见而现在罕用或不用的。情况略如下表:

单纯方位词及其使用频率	复合方位词及其使用频率	单纯方位词及其使用频率	复合方位词及其使用频率	单纯方位词及其使用频率	复合方位词及其使用频率
东 116	东边 1 东面 1 东头 1	后 29		中 423	中间 5 中央 1
南 113	南边 1 南面 1 南头 2	上 319	上头 3	间 110	
西 133	西边 1 西头 3	下 167		里 122	
北 120		旁 25	旁侧 1	内 19	
东南 8		侧 8	侧畔 1	外 157	
东西 6		边 103		前 178	前头 3
东北 3		头 96		右 7	
南北 2		底 23		畔 17	
西东 7		端 14		阴 8 (山北水南)	
西南 10		际 30		阳 5 (山南水北)	
西北 7		左 6	左右 3	表 2 (同"外")	

说明：

[1]"东南、东北、西南、西北"之类其实也是一种复合方位词，不过与一般所说的情况（单纯方位词后加"边、面、头"等）不同，所以也算单纯式。

[2]"东西南北"四者并用的例子有三个未列入表中，其中两例可以肯定为联合词组，"东西南北"用各自的本义，只有"愧尔东西南北人"一例犹言漂泊四方之人，"东西南北"用如一个词。

[3]旁，在原作中多数写作"傍"，今改从一律。

表格内容值得注意的有以下几点：

1.1 复合方位词在唐代还很不发达，各种复合式加起来也不到 30 例。当然，诗歌由于韵律和字数的限制，使用复合方位词可能比口语少。譬如"上头"一词，东汉已较习用，不仅汉乐府《陌上桑》里有"东方千余骑，夫婿居上头"之句，而且也出现在经学大师郑玄的笔下。《诗经·邶风·简兮》："日之方中，在前上处。"郑笺："在前上处者，在前列上头也。"但《唐诗别裁》中一共才得三例。又如《太平广记》卷二一二《净域寺》条引《酉阳杂俎》："门内之西，火目药叉及北方天王甚奇猛。门东里面，贤门野叉部落，鬼首蟠地，汗烟可惧。"《董永变文》："三个女人同作伴，奔波直至水边傍。"二例中的"里面"和"边傍"，在《唐诗别裁》中也没有发现。不过诗歌语言不可能脱离当时口语而独立，因而诗歌和口语方位词使用的数量和频率不会相差太远，也是可以断言的。

1.2 赵元任先生说:"'中''间'这两个方位词在文言里用得宽,但在现代口语中只有少数残留形式。"又说:"一对反义的方位词的结合面常常不相等。"[2] 表中有关内容证实了以上说法。"中"的使用频率在表中高居第一,共 423 次,但与之相对的"外"却只有 157 次,并且"外"还得和"内""里"相配。"前"的出现频率为"后"的六倍。"上"的出现频率约为"下"的一倍。

1.3 "边"在唐诗中是个很活跃的单纯方位词,使用频率比较高。但它作为复合方位词的构词成分则仅三例,尚在萌芽阶段。

二、方位词与各类词的结合

方位词的一项主要用法就是"跟它前头的从属于它的体词合起来构成一个处所词"。[3] 几乎所有的物质名词之后都可以加方位词。方位词也能和某些动词、介词结合。列表如下(见下页)。(表中以"+""-"号表示例证的有无,"+"号之后的 a、b、c 表示例证的多少,"+a"最多,"+b"较多,"+c"较少。凡画"+a"号者,只是表示在我们确定的材料范围之内无用例,并不意味着全部唐诗都如此。"-"号后圆括号内之例词,为《唐诗别裁》之外的唐诗用例。)

从右面的统计可以看出:

2.1 几乎所有的方位词都能置于各类名词之后,构成处所词或时间词,而且使用频率都不低;有的还能置于代词、数词之

结合能力 方位词	在名词后	在名词前	在动词后	在动词前	在介词后	独立作主宾语
东	+a 城东	+a 东湖	—	+b 东征	+c 向东	+c 熊罴咆我东
南	+a 水南	+a 西池	—	+b 南去	+c 向南 从南	+c 樊山当其南
西	+a 林西	+a 西园	—	+b 西出	+c 向西 从西	+c 虎豹号我西
北	+a 塞北	+a 北阙	—	+b 北流	+c 向北 望北	+c 北知崆峒薄
东南	—	+c 东南暮山	+c 下东南	+c 东南倾	—	+c 旧居近东南
东西	+c 水东西	—	+c 无东西	+c 东西流	—	—
东北	—	—	+c 在东北	+c 东北流	—	—
南北	+c 江南北	—	—	— （南北飞）	—	—
西东	+c 街西东	—	—	—	—	+c 沟水逐西东
西南	—	+c 西南隅	—	+c 西南行	—	—
西北	+c 原西北	+c 西北风	—	+c 西北流	—	+c 西北浮云外
中	+a 山中	+b 中天	+c 望中	+c 中断	—	+c 中自诛褒妲
间	+a 腰间	—	—	—	—	—
里	+a 梦里	—	+c 望里	—	—	+c 娇儿恶卧踏里裂
内	+a 朱门内	+c 内金盘	—	+c 内顾	—	+c 皆云入内便承恩
外	+a 云外	+c 外物	—	— （外求）	—	+c 飞鸟不在外

续表

方位词＼结合能力	在名词后	在名词前	在动词后	在动词前	在介词后	独立作主宾语
前	+a 窗前	+a 前川	—（生前）	—（前驱）	—	+c 前不见古人
后	+a 雨后	+b 后尘	+c 别后	+c 后来	—	+c 后不见来者
上	+a 楼上	+c 上流	+b 吹上	+b 上闻	—	+c 上有六龙回日之高标
下	+a 灯下	+c 下情	+b 飞下	+c 下视	+c 向下	+c 下有冲波逆折之回川
旁	+a 路旁	—（旁舍）	—（在旁）	+c 旁织	—	+c 置汝旁
侧	+a 君王侧	—	—	—（侧望）	—	+c 出其侧
边	+a 耳边	—	—（去边）	—	—	—
头	+a 江头	—	—	—	—	—
底	+a 涧底	—	—	—	—	—
端	+a 林端	—	+c 长恨端	—	—	—
际	+a 之际	—	+c 离隐际	—	—	—
畔	+a 江畔	—	—	—	—	—
左	+c 江左	+b 左肘	—	+c 左迁	—	+c 驱厉鬼兮山之左
右	+c 座右	+b 右辅	—	—	—	+c 右持腰间刀
阴	+c 涧阴	+c 阴岭	—	—	—	+c 其阴宿牛斗
阳	+c 巫山阳	—	—	—	—	+c 其阳产灵芝
表	+c 万象表	—	—	—	—	+c 迈出万物表

后。关于现代汉语方位词的特点,吕叔湘先生说:"将方位词放在名词里,未免太忽视它们有时候表现出来的附着性;全算词尾或后置词,又太不照顾它们能作名词用的事实。"[4] 正是鉴于方位词的这种性质,太田辰夫先生把它称为"后助名词"。[5] 唐诗中的方位词也存在这样的两重性,不过它的附着性似乎还不如现代汉语,一个明显的证据就是多数方位词在一定条件下可以单用,"体词＋方位词"大都应看作短语。下面就使用频率较高的一些"体词＋方位词"的组合再分别举出一些例证:

2.1.1 普通名词＋方位词

亭东	村南	辽西	关山北	溪中	山中
房中	烟雨中	酒中	客中	草间	花间
世间	骨肉间	竹里	浪里	明镜里	梦里
河内	白云内	桃源内	朱门内	帘外	花外
天外	云雨外	门前	灯前	人前	绿水前
堂后	干戈后	天宝后	楼下	花下	麾下
风尘下	路旁	宫阙旁	清光旁	河边	驿边
沙漠边	翠微边	江头	床头	渡头	凤池头
华表柱头	地底	井底	湾底	林端	青云端
天际	花际	艰难际	洲畔	禅榻畔	赫连台畔

2.1.2 时间名词＋方位词

此夜中　五月中　九秋中　须臾间　五十年间　夜后
十月后

2.1.3 体位名词 + 方位词

心中　手中　腹中　眼中　怀中　一掌中

腰间　胸怀间　身上　头上　掌内　肠内

身后　舌端　眼前　目前　腰下　耳边

2.1.4 代词 + 方位词

此中　其中　其间　其上　其下　我旁　汝旁　谁边

2.1.5 数词 + 方位词

两边　四边　两头

2.2 "东、南、西、北、中、前、后、内、外、上、下、左、右"能置于名词之前表示方位处所，但很受限制，例子不太多。如"东津、东门、南天、南溟、西极、西家、北极、北地、中心、中堂、前馆、前路、后期、后门、内室、外地、外事、上流、下情、左臂、右地"等。

2.3 "中、间、前、后、里、端、际"有时可置于动词或动词性词组之后，表示动作经历或与动作有关的某个时段或时点。如"望中、病中、梦中、顾盼间、梦想间、生前、离别后、百战后、醉里、望里、愁里、盛衰端、长恨端、离隐际、潮回际"等。"上""下"有时也置于动词之后表示动作趋向，如"吹上、飞上、腾上、飞下、脱下、掷下"等。一般认为这种"上""下"是趋向动词，在这里作补语，与前面的动作一起构成补充式。

2.4 唐诗中方位词与介词的直接结合很受限制。在 1928 首作品中，只有"东、南、西、北、后、下"六个方位词可以跟在介词之后构成介宾短语，而且用例不多，介词也限于"向、从、望（往）、于"几个。（介词与"名词＋方位词"的处所短语结合，如"选在君王侧""每于百寮上"之类不在此数。）据粗略统计，"向＋方位词"者二例，"从"五例、"于"二例、"望"仅一例。方位词作状语时，前面以不用介词为常，两种格式所表达的语义是完全一样的，如下列各组用例所示：

秋色从西来，苍然满关中。（岑参《与高适、薛据登慈恩寺浮屠》）

东望何悠悠，西来昼夜流。（张九龄《登荆州城望江》）

羸马望北走，迁人悲越吟。（王昌龄《江上闻笛》）

胡骑中宵堪北走，武陵一曲想南征。（杜甫《吹笛》）

越鸟从南来，胡鹰亦北渡。（李白《独漉篇》）

见说南来处，苍梧接桂林。（卢纶《逢南中使因寄岭外故人》）

肠断江城雁，高高向北飞。（杜甫《归雁》）

万里人南去，三春雁北飞。（韦承庆《南行别弟》）

三、唐诗中方位词的泛向用法

方位词在多数情况下表示相对固定的方位，方位的坐标就是位于它们前面的名词。如"窗前""屋后"是以作品中描绘的那扇特定的窗户和那间特定的房屋为坐标；"青海北""洞庭西"以青海和洞庭湖为坐标。方位词即便是用于指示时间的情况下也有一个基准在，"雨后"以开始下雨的那一时刻为基准，

"十年间"则以作者划出的一个特定的时段为基准。不过在某些情况下,方位词表示的方位义是虚而不实、模糊不清的。从古到今,不论韵文还是散文都有这样的例子。"东"有时可以等于"外",与之相对的"西"则等于内。[6]南北可以兼括东西,如"南来北往"之类;东西也可包举南北,如"东奔西走"之类。《诗经·郑风·大叔于田》:"两服上襄,两骖雁行"。《经义述闻》卷五:"上者前也,上襄犹言前驾,谓并驾于车前。"《史记·孔子世家》:"唯子赣庐于冢上。"司马贞《索引》:"按《家语》无'上'字,且《礼》云:'适慕不登陇。'岂合庐于冢上乎?盖'上'者,亦是边侧之义。"对于这类现象,郭绍虞先生称之为"方名之虚义",并指出最早论及这类现象的著作是俞樾的《曲园杂纂》第三。[7]吕老叔湘则称为方位词的"泛向性",而与"定向性"相对。[8]

唐诗中几乎所有的方位词都有泛向用法,而且与定向用法相比,所占比重也不算小。这个问题除了对一定数量的作品做统计之外,还可以从两方面进行考察:一是研究版本异文,一是分析方位词在不同作品中相通互代的情况。兹分别叙述如下:

3.1 同一篇诗作的方位词在不同的版本中常常有异文,有时异文还不止一个。利用版本异文来比较虚字实词意义用法的同异,这是前人行之有效的办法,它同样适用于研究方位词。《王梵志诗校辑》二四三首:"万一无常去,免至狱门边。"校记云:"边,丁五本作前。"又二六九首:"窖内多埋谷,寻常愿米贵。"校记云:"窖内,戊二本作窖下。"说明"边"与"前"、"内"

与"下"义可相通。柴剑虹《教煌唐人诗文集残卷（伯2555）补录》[9]载刘长卿《高兴歌》："白日园里访山桃，夜向雁前寻毕卓。"校记云："前，二卷伯2663作'中'，丙卷作'头'"。说明在一定条件下"前"与"中""头"也可相通而互代。由于《唐诗别裁》基本上不录版本异文，下面从《全唐诗》里再举出一些例子。（斜线前为上海古籍影印本《全唐诗》的卷数，斜线后为该书总页码）

125/289　王维《陇头吟》："苏武不为典属国，节旄落尽海西头。"西一作南。

126/293　又《登辨觉寺》："窗中三楚尽，林上九江平。"上一作外。

127/295　又《和仆射晋公扈从温汤》："寒山天仗外，温谷幔城中。"外一作里。

135/313　李颀《百花原》："穷秋旷野行人绝，马首东来知是谁。"东一作西。

139/323　储光羲《贻主客吕郎中》："委佩云霄里，含香日月前。"前一作边。

144/332　常建《旅望》："白花原头望京师，黄河水流无尽时。"头一作上。

160/374　孟浩然《早寒江上有怀》："乡泪客中尽，孤帆天际看。"际一作外。

同卷同页　又《送元公之鄂渚寻观主张骖鸾》："岘首辞蛟浦，江中问鹤楼。"中一作边。

169/396 李白《邺中赠王大》:"昨发南都城,紫燕枥下嘶。"下一作上。

219/521 杜甫《杜鹃行》:"业工窜伏深树里,四月五月偏号呼。"里一作头。

225/549 又《秦州杂诗》:"山头南郭寺,水前北流泉。"南一作东。

同卷同篇"秋花危石底,晚景卧钟边。"边一作前。

以上异文除了近义相通的情况之外,有的还与原文构成反义,如"外"作"里"、"东"作"西"、"中"作"边"、"下"作"上"之类。在这样的情况下,只能承认方位词已经虚化为一个处所标记,它只是浑指某处,不再表示具体的方位义了。

3.2 不同的方位词在同类结构中往往可以相通而互代。这与上面所引异文的例子一样,除了近义相通互代之外,反义方位词也可相通互代。拙撰《诗词曲语辞例释》(1986年修订本)已有专条讨论"边""端""际""头""外"等几个方位词的泛向用法,这里不再赘述。下面仅就一些常用方位词常有的泛向用法再分别举例说明。

上——可与边、畔通。宋之问《登越王台》:"江上越王台,登高望几回。"按:越王台故址在今广州市北越秀山,它不可能建在江面之上,"江上"等于"江畔""江边"。又可与"前"通。刘长卿《谪居于越亭作》:"天南愁望绝,亭上柳条新。""亭上"犹言"亭前"。

下——可以通"中"。高适《封丘县》:"乍可狂歌草泽中,宁堪作吏风尘下。""下"与"中"互文,"风尘下"犹言"风尘中"或"风尘里"。也可通"上"。赵微明《挽歌词》:"原下荆棘丛,丛边有新墓。""原下"等于"原上",聂夷中《田家》诗中有"父耕原上田"之句可证。也可通"前"。罗隐《牡丹》:"公子醉归灯下见,美人朝插镜中看。"杜甫《陪王侍御同登东山最高顶宴姚通泉,晚携酒泛江》:"灯前往往大鱼出,听曲低昂如有求。"比照二例,可知"灯下""灯前"并无二致。

中——可与"上"通,"世中"义同"世上"。张说《湖山寺》:"禅室从来云外赏,香台岂是世中情。"元结《寿翁兴》:"始知世上术,劳苦化金玉。"也可与"前"通。"望中"犹言"目前"。冷朝阳《立春》:"风光行处好,云物望中新。"郎士元《春日宴张舍人宅》:"地与东邻接,春光醉目前。"

间——可等于"边"。李白《梁园吟》:"系马垂杨下,衔杯大道间。"按:饮酒不可能当大道正中,"大道间"犹言"大道边"。也可以等于"前"。李白《金门答苏秀才》:"鸟吟檐间树,花落窗下书。""檐间"显然指"檐前"。[10]

里——可等于"上"。储光羲《江南曲》:"日暮长江里,相邀归渡头。"杜甫《送李中丞归汉阳别业》:"茫茫江汉上,日暮欲何之?"也可以等于"下"。李白《过崔八丈水亭》:"猿啸风中断,渔歌月里闻。"高骈《和王昭符进士赠洞庭先生》:"药将鸡犬云间视,琴许鱼龙月下听。"

前——可与"中"通。王湾《次北固山下》:"客路青山外,行舟绿水前。"意谓舟行于绿水之中。也可通"间"。白居易《感鹤》:

"委质小池内,争食群鸡前。"显然是指鹤处群鸡之间并与之争食。

底——可等于"中"。杜甫《饮中八仙歌》:"知章骑马似乘船,眼花落井水底眠。"也可等于"上"。杜甫《飞仙阁》:"歇鞍在地底,始觉所历高。"可等于"里"。杜甫《哀王孙》:"屋底达官走避胡。"亦可等于"下"。岑参《送卢郎中除杭州之任》:"城底潮声震,楼头蜃气孤。"

上面已经讲到,方位词的泛向用法是古今汉语韵文散文共有的一般现象,这可能源于方位词语义的相对性和模糊性。不过唐诗中方位词的泛向用法的比重明显大于同时代的散文,而且用得更活,有些用法是散文中不见或罕见的。这与诗歌的格律要求有一定的关系,方位词在对仗里都成双配对地出现,声律上必须符合律诗律句平仄相对的规则。白居易《代州民问》:"龙昌寺底开山路,巴子台前种柳林。"本意指寺前和台前,但如连用两"前"字,不仅字面重复,而且在第四字位置上平仄不对立,均为律诗所忌。

泛向与定向是对立的统一,泛向用法必须依存于定向用法,而且要有一定的限度,否则会造成语意不明、表达混乱。拿唐诗中用得最活的两个方位词"边""外"来说,其定向用法仍居主导地位。据粗略统计,在《唐诗别裁》中,二者之比分别是:

	定向用法	泛向用法
边	73	30
外	108	49

泛向用法不到三分之一。其他方位词泛向用法所占比重应当比"边""外"更小。

（原载《吕叔湘先生九十华诞纪念文集》，商务印书馆，1995年）

注 释

[1] 见中华书局编辑部《出版说明》。

[2]《汉语口语语法》，商务印书馆，1979年，279页。

[3] 同[2]，278页。

[4]《汉语语法论文集》，商务印书馆，1984年，278页。

[5]《中国语历史文法》，北京大学出版社，1987年，92页。

[6] 参艾荫范《"东"的"外方"义》，《中国语文》1991年第1期。

[7]《照隅室语言文字论集》，上海古籍出版社，1984年，115页。

[8]《汉语语法论文集》增订本，商务印书馆，1984年，294页。

[9]《文学遗产》1983年第4期。

[10] 此条两个例子均在《唐诗别裁》之外，系采自蒋绍愚《唐诗语言研究》。

二十二

近代汉语中"替"的连词用法

"替"在近代汉语中可作连词,有关语法著作似都未加注意,仅马贝加《近代汉语介词》[1]第207页论"替"在元明之际作交与介词时顺便提到:"交与连词也在同一时期出现。"举有《二刻拍案惊奇》三十八卷一例:"幸逢道:'我替你同到官面前,还你的明白。'"其实,连词"替"已在介词"替"的基础上进一步虚化,它只在两个名词性成分间起连接作用,无所谓"交与"与否的问题,所以"交与连词"这一名称值得再加斟酌,而且它用做连词的时代可以大大提前。例如:

(1)三春种树桃兼李,十月看书雪替萤。(温达《幽居》残句,

见《全唐诗逸》卷中）

（2）君到东湖与南浦，时当芍药替金沙。（宋杨万里《走笔送赵正则司户来访舣觐亲庭》）

例（1）用"映雪"和"囊萤"两个典故，中间以"替"连接，且与上句的"兼"相呼应，"兼"在唐宋时期也有虚化为连词的趋势。此例的作者温达不知何许人，文献中缺乏记载，但最迟不会晚到五代以后。例（2）的"金沙"指一种花与"芍药"并列。作者另有诗题为《芙蓉渡酒店前金沙芍药盛开》。同时代的陈造亦有《出郭》诗云"夭桃艳杏虽已过，郁李金沙犹未谢"，均可证明"替"所连接的是两个同类名词。

如果以上例证还属偶见，那么到了明代，这样的例子便逐渐多了一些。除了马著所举《二刻》一例外，又如：

（3）郎替娇娘像荸荠，荸荠要搭茨菇两个做夫妻。（明冯梦龙《山歌》卷六《荸荠茨菇》）

（4）师公替徒孙是公婆两个一般，这是有的么？（明陆人龙《型世言》三十五回）

（5）既是当了，我替你同到当中抵去兑换，也免得后日出利钱。（同上三十六回）

从以上例证看来，连词"替"主要出现在吴语区作者的笔下。温达籍贯不详；杨万里为吉州吉水人（今属江西），但一生主要活动在常州、杭州一带；陆人龙浙江钱塘人；凌濛初浙江乌程人；《山歌》的作者和编者冯梦龙均属吴中人。此外，[日]濑户口律子《日本琉球的中国语课本〈广应官话〉四"〈广应官话〉的语言特点"》一节认为，此书中有"比较明显的南方话词语"，证据之一就是"替"有相当于介词"和"（跟）的用法。所举的例子有"用的钱，替中国一样么？""我替你讲的话，你总不听我。""今天没有事替你去外头玩玩。""琉球的礼数替中国的礼数不大相同。""替你上鼓山去。"[2] 其中的第四例，也应该认为是连词。据该文作者考证，《广应官话》为"汉民旅居国外者"梁允治所撰，梁是清"乾隆二十五年（1760年）到中国国子监留学的官生"。而作者所谓"南方话"，实际上也应该是吴语。然而，在现代吴语里，"替"的连词用法似乎已经消失，笔者检阅了《简明吴方言词典》及《苏州方言词典》，"替"都没有这样的用法。不知它是否还存在于现代吴语的某些次方言中？

（原载《语言文字周报》1441号，2011年10月）

注 释

[1] 马贝加《近代汉语介词》，中华书局2002年版。
[2]《中国语文》1996年第4期，第285页。

二十三

古代诗文中"就"的介词用法

在现代汉语中,"就"除了作动词、副词、连词以外,还可以作介词,介绍出与动作行为有关的对象、范围、处所、时间、凭借等。如"就事论事""就这个问题进行表决""就地取材""就此了结""就着灯光看书"。对于这种用法,一般综合性的语文辞书如《现代汉语词典》、修订本《辞海》《辞源》等都未予收录,只有《现代汉语虚词例释》和《现代汉语八百词》二书有所论列。

《现代汉语虚词例释》292页在"就"的副词用法之后举出一个病句:"仅就昨天一天,就有湖南、甘肃、云南、陕西、江西等十三个代表团的一千二百多名运动员到达首都。"然后分析说:"'仅'和'就'都表范围,这里显然是重复了,保留其中一个即可。"其实,将这个句子看成病句还可斟酌。前一个"就"恐怕不应该看作表范围的副词,而应看作介词。它介出动作行为的时间,可以用另一个介词"在"去替换。

"就"的介词用法似乎只见于书面语,所以乍看之下有些眼生,这或许是近代汉语在现代的一种积淀。因为"就"的这种用法在元明白话小说和唐宋诗文中都用得相当普遍。胡竹安先生遗著《水浒词典》240页"就"字条举了不少内证和外证,足以说明元明白话小说使用介词"就"的情况,所以这里从略。唐宋诗以杜甫为例:

(1)厌就成都卜,休为吏部眠。(《游子》,《九家集注杜诗》卷二五)

(2)仓皇已就长途往,邂逅无端出饯迟。(《送郑十八虔贬台州司户伤其临老陷贼之故阙为面别情见于诗》,同上,卷一九)

(3)清霜洞庭叶,故就别时飞。(《送卢十四弟侍御护韦尚书灵榇归上都二十韵》,同上,卷三六)

(4)他乡就我生春色,故国移居见客心。(《舍弟观赴蓝田取妻子到江陵喜寄》,同上,卷三二)

例(1)下句用晋毕卓事;上句用汉严君平事,意谓不愿学汉代的严君平在成都市上卖卜,"就"介出处所,相当于"在"。

其余三例依次介出处所、时间、对象,分别与"向""在""对"相当。另唐宋散文的例子如:

(5)贱子贫困,欲就诸公求一醉饱,可乎?(《青琐高议》后集卷二《张齐贤》条,中华书局校点本,124页)

(6)足下求美醖一榼,就此宿候,或得见也。(《太平广记》卷三八八《袁滋》条引《逸史》)

(7)夜就诸床嫋戏,一夕皆周,未尝寐。(《补江总白猿传》,《唐人小说》,16页)

(8)即,就也,各遣就其所居而赐之,勿会聚也。(《汉书·武帝纪》"县乡即赐无赘聚"句,颜师古注)

例(5)的"就"介出动作对象,其余三例的"就"均介出处所,分别相当于"向""到""在"等。"就"的介词用法不限于唐宋,还可以历魏晋而上溯秦汉,真可谓源远流长了。例如:

(9)琴从绿珠借,酒就文君取。(庾信《对酒歌》,见《先秦汉魏晋南北朝诗》,2347页)

(10)但问情若为,月就云中堕。(谢灵运《东阳溪中赠答诗》,同上书,1185页)

(11)搜、略,求也。秦晋之间曰搜,就室曰搜,于道曰略。略,强取也。(《方言》卷二,见上海古籍版《方言笺疏》,164页)

(12)就师学问无方,心志不通,身之罪也。(《榖梁传》

昭公十九年，十三经注疏本，2439页）

　　以上几例中《方言》的例子最值得注意，因为"就"与"于"对举，同样介出处所，可见虚化的程度也相同。同其他介词的形成过程一样，介词"就"也是由动词的有关意义虚化而来。《孟子·离娄上》："犹水之就下。""就"可以作"向"解，但句中"就"作为主要动词，本身含有"流"的意思，不是单纯介出方所。"就"虚化出介词用法之后仍然常作动词，这也和其他不少词身兼动、介二职的情况相同。

（原载《中国语文》1992年第3期）

二十四

敦煌变文"处"字释例

敦煌变文中"处"字的用法不止一种,可大别为以下几类:

第一,表处所义,用作名词。如《前汉刘家太子传》:"其太子却乃出土,问其耕夫:'今投甚处,兴得军兵,却得父业?'"(《教煌变文》161页)用作动词时表位置所在。如《破魔变文》:"学无道化之能,谬处赞扬之位。"(354页)这是与现代汉语相同的普通用法。

第二,表示时间,有"……之时""……之际"的意思。这是唐宋诗词中习见却未被现代汉语所继承的一种用法,[1] 变文中也不乏用例。《维摩诘经讲经文》:"鱼梵奏时声了绕,金憧(幢)摇处韵钉铠。"(549页)《佛说观弥勒菩萨上升兜率天经讲经文》:

"男见女时如见妹,女逢男处似逢兄。"(654页)"处"与"时"均互文见义。笔者曾以为这种用法系出自韵文的格律要求,现在看来似不尽然,因散文中也有用例,而且出现的时代还可提前。梁刘昭注补《后汉书·五行志》:"桓帝元嘉中,京都妇女作愁眉、啼妆、堕马髻、折腰步、龋齿笑。所谓愁眉者,薄拭目下,若啼处;堕马髻者,作一边……"这里的"处"字显然只能解作"时","若啼处"犹言"好像啼哭时(的样子)"。变文中这种"处"字也可在非韵文的骈句或散句中出现,如《佛说观弥勒上生兜率天经讲经文》:"白毫照处,一轮之秋月当天;绀发旋时,如片之春云在岳。"(650页)《降魔变文》:"当处对面平章,立地便书文契。"(370页)有人用词义变迁的"时空引申律"来解释这种现象,似可备一说。

第三,虚化为助词,或表停顿,或只起铺垫音节的作用。这种用法在词曲里不为罕见,如辛弃疾《玉楼春》词:"事言无处未尝无,试把所无凭理说。"马致远小令《落梅风·江天暮雪》:"江上晓来堪画处,钓鱼人一蓑归去。"详见拙撰《诗词曲语辞例释》"处"字条第二义。变文中这类用例有助于证成此说并将时代提前。如《维摩诘经讲经文》:"听除受烦恼,闻经灭妄猜。我闻解了也,次第处唱将来。"(529页)《佛报恩经讲经文》:"这个也为闲处事,问善友到何安泊也唱将来。"(《敦煌变文论文录》后附,第843页)

以上三种"处"字都不是本文讨论的重点。变文中"处"字还每每用于散韵转换处,有时前加"之"字(例证详下)。这是一部分变文所独有的一种用法,与上举第二类用法有一定联系又不完全相同,是我们要着重讨论的对象。

一、这类"处"字见于哪些变文?

这类"处"字既然只在散韵转换处使用,那么它与纯粹的韵文如《季布骂阵词文》《董永变》,以及纯粹的散文如《舜子变》《韩朋赋》无关,是不言而喻的。在《敦煌变文集》所收78篇作品中,这种用法的"处"字只出现在九篇变文里。其使用情况略如下表:

变文名称	标题来源	用"处"次数	不用"处",用其他
伍子胥变文	原佚,编者代拟	1	14
汉将王陵变	原有	4	4
李陵变文	编者代拟	6	
王昭君变文	编者代拟	6	
张义潮变文	编者代拟	2	
张淮深变文	编者代拟	4	
降魔变文	原有	15	6
大目乾连冥间救母变文并图一卷并序	原有	15	3
频婆罗娑王后宫彩女功德意供养塔生天因缘变	原有	1	6

从上表可以看出，"处"在《伍子胥变文》及《频婆罗娑王后宫彩女功德意供养塔生天因缘变》中仅各有一例，算是比较特殊的情况，实际上"处"字只集中在其余七篇。这七篇变文就内容而言主要是世俗作品，《降魔变文》及《大目乾连冥间救母变文》虽属宗教作品，却是宗教故事中较普及而流行者。宗教性强的作品如绝大多数讲经文、押座文虽也韵散兼行，但它们在韵散之间另有转换方式而不用"处"字。另外在七篇作品中，有两篇本身便说明原来是有图画相配的，如《汉将王陵变》开头有"从此一铺，便是变初"之句，而"铺"是计算图片单位的一个量词；《大目乾连冥间救母变文并图一卷并序》标题本身便可见有图；而《降魔变文》之有附图，则见于《变文集》卷首所影伯4524号卷子。

二、这类"处"字的使用方式

在七篇变文的54例中，"处"的使用方式约有以下三种情况：

1. 其格式为"……处，若为陈说——"，这是比较典型的一种格式，有时"处"前加一"之"字，有时"若"字改作"谨"或"有"字，有时减一"说"字，因"陈""说"二字义近，减去其一也不会影响文义。这种格式，不妨称之为完全式，共有16例，现择举6例如下[2]：

（1）陵母从楚营内，乘一朵黑云，空中惭谢皇帝。祭礼处，若为陈说——（《汉将王陵变》，《变文集》46页）

（2）陵左手搅发，右手抬刀，头随刃落，含血洒流四方。二将斫营处，谨为陈说——（同上，38页）

（3）故□（入）国随国，入乡随乡，到蕃禀（里）还立蕃家之名，荣拜号作烟脂贵氏处，有为陈——（《王昭君变文》，99页）

（4）尚书捧读诏书，东望帝乡，不觉流涕处，若为陈说——（《张淮深变文》，123页）

（5）竭专精之心，注目瞻仰圣颜，悲喜交集处，若为陈——（《降魔变文》，364页）

（6）作是语已，绕佛三匝，还归天宫处，若为陈说——（《频婆罗娑王后宫彩女功德意供养塔生天因缘变》，767页）

2. 格式为"……处（之处），若为——"，减少"陈说"二字，但不言可喻，可称为不完全式。共19例，亦择举6例[3]：

（7）楚王出敕，遂捉子胥处，若为——（《伍子胥变文》，4页）

（8）单于高声呵责，李陵降服处，若为——（《李陵变文》，91页）

（9）写表闻天处，若为——（《张淮深变文》，122页）

（10）舍利弗与长老商量处，若为——（《降魔变文》，365页）

（11）二鬼一见，乞命连绵处，若为——（同上，387页）

（12）看目连深山坐禅之处，［若为］——（《大目乾连冥间救母变文》，716页，编者于"若为"二字下出校语云："据丁卷补。"）

3. 只用"处（之处）"，而将"若为陈说""若为"一概省去。可称之为省略式，也得19例，择举6例[4]：

（13）二将辞王，便往斫营处——（《汉将王陵变》，36页）

（14）前头火着，后底火灭，看李陵共单于火中战处——（《李陵变文》，36页）

（15）蕃戎胆怯奔南北，汉将雄豪百当千处——（《张义潮变文》，114页）

（16）舍利弗见此蚁子，含笑舒颜，对须达、祇洹说宿因之处——（《降魔变文》，377页）

（17）闲闲无事，目连向前问其事由之处——（《大目乾连冥间救母变文》，719页）

（18）狱王报言："狱中罪人，生存在日，侵损常住，游泥伽蓝，好用常住水果，盗常住柴薪。今日交伊手攀剑树，支支节节皆零落处——"（同上，726页）

末一例稍见特殊，它不是在作者的叙述中实现散文到韵文的转换，而是直接用故事中人物的对话来转换。

除了以上三种情况之外，还有一些例句据下文应该用"处"字而未用的，可称之为空位。如"应是楚将闻者，可不肝肠寸断，若为陈说——"（《汉将王陵变》，42页）"且看诘问事由，若为陈说——"（《降魔变文》，373页）"诤能各拟逞威神，加被我如来大弟子,若为——"(同上,381页)。

三、关于这类"处"字作用与含义的讨论

关于这类"处"字的作用与含义,不少敦煌学者都作过探讨。关德栋先生说:"这里最末的'处'字是否可以与以前的'曰'字'云'字有一样的功能,并且是一样的用法?我们不十分清楚,不过在这部分例子里边,有一些'处'字的用途显见是与'云'字功能相同,所以我觉得这种散文末后接韵文时中间的'处'字也是一个引端。"[5]从上面列举的例子看来,说这种"处"字具有引端的作用大致不错。不过在第一二类情况中,引端的作用主要由"若为陈说"或"若为"承担,"处"字与之配合。第三类情况由于省去了"若为陈说"等字样,"处"便具有了使散文过渡到韵文的作用。至于认为这类"处"字的功能与"云""曰"相同,却未必妥当。《王昭君变文》有一处例子是:"昭军(君)既登高岭,愁思便生,遂指天叹帝乡而曰处,若为——""处"字前还有"曰"字,证明二者并不能互代,作用并不相同。另"处"之前往往可加结构助词"之","之处"可以成文,而"之云""之曰"不辞。

胡士莹先生在他的《话本小说概论》第34页也谈到这类"处"字,他认为这种位置上的"处"字仍是"处所"之"处"。文中说:"这种散文和韵文之间插入一句提示听众观看图画的话,是值得注意的。它不但出现在讲唱交替的地方,也出现在故事情节

吃紧的地方，表演者掌握了矛盾的焦点，指出某'处'画面让观众看，同时开始将画上的情景唱给观众听，加深了观众的印象。"胡先生联系变文的演出来研究"处"字的作用，指出讲唱转换时往往是情节吃紧的地方，是很有见地的。有些例句中带有"看"字〔如上举例（3）、例（12）〕，好像也支持胡先生的看法。不过认为"处"仍是"处所"义，认为所有的例子都指示某处画面则值得商榷。因为，第一，解作"处所"有不少句子讲不通，"具看李陵共兵士别处""看目连深山坐禅处"根本不是指"李陵和兵士相别的处所""目连深山坐禅的处所"。第二，有些带"处"的句子，其含义很难用一幅具体的画面来表现，如《大目乾连冥间救母变文》中有"饶君铁石为心，亦得亡魂胆战处"，很难说具体指某处画面。例（18）"今日交伊手攀剑树，支支节节皆零落处"是一种尚未成为现实的将来时，就更难用画面表现了。其实这类"处"字在一部分句子中和本文开头所说的第二类用法相同，是表示时间的，尤其在前加"之"字的情况下更为明显。"……之处，若为——"的意思是"当甚么甚么之时，如何如何光景"。有时"处"的意义较虚，那就可看作本文开头所举的第三类用法，只是在语气上表示感叹或强调，和现代汉语中的"啊"差不多。上举例（13）（14）（18）等都可作如是解。

　　程毅中先生在讲述话本的流变时，也涉及这个问题。他认为《大唐三藏取经诗话》"可以看作唐代变文的直接后裔"，因为"形式上也有许多相似的地方"，如散韵之间的转换用"处"即为其一。《诗话》大多数标目中都有一个"处"字，如"入鬼子母国处第九""经过女人国处第十""入王母池之处第十一""入沉香国之处第十二""入波罗国处第十三"等。程先生认为"这个处字并没有什么意义，只是变文体例的一个遗迹。"(《宋元话本》第29页)其实，如果仔细玩味以上标题，其中"处"字的"时""际"义仍很明显，不过，它表示的不是时间链条上的一个点，而是一个时段，即这一节故事所跨越的时间历程。这些"处"字显然也不能用"处所"义解释，可以作为我们以上看法的一个旁证。

(原载《文史》第四十四辑)

注 释

[1] 见拙著《诗词曲语辞例释》修订本，中华书局，1986年，43页。

[2] 余十例分别见《敦煌变文集》41、88、94、99、103、104、105、124、125、767页。

[3] 其余十三例分别见《敦煌变文集》95、100、368、370、375、378、380、380、383、384、385、388、388页。

[4] 其余十三例分别见《敦煌变文集》115、720、721、723、725、728、729、730、731、733、737、738、741页。

[5] 《谈"变文"》，《敦煌变文论文录》，上海古籍出版社，1982年，218页。

二十五

关于王维《阳关曲》的几个问题

渭城朝雨浥轻尘，客舍青青柳色新。
劝君更尽一杯酒，西出阳关无故人。

这是盛唐诗人王维一首著名的赠别之作，见《全唐诗》卷一二八。原题《渭城曲》，题下注云："一作送元二使安西。"安西指唐代的安西都护府，在今新疆维吾尔自治区库车县境。元二系以排行称，其人的名讳与生平均不可考。杜甫有《送元二适江左》诗（见《九家集注杜诗》卷二四），但二者未必就是同一人。初盛唐时期，不少读书人投笔从戎，希望到边疆去建功立业，这元二大概是其中的一位。当时从长安去西北边塞，都要经过渭城，取道敦煌西南的阳关或玉门关。诗中所写即是这次送别的情境。这首诗一经脱稿，随即传诵远近，脍炙人口。很快便由乐工配上曲谱，被之管弦，成为饯别时离筵上必定要演奏演唱的送别曲。后来有人取诗中末句提到的地名，称之为《阳关曲》。又因其曲式有三叠的结构，故亦称《阳关三叠》。千余年来，这首歌一直传唱不衰。白居易《对酒》诗云："相逢且莫推辞醉，听唱《阳关》第四声。"李商隐《赠歌妓》二首之一："红绽樱桃含白雪，断肠声里唱《阳关》。"李清照《蝶恋花》词："泪湿罗衣脂粉满，四叠《阳关》，唱到千千遍，"刘基《送别词》："百杯桑落酒，《三叠阳关》句。"解放前，民族音乐家杨荫浏先生曾根据古琴曲谱《琴曲入门》整理并译成今谱。新中国成立以后，中央乐团排练过这个节目并赴国外演出。于是，这首中国古代的离歌别曲不仅在神州演唱，而且登上了世界乐坛，饮誉海外。

由于这首诗在中国文学史和中国音乐史上都发生过广泛深远的影响，所以不少古诗选本都作为必选篇目，一些古典音乐论著也往往加以介绍。但是迄今为止，对于这首诗，或者说，这首歌词的内容与形式，文学、音乐两界的分析介绍都存在某些误解和不确之处。为了实事求是地探讨问题，谨略申鄙见如下。

一、这首诗是反征戍的作品吗？

关于这首诗的主题，某些古典音乐论著中流行着一种看法，即认为它是一首反征戍的作品。例如赵宽仁在《古代歌曲〈阳关三叠〉》一文中写道:"这首诗在当时具有相当的社会影响不是偶然的,因为它反映了唐代人民对征戍生活的不满和怨愤。"[1]吴剑、刘东升《中国音乐史略》第三章《隋唐音乐》关于"民歌、曲子与《阳关三叠》"一节也说:"《阳关三叠》是诗人对一位从军朋友的离别之情的抒写,含蓄地反映了人民在不合理的征戍徭役制度下的哀怨情绪。"[2]

如所周知,探讨一篇文学作品的主题,最有效而可靠的办法首先是从作品本身着眼。标题是作品内容的标帜,此篇诗题之一作《送元二使安西》,已指明这是一首朋友间的送行赠别之作,全诗所抒写的也没有逸出这样的范围。诗的前两句写景并作必要的交代:送别的地点是渭城,时间是在早上。一阵蒙蒙细雨飘洒沾湿了轻扬的微尘。旅社旁的杨柳呈现出一派新绿。古人送别时常常折柳相赠,所以柳色愈加青翠,愈能使离人触目惊心。渭城朝雨描绘出清爽而又略带凄凉的景象,柳色青青又极易勾起离别的情怀。这两句诗表面上虽然只写景物,实际上对别情已作了丰富的暗示和铺垫。诗的后两句即景抒情:使命在身,分手在即,虽然远送,势难久留,只能劝对方再饮酒一杯,借此延缓片刻而已。第三句用一"更"字,把此前曾殷勤劝酒,此刻的留恋不舍,此后的关切与怀念,都一一凸现出来。之所以如此殷勤、留恋、关切,是由于这是一次远别。对方一出阳关,就再也没有自己这样的知心朋友,何况他还要去更远的安西呢?从此之后,屏居塞外,举目无亲,还是在故人面前多饮一杯吧!寥寥十四字,将彼此间的真挚情意抒叙无余。

言简意赅，语浅情深，正是这首诗的成功之处。[3]

如果不是刻意深求，全诗的内容不过如此。试问，诗中有哪些字句"反映了唐代人民对征戍生活的不满和怨愤"？或者说，"含蓄地反映了人民在不合理征戍徭役制度下的哀怨情绪呢"？我们看不出来。这首诗问世之后的众多前代读者也没有能看出来，因为他们都明确无误地把这首诗当作离歌别曲来看待的。中唐以下曾经提到这首歌的诗词散曲多达数百首，没有一首例外。前面所举白居易、李商隐、李清照、刘基的诗词，便是其中的代表。一篇作品问世之后，当代和后代读者对它的理解，由它引起的共鸣，也应是我们把握作品主题的重要参考。诚然，"形象大于思想"，作家的主观创作意图与作品的客观效果有时可能存在矛盾，这也是中外文学史研究中屡见不鲜的现象。但是所谓"客观效果"也必须是从作品本身的固有内容引申出来的，而不能是外加的或由论者随便臆断的。

二、这首诗曾收入《伊州大曲》吗？

《音乐欣赏手册》"中国古代歌曲（五）"介绍《阳关三叠》时说："王维这首诗在唐代就以歌曲的形式广为流传，并收入《伊州大曲》作为第三段。唐末诗人陈陶曾写诗说：'歌是《伊州》第三遍，唱着右丞征戎词。'"[4]按"征戎"当是"征戍"之误。这里断言《渭城曲》曾收入《伊州大曲》，也是一种误解，是将同一作者的不同作品"张冠李戴"了。以上所引陈陶诗的题目是《西川席上听金五云唱歌》，见《全唐诗》卷七四五。下面不妨多引几句有关的上下文，然后略加分析，问题便可了然：

> 今朝得侍君王宴，不觉途中妾身贱。
> 愿持卮酒更唱歌，歌是《伊州》第三遍。
> 唱着右丞征戍词，更闻明月添相思。
> 如今声韵尚如在，何况宫中年少时。

诗题中的金五云本是唐宪宗宫女，后来嫁给一个小官吏，流落到西蜀。诗人陈陶在一次宴会上听了她唱的歌，不胜今昔之感，于是写了这首诗赠给她。诗中本来说得很明白：金五云所唱的并不是王右丞（王维晚年曾任尚书右丞）的《阳关曲》，而是名称与伊州有关并反映征戍内容的另一首作品。今检《全唐诗》王维诗作，于卷一二九得《伊州歌》一首，诗云：

> 清风明月苦相思，荡子从戎十载馀。
> 征人去日殷勤嘱，归雁来时数附书。

陈陶诗中"唱着右丞征戍词，更闻明月添相思"二句，十分清楚地指出金五云所唱歌词正是这首《伊州歌》，而不是《阳关曲》或王维的其他作品。

宋代郭茂倩所编《乐府诗集》卷七九"近代曲辞一"收有《伊

州大曲》一套,其中"歌第一"正是王维的《伊州歌》,只是文字小异:首句作"秋风明月独离居",末句改"附"为"寄";而《渭城曲》则另见于卷八六"近代曲辞"之二。这也是我们以上说法的有力佐证。另外不妨顺带指出:《伊州歌》在《伊州大曲》中是第一段,因此陈陶诗中所谓"歌是伊州第三遍"是否等于第三段也值得斟酌。看来,以上两个问题是彼此联系的。音乐界的某些同志之所以认为《阳关曲》是反征戍的作品,这与误解陈陶诗有关。现在问题已经清楚:说《阳关曲》曾收入《伊州大曲》作为第三段已经不确,再据陈陶诗断定《阳关曲》是反征戍的作品,就更是错上加错了。

三、《阳关三叠》该怎么叠?

"叠"是民族音乐术语,意即"遍","三叠"即反复三遍。但《阳关曲》这首歌词究竟应该怎样反复?笔者省览所及,今人的答案至少有以下三种:第一,每句三叠。刘永济《唐人绝句精华》第 21 页释云:"此诗经乐工采以入乐,名《渭城曲》。乐工采诗入乐时,用裁截及重叠两种方法,使整齐的字句成为长短句,以便歌唱。此诗则每句三叠,故又名《阳关三叠》。"[5]第二,末句三叠。中国社会科学院文学研究所编《唐诗选》第 120 页说:"本篇谱入乐府,当作送别曲,并把末句'西出阳关无故人'反复重叠歌唱,称《阳关三叠》。"[6]第三,全诗整首三叠。华东师大古籍研究所校注《仇池笔记》卷上《阳关三叠》

条注云:"因全曲分三段,原诗反复三次,故称三叠。"[7]

以上三种说法,验之以现存资料,仅第三种有一定根据。上文谈到杨荫浏先生曾据《琴曲入门》整理出古曲《阳关三叠》,其歌词正是整首反复三遍,每遍之后分别增添了一段长短不等的文字,与现代音乐中的副歌类似,现不妨转录如下,以供研讨:

[一叠]渭城朝雨浥轻尘,客舍青青柳色新。劝君更尽一杯酒,西出阳关无故人。遄行,遄行,长途越度关津。历苦辛,历苦辛,历历苦辛,宜自珍!

[二叠]渭城朝雨浥轻尘,客舍青青柳色新。劝君更尽一杯酒,西出阳关无故人。依依顾恋不忍离,泪滴沾巾。感怀,感怀,思君十二时辰。谁相因,谁相因,谁可相因?日驰神,日驰神。

[三叠]渭城朝雨浥轻尘,客舍青青柳色新。劝君更尽一杯酒,西出阳关无故人。旨酒,旨酒,未饮心已先醉。载驰骃,载驰骃,何日言旋轩辚?能酌几多巡?千巡有尽,寸衷难泯。无穷伤感,尺素申,尺素申,尺素频申。如相亲,如相亲。噫!从今一别,两地相思入梦频,鸿雁来宾。

《琴曲入门》是明代的集子,以上反复至多反映了明代以降的唱法,唐宋之际的唱法与此并不相同,而且那时的唱法就比较纷繁,不尽一致。北宋时,博学多艺的东坡先生曾对这一问题发表过看法。明代胡震亨《唐音癸签》卷十五《乐通》四引东坡语云:"旧传《阳关》三叠,然今歌者每句再叠而已。通一首言之,又是四叠。皆非是。或每语三唱以应三叠之说,则丛然无复节奏。尝得古本《阳关》,其声婉转凄断,不类向之所闻,每句皆再唱,而第一句不叠。乐天诗云:'相逢且莫推辞醉,听唱《阳关》第四声。'注:'第四声,劝君更尽一杯酒。'以此验之,若第一句叠,则此句为第五声;今为第四声,则第一句不叠,审矣。"[8]此段引文又见《仇池笔记》卷上(华东师大古籍研究所校注本206页),字句小异。由此可知,这首歌在宋代的一般唱法是将原诗的每句都重复一遍,即"每句再叠",而不是像刘永济先生所说的那样"每句三叠",虽然也有个别歌者这样唱过,但那效果却是"丛然无复节奏"。由于全诗共四句,每句反复一遍,加起来总共四遍,故又有所谓"四叠"之说。李清照《蝶恋花》词云:"四叠《阳关》,唱到千千遍。"其中的"四叠"应为序数,意指全诗末句"西出阳关无故人"而言。"唱到千千遍"只是艺术上的夸张,并非如《唐诗选》所言"反复重叠歌唱"。

以上引文中"尝得古本《阳关》"一句,《仇池笔记》作"有文勋者,得古本《阳关》"。按文勋历史上实有其人,字安国,官至太府寺丞,善画山水。苏轼在文章中指名道姓,得古本《阳关》一事不会是向壁虚构。今《全宋词》3841页录无名氏词一首,题目即《古阳关》,歌词的重叠方法,与苏轼所言若合符契。兹移录如下,并于句中略加夹注说明:

渭城朝雨，一霎浥轻尘。（首句不叠）更洒遍、客舍青青。弄柔凝、千缕柳色新。更洒遍、客舍青青，千缕柳色新。（第二句再叠）休烦恼，劝君更尽一杯酒。（此句即白居易《对酒》诗所谓《阳关》第四声也）人生会少，自古富贵功名有定分，莫遣容仪瘦损。休烦恼，劝君更尽一杯酒。（第三句再叠）只恐怕西出阳关，旧游如梦，眼前无故人。只恐怕西出阳关，眼前无故人。（第四句再叠）[9]

关于上引这首词的来历，《全宋词》的编者于后一首《永遇乐》末尾一并加注云："以上二首，《花草粹编》卷十一引《古今词话》。"按《花草粹编》的编者为明代陈耀文，《古今词话》为宋杨湜撰，明以后亡佚，赵万里辑本辑得67则，见《词话丛编》第一册。今传《古今词话》为清初吴江沈雄所撰，与此书同名异实。由此可见，这首歌词确系宋代传唱者，它的重叠方法与白居易和苏轼所论相符，应该是唐宋之际正宗的传统唱法。

元代李冶在《敬斋古今黈》卷四中也谈到他研习《阳关曲》这首歌的详细过程[10]，文繁兹不具引。文章大意是说，他最初向一位老乐工学唱此曲，老乐工的唱法只是在一二四句当中加入"刺里离赖"的和声。他觉得这与白居易、苏轼所论不合，于是博访诸谱，并与知音者反复商讨，最后得出"首句不叠，二三四句再叠，全曲只为七句"的结论，与上引宋词的重叠方法基本相同。

综上所述，王维这首歌的重叠方法虽然众说纷纭，而且历代唱法也不尽一致，要之应以白、苏所论唐宋之际的正宗传统唱法为准。

（原载《贵州文史丛刊》1991 年第 4 期）

注 释

[1]《云岭歌声》1979 年第 4 期。

[2] 人民音乐出版社 1983，第 93 页。

[3] 以上分析曾参考沈祖棻先生的《唐人七绝诗浅释》。上海古籍出版社 1983 年，第 81、82 页

[4] 上海文艺出版社 1981 年。

[5] 人民文学出版社 1981 年。

[6] 人民文学出版社 1978 年。

[7] 华东师范大学出版社 1983 年。

[8] 上海古籍出版社 1981 年。

[9] 中华书局 1986 年重印本。

[10] 缪荃荪本。

二十六

"谁道是杨花,点点离人泪"
——为苏轼《水龙吟·咏杨花》词一辨

在北宋词坛上,苏轼以风格豪放著称于时,并历来被认为是豪放词派的开山祖师。但作为一代词宗,他的作品自然不会囿于一格,以情致缠绵、表达曲折见长的婉约型作品,其实也不在少数。譬如著名的《水龙吟·次韵章质夫杨花词》[1],便是此类作品中较有代表性的一首。不过对于此作,评价颇不一致,而且意见相去甚远。称誉者举之升天,非难者抑之入地。看来关键在于对此词的内容和表现手法持有不同的理解。如何实事求是、恰当地评价它,与研究这位一代词宗的"全人"或许不无关系。故不揣浅陋,略申鄙见,以质诸读者与方家。为了说明问题方便，拟从作品内容的具体分析入手，兹将原作转录如下：

似花还是非花，也无人惜从教坠。抛家傍路，思量却是，无情有思。萦损柔肠，困酣娇眼，欲开还闭。梦随风万里，寻郎去处，又还被、莺呼起。　不恨此花飞尽，恨西园、落红难缀。晓来雨过，遗踪何在？一池萍碎。春色三分：二分尘土，一分流水。细看来，不是杨花，点点是、离人泪。[2]

这是一首和人之作，词题是咏杨花。上片起首二句即点明题目。"杨花"即柳絮，或称柳绵，它虽然有花之名，却无其实，故言"似花还是非花"。白居易有词云："花非花，雾非雾，夜半来，天明去。"当即此句所本。"从教"为唐宋俗语，犹言"任随"。全句意言正因杨花无花之实，所以不像真花那样惹人喜爱，人们只是任他随风飘坠而已。"抛家傍路"三句紧承上文，是说杨花被春风吹入人家的院落之中，飘落在大道小径之旁，看似无情，却也有意。句中以"抛"字状杨花随风摇曳的姿态，显然比一般用"飞""吹"等字样更为生动传神。韩愈《晚春》诗云："杨花榆荚无才思，惟解漫天作雪飞。"杜甫《白丝行》："春天衣著为君舞，蛱蝶飞来黄鹂语。落絮游丝亦有情，随风照日宜轻举。"这里在字面上是驳韩而申杜，其实可以说是意兼二典，相反相成。因为杨花本是"自在之物"，本身无知无觉，所谓"有情""无情"，不过是诗人将一己的主观感情融入外物的结果。杨花飘坠是暮春景象，韩诗责其无情，是说它不能理解人们伤春惜春的情怀；杜诗赞其有情，是指它仿佛也能欣赏白丝织成的华美春妆似的。

自此以上，各家的笺释虽或不无小异，但分歧不致太大，则可断言。"萦损柔肠"以下数句，情况却有所不同。有的论者认为仍然继续在咏杨花。沈际飞《草堂诗馀正集》云："随风万里寻郎，悉杨花神魂。"胡云翼《宋词选》也解释说："杨柳的枝条细而柔，故以柔肠比喻它。""这是把美人倦极时欲开还闭的娇眼，形容柳叶飘扬飞舞的姿态，古人诗赋中多称柳叶为柳眼。"吴世昌先生在《有关苏词的若干问题》一文中进一步提出质问："修辞学上的拟人法，必须有分寸，有充分条件，不得不拟，才令人信服。杨花并不是花，比其他花卉，已不足贵。杨花即使有'柔肠'，有'娇眼'，有'梦'，有'思'，还有个'郎'让柳絮去寻？试问杨花之'郎'为谁？"[3] 看来，对词中这几句含义的理解，实在是个很关键的问题，牵涉到对主题的认识和对这首词的总体评价。如果按沈、胡二家的解释，吴先生的质问自然是极有道理的。不过依笔者浅见，这几句实际上已不是在咏物，而是因物及人，引出并刻画了作品的抒情主人公——一位闺中少妇的形象。她正当春睡蒙眬、乍眠乍醒之际，眼见飞絮飘然入闺，不由得思绪萦回，柔肠百转。为了排遣愁怀，她只好在梦中去寻求慰藉，故而"困酣娇眼，欲开还闭"，是什么原因使得她见柳絮而"萦损柔肠"？她为什么要撇下大好春光而存心寻梦？作者巧妙地化用前人诗句来做了回答。唐金昌绪《春怨》诗云："打起黄莺儿，莫教枝上啼。啼时惊妾梦，不得到辽西。"原来我们这位主人公正在思念着远涉龙荒、为国戍边的亲人。她的思念是如此深沉、如此执着，以致悠悠梦魂,随风万里,飞越关山,去寻觅亲人的所在。可惜好梦不长,旋即被窗外的莺啼惊醒了。说到这里,再回头去看起首几句:叹杨花无人怜惜,赞柳絮无情有思。这赞叹的主语,既可以说是作者自己,也可以说是由作者所塑造的抒情主人公。

这样去体味作品,并非笔者一己无中生有地妄作解人,而是不少前辈专家的大体相同的看法。夏承焘先生说:"萦损三句是双关地说杨花和看杨花的人。这个人就是'梦随风万里'去'寻郎'的女子。"[4] 周振甫先生也说:此词"在写杨花也在写人",就写人说,这词描写思妇愁情,梦里寻郎既不成,春又无法留住,写出思妇的愁苦"。[5] 这样的看法之所以有道理,那是因为:第一,词题是咏杨花,而不是咏柳枝、柳叶,所以"柔肠""娇眼"一类词语,属之于人则可,属之于杨花则不可。即使连类而及,从"花"写到"枝""叶"吧,那下文"欲开还闭"一句,也实在难以解释得圆通。第二,"梦随风万里"以下数句,如仍写"杨花神魂",继续将杨花拟人化,那么有关杨花的典故多得俯拾即是,作者又何必单单拈出一个与此毫无关涉的《春怨》?第三,苏词是和作。按照古人作诗填词的惯例,和作与原作不仅要求体裁与格律相同,而且题材与意旨也不能相去太远。章质夫词是侧重咏物的,但其中也有一个抒情主人公在,它的上片末尾"傍珠帘散漫,垂垂欲下,依前被风扶起"数句,已显然在过渡,下片开头二句"兰帐玉人睡觉,怪春衣、雪沾琼缀",就径直刻画出一位春睡方醒的少妇形象来,以下便主要是抒写她满怀的春愁春恨了。

如果以上的分析能够解开分歧的纽结,那么对此词下片的理解就不致产生太大的问题。它仍是咏物、赋情,同时并举,若离若合,相得益彰。"不恨此花飞尽,恨西园、落红难缀"二句,虽然字面上一为否定一为肯定,但说的其实只是一个意思,即感春光之易逝,伤红颜之易老。因为"杨花飞尽"与"落红难缀"同为暮春象征。"晓来"三句将描写的时点推移到次日清晨,意谓一阵飘风骤雨过处,杨花忽然影踪全无,仔细查看之下原来变成了一池碎散的浮萍。杜甫《丽人行》诗"杨花雪落覆白蘋",此用其意。这样的说法虽然未必科学,但在这里不妨作为一种文学上的想象看,且于下文显然起着不可缺少的铺垫作用。因为只有这样设想,作者才能将象征着春光的杨花作三等分,说二分已变为尘土,一分顺水漂流,实即春光已经消失净尽的意思。结尾二句,再回头来写化为水上浮萍的那部分杨花,说那根本不是杨花所化,而是离人斑斑点点的泪痕。这几句构思精巧,设想新奇,堪称"语新意工"之笔,故为后来的词曲家所乐于引用。更为重要的是,这里的几句与上片结尾彼此配合,互相呼应,由主人公一身而推及那个时代所有同病相怜之人,这就进一层地揭示了全章的主题——暮春闺怨。

对于这首词,王国维在《人间词话》中曾评论说:"咏物之词,自以东坡《水龙吟》为最工。""东坡《水龙吟》咏杨花,和而似唱;章质夫词,原唱而似和作,才之不可强也如是。"[6] 其实,章词也堪称佳作,它刻画杨花情态,也可谓曲尽其妙。不过比较起来,苏词终觉更胜一筹。这可从两方面来体味探讨:第一,就内容论,两词都写闺怨。不过章词中的抒情主人公显然是一位贵族少妇,或者说，是一位"昔作倡家女，今为荡子妇"式的人物，她企盼的是在秦楼楚馆寻欢作乐的丈夫；而苏词塑造的主人公，如上所述，应是一位出征将士的妻室。同样的伤春惜春、离愁别恨发生在不同身份的人物身上，就有着不同的社会意义，这是无须赘言的。第二，在艺术表现上，两者都是托物言情之作。章词恪守一般双调词的作词家法，上片写景咏物，下片言情；而苏词一开始就把情景、物我融合为一，直至终篇。刘熙载说："东坡《水龙吟》起句云：'似花还是非花'，此句可作全词评语，盖不即不离也。"[7] 沈谦也说："东坡'似花还是非花'一篇，幽怨缠绵，直是言情，非复赋物。"（《填词杂说》）这都是对于苏词上述特点很好的分析说明。所以苏词读来比较浑成，比较耐咀嚼，有余味，不像章词那样稍嫌浅陋。

吴世昌先生在《有关苏词的若干问题》一文中对此词采取了完全否定的态度，称之为"文字游戏过了火的产物""败笔"和"次品"，并责难选家为什么"偏要选这首应酬别人的咏物词"[8]。持论恐嫌偏颇。诚然，此篇在苏轼的全部作品中，未必是最上乘之作，但它也足备一格，可以反映这位词坛宗匠作品风格的全貌，该是不成问题的。至于选入此词的选本，远的不说，清张惠言《词选》选词号称严苛，宋词仅录六十八首，苏词四首，此词即为其一。朱孝臧《宋词三百首》选录苏词十首，此作亦在其中。在唐圭璋先生为这个选本所作的评笺中，评论此词的不下十五六家，多属交口称誉之辞。很难说都是出于对作者的奉承和偏爱。当然，由于历史的、社会的原因，前人的看法未必全对，而且评定一篇作品的好坏，也不能采取少数服从多数的简单办法。但是，前人的评论至少可以表明一篇作品问世后所获得的社会效果，这是我们今天研究古代作家作品时不能不考虑的重要因素。

（原载《贵州民族学院学报》1987年第1期）

注 释

[1] 章质夫，名楶（jié），曾与苏轼同朝共事。其《水龙吟·柳花》词云："燕忙莺懒芳残，正堤上、柳花飘坠。轻飞乱舞，点画青林，全无才思。闲趁游丝，静临深院，日长门闭。傍珠帘散漫，垂垂欲下，依前被、风扶起。　兰帐玉人睡觉，怪春衣、雪沾琼缀。绣床旋满，香球无数，才圆却碎。时见蜂儿，仰粘轻粉，鱼吞池水。望章台路杳，金鞍游荡，有盈盈泪。"

[2] 这三句有两种读法，若从谱读，则应为："细看来不是，杨花点点，是离人泪。"割裂文义，今不取。

[3] 见《文学遗产》1983年第2期。

[4]《唐宋词选》第70页，中国青年出版社1981。

[5]《诗词例话》第147页，中国青年出版社1982。

[6] 靳德峻笺证、蒲青补笺本第45、46页，四川人民出版社1981。

[7]《艺概·词曲概》，上海古籍出版社1978。

[8] 见《文学遗产》1983年第2期。

二十七

试论欧阳修的诗文创作

一

欧阳修(1007—1072),字永叔,号醉翁,晚年又称六一居士,庐陵(今江西吉安县)人;北宋著名的散文家和诗人,当时诗文革新运动的主将,他又曾奉命主编《新唐书》,并用大半生精力独自写成了一部文字"减旧史之半,而事迹添数倍"的《新五代史》,在史学方面也有一定贡献。

欧阳修出身于中小地主家庭。父亲曾做过几任州判之类地位不很高的地方官,于欧阳修四岁时去世,死后家境比较清寒,母亲曾亲自用芦秆画地教欧阳修识字,宋仁宗天圣九年(1031

年），二十四岁的欧阳修通过科举登上仕途，被任命为西京留守推官（洛阳地方行政长官的助理）。在任期内，他与同在幕府的诗人梅圣俞和古文家尹洙结下了深厚的友谊。他们志趣相投，彼此唱和，写了不少内容和风格都较有创造性的诗文，开始在文坛崭露头角。此后，欧阳修在朝廷和地方历任多种职务，虽然没有替百姓做过什么特别值得称道的事，却以直言敢谏、宽简驭下而著称。中间曾遭到几次贬谪，但不久又得到复职和提升，晚年一度担任过参知政事（副宰相）之职。由于他在文学创作上取得了越来越大的成就，在文坛上的声誉也与日俱增。

二

欧阳修在文学史上的地位，首先是与他在北宋中叶诗文革新运动中所起的作用分不开的。

北宋中叶的诗文革新运动，是唐代韩愈、柳宗元所倡导的古文运动的继承和发展，是当时封建地主阶级内部改革与保守的斗争在文学上的反映。宋初，包括皇帝在内的贵族大地主为了粉饰太平，娱乐自己，曾大力提倡并带头吟诗作赋。但由于生活奢侈，精神空虚，他们的作品自然不可能有什么深切的内容，于是只好拼命在形式上下功夫，用连篇的典故、华丽的词藻、工整的对仗来掩饰内容的空虚贫乏。当时文坛上"西昆派"的诗，以及风靡一时的"时文"，正是这种贵族文学的代表。这是一股继承晚唐五代浮华柔靡文风而又加以发展的形式主义的文学逆流。

当时一些出身中小地主而登上仕途的知识分子，与他们改革政治的主张相呼应，也要求进行文体文风的改革。在欧阳修之前，柳开、王禹偁等就提出过这样的主张。"庆历新政"的主要人物范仲淹在他的改革主张中，也包括对文风的改革。不过，真正从理论和实践两方面都做出了显著成绩，使运动开展得较为广泛、深入并取得决定性胜利的，则应推欧阳修。

早在少年时代，欧阳修就对当时的形式主义文风极为反感而十分推崇韩愈。他在《记旧本韩文后》一文中，曾经谈到当时的这种心情和立志写作并提倡这种古文的决心。尽管为了应付科举，他不得不学习那种徒具形式的"时文"，但一登仕途，便"弃不复作"，转而联合尹洙、梅圣俞、苏舜钦等志同道合的友人，努力写作古文和内容较为真切充实、风格清新自然的诗篇，并大力宣传诗文革新的主张。宋仁宗嘉祐二年（1057年），他以翰林学士的身份主持科举考试，明确规定所有考生必须用平淡朴素的古文体裁来作文，凡是华而不实或故作艰深的文章一概不取。同时，他又凭着自己在文坛和政界的声誉地位，大力奖励提拔新人。如王安石、曾巩、苏洵、苏轼、苏辙等都是他所推奖的。这样，就使得诗文革新运动形成了一个比较广泛而有力的阵线，给予"西昆体""时文"以沉重打击，无论在理论探讨还是写作实践上都不断获得了新的成就。

欧阳修的诗文革新理论，是和韩愈、柳宗元、王禹偁等一脉相承的。他强调"文以载道"，内容决定形式，反对言之无物的形式主义倾向；但也十分重视"文"即形式的作用，认识到"文"

与"道"不可分割而又互相区别的关系。他把"道"比作金玉，把"文"比作金玉发出的光辉。因而对"文"的要求也相当严格。他自己许多著名篇章便是经过字斟句酌反复修改才写定的。他强调诗文与现实的关系，要求以之"通下情"，反映民生疾苦，反对"舍近取远，务高言而鲜事实"，以至"弃百事而不关于心"的"溺于文"的态度。他提倡学习古人，但反对机械模仿，认为"韩（愈）、孟（轲）文虽高，不必似之也，取其自然耳"。他主张文体风格的多样化，反对千篇一律、单调呆板，他在一封对学生谈创作体会的信中说："作文之体，初欲奔驰，久当收节，使简重严正，或时放肆以自舒，勿为一体，则尽善也。"

但是应该指出，欧阳修所谓"道"，实质上是封建地主阶级那一整套意识形态，特别是其中适应他政治改革主张的那些内容；他所谓"文"，就是用明白晓畅的语言文字和恰当的篇章结构把它表现出来，使它更有效地为巩固封建统治服务。可见，这种文体文风的革新主张并不触动贵族大地主的根本利益，而且也不像政治改革那样或多或少损害他们眼前的政治特权和经济利益；因而和政治改革相比，它受到的阻力较小，有时甚至还得到某些贵族大地主以至皇帝的支持。这是它能够在一定时间内取得胜利的原因。

三

欧阳修的文学创作实践，基本上是贯彻了他的诗文革新理论的，因而取得了多方面的成就。其中尤以散文为后人所称道，他本人也被列为"唐宋八大家"之一。

散文是欧阳修从事改革、发表政见的主要武器，也是他纵谈艺术见解、抒发个人感受的重要工具。他现存的散文作品近百万字。从它们的内容和体裁看，较有价值的有以下几类。

（1）论。包括直陈时事的政论，以古喻今的史论和专门探讨文章得失的文论。政论的重要作品如《原弊》，指出统治者不知"节用爱农"，因而产生了"诱民、兼并、力役"等大弊，致使农民生活陷于极端困苦和悲惨的境地，所以主张轻赋税、除积弊、实行"宽简政治"。文章的主旨在于寻找更好的统治办法，客观上却反映出当时存在严重阶级对立的社会现实。史论中著名的篇章有《五代史伶官传序》《五代史宦者传论》等。通过后唐庄宗李存勖兴亡的史实，说明国家的"盛衰之理"不在天命而在人事。文中"满招损，谦得益""忧劳可以兴国，逸豫可以亡身"等语，警辟中肯，感慨甚深。文论多半是与友人或青年后学的书信，如《答吴充秀才书》《与荆南乐秀才书》《与张秀才书》等。其中讨论文章得失，述说创作的甘苦，有许多是作者的经验之谈。

（2）记。包括山水游记和亭园堂院记。在欧阳修这类文章中，单纯的记游之作其实很少。它们往往是通过描绘山水景物以及记述一亭一园一堂一院的废兴始末，来褒扬有关人物，寄托自己的理想和爱憎，或抒发个人当时的感受。如历来传诵的《醉翁亭记》，通篇都围绕"乐"字来构思，表面上是在描绘自然山水，但实际上却隐含着再贬后官场失意的牢骚，纵情山水以示旷达的思想感情。《真州东园记》赞发运使许子春等能使"上下给足"，百姓"无辛苦愁怨之声"，然后"休其余闲"，与民同乐等。

作者还有一类所谓"记"，并不是记述山水亭园，而是通过亲身经历的一件小事说明一个道理，性质与现代杂文相近。其中颇不乏富有哲理趣味和现实性的篇章。

（3）序跋。作者为别人诗文集所写的序跋为数不少。它们往往能脱出一般序跋的窠臼，不局限于对作品的分析评介。如《梅圣俞诗集序》，从议论入手，证明诗人的创作往往是"穷而后工"，然后择要介绍梅的生平，重在叹息其一生遭遇坎坷而不得志。

序除了书序之外，还有一种唐代以来颇为盛行的赠序，在欧文中也占一定分量。这些文章虽然主要出于应酬的目的，但也不乏较好的篇章。如《送曾巩秀才序》通过曾巩考试落第准备回乡苦学的事实，指出当时科举考试的不合理，不能选拔真正的有用之才。

（4）辞赋。这是介乎诗歌与散文之间的一种体裁，从两汉经魏、晋、南北朝、隋、唐到宋，内容和形式都不断有所变化。欧阳修有些赋是直接继承了魏晋以来的抒情小赋的，特点是用工整的对仗、较多的典故、短小的篇幅来状物写景、抒情述志。如早期作品《黄杨树子赋》，借咏叹屹立江畔崖巅的黄杨树，曲折含蓄地表达了初次贬谪时抑郁失意的苦闷。他的另一些赋在艺术上更加成熟，更富有独创性，但内容却主要是作者思想消极面的反映。如为人所传诵的《秋声赋》，结尾感叹人生短暂、忧劳交攻，基本上是前代文人所唱过的老调子，与全篇艺术上的成功形成明显的矛盾。

（5）随笔。随笔又称笔记文，这是兴起于魏晋、大盛于宋代的一种文体。其特点是篇幅短小、笔调活泼、内容广泛、形式自由，前人曾用"杂、漫、琐、随"四个字来加以概括。欧阳修文集中的"诗话""笔说""归田录"等都属此类。其中有一些是纯粹表现封建士大夫趣味的前朝掌故或奇闻逸事；有一些或记述当时的典章名物，或评诗论词，或通过一件琐事说明一个哲理或一条经验。

欧阳修的散文题材广泛，体裁多样，在吸取前人艺术成就的基础上并有所发展，有所创新。当时人称赞他"文备众体、变化开阖、因物命意、各极其工"，"短章大论，施无不可"。这都不是溢美之辞。他师法韩愈而能不为韩文所驱策，具有自己独特的疏朗自然、婉曲畅达的风格，所谓"绝去刀尺，浑然天质"，"不大声色，而义理自胜"；所谓"雍容俯仰""纡余委备"等等，都是对他这种艺术风格的恰当说明。这与雄浑放肆、好奇尚异的韩文显然不同。当然他的散文在某些情况下也有与韩文风格相类似的。他的论文不论写哪方面的内容，大都结构谨严、章法曲折、说理透辟、语言明快。行文中时而论辩滔滔，一泻千里，时而条分缕析，娓娓而谈，具有很强的逻辑力量。如《答高司谏书》由远而近，步步深入，针针见血，痛快淋漓地揭露了高若讷的虚伪面目；观点鲜明，语言犀利，嬉笑怒骂，皆成文章。《五代史伶官传序》则夹叙夹议、忽扬忽抑、不疾不徐、入情入理地阐明了国家盛衰不在天命而在人事的观点；语言上排比、对偶和一般散文句式交替使用，有一唱三叹、跌宕顿挫之妙。他的记叙文善于根据不同的题材和对象确定主题和重点，无论状物写景、叙事怀人，都显得摇曳生姿，不落窠臼，其中尤以山水游记和抒情散文的成就最为突出。如《醉翁亭记》，在作者艺术笔触的精心勾勒之下，滁州山间朝暮四时的不同景色，太守的筵宴和滁人的游乐，一一跃然纸上，凝为一体，俨然是一轴色彩鲜明、容量丰富的山水游乐画卷。又如《真州东园记》，在命题立意、谋篇布局方面，也能摆脱常套，不拘一格，显得新颖活泼。《秋声赋》是作者在艺术上最富于独创性的作品，它一方面吸取了六朝抒情小赋的某些手法，保持了它那种诗的特质和情韵，另一方面又采取散文的笔势笔调，多用虚字，少用对偶，打破它原来的句式韵律，形成了一种为文学史上所罕见的散文诗。

四

欧阳修在诗歌方面的成就略逊于散文，流传下来的各体诗共有八百多首（词作在外），其中大多是亲朋赠答、官场应酬以及抒发闲适恬淡之情的作品，但也有一定数量富有现实性和人民性的优秀篇章。从诗的内容看，较有价值的是以下几类。

（1）直接反映民生疾苦和民族矛盾的作品，这是欧诗中民主性精华比较突出的部分。如《食糟民》，尖锐地揭露了地主、官吏对农民的压榨,以及他们不劳而获的寄生生活,并与农民终年劳苦不得温饱甚至以烂酒糟为食的悲惨处境作了鲜明的对比。《边户》对朝廷一味向外族统治者妥协退让的政策表示不满,赞扬了边界人民不甘奴役、英勇顽强的斗争精神。这类作品从选题构思到语言表达,都可明显地看出受杜甫、白居易现实主义的影响。

(2)抒发政治抱负和政治主张的作品。这些作品是和他的政论性散文彼此配合、相得益彰的。如《宝剑》《寄生槐》二篇,一借咏剑而表达了内除奸佞、外灭强虏的抱负,一以寄生槐喻小人,说明为政者应进贤去恶的主张。在这类作品中,作者的主旨不是直接反映民生疾苦,但往往透露出一些消息;同时对我们了解当时现实的另一个侧面即统治阶级内部斗争,也有一定的认识价值。

(3)其他方面如咏物、听乐、评诗、论画、记游、赠答等类作品。这些作品在欧诗中占很大部分,一般没有什么深刻的社会内容,只是表现了作者一时一地的个人心境、生活情趣或某些艺术见解。其中为人推许的《春日西湖寄谢法曹歌》《戏答元珍》《黄溪夜泊》等篇,是作者初贬夷陵(今湖北宜昌)时所作,在抒写政治苦闷及怀旧念远、旅思乡愁等复杂感情的同时,相当出色地描绘了当地的山川风物,给人以鲜明、强烈的印象。《水谷夜行寄子美圣俞》重点在于评价苏、梅二人诗作不同的风格特征,同时表示了对两位友人的深切怀念,是一篇以诗论诗的作品。《赠王介甫》极力称许王安石诗文创作的成就，表示了对文坛后起之秀的热情关怀和殷切希望，是不同于一般单纯应酬之作的。

欧阳修的诗歌在思想性与艺术性的统一方面，存在着两种值得注意的情况。他在部分诗歌中发表对政治对历史对文艺的见解，往往直抒胸臆，一泻无余，上下古今，议论纵横。这虽然多少有助于开拓诗歌的题材范围，但由于多用赋法，缺少比兴，不免削弱了诗的形象性，降低了它的感染力。这与作者提倡学韩愈及宋人好"以议论为诗"的一代风气有关。如《答杨辟喜雨长句》《奉答子华学士安抚江南见寄之作》《答朱寀捕蝗》《平戎操》等篇，都存在上述情况。毛泽东同志在《给陈毅同志谈诗的一封信》中说："宋人多数不懂得诗是要用形象思维的，一反唐人规律，所以味同嚼蜡。"欧诗也存在着这样的毛病。这应引为我们今天诗歌创作的一个教训。但作者毕竟是北宋诗坛上屈指可数的诗人之一，他的多数诗作还是取得了较高的艺术成就。他描绘山川景物抒发个人感受的诗，就比较注意比兴两法的运用，大都刻画细致，描写生动，善于寓情于景，和他的山水游记一样具有较强的艺术感染力，如《春日西湖寄谢法曹歌》写想象中的西湖春景和眼前的夷陵春景都极鲜明生动，而且都与双方各自的心情浑然一体。其他如《黄溪夜泊》《戏答元珍》《秋怀》等篇都有这样的特色。他有一些托物寓意的咏物诗，常常以自然界的事物来象征和讽刺某些社会弊病和人情世态，以比兴两法主宰全篇，比起那些政论式的诗来就显得含蓄有味。除上举《寄生槐》外，《仙草》《金鸡》《猛虎》《驯鹿》

《憎蚊》等篇都属这一类。他的另一些咏物诗，如《菱溪大石》《鹦鹉螺》《答谢景山遗古瓦砚歌》《紫石屏歌》等，虽无深刻的社会内容，但通过细致的观察、新奇的构思、丰富的想象，并运用自己渊博的知识，把所咏之物从不同侧面展示于读者之前，有形神兼备之妙，给人以一种又不同于山水诗的美感享受。在语言上，欧诗很注意向民歌和前代优秀作家学习，较少搬用典故，以平易流畅见长。在艺术风格上，欧诗以清新婉丽、朴素自然为其主要特征，但也有部分古体诗意境开阔、笔调自由、想象夸张，具有李白、韩愈那种雄浑豪放的特点。所有这些，都使得欧阳修的诗歌与一度统治诗坛的"西昆体"有明显的不同，对于扫荡那种浮艳柔靡的诗风起到了良好的作用。

（本文系《欧阳修诗文选注》一书的前言，该书由贵州人民出版社1979年出版）

二十八

元人小令简说

　　元代小令是继唐诗宋词之后的一种新诗体,是可以配合一定曲调歌唱的长短不一的歌词。它和词一样,最初也是民间的东西,和音乐结合得十分紧密;后来才逐渐为文人所注意和摹习,并逐渐脱离音乐而成为专供人们阅读欣赏的案头文学。

　　在文学史上与唐诗宋词并称的元曲,实际上包含着性质不同的两大艺术门类:一是杂剧,这是把音乐、舞蹈、对话熔于一炉的综合性舞台艺术,有如现代的戏曲和歌舞剧;一是散曲,这是包括小令和套数、流行于北方地区的时新歌曲。对于散曲中的套数和杂剧中用于歌唱的套曲来说,小令可算是一种基本的形式。因为在体制上,套数、套曲不过是小令的扩充,不过是根据内容表达的需要把同一宫调的几支小令串连起来罢了，而从发展源流上看，套数、套曲显然只能是小令已经相当发达之后的产物。

像每首词各有不同的曲调那样，每首小令也各有不同的曲调。词调称为"词牌"，曲调则称为"曲牌"。曲牌既在音乐上规定了小令所属的宫调，又在格律上规定着它字句多少、声调平仄、用韵疏密等。曲牌有少数是直接从词里继承过来的，如忆秦娥、秦楼月、风入松等；有的是来自少数民族的乐曲，如阿纳忽、者刺古等；更多的则是来源于北方城乡的民间小调，如山坡羊、采茶歌、干荷叶、玉娇枝、碧玉箫、红绣鞋等。在结构上，小令一般只有一段，相当于一首单片的词。如果作者意犹未尽，则可以采取两种办法：一是把全曲再重复一遍，称为"幺"或"幺篇"；二是另选一两支宫调相同而音律上又恰能衔接的曲调继续填写，称为"带过曲"，实际是介于小令和套数之间的一种形式，是由小令向套数过渡的桥梁。

"宫调"是我国传统音乐理论中一个重要术语，含义大概相当于现代音乐的调式。它一方面规定了乐器管色的高低，一方面规定着乐曲旋律的主音。如所谓"正宫（正黄钟宫）"，即略同今之 C 调并以唱名 1 为旋律主音的曲子。由于音色高低和旋律主音不同，不同宫调的乐曲听起来就有着不同的音乐效果。从理论上说，宫调一共有八十四种，但实际用到的只是其中一小部分。北曲小令通常只用所谓"五宫四调"，即总共九种宫调。关于这九种宫调的名称及其表现的不同效果，《燕南芝庵先生唱论》（见《元曲选》卷首及《南村辍耕录》卷二七）曾作了如下的描述：

  正宫—惆怅雄壮 大石调—风流蕴藉
  中吕宫—高下闪赚 双调—健捷激袅
  南吕宫—感叹悲伤 商调—凄怆怨慕
  仙吕宫—清新绵邈 越调—陶写冷笑
  黄钟宫—富贵缠绵

  这样的描述虽然比较抽象，而且各宫调之间的区别也不一定那么绝对，但可供我们了解小令宫调的参考。

  元代小令现存三千多首。和唐诗宋词相比，显得数量既少，题材范围也较窄，而且在思想内容方面所达到的成就也大为逊色。但作为一代新诗体，它仍比较真实地记录了元代特定的社会生活，反映了在社会巨变之下各阶层人们的情结和心理，描绘了当时的风土人情、自然环境，自有不应忽视的认识价值和美学价值。综观全部现存的元人小令，比较值得注意的是这样几类：

  一、抒写了忧国忧民的思想感情，表现了一定民族意识的作品。如张养浩的《山坡羊·潼关怀古》、张可久的《卖花声·怀古》等，内容都是吊古伤今，从中表现了对人民苦难的同情。周德清《满庭芳·看岳王传》、马致远《四块玉·凤凰坡》等，则用借题发挥的手法，对民族压迫表示了不满，抒发了故国之思。这类小令虽然为数不多,却是小令中民主性精华比较突出的部分。

二、揭露、抨击社会黑暗的作品。这又存在两种情况:一种是直截了当、毫不含糊地把矛头指向最高统治阶层,如张鸣善的《水仙子·讥时》、无名氏的《醉太平》(堂堂大元),就是这种"匕首投枪式"的政治讽刺诗。它们和第一类作品一样,是小令中民主性精华的突出表现。另一种是在小令中占很大数量的叹世、警世、归田、归隐之类的作品,它们虽然带有很浓厚的消极感伤情绪,但通过作者的切身感受,也往往曲折地反映出仕途险恶、贫富悬殊、世态炎凉、人情浇薄的社会现实。

三、侧重描绘自然景色的作品。这在小令中也占相当数量。它们或精雕细刻,描画出一丘一壑一池一沼的幽雅秀丽;或浓墨重染,显示出祖国大片金瓯的雄奇壮美。能给人以美感享受和一种昂扬向上的力量,与那些纯粹表现文人学士闲情逸致的嘲风弄月之作是不尽相同的。

四、表现青年男女间真挚爱情的作品。在这类作品中,表现一方(女性为多)对爱情的热烈追求或坚贞不渝,其大胆执着的程度,大大超过前代许多抒写同样题材的诗词,具有较鲜明的反封建倾向。如白朴《阳春曲·题情》、无名氏《小桃红·情》即属此类。此外,在写所谓"羁旅闺怨"传统题材的作品中,也时有较为真切感人的佳作。

由于时代的、阶级的局限,元人小令中当然也存在不少封建性糟粕。例如有的作品竭力为统治者歌功颂德,粉饰太平,有的则一味赞颂什么富贵福寿,有的宣扬人生虚幻,鼓吹听天由命，有的极端悲观厌世或玩世不恭，有的则露骨地描写色情或拿别人的生理缺陷来嘲笑取乐。如此等等，都是应该加以批判的。

在我国古典诗歌丰富多样的体制中，小令基本上是一种速写式的即兴小品，一种抒情短章。它在艺术技巧上一方面继承了前代诗词的传统而又加以发展，一方面又从民间的"俗谣俚曲"中吸取营养，成为具有自己特色的新体诗歌。

小令独特的艺术风格主要来自下面两个因素：第一，大量吸收口语词汇，叙事抒情以淋漓尽致、直率刻露见长，这两点在诗词写作上都是禁忌，但小令能做到这两点的，却被认为是"本色当行"之作。即使在元代中叶以后，小令在一些文人手中已日趋典雅含蓄，日益诗词化，但不少作者作品仍不避讳方言俗语，并能将它们和比较典雅凝重的词汇巧妙地结合起来，保持了一种亦庄亦谐、雅俗共赏的风格。第二，格律比较自由。首先是可以在曲牌规定的字句之外另加衬字，这就解决了口语化和格律要求的矛盾，使得小令比诗词圆转灵活。其次在声律上，小令基本上是依照当时北方话的实际语音来安排韵脚和平仄的，不再拘泥于已经脱离了语言实际的"诗韵"。这也使得小令不仅读起来上口，而且听起来也明白易懂。另外在表现手法方面，小令在诗词的基础上也有所发展，如三句一组、两两互为对偶的鼎足对，把顶真和对偶结合起来的联珠对，以及大量应用重叠式形容词和摹声摹状词等，都是诗词中比较少见而在小令中则相当普遍的。正是由于小令具有以上特色，所以就我们今天借鉴古典诗歌的艺术经验来说，小令要比诗词切近得多。

目前，在我国新诗的百花坛上，寥寥数行的抒情、叙事短章纷纷涌现，正在成为一种不可忽视的形式。要使这丛小花苗苗壮成长，除了借鉴外国诗歌的经验之外，看看我们祖先在这方面有些什么遗产，然后决定去取，也是很必要的。因为这样可以使它沿着民族化、大众化的正确方向前进，更好地发挥自己的作用。

（本文为《元人小令二百首》的前言，该书由贵州人民出版社1982年出版）

二十九

谈南宋女词人王清惠的《满江红》词

在中国文学史上,以一诗一词名动一时乃至后世的作者,可以说是代有其人,南宋女词人王清惠便是其中的一位。《全宋词》据南宋遗老周密的《浩然斋雅谈》卷下,录其《满江红》词一首。追录如下:

太液芙蓉,浑不似、旧时颜色。曾记得、春风雨露,玉楼金阙。名播兰簪妃后里,晕潮莲脸君王侧。忽一声、鼙鼓揭天来,繁华歇。

龙虎散,风云灭。千古恨,凭谁说。对山河百二,泪盈襟血。客馆夜惊尘土梦,宫车晓碾关山月。问嫦娥、于我肯从容,同圆缺。

此词又见于元陶宗仪《南村辍耕录》卷三，文字小有不同。《辍耕录》并云："至元十三年丙子春正月十八日，淮安王伯颜以中书右相统兵入杭。宋谢、全两后以下皆赴北，有王昭仪者，题《满江红》于驿。""昭仪名清蕙，字冲华，后为女道士。""至元"为元世祖忽必烈年号，"十三年"为公元1276年。"昭仪"乃宫廷女官名，汉代初设时很尊贵，位比外朝的丞相，后来渐在后妃之下。

此词的上半阕忆旧思昔，以唐代长安太液池中的芙蓉自况，述说自己当年在宫廷中出类拔萃、受到君王宠爱的情景。"兰簪"指一种花卉。宋储国秀《宁海县赋》："其卉则萱蕉、葵蒲、艾蓼、芦蒹，而洒然秀出者，唯荪珥、兰簪。"这里用来比喻后妃的气质高雅不俗。"晕潮莲脸"应倒其序读作"莲脸晕潮"，意谓美丽的脸庞显出含羞的样子。"忽一声"三句结上启下，述说元兵迅速南下，结束了南宋王朝的短暂繁华。"鼙鼓"谓战鼓，"揭天"是声震云天的意思。五代尹鹗《金浮图》词："压红茵，凤舞黄金翅。立玉纤腰，一片揭天歌吹。"宋张镃《折丹桂·中秋南湖赏月》词："揭天箫鼓要诗成，任惊觉，鱼龙睡。"词的下半阕主要写南宋王朝覆灭，包括自己在内的一大批后妃被掳北去的不幸遭遇。字里行间充满国家破亡的悲愤，以及对未来命运的担心。全词一气呵成，过片而意不断，显示了这位宫廷女官深厚的文学修养。词中抒发的虽然是个人感受，但由于处在特定的历史转变关头，反映的是异族入侵时人民群众的共同心声，因而能引起共鸣，同时也就具备了诗史的价值。

据说这首词很快便传遍大江南北，当时就拥有广大读者。

不过就思想内容而言，对这首词的总体评价不宜过高，关键在于此词的末尾。由于对末尾三句，特别是对其中"从容"一词理解不准确，就不免产生误解。今人胡云翼《宋词选》选录此词，于末尾注云："问姮娥三句——表示要追随嫦娥到月宫里去，不愿意留在人间（也就是表示不愿意向异族低头）。肯从容，容许我追随。从容，同怂恿，有诱导的意思。"其实，这样的解释是不妥当的，不免有曲意拔高古人之嫌。"从容"有时的确可通"怂恿"，但这里却非此义。把"肯从容"说成"肯诱导"已经十分牵强，再转换成"容许我追随"更是难以说得圆通。这里的"从容"是"宽容"的意思，是由"舒缓不急"义引申而来。此义辞书虽然不载，但有大量文献用例可资证明。《全唐文》卷二四四李峤《自内史再让成均祭酒表》："寻而犬马私疾，颇至虚羸。蝼蚁残生，俯蒙含育。矜其不逮，备以闲司。臣获从容，稍似强健。"末句意谓我获得陛下宽容，身体稍微强健了些。《太平广记》卷二七五《李锜婢》引《国史补并本事诗》："锜夜自裂衣襟，书已冤……教侍婢曰：'结之于带。吾若从容赐对，当为宰相、杨益节度使；若不从容，受极刑矣。'"此例中两个"从容"均表被动，"从容赐对"犹言"被宽容而得到接见"；"不从容"犹言"不被宽容"。又卷三八〇《郑洁》条引《博（或作"广"）异记》："至明，方语云：'鬼两人，把帖来追。初将谓州县间，犹冀从容，而俄被人曳将。'"五代孙光宪《北梦琐言》卷十二："弘农忧惶，遂然诺之，恳希从容一月，处理家事。"宋吴曾《能改斋漫录》卷十三《章子厚与叔安仁令书》："弊政之后，谅烦整葺。宽而不弛，猛而不残……一切守法，而于人情从容。此亦吾叔所能辨也。"《元曲选·虎头牌》杂剧三折："告相公心中暗（喑）约，将法度也须斟酌。小官每岂敢自专，望从容尊鉴不错。"《警世通言》卷四十："水伯收得水迟，真君大怒。水伯道：'常言泼水难收，且从容些！'"《二刻拍案惊奇》卷四："公人道：'多谢厚情。只是老爷立等回话的公事，从容不得。"均为宽容义，并可佐证。原词的末尾三句表面是说：试问嫦娥对我肯宽容吗？我愿意跟您一起同圆同缺。实际上是以象征的手法，希望异族统治者能宽容大度，善待自己。

关于此词还有一段逸事，可以有力地证明以上说法。据明蒋一葵《尧山堂外纪》卷六三记载："此辞传播中原，文山读至末句，叹曰：'惜也！夫人于此少商量矣。'"文山即坚持抗元的南宋丞相文天祥，"少商量"犹言"欠考虑"。可见文天祥虽然对王昭仪被掳北去的遭遇十分同情，却不赞成她在词末表示的希望和幻想。文天祥还特地代作一篇，又依韵和了一篇。这两首词均见于文天祥的《指南后录》，《全宋词》据以录入。第一首的小序为"代王夫人作"，原词照录如下：

试问琵琶，胡沙外、怎生风色？最苦是、姚黄一朵，移根仙阙。王母欢阑琼宴罢，仙人泪满金盘侧。听行宫、半夜雨淋铃，声声歇。

彩云散，香尘灭。铜驼恨，那堪说。想男儿慷慨，嚼穿龈血。

回首昭阳离落日，伤心铜雀迎秋月。算妾身，不愿似天家、金瓯缺。

第二首的小序为"和王夫人《满江红》韵"，全词如下：

燕子楼中，又挨过、几番秋色。相思处、青年如梦，乘鸾仙阙。肌玉暗消衣带缓，泪珠斜透花钿侧。最无端、蕉影上纱窗，青灯歇。

曲池合，高台灭。人间事，何堪说。向南阳阡上，满襟清血。世态便如翻覆雨，妾身元是分明月。笑乐昌、一段好风流？菱花缺。

很显然，文天祥这两首词都是就原词作翻案文章的。特别是第一首的末尾三句，第二首的末尾五句。前者意思明显，无烦疏释。第二首末尾三句用南朝陈乐昌公主入隋先归杨素、后与其夫徐德言破镜重圆的典故。意谓乐昌既已失身，岂算风流，纵然破镜重圆，亦已残缺。这里的"好"字非一般的好坏义，而是同"岂"。（参见拙撰《诗词曲语辞例释》该条）可见，如果按照《宋词选》的解释，那文天祥这些言谈举动就都是无的放矢、难以理解了。

此外，陶宗仪的评价也可作为旁证。《南村辍耕录》卷三这一小节标题是"贞烈"。在记录此词后，便接着叙述了抵达元大都以后十日，故宋宫人安定夫人陈氏、安康夫人朱氏与二小姬焚香自缢的经过，安康夫人朱氏还留下一首四言诗在衣中，诗云："既不辱国，幸免辱身。世食宋禄，羞为北臣。妾辈之死，守于一贞。忠臣孝子，期以自新。"作者并加评论说："夫此四人之贞烈,视前日之托隐忧于辞章者,相去盖万万矣。""托隐忧于辞章者"显然指王清惠,"相去万万"之说不免过于严苛,因为她后来也对统治者采取了不合作的态度,请求出家为女道士的,尽管这种做法稍嫌消极。清人叶申芗《本事词》的评价比较公允,该书卷下《王清惠〈满江红〉》条末云:"考王昭仪抵上都,即恳请为女道士,自号冲华,与丞相黄冠之志正同。其从容圆缺之语,又何必遽贬之耶?"

(载《贵州大学报·诗词副刊〈贵大吟苑〉》第十八期,2013年6月11日)

三十

"我寄愁心与明月"
——浅论李白的一首绝句

杨花落尽子规啼，闻道龙标过五溪。
我寄愁心与明月，随君直到夜郎西。

上面这首七绝，是李白写给他的好友王昌龄的，题为《闻王昌龄左迁龙标遥有此寄》。在盛唐诗坛上，王昌龄也是璀璨的群星之一，以写边塞题材著称，特别擅长七绝。天宝初年，李白在长安供奉翰林时，与他便有密切的交往，这从李白集中另两首诗的标题《同王昌龄送族弟襄归桂阳》可以推见。王昌龄一生遭遇坎坷，《新唐书》卷二〇三《文艺传》说他"不护细行，贬龙标尉"，可见他的性格与李白的傲岸不羁有着相似之处。龙标即今湖南省芷江县。王昌龄贬龙标尉的时间不可确考，有人推测在天宝七、八年间。李白从天宝三年离京漫游，此时正在扬州，听到这个不幸的消息，便题诗抒怀，遥寄给远方的友人。

  这是一首短短四句的抒情短章，感情的分量却相当沉重。它一开头便择取两种富有地方特征的事物，描绘出南国的暮春景象，烘托出一种哀伤愁恻的气氛。杨花即柳絮。子规是杜鹃鸟的别名，相传这种鸟是蜀王杜宇的精魂所化，鸣声异常凄切动人。龙标在这里指王昌龄，以官名作为称呼是唐以来文人中的一种风气。五溪为湘黔交界处的辰溪、酉溪、巫溪、武溪、沅溪；在唐代，这一带还被看作荒僻边远的不毛之地，也正是王昌龄要去的贬所。读了这两句诗，我们不难想象出：远游在外的诗人，时当南国的暮春三月，眼前是纷纷飘坠的柳絮，耳边是一声声杜鹃的悲啼。此情此景，已够撩人愁思的了，何况又传来了好友远谪的不幸消息？这起首二句看似平淡，实际却包含着比较丰富的内容，起到多方面的作用：它既写了时令，也写了气氛，既点了题目，又为下二句抒情张本。

  "我寄愁心与明月，随君直到夜郎西"二句紧承上文，集中抒写了诗人此时此地的情怀。"君"字一作"风"。这里所谓"夜郎"并不是指汉代的夜郎国，而是指隋代的夜郎县，其地当在今湖南辰溪一带（见《舆地纪胜》卷七十一）；而龙标恰恰在辰溪以西，所以才有"直到夜郎西"的说法。句中"愁心"

二字也是蕴藏着丰富内容的,值得细细玩味。诗人为什么满怀愁思呢?不妨说,这里既有对老友遭遇的深刻忧虑,也有对当时现实的愤慨不平,有恳切的思念,也有热诚的关怀。王昌龄贬官前为江宁丞,去龙标是由江宁溯江而上的(见傅璇琮《唐代诗人丛考》);远在扬州、行止不定的诗人自然无法与老友当面话别,只好把一片深情托付给千里明月,向老友遥致思念之忱了。

借明月以抒发旅思乡愁怀旧念远的感情,这种联想和表现手法在李白以前的诗作中便不止一次地出现过,鲍照诗:"三五二八时,千里与君同。"汤惠休《怨诗行》:"明月照高楼,含君千里光。"南朝乐府《子夜四时歌》中也有"仰头看明月,寄情千里光"之句。但拿它们和李白这两句诗相比,李诗可以说是青出于蓝而胜于蓝的。前代诗人还只是在看到明月之后联想到异地的亲友或进而想托明月寄去自己的一片深情,而李白在这里不仅要托月寄情,而且要让明月作为自己的替身,伴随着不幸的友人一直去到那夜郎以西边远荒凉的所在。

我国古诗的体裁至唐代而大备。作为一代宗匠的李白,无论对于哪种体裁,用起来无不得心应手,挥洒自如,不过其中尤以歌行和七绝的精湛成就为后人所津津乐道。在李白集中,题材是怀人赠别而体裁又是七绝的多达数十首,但绝无一首构思或表现方法雷同。"夜发清溪向三峡,思君不见下渝州"(《峨眉山月歌》)用"赋","桃花潭水深千尺,不及汪伦送我情"(《赠汪伦》)用"比","孤帆远影碧空尽,唯见长江天际流"

(《黄鹤楼送孟浩然之广陵》)寓情于景,"明月不归沉碧海,白云愁色满苍梧"(《哭晁衡卿》)情景交融。不管用哪种手法,都能真切而生动地传达出作者对朋友的一片赤诚,使人回味无穷;而本篇则以想象的驰骋和构思的别致在同类诗篇中独具一格,诗人匠心独运和技巧之娴熟,于此也可窥见一斑。

(原载《文史知识》1983 年第 7 期)

三十一

谈岑参诗 《逢入京使》

故园东望路漫漫，双袖龙钟泪不干。

马上相逢无纸笔，凭君传语报平安。

这首七绝的作者岑参，棘阳（今河南沁阳市）人，唐玄宗天宝三年（744年）进士。在盛唐诗坛上，他与高适齐名，都是以善写边塞题材著称。天宝八年（749年），安西四镇节度使高仙芝奏调岑参为右威卫录事参军，充节度使府掌书记，此诗便是岑参赴安西（今新疆库车县）途中作。

作者的旅途是向西而行，回首东望，故乡是越来越遥远了。

（这里的"漫"通"曼"，读平声。《广韵·桓韵》："曼，母官切，路远。"）于是思乡之情也越来越强烈，眼泪不停地流，以致打湿了衣袖。恰好这时碰上了由西而东，将去长安的使者，这本是带去平安家书的绝好机会，然而，马上相逢，仓促间难寻纸笔，只好凭请使者给家人带去平安口信了。这首诗就是这样明白如话，不假雕琢，但是思乡念家之情，充溢于字里行间，读来十分亲切感人。如果说这首诗用的是直抒胸臆的白描手法，那么，作者的另一首思乡之作，则是用突发的奇想，希望陇地善解人意的鹦鹉传言，让家人带信给自己："西向轮台万里余，也知乡信日应疏。陇山鹦鹉能言语，为报家人数寄书。"由于作者久处边庭，远离故乡与亲人，因而这类作品还有不少，但没有一首表现手法雷同，其高超的艺术修养于此可见一斑。所以他的诗作当时就受到群众的喜爱，杜确《岑嘉州集序》说："属辞尚清，用志尚切。其有所得，多入佳境。迥拔孤秀，出于常情。每一篇绝笔，则人传写。虽闾里士庶，戎夷蛮貊，莫不吟习焉。"

  这里需要顺便指出的是，无论古人或今人的注本，对此诗中的"龙钟"一词，都有误解或解释不确的情况。《唐诗三百首》章燮注："龙钟，竹名，喻年老者如枝叶摇曳，不自禁持。"注者把这里的"龙钟"理解成"老态龙钟"的"龙钟"，并说此义是由"竹名"而来，与岑诗完全是风马牛。有的辞书释"龙钟"为"泪流貌"，下举此诗为证，也是不确切的。因为诗中"龙钟"是作"双袖"的谓语，而不是"泪"的状语。"双袖泪流"

不仅文义难通，而且与下文"泪不干"重复。中国社会科学院文学研究所《唐诗选》释"龙钟"为"淋漓貌"，乍看可通，其实也不够确切。据《现代汉语词典》的解释，"淋漓"是指"形容湿淋淋地往下滴"，岑诗好像还没有达到"双袖淋漓"的程度，而且这样的解释也不能"验之他卷而通"。沈祖棻《唐人七绝诗浅释》第161页列此诗，解释说："龙钟，在这里指眼泪乱流的样子。"其误与上举辞书同。这里所谓"龙钟"的正确解释是"沾濡润湿"，或作动词，或作形容词。它的本字应作"瀧涷"。《广韵·东韵》："瀧，瀧涷，沾渍。"它与"老态龙钟"的"龙钟"其实是两个词，后者应从足旁作"躘蹱"。只是古人避繁趋简、弃生就熟，致使两个各不相符的词偶合为一罢了。前者的用例在诗词中都不少，下面酌举数例：《先秦汉魏晋南北朝诗·汉诗》卷十一下和《信立退怨歌》："紫之乱朱粉墨同兮，空山歔欷涕龙钟兮。"唐代宋之问《高山引》："天高难诉兮，远负明德。却望函京兮，挥涕龙钟。"白居易《携诸山客同上香炉峰遇雨而还沾濡狼藉互相笑谑题此解嘲》："潇洒登山去，龙钟遇雨回。"宋代李弥逊《浪淘沙》词："临水不禁频送客，风袖龙钟。"

三十二

刘向其人与《说苑》其书

《说苑》是刘向辑录西汉皇室和民间藏书中的有关资料，然后加以选择、分类、整理而成的杂著类编。

刘向（前77～前6），本名更生，字子政，西汉沛（今江苏沛县）人。他是汉高祖刘邦之弟楚元王刘交的四世孙，汉宣帝时任散骑谏大夫。元帝时，由于屡用阴阳五行推论时政得失，弹劾宦官与外戚专权误国，曾两度被捕下狱，并免为庶人，汉成帝即位，刘向重新得到任用，先为护左都水使，旋升光禄大夫，领校中五经秘书（领头校理皇家收藏的典籍），后来又曾担任中垒校尉。由于他总是站在刘氏宗室的立场上，坚持儒家"任贤选能"的主张，反对外戚、宦官秉政，所以一直受这两类当权者的排挤,很少升迁,晚年主要从事典籍的校勘整理工作。

在西汉末叶,刘向是继董仲舒和司马迁之后的一位大学者,一位著名的经学家、文学家和目录学家,他自幼修身正行,好学深思,二十岁时便识见通达,长于属文,曾与王褒等一道献赋数十篇。他一生"为人简易","不交接世俗,专积思于经术","昼诵书传,夜观星宿,或不寐达旦"[1]刘向在历史上的杰出贡献,是他领导并亲自参与了对秦汉古籍的全面整理,由此奠定了我国校勘学、目录学的基础,他在长期校理古籍的工作中,吸收前代学者的经验,摸索出一套相当完整又比较科学的方法,一直为后世所沿用。概括说来,这就是广罗版本、比较异同、校正讹脱、删除重复、编定目次、条别篇章,然后缮写成册。缮写的书册又分两种:初步校正本写在竹简上,称为"杀青书"[2],以备再作修改;最后的定本写在素帛上,进呈皇帝。每一种书进呈时都撰有一篇叙录。这是关于该书校理工作的详细汇报,也是一篇比较全面的书目提要,大致包括书名篇目、校勘经过、著者生平、著述原委、书篇真伪、内容是非、学术源流等项。当校理工作告一段落,他又将每种书的叙录集中起来,编成《别录》二十卷。西汉承秦火之后,古籍散佚很多,搜求、整理工作异常繁剧,刘向生前未能全部完成自己的任务。他去世后,少子刘歆继承父业,并在《别录》的基础上撰成《七略》七卷。这是我国第一部综合性图书目录,对于"辨章学术,考镜源流"具有重要的作用。《别录》和《七略》不久即已散佚,未能流传下来[3]。不过所幸的是,东汉班固撰写的《汉书·艺文志》,

基本上是照抄《七略》，从中还可窥见向、歆父子著述的大概。刘向的著作除《别录》之外，还有《疾谗》《摘要》《世颂》《洪范五行传》《新序》《说苑》《世说》等九种六十七篇，另有《说老子》四篇，赋三十三篇[4]，但流传至今的仅《新序》《说苑》《列女传》三种及赋九篇和若干零章断句而已[5]。还有一部文言神怪小说《列仙传》，旧题为刘向撰，但一般认为出自汉魏方士的伪托。

《说苑》今传本二十卷[6]，每卷各有标目。二十卷的标目依次为：君道、臣术、建本、立节、贵德、复恩、政理、尊贤、正谏、敬慎、善说、奉使、权谋、至公、指武、谈丛、杂言、辨物、修文、反质。在每一标目之下，作者集中纂辑了先秦至汉初有关的遗文逸事若干则。一般以第一则或前数则为一卷的大纲，杂引前人言论陈说本卷主旨，以下便用大量历史上的实例加以证明。这些事例的来源和出处，十之八九还可以从现存典籍中找到。

关于《说苑》这部书的类属，《文心雕龙·诸子篇》认为"彼皆蔓延杂说，故入诸子之流"。至于此书的学术源流和倾向，除《宋史·艺文志》将它划入子部杂家以外，《汉书·艺文志》以下的各史艺文志或经籍志都归在子部儒家。从作者刘向所处的时代和他一生的行事与著述看，他的思想倾向和学术观点无疑是属于正统儒家的。不过《说苑》收录的材料却不限于儒门的一家之言，而是"兼综九流，牢笼百家"[7]，只要能说明问题，即便"街谈巷议""道听途说"的小说家言也在所不避。书中之所以出现这样的情况，固然与作者的撰述目的有关，因为他是"以著述当谏书"[8]，陈古事以讽今的；不过更重要的原因，恐怕是当时的思想潮流、学术大势使作者不得不然。

在秦汉之际，为适应封建地主阶级统一的需要，各种上层建筑都在发生变化，各家学派的思想观点、理论方法和政治主张自然也不例外。儒学在春秋战国时期作为一家之言，被认为是"好是古非今"，"迂阔而不达时宜"的空头理论，孔丘、孟轲等儒家代表人物游说诸侯，经常受到冷遇。在历史转变的关键时刻，这个学派也不能不与世推移，把注意力集中到如何巩固新建立的封建秩序、加强封建主义的中央集权制等迫切的现实问题上，以求得理论能切合实用。成书于秦末汉初，后来被奉为儒家经典之一的《礼记》，内有《大学》一篇，它的作者曾提出一套"三纲""八目"的政治理论[9]。这套理论仍以孔孟的"仁政"学说为核心，但强调治国平天下与个人道德修养的一致性和彼此的密切关系，认为必须培养出一批又一批的符合封建道德规范的新人，才能巩固统一的封建政权，求得国家的长治久安，汉武帝重用春秋公羊学大师董仲舒，罢黜百家，独尊儒术，结束了汉初各学派争强斗胜相持不下的局面，在学术思想上也进行了统一。董仲舒对他以前的原始儒学作了巨大的加工改造，他把儒家与阴阳家、法家、墨家、名家以至原来儒家内部孟、荀两个支派统统统一起来融为一体，形成了最适合西汉政治需要的一套哲学理论和政治主张。这就是被称为新儒学的今文经学。

刘向作为一位生当西汉末叶的儒门学者，正是在这种新儒学的熏陶之下成长起来的。因此在他编撰的《说苑》中，常常援引其他各派的学说主张，收录有其他学派代表人物的言论事迹，也是毫不足怪的。这并不像曾巩指责的那样，存在所谓的内容不纯、取舍失当的问题[10]，因为贯穿全书的思想主轴仍然是孔孟之道。刘向同《大学》的作者一样，也认为修身与齐家治国平天下的关系至为密切。因此《说苑》在开头两卷首先树起一批圣君贤臣的样板，陈述他们用来治国安民的基本原则，以下各卷便主要是从修身的各个方面反复说明应该如何去实现他们悬示的目标，即使专论外交和军事的《奉使》《指武》两卷也不例外。在作者的心目中，作为一位圣明的君主，他应该具有仁爱而博大的胸怀，能够"大道容众，大德容下"；他应该谦恭有礼，谨言慎行，虚心纳谏，严于责己；他具有远见卓识，能够知人善任，居安思危，在臣民中享有崇高的威望。作为一位贤臣，则应该具有忠君爱国、清廉节俭、正直不阿的品质，能够见微知著、防患未然，遇事尽心竭力，功成不居，在关键时刻敢于犯颜直谏。这样两类理想的统治人才需要花力气去培养。培养也无非是抓住修身这个主要环节，自幼严加教诲，为未来的接班人选名师、择良友，养成他们勤奋好学的习惯。然后用"礼义廉信忠孝勇"这些封建道德规范，特别是"孝"的规范去教导他们，使他们时刻用这些规范来检点约束自己，做到慎终如始，即便在闲居独处时也不放任松懈。照作者看来，如果当权的统治层都确实具备了以上的修养和才干，那就为太平治世的实现奠定了基础。

至于治国的大政方针和具体办法，作者展示给人们的仍不外是儒家的"仁政"和"德治"。在《政理》一卷中，作者指出政治按不同的品级可分三种，即王者之政、霸者之政、强国之政，其中以王者之政品级最高。这种政治提倡对百姓以教化为主，反对严刑峻法、不教而诛，但也不废除刑法，因为"德"和"刑"是治国的"二机"，缺一不可。这种政治要求国君崇俭抑奢、轻徭薄赋、任贤去佞，颁布的法令要宽缓而稳定；要求官吏秉公执法、清廉自守。这样，百姓能够饱食暖衣、安居乐业，国家的长治久安便有了希望。在君臣关系方面，这种政治要求国君能兼听独断，尊贤下士，信赏必罚；臣下则应感恩图报，尽心尽职，为君为国不惜献出一切。

孔子不语"怪、力、乱、神"，董仲舒的"天人感应"说在西汉后期却成为时髦。对于这种阴阳五行化的儒学新说，刘向也是笃信不疑并竭力加以鼓吹的。《汉书》本传里收录了他给皇帝的五封奏章，没有一封不是从阴阳灾祥立论的。他认为国家的政治清明，社会安定，就会产生"和气"；反之，就产生"乖气"。"和气致祥，乖气致异。祥多者其国安，异众者其国危"，这是"天地之常经，古今之通义"[11]。他的《洪范五行传》就是"集合上古以来历春秋六国至秦符瑞灾异"的专书。《说苑》的《君道》《辨物》等卷也集中记述了这方面的事例。如《君道》中记汤时大旱七年，于是使人祭祀山川，痛自贬责，结果祷告未毕就天降大雨。新儒学在天命与人事这两者之间比较重视和强调后者,这在《说苑》中也有所反映。卷一《君道》借殷太戊时卜者之口说:"祥而为不善,则福不至;凡殃而能为善,则祸不至。"

以上是对《说苑》编撰意图和思想内容的简略说明。这样的说明当然很不全面,可能也不准确,目的不过是给读者阅读本书提供一点参考线索而已。至于全书所包含的多方面丰富的内容。由于各卷卷首都有"题解"作介绍,这里就不一一赘缕了。

在全书各卷中,作者的编撰意图是通过一个又一个的故事来体现的。新儒学的一些思想观点和理论原则,在这里得到了具体发挥和形象论证。全书除第十六卷《谈丛》只是一些片言只语的语录之外,其余各卷的大多数篇章都首尾完具,有一定的情节,往往采取对话形式来展开故事,表现人物的音容笑貌,刻画他们性格特征的某一侧面,使叙事颇见波澜。下面不妨举出两个例子来略加分析,以见一斑:

齐桓公问管仲曰:"王者何贵?"曰:"贵天。"桓公仰而视天。管仲曰:"所谓天者,非苍苍莽莽之天也,君人者以百姓为天。百姓与之则安,辅之则强,非之则危,背之则亡。"

(卷三《建本》)

这是全书所有故事中比较短小的一则,讲的是国君对待人民应有的认识和态度,是先秦儒家"民本"思想的集中表现。

所谓"民为邦本,本固邦宁",所谓"敬德保民""民贵君轻"

这些抽象的说教,在这里通过桓公与管仲的问答,通过管仲巧为设譬而具体化了,不仅生动形象,而且浅显明白。又如:

> 晋平公问于师旷曰:"吾年七十,欲学,恐已暮矣。"师旷曰:"暮何不炳烛乎?"平公曰:"安有为人臣而戏其君者乎?"师旷曰:"盲臣安敢戏其君乎?臣闻之:少而好学,如日出之阳;壮而好学,如日中之光;老而好学,如炳烛之明。炳烛之明,孰与昧行乎?"平公曰:"善哉!"
>
> (卷三《建本》)

这是一则教导人们特别是居上位者要勤学的著名故事。它是《汉书·艺文志》所载《师旷》六篇的佚文,现在只见于本书,所以弥足珍贵。它同上面所引的故事一样,叙事形象具体,比喻巧妙贴切。其中关于少年壮年老年都应努力学习的一段话,已成为人们乐于引用的千古名言。像这样出语警策、寓意深刻、说理透辟、篇幅短小的故事,全书中所在多有。读者展卷即知,无烦译注者饶舌。

关于《说苑》一个有争议的问题是作者的取材问题。对书中材料的真实性,从唐代刘知几起就不断有人提出质疑。《史通·杂说》篇指责刘向"广陈虚事,多构伪辞","故造异说,以惑后来"。宋叶大庆《考古质疑》具体摘出了此书"时代先后邈不相及者"九条。清苏时学《爻山笔话》进一步指出全书时代违失处至一百零九条。应该承认,《说苑》一书在人物时代方面确有抵牾，像相声所说"关公战秦琼""张飞斗岳飞"的情况不止一处两处，有时同一件事却发生在几个不同时代的人物身上。这种情况与此书的性质、成书过程、撰著体例都有关系，需作具体分析，而不应笼统地加以责难。第一，即使是正史，也不可能没有疏忽和舛误。《史记》是一部前无古人的伟大著作，但《汉书》和《史通》都指出它在内容方面有不少互相矛盾处，金王若虚《史记辨惑》十一卷、清梁玉绳《史记志疑》三十六卷，都是考订《史记》这类错误的专著。通史巨著《资治通鉴》问世之后，也有不少订讹纠谬的专著和文章，何况《说苑》只是一部杂著类编，至多只能算在稗官野史之列。第二，书中有些条目和正史的记载迥然不同。如《至公》篇说秦始皇曾一度想禅让天下，因鲍白令之的劝谏才打消了这个念头。《反质》篇载秦始皇抓住方士侯生之后，允许他历数自己的过失，听后默默无言，居然释放了侯生。两条材料都与《史记·秦始皇本纪》相左，所以清人王谟认为这是全书中"尤可怪者"[12]。但是对于这样的记载，如果没有充分的证据，不能轻率断定它不是事实，说不定它正好表现了秦始皇其人的另一侧面，恰可弥补正史的不足和偏颇。至于有的事实传闻异辞，编撰者兼收并蓄，这种处理办法也不是刘向首创，而是先秦诸子的发明，如《韩非子·说林》和《储说》中类似的情况就不少。对于后人来说，这倒是提供了一些可资选择和比较的材料。第三，为了说明某一问题，书中确有杜撰的事实或虚构的成分。但《说苑》一书既然是只就现成材料进行编纂加工的"述而不作"

之作，"广陈虚事，多构伪辞"的罪名就不应算在编撰者的头上。再者这种情况也不自《说苑》始，先秦诸子里面的寓言同史实有时就难以分清，《国语》《战国策》中有的故事如苏秦苦学发迹之类描绘得相当细致具体，很难说没有虚构夸饰的成分。屈守元先生认为《说苑》有些篇章是颇具中国特色的古代"说话"形式，对于探索中国古代小说的发展变迁有一定的作用[13]，这应是比较通达切合实际的论断。

另需顺带说明的是，《说苑》与作者另一著作《新序》的性质完全相同，内容、体例十分接近，甚至具体篇章也有一些交叉重复，为什么要分为两部？《四库全书简明目录》认为"莫之能详"。根据现有的资料看，两书进呈的时间是《新序》在前，《说苑》在后，中间相距七年[14]，《新序》的分类和标目还比较粗疏，全书《杂事》占了五卷，另有《善谋》两卷，《刺奢》《节士》《义勇》各一卷，不仅分类不够明确，各类之间的篇幅比例也不大协调。这就使我们可以作出合理的推断，即刘向面对丰富的原始材料，编成《新序》之后，感到一部书容量有限，言不足以尽意，而且体例上也有不足，于是又续编《说苑》，并在体例上作了重大改进。《说苑》二十卷不仅分类比较细致、明确，而且对各卷内容的轻重和次序的先后，看来编者都经过一番精心安排，所以能够构成一个完整的体系，有效地体现编者的撰述目的。《说苑》这一体例具有承先启后的作用，它上承《吕氏春秋》《韩非子》和《韩诗外传》而又加以发展，对后世同类著作很有启发。如《世说新语》分三十三门，唐刘肃《大唐新语》分三十类，清孙星衍、严可均编《孔子集语》，都曾参考《说苑》分类体例。

《说苑》一书从汉至唐，各史艺文志均见著录，到宋初曾一度散佚。宋初王尧臣等编《崇文总目》关于《说苑》情况的说明是："今存者五篇，馀皆亡。"此后不久，曾巩校理皇家藏书，从士大夫家搜求到十五篇，经过补充整理，大体上恢复了原书旧观。晁公武《郡斋读书志》认为卷二十《反质》是曾巩析十九卷《修文》作上下两篇，以足二十篇之数。这在当时可能是实际情况，不过陆游《放翁题跋》卷二又引李德刍的话说："馆中《说苑》二十卷，而阙《反质》一卷……后高丽进一卷，遂足。"可见后来传世的仍是足本。敦煌石室文献中有《说苑·反质》篇残卷，起自"秦始皇既兼天下"一则，迄至卷末，内容与今传本相同，仅文字小异。这是今传者为足本的一个有力佐证。

继北宋曾巩之后，整理刊刻《说苑》一书者代有其人，比较重要和通行的版本有北宋本、南宋咸淳本、明楚府本、明何良俊本、四部丛刊影印明抄本、四库全书本、万有文库所收杨以漟校本。"诸本以明抄为最善"[15]。一九八七年，中华书局出版了向宗鲁先生的遗著《说苑校证》。这是整理研究《说苑》的集大成之作，反映了这一领域的最高成就。令人稍感遗憾的是校对不精，颇有一些排印错误。根据《中国古籍大观》的性质、体例和要求，《说苑》的正文部分系以明抄本为底本，以《说苑校证》为主校本，以万有文库本及上海古籍出版社新印四库全书本为参校本校录而成。凡他本有误而底本不误的不出校；凡底本有误的，除了十分明显的情况外，一般也不改动正文，只是在注释中出校说明。

《说苑》与同时代的古籍相比，内容文字不算深奥，而且它受重视的程度也比不上当时的经书史籍，所以问世以来注者寥寥。据我们所知，元代以前未有注本。明代黄从诚有《说苑旁注评林》，那是一本评点式的著作，而且对正文作了删节，参考价值不大。近代日本学者关嘉著有《说苑纂注》一书，向宗鲁先生认为它"文理乖剌，事实疏舛"，"书中训义，率取之俗缪字书，动成创痏"[16]，并且我们限于条件，也无从搜求参考。因此，本书的注释工作是在参考资料很少的情况下撰写的，加之译注者学识浅陋，错误可能不少。所幸的是，向宗鲁先生的大作虽名"校证"，但除了校订文字之外，对材料的出处、典章制度的变革、名物的由来、词实义的训诂，往往有精到的考证和阐释，给我们的注释工作提供了很大的方便，引述采撷之处不少，这是应该特别说明的。

《说苑》一书在内容和文字方面也有一些不易解决的难点，如有的人名地名只见于本书而不见于其他载籍，所以根本无从稽考；有的文句诸本均同而意义又确实难以讲通。凡此之类，注释中只好存疑；译文无法回避，则姑据一说或仅照原文字面译出。翻译界前辈严复说过："译事三难：信、达、雅。"这是就汉语和外语的翻译而言，但对汉语的古今对译也是完全适用的。"雅"字不敢奢求,"信""达"二字却是译注者努力的目标。不过这只是一种主观上的追求,究竟客观效果如何,只有留待读者诸君评骘了。

(本文为《〈说苑〉全译》一书的前言。该书由贵州人民出版社1992年出版,台湾古籍出版社1996年出繁体字本)

注　释

[1] 见《汉书·楚元王传》附刘向传。

[2] 用火炙烤竹简,使它出汗干透,可以防止朽蠹,称为"杀青"。

[3] 《别录》今存《战国策叙录》等八篇。

[4] 均见《汉书》本传及《艺文志》的著录。

[5] 其中《列女传》一种《四库全书总目提要》也认为是伪托。

[6] 《旧唐书·经籍志》《新唐书·艺文志》著录为三十卷,与今本及各史的记载不同,当误。或以为两《唐书》有可能将唐代刘贶的《续说苑》十卷一并计算,故为三十卷。

[7] 向宗鲁《说苑校证叙例》。

[8] 清人谭献语,见《复堂日记》卷六。

[9] "三纲"即"明德、新民、止至善"三条基本原则,"八目"是"格物、致知、诚意、正心、修身、齐家、治国、平天下"八个环节或步骤。

[10] 参见曾巩的《说苑目录序》。

[11] 均见《汉书》本传。

[12] 见万有文库本后附王谟跋。

[13] 见《说苑校证序言》。

[14] 宋本《说苑》和《新序》卷首都题有进呈的年份月日,《新序》为阳朔元年(前24年)二月癸卯,《说苑》为鸿嘉四年(前17年)三月己亥。进《说苑》时刘向已六十岁。

[15] 见向宗鲁《说苑校证叙例》。

[16] 见向宗鲁《说苑校证叙例》。

三十三

《贵州古旧文献提要目录》简评

在贵州历史文献研究会的精心组织下，经过编撰者十年的艰苦努力，《贵州古旧文献提要目录》终于在1996年杀青面世了。这部书目共计30多万字，只印了500册，且属内部发行，但"十年辛苦不寻常"，可以并不夸张地说，这是一项弘扬贵州传统文化的基础工程，它的竣工，对进一步发展贵州当代文化，振兴贵州，提高并增强贵州人民的自信心和凝聚力，都会起到不可低估的作用。

《贵州古旧文献提要目录》共收书1154种，囊括了贵州省图书馆、省博物馆、贵州大学图书馆、贵州民院图书馆、贵州师大图书馆、遵义市图书馆六馆收藏的全部贵州地方古旧文献。据卷首的序言和凡例，这些文献大约包括以下几类：1. 黔籍人士的著述；2. 宦黔人士有关贵州的著作；3. 外省人士撰写的有关贵州的著作；4. 贵州地方出版物。至于图书的出版和流传形式，则有：1.1840 年以前的古籍刻本；2. 清末及民国时期的刻本、石印本、铅印本；3. 各个时期的抄本、稿本；4. 新中国成立后依据各个时期的原始刻本复制油印、复印、晒印的古籍线装书。

中华民族历史悠久，载籍浩繁。据统计，虽经历代兵燹和其他自然灾害，流传至今的古籍仅汉文便在十万种以上。贵州建省较晚，加之自然条件的限制，长期以来经济欠发达，文化比较落后。但世代生息在这块土地上的贵州各族人民，从春秋战国时期就与中原地区交往频繁，两千年来涌现了不少政治上军事上文化上学术上优秀的历史人物，也流传下来一批珍贵的文化遗产。令人遗憾的是，这批遗产"长期以来一直没有得到系统的整理和研究。许多有价值的善本、抄本甚至珍本古籍，或深藏于图书馆，鲜为人知，或流传在社会上，濒于湮没，以至贵州的历史文化不仅省外人士知者寥寥，就是长期生活在贵州的人也不甚了了"。[1]

中共中央领导历来重视批判继承优秀的传统文化，早在 20 世纪 80 年代初便发出加强古籍整理工作的指示和通知。许多省市闻风而动，至今已取得可喜的成果。贵州虽也做了一些工作，但与兄弟省市相比，还是落后了一大截。现在的任务是急起直追，把整理和研究本省的珍贵的历史文化遗产提上议事日程。要整理和研究这份珍贵遗产，第一步的工作当然是摸清家底，编制书目。《贵州古旧文献提要目录》正是在这样的情势下应运而生的。在这部书目问世之前，由李独清先生编撰的民国《贵州通志·艺文志》也曾对贵州古籍文献作过一次系统全面的清理，搜集了相当丰富的材料。不过，《艺文志》成书于半个世纪以前，由于当时主客观条件的限制，其体例与内容已难于适应当代读者和研究者的需要。笔者前数年曾涉足贵州地方古籍的整理，参考过《贵州通志·艺文志》，受益不少，但遗憾处也不少；与《贵州古旧文献提要目录》两相对照，觉得《提要目录》在继承传统的基础上，于内容和体例上都作了较大的改进，当得起"前修未密，后出转精"这两句评语。

第一，从收录的数量看，《贵州通志·艺文志》收书1628种（据黄永堂点校本的统计为1966部，但笔者逐卷逐类复核，实得此数），比《提要目录》多出474部。不过《贵州通志·艺文志》"无论其书存佚，尽列其名，若为前志及他书著录者，则摘原书之名于下"（《艺文志》序言），所以有目无书的情况不少，估计在一半以上。《提要目录》则按六馆所藏据实登录，且每书之下注明收藏之馆，读者可以按图索骥，方便不少。在收录的时限上，《艺文本》主要收录清代以前著作，"入民国者间亦收录，但不录生存，史例如是"。（《艺文志》序言）经过半个世纪之后，当时的生存者也已作古，《提要目录》将民国时期的黔人著述与地方文献悉数收录，也是为了适应已经变化了的情况，是完全正确的。又清末黎庶昌与杨守敬搜集刊刻的《古逸丛书》，使不少亡佚海外的珍本秘籍得以还归故土，当时即轰动海内，饮誉士林，至今仍有很高的学术价值。《提要目录》吸收《中国丛书综录》和《中国古籍善本总目》的经验，增收"丛书"一类，详列子目和书名，也增强了本书的学术性和使用价值。

第二，传统书目按其内容和作用划分，约有三类：一是单纯书目，仅著录书名和作者及其时代，如各史《艺文志》；二是辑录体书目，系采摭有关资料如序跋与他书评论略加编排而成，最早出现者当推元代马端临《文献通考·经籍考》；三是解题式书目，编撰者不仅要搜集材料，还要根据全书体例对材料下一番去粗取精、去伪存真的功夫，并指出该书内容的得失和价值所在，如西汉刘向所撰《叙录》和清代的《四库全书总目提要》。三类书目虽各有其特定用途，但就"辨章学术，考镜源流的要求来说，它们的排列顺序恰恰应当颠倒过来"。《贵州通志·艺文志》部分条目属第一类，部分条目属第二类。其第二类条目虽有材料富赡的优点，但有类资料长编，缺乏熔裁和提炼的功夫，且造成全书条目详略之比相差过大。如卷三傅寿彤之《古音类表》，全录该书自序即达三千字，又录何绍基序、黄国瑾跋、聂树凯跋亦近三千字，而相当部分条目仅具书名撰人或略加按语，往往只有二三十字。《提要目录》所有条目则基本上属于第三类，每条之下大都能提要钩玄，并作出较为平实公允的评价。如第37页吴道安编《郑子尹先生年谱》一目下云："赵恺、钱大成、凌惕安、姚大荣等人均编有郑子尹年谱。吴道安自求学时开始，历二十余年始成是编，曾四易其稿，被认为排比精严，精审过于姚、凌、赵、钱诸编。"寥寥数语，却为有意研究郑珍生平者指引了读书门径。

第三，在著录的体例上，《贵州通志·艺文志》基本不著录图书样式（刻本、印本、抄本）及版本源流。如卷三"小学类"《说文逸字》一目下云："《说文逸字》二卷附录一卷，郑珍撰。"其后便照录自序、刘书年序、莫友芝序、郑知同后序，共占点校本六页半的篇幅约五千字。《提要目录》第8页该条则云："《说文逸字》二卷，附郑知同附录一卷。（清）郑珍著。——民国二十九年（1940年）贵州省政府据前溪吴鼎昌初印本翻刻《巢经巢全集》本。——二册（1358——此为收藏馆之代号，引者）"其后便对《说文》及《逸字》的来历作简要介绍："许慎《说文》，古今学者为之研究极多，然失误者亦不少，大概有三个方面：一曰逸字，二曰伪字，三曰误字误注。段玉裁考证误字误注之大部，而是书则考出165逸字，另将郑知同附考300字收入，以明《说文逸字》所以不录之故，咸丰八年（1858年）成书，书前有刘书年、独山莫友芝序各一篇，书末附郑知同《说文逸字附录》。"按，这里对该书的版本著录尚不完全，但于寥寥三百字中，却给读者提供了较多的信息。

第四，在全书的编排上，《提要目录》于每条之前冠以序号，后附"书目笔画索引"，大大方便了读者检索。"后记"中列出"撰稿者条目号码"，以示文责自负之意，也是值得肯定的做法。

以上将《贵州古旧文献提要目录》与民国《贵州通志·艺文志》就某些方面作了比较，这里并没有苛责前贤的意思，只是为了说明前者在后者的基础上有所改进而已。且人无完人，书无完书，《提要目录》也还存在某些不足之处，需要在今后修订时再加斟酌。一是有的书目失收,如任璇《梅花缘传奇》。"贵州古籍集粹"已予收录并出版问世,六馆中不可能没有收藏。二是版本著录往往不全,如郑珍的几种著作,本书目所列比黄万机所撰《郑珍评传》要少。三是编排体例上作者往往是前见后而不是后见前,也给读者造成某些不便;另同一部《说文逸字》却分为0043和0045两条,使人不明其所以然。四是除了书末"勘误表"已经列举的排印错误之外,仅笔者随手翻检所得便有:第21页左栏倒7行"雅淡"恐是"雅谈"之误;第57页右栏倒11行"发启"当是"发起"之误,又同页右栏《营造法式》作者李诫之卒年"110"显系"1110"之误;第58页0336条"龙方育"与"龙万育"前后互见,二者必有一误;另第77页左栏《镇远府志》条下云:"明钱大昕《元史·艺文志》卷二有《镇阳风土记》。"又不只是排印问题了。按钱氏为著名的乾嘉学者(1728—1804年),乾隆十九年(1754年)进士,《元史·艺文志》正是他的著作之一。

(原载《贵州文史丛刊》1998年第5期)

注 释

[1] 贵州人民出版社关于"贵州古籍集粹"的出版说明。

三十四

《巢经巢经说》[1] 点校前言

郑珍（1806—1864），字子尹，号柴翁，贵州遵义人，清代道、咸之际著名的经学家和文学家。他自幼颖悟好学，受教于舅父黎恂。黎恂为嘉庆进士，此时由浙江桐乡知县任上丁忧返里，带回图书数千卷。郑珍涉猎其间，每日过目数万言，大大开阔了眼界，打下了良好的文化知识基础。17 岁补县学弟子生员，20 岁时受到著名经学家、学使程恩泽的赏识，以拔贡赴京会试。可惜未能一举中选，只得随即回黔返乡。此时程恩泽已转至湖南视学，致函相邀。郑珍即应邀前往长沙，入居幕下，实际是以幕客而兼门生的身份，从程受业，且借此得以朝夕问难。程恩泽告以"为学必先识字"的道理，指导他致力于文字、音韵、训诂之学，走"以字通经"的朴学家之路。每逢外出视察，程都有意偕他同往，使他有机会漫游湖湘，结识当地的学者文士，同他们互相切磋。郑珍留居长沙将近一年，学业大有长进，对老师的治学门径已心领神会，于是辞归。回到家乡以后，他继续按照程的指点，努力跋涉于书山学海之间，收获渐多，积累日富。然而他在此后的科举仕途上却一直蹭蹬不利，道光十七年（1837年）32岁时才乡试中举，接着六年间两次会试都名落孙山。最后一次会试时，他正患疟疾，勉力挣扎至京，在考场中僵卧两昼夜，最后不得不交白卷出场。从此他心灰意冷，不求仕进，除了在省内一些县担任过短期的儒学训导之外，后半生大都在教书和撰述中度过。

郑珍在学坛教苑辛勤耕耘一生，为闭塞落后的贵州培育了不少人才，同时给后人留下一批数量可观、内容丰富的著述，在经学、小学、文学和地方文献的编纂整理方面都作出了贡献。他与莫友芝共同修撰的《遵义府志》，问世后颇受推崇，被认为可与《华阳国志》比美。他独力编成《播雅》二十四卷，保存了明清两代遵义一地诗人之作二千余首，成为珍贵的地方文献。文学创作方面，诗有《巢经巢诗集》九卷，《后集》四卷，遗逸诗若干，共八百余首。他的诗作"简穆深淳，时见才气"[2]，接近宋代苏、黄一派，梁启超在《清代学术概论》中给予了较高评价。他的散文或"古涩奥衍"上规秦汉，或"悱恻沉挚"逼似震川。内容多样而风格多变，在程氏门下被推为独得真传的唯一高足。[3] 小学著作主要有《说文逸字》二卷、《说文新附考》六卷、《汗简笺正》八卷。经学著作有《巢经巢经说》一卷、《仪礼私笺》八卷、《轮舆私笺》二卷、《考工凫氏图说》一卷。另《郑学录》四卷为东汉经学大师郑玄的传记,介乎史学和经学之间。郑珍在湖南程恩泽幕下时,程曾以东汉时从许慎受业、学成后返乡教授的贵州学者尹珍相勉,期许甚厚。郑珍本人也慨然以当代尹珍自命,他之所以名"珍"字"子尹"即源乎此。从他一生行事和成就来看,他是无愧于这一名讳的。

《巢经巢经说》一卷,包括作者经学笔记和论文十九篇。郑珍在经学上被称为"通汉、宋之津"的一代通儒,[4]但此书的重点却不在阐发经文的微言大义,而主要是用朴学的方法,从文字或内容上对经文或历代的传笺注疏进行校勘、辨伪、补阙、匡谬。其中除对历史人物考证四篇之外,涉及《尔雅》者三篇、《尚书》二篇、《孝经》一篇,而涉及《周礼》《仪礼》《礼记》者达九篇,篇幅占全书一半以上。这与作者为学的主攻方向有关,因为他于众经中"独深三礼"。[5]他撰写这些经学论文,意图是很明确的。《清史稿·儒林传》在概述他的学术思想时说:"其读《礼》经,恒苦前儒聚讼,营视惑听。赖有国初诸老出,权衡得失,审当莫如康成,爰奉为圭臬……乾嘉以还,积渐生弊,号崇高密(指郑玄——引者),又多出新义,未见有胜,十九舛驳,说愈繁而愈芜,较前古为尤盛。"因此他要做先哲与时贤的诤臣,纠正朴学末流的不良风气,捍卫并弘扬汉学,特别是被他看做"家康成公之学"[6]的郑学。在《经说》不长的篇幅中,作者与之辩难的前代和当代著名学者就有司马迁、孙炎、郭璞、杜预、李巡、孔颖达、贾公彦、司马贞、邵雍、朱熹、郝懿行、邵晋涵、阎若璩、程瑶田等。这些辩难往往是为了申明郑注、排击异说而发，大都言之成理而持之有故。作者治学具有"不立异、不苟同"、"实事求是"的学风，[7]于本书可见一斑。

在中国学术史上，经学与小学的关系密不可分，广义的经学也可将小学兼赅在内。这是一门已有两千年历史的古老人文学科。据《四库全书总目提要·经部》的著录，截至清代初叶，经学著作传世的就有一千七百七十三部，二万零四百二十七卷。乾、嘉以降，由于特殊的历史条件，经学更是盛极一时，真可谓大师迭出，著述如林。要想在这块领地上骋一得之见，较短论长，是相当困难的。可是由于《经说》作者为学有方、根柢扎实，兼之好学深思，所以其中不少文章仍能富有新意，在前人的基础上有所发现。如属于校勘的《〈礼记〉注脱审》一篇，以疏明注，判定《文王世子》章郑注"席之制三尺三寸三分"，本当作"三尺三寸三分寸之一"。因为只有如此，才符合"三席函一丈"之说，否则尚差一分。校订堪称细密审当。又如属于辨伪的《〈伪古文尚书〉误采〈左传〉》一文将两书细加比勘，指出《尚书》中《仲虺之诰》及《泰誓》二篇，含有由《左传》人物对话缀合而成的文句。继阎若璩《古文尚书疏证》与丁晏《尚书余论》之后仍续有发现，这也是难能可贵的。在对历代传笺注疏的补阙匡谬方面，《经说》一书也提出了不少引人注意的见解。《尔雅·释亲》："女子同出，谓先生为姒，后生为娣。"孙炎、郭璞均以"同出"为"俱嫁事一夫"，世无异议。

作者却认为"同出"应是"同为一父所生"。这一训解，不仅"按之本文而协"，并且可以由此而解开另外一些古籍注解的纠缠（见《姒娣》篇）。《孟子·公孙丑》下："寡人如就见也。""如"字历代注家多不得其解，作者据《尔雅》训"如"为"谋"，使句义得以贯通无碍。（见《孟子篇》又《尔雅·释诂》："赓、扬，续也。"晋郭璞注："扬未详。"作者引《诗》《书》《史记》等证实"扬"确有"续"义。又《释言》："辟，历也。"郭注亦云未详，作者以为即古"霹雳"字，引《说文》《汉书·天文志》及《刘向传》等为证。结论均确然可信。（见《尔雅》）凡此之类，例证尚多，无烦赘举。这都说明作者善于抉隐发微，别出胜义，即使一时还不能成为定论，也自可备一家之说。此外，属于历史人物考证的，如据商代世系确认外丙、仲壬二帝的存在，考订孔子生年卒年及东汉学者临硕的生平，都有作者独到之见，足供治经治史者参考。

　　无庸讳言，本书也存在一些不足之处。首先是某些论断今天看来已有不妥。如《辨日本国〈古文孝经孔氏传〉之伪》一文，在《四库提要》按语的基础上，列举十条证据，逐一剖析，判断此书必为赝品。这一结论，后人多所信从，几乎成为定论，[8]但现在却需要重新考虑。1984年胡平生同志撰文，对这桩经学历史上的积案进行了一番清理。他根据日本学者的研究成果以及中、日两方面新近发现的材料，证明这部《古文孝经》的经、传均非刘炫伪撰，更非日本学者所伪造，而《四库提要》按语及作者以上结论则是"完全错误的"。[9]其次是书中个别论点虽然正确，但已见诸前人或时人著作，论述中失于征引，也是治学上的一种疏漏。另外，有时引证只凭记忆而疏于检核，以致造成张冠李戴的情况书中也时有所见。

郑珍去今未远，其著作的版本情况比较单纯。《经说》一书的版本主要有三种：一、望山堂家刻本，前有翁同书序。1940年贵州省政府编印《巢经巢全集》，其中的《经说》即用原版刷印而删去了翁序。二、《皇清经解续编》卷九百四十三所刊南菁书院本，书末桀有"仁和邵顺颖、善化刘钜校"字样。三、中华书局四部备要本。以上三种版本，家刻本由郑珍之子知同写字，错误较少。四部备要本据原刻重排，序跋搜罗较全，校勘也较精审，于读者为便。校刻质量最差者为南菁书院本，不仅文字错讹较多，而且居然脱漏《调人》整一篇一千余字。故此次点校，即以四库备要本为底本，校以《巢经巢全集》中重印之家刻本，间以南菁书院本参校。序跋只录与本书关系较为密切的翁同书、黎庶昌二序。

注 释

[1] 见《郑珍集·经学》，贵州人民出版社1991年版。

[2][3] 见翁同书序。

[4] 陈田《黔诗纪略后编》。

[5][6] 郑知同《显考子尹府君行述》。

[7] 黎庶昌《郑征君墓表》。

[8] 如王正己《孝经今考》云："日本《孝经孔氏传》是伪中之伪……

郑先生辨之甚详，无容疑义。"（《古史辨》第四册）蔡汝堃《孝经通考》也说："吾人检郑氏所举十条，足以发孔传之伪迹。"（商务印书馆1937年版）

[9] 见《文史》二十三辑胡平生《日本〈古文孝经〉孔传的真伪问题》。文中列举的重要材料有：日本京都大原三千院所藏建治三年（1277年）《古文孝经》抄本，日本古抄本《孝经述议》，中国北京图书馆藏和平二年（552年）康丰国《孝经》写本残卷，《吐鲁番出土文书》二册所载张孝章墓出土之《孝经》写本残卷。

三十五

《郑学录》[1] 点校前言

《郑学录》原名《康成传注、年谱、书目、弟子目》，于作者身后刊刻，由他的生前友好、贵筑学者黄彭年调整次序并改题今名。这是一部以东汉经学大师郑玄为传主的人物传记。

此书内容从它的原名便可以窥见大概。全书分四卷：卷一传注，是为《后汉书·郑玄传》所作的注解。注解的体例与裴松之注《三国志》、刘孝标注《世说新语》略同，不侧重于名物训诂，而主要是广引史料补充原作。卷二年谱，以表格的形式将传主的生平事迹条理化，并将它放在一定的历史联系中去考察比照，使读者开卷了然，并由此而得以知人论事。卷三书目，著录了郑玄一生见诸记载的全部著作，逐一说明其存佚与流传情况。卷四弟子目，凡有根据可确认为郑玄门人的，一一标举其姓名、简历；凡生平不详或记载歧异者，则尽可能从史籍中去勾稽、考订。

关于此书的写作原委，据作者自己的说明，主要是有感于郑玄的生平资料太简太少，与这位一代儒宗的身份极不相称。为了弘扬汉学，使这位大师的形象在后来者的心目中更加高大，更加丰满，他从青年时起就注意搜集有关材料，即使片言只语，也一定手抄笔录，藏置箧笥。这样，经过二十多年的辛勤积累，至咸丰九年（1859年）54岁时定稿成书。此后又经六年，待到作者谢世的次年（清同治四年，1865年），才得以刊刻问世。

《郑学录》是迄今最为详赡的一部郑玄传记。单是卷一传注部分，就已大大补充并丰富了《后汉书》本传，引用材料除正史之外，旁及稗官野史、山经地志、类书、碑刻、小说、诗文等，篇幅为本传的十倍。这对于我们今天研究郑玄其人以及古代学术史，特别是汉魏之际的学术变迁，无疑有着重要的参考价值。在中国学术史上，郑玄不仅是一位集两汉经学大成的大师，一位整理文化遗产卓有贡献的学者，而且是汉魏之际学术思想转变的一个关键人物。如所周知，西汉和东汉前期，今文经学曾盛极一时，列于学官者达十四家，而古文经学则主要在民间私相授受。但到东汉中叶和晚期，情况起了变化，今文经学逐渐衰退，古文经学日益兴盛。魏晋以降，古文经学便完全取代了今文经学的地位，并使之濒于灭绝。这在学术史上的一大转变便与郑玄密切相关。因为郑玄治经不主一家，而是博采众长，熔今古文经学于一炉，不过在著述时，他又较多地采用古文经说并在此基础上引申发明。例如他研治《诗经》，先通今文经学的齐、鲁、韩三家，最后独崇毛诗，特为作笺。于是毛诗得以流传久远，三家诗义先后亡佚，只是他书引文保存了零章断简（清人王先谦辑有《诗三家义集疏》）。对两汉之际被称为"经"的儒家典籍，郑玄几乎都作了注解。由于他的注本简约中肯，注者名气又大，自然成为人们心目中的标准注本而广为流传，其他专主今文经学说的注本便无人问津而渐归亡佚。

不少历史著作论述两汉文化，在人物方面只着重介绍董仲舒、司马迁、王充、张衡而不及郑玄。张舜徽先生对此曾深致不满，认为联系的面太窄，是一大遗漏。[2] 郑珍此作在一定程度上可以弥缝这一罅隙，可以提醒人们充分估计郑玄在文化学术史上的地位和作用。书中围绕传主搜集排比了他前前后后一大批重要的学术人物和学术流派的材料，便足以说明以上问题而无须另加按断。

除了补充、丰富《后汉书》本传之外，《郑学录》一书的价值还在于它纠正了《后汉书》及有关著作的一些阙失。书中对于有问题或彼此矛盾的材料，作者在旁征博引之后，往往以按语的形式详加考辨，断以己意，避免一味獭祭而使人不得要领或无所适从。如郑玄独子益恩为感孔融的知遇之恩而效死，《太平御览》所引别传以为系赴救管亥之围，裴松之《三国志》注及《后汉书》本传则笼统称赴黄巾之难。作者据郑玄《戒子书》

写作时间等有关材料，考定益恩之死应在黄巾围攻北海郡后二年的建安元年（196年），乃系赴救袁绍之子袁谭围攻北海之役。又《后汉书》本传云："董卓迁都长安，公卿举玄为赵相。"章怀注："赵王虔之相也。"中华书局标点本沿此注而易"虔"为"乾"。但据作者考证，赵虔史无其人，赵乾则延熹六年（163年）已逝，与初平元年（190年）迁都长安之时与事不合，所以作者得出"无由知此时当何王"的结论。郑玄"为赵相"这件事并未成为事实，且事情本身也不很重要，但作者也一定要弄个明白，这应是一种严谨的实事求是的态度。另如簧山有二，同在山东。但一在济南，上有范仲淹学舍，又名簧堂岭；一在胶州高密县，为郑玄删注《诗》《书》之所。二山本相去数百里，但由于都与历史上著名人物有关，学者往往混而为一，以致产生不少似是而非的记载（新中国成立前所编《地名大辞典》尚然）。作者对此详加辨析，足以使人豁然开朗。

《郑学录》一书的某些按断是针对具体问题的，但由于作者厚积薄发，联系面广，因而在学术上往往具有普遍意义，能给人以启示。如卷三关于《论语注》的著录，由《经典释文》所载郑注上推古论、鲁论面貌，下窥何晏本与今本异同，说明《论语》在历代的传承、笺注情况，实际上已大大超出了提要的范围，俨然是《论语》学的一篇专论。另如《尚书注》《孝经注》等也具有这样的特点。在《丧服记》一书的说明中，作者列举郑玄著作见于《唐书·艺文志》却不见于《隋书·经籍志》者多达十一种。对于这种反常的现象，作者联系两部史书的成书过程，分析了它所以产生的特殊原因，指出不应因《隋书》的漏略而怀疑《唐书》的真实性。这可作为目录学史的特殊例证之一，可提醒人们在考察古籍的存佚流传时，要具体情况具体分析，不能仅按常情常理作出简单的推论。

当然，本书在大醇中也不无小疵。在《经说》中，作者曾斥日本《古文孝经孔氏传》为伪作，后来的事实已证明其说不妥；而在本书卷三《孝经注》一条，作者又认为《今文孝经郑注》也是日人"薄殖作伪，欲炫异希名"，这就更加值得商榷，因为这种说法不免带有学术上排外偏见的成分。日本冈田挺之辑本《今文孝经郑注》系从《群书治要》辑出。《群书治要》为唐代魏征所撰的一部类书，在中土自宋代便已亡佚，而日本却于1616年发现了保存基本完好的元和本，其可靠性得到中日两国学者的一致确认。因此，利用这部类书而作出的辑佚成果自然也非作伪者之比。阮元编《十三经注疏》时，于《孝经》校勘记序中也认为冈田辑本乃"伪中之伪，尤不可据者"，后来态度却有所转变，在为国内臧镛堂辑本所写的题辞中认为二本可以"并行"。二十世纪末，敦煌石窟中曾发现多种唐代的《孝经》写本，其中不少是有郑序和郑注的，文字大都与冈田辑本相吻合，益可证冈田本并非出自伪撰。另本书作者为了求得资料的全备，于卷一传注部分凡一事两见或数见而内容全同仅文字小异者均一一照录，看来似略嫌重复累赘，此外，对与郑学持有不同看法的同代学者，论辩中意气用事，"门户之见过重"[3]，也是为学者的一弊。

关于《郑学录》的版本，《中国丛书综录》著录两种，一为同治四年（1865年）成山唐氏刊《郑子尹遗书》本，一为《巢经巢全集》本。这两种版本，实际是出自一版先后刷印的两种印本。另《综录》尚列有《郑学书目》一卷，在清人姚慰祖所刊《晋石厂丛书》中，为光绪九年（1883年）粤东藩署刊本。这其实只是《郑学录》一书的卷三部分。由于此书的版本单一，而内容和引证所及则相当广泛，所以校勘的主要任务不在考校版本文字的同异，而在于认真核对引文。故此次点校，系以《巢经巢全集》本为底本，而以《郑学书目》为部分参校之资，引文则尽可能予以复核。鉴于作者引用古书并未注明所用版本，且于原文往往有所删节，为了避免繁琐，除确属文字上的讹误衍夺外，凡异文可通或于文意无大关碍者，不再一一刊改出校。

注　释

［1］见《郑珍集·经学》，贵州人民出版社1991年版。
［2］《中国古代史籍校读法》第271页。
［3］见本书卷首所录黄彭年《与唐鄂生书》。

三十六

《亲属记》[1]点校说明

《亲属记》二卷,是郑珍考证古代汉民族亲属称谓源流演变的一部著作。

称谓语是最富民族特色的文化语言现象,每个民族的语言中都有自己的一套称谓语系统。称谓有亲属称谓和非亲属称谓之分,在封建宗法制度下,亲属称谓是其中的核心部分,同封建礼教密切相关,成为儒家别亲疏、明贵贱、正名分的重要内容,因而很早便受到重视。汉初成书、后来被奉为儒家经典之一的《尔雅》,专辟有《释亲》一章,相当完备地记载了先秦汉民族的亲属称谓系统。其后《礼记·曲礼》《小尔雅》及《方言》《释名》等书又续有补充。不过这些书都不是关于亲属称谓的专著,只是大端略具而语焉未详。关于亲属称谓的专著见于记载的,《白虎通义》曾提到孔子壁中书内有《亲属记》一种,《隋书·经籍志》

著录有后周卢辨所撰《称谓》五卷；可惜这两部书早已亡佚，其内容不得而详。郑珍为了"考礼征俗"，补正前人在训释《尔雅·释亲》及考证历代亲属称谓时的一些疏失，于是在解经余暇，撰成此书，填补了传统小学中的一项空白。

《亲属记》脱稿的时间，据郑知同《后序》是在咸丰十年（1860年），而刊刻问世则在光绪十二年（1886年），这时离郑珍去世已整整二十二年了。几乎与郑珍此作问世的同时，梁章钜的《称谓录》也于光绪十年甲申（1884年）刊刻竣工，《称谓录》全书三十二卷，前八卷收亲属称谓，后二十四卷收非亲属称谓，上至皇室宗亲、朝野百官，下至士农工商、三教九流，无不囊括其中，所以内容更为广泛，门类更为齐全。不过《亲属记》由于"内容比较集中，其阐释、引证才比较周详，可补《称谓录》的不足；郑珍精通古礼，长于文字之学，所加的按语，在辨异同、订违失上，又颇多可取"。[2] 这里可举出两个例子，略加申说，以见一斑。

其一，《称谓录》第二页"显考"条在引用了《礼记》及郑玄注、孔颖达疏之后，仅解释说："古人皆以显考称高祖。"未能说明何以后世以显考称父，显妣称母。《亲属记》"显考显妣"条则云："古以显考为高祖专称，自韩魏公《祭式》易皇考皇妣为显考显妣，及元大德间禁称'皇'字，而世称皆同魏公，至今不改。"按北宋韩琦封魏国公，《宋史·艺文志》著录其著作中有《参用古今家祭式》一书。这里郑珍不仅指出以显考显妣称亡故父母的具体时代，而且说明了这一称谓转变的原因。

其二，《称谓录》第十页"父自称"条下列"阿爹阿八"，引韩愈《祭女挐文》，其释义和引证均有问题。而《亲属记》"驰八"条亦引韩文，根据韩文行文之例及音韵学上音转理论，经过详细缜密的考证，断定"阿八是挐女之母"。其说翔实可信，可正《称谓录》及某些韩文注解之误。

不过无须讳言的是，由于《亲属记》是郑珍生前未竟之作，成书比较仓促，因而"偶或标举正文，出典尚阙；亦有其名叠见数书，或一二要处遗忘未及"。[3] 此外，全书在体例上也尚待完善。一是条目的详略悬殊，如"姒妇"条辨"娣"与"姒"的不同含义，引证和解释洋洋洒洒，多逾千字，而不少条目仅寥寥数字或数语；二是列目也不尽妥当，如"筑里"与"妯娌"只是字面有别而音义不殊，却分别为二目二称；三是词目本身即有空缺待补充者，如"夫之祖父曰□□"之类。这些问题后来经过其子郑知同和贵阳陈田、陈矩兄弟补缀修订，虽未能全部解决，但已减少到最低限度，这才具备了一部专著的应有规模。

《亲属记》从问世迄今不过百余年，流传的版本较为单纯，而刊刻过程却小有曲折。据有关记载，此书的主要版本依次为贵阳陈氏刻本、《广雅丛书》本、《巢经巢全集》本、中华书局1996年标点本。陈刻本原分上下两卷，据《巢经巢全集》本所录陈矩跋，"上卷开雕于光绪丙戌十二月（清光绪十二年，1887年1月），完工于丁亥九月（1887年10月）"。又说下卷经他补缀，亦已成书，并请人抄录，结果"不慎于火，为荧惑下取，数月心力，灭没于烟焰中"，他对此深感惋惜，但也无可奈何。因为他这时正要随黎庶昌出使日本，所以来不及重新校订刊刻，只好俟诸异日。由这段记载可知，诸本中当以陈刻本为最早，此书当时刻成的只有上卷，而且可能印数也不多，所以后来的黔中耆宿如赵恺、任可澄等均称"未之能见"。《广雅丛书》本卷端题署为"光绪壬辰孟冬广雅书局校刊"，即光绪十八年十月（1893年11月），在陈刻本之后六年。这时郑珍之子郑知同正受聘于广雅书局，大约为了使乃父遗著能更快更广泛地流传，于是将原有之陈刻本略加校订，收录于《广雅丛书》内。因此《广雅丛书》本亦非完璧，不过是"析第一卷为二卷"而已。这一点从全书的内容也不难看出，因为此本所收者仅为直系亲属称谓，而旁系亲属称谓的绝大部分尚付阙如。1929年，桐梓赵恺主持修撰《续遵义府志》，到贵阳访书，从年已耄耋的陈田、陈矩兄弟处获得他们"补刊备漏，摩挲数十年"之原刻补订本。赵恺叙述当时他初次翻阅这个补订本的情形是："黏签满额，随手翻飞，按抑不胜。"这就是后来收入《巢经巢全集》内容较为完整的《亲属记》二卷本。这个本子的第一卷就相当于《广雅丛书》本的上下两卷，第二卷收录旁系亲属称谓的内容则为《广雅丛书》本所缺者。中华书局标点本系据《广雅丛书》本排印，内容自然也不够完整。

　　陈氏最早刊刻的《亲属记》上卷已不可见，好在它的基本面貌尚完好地保存在《巢经巢全集》本中。此次点校即以《全集》本为底本，第一卷校以《广雅丛书》本；第二卷仅存此帙，则主要是核对引文，改正明显的笔误和手民误植。根据"贵州古籍集粹"的统一体例,原书所用繁异体字除个别酌情保留外,一律改为规范简体。

注 释

[1] 见《郑珍集·小学》,贵州人民出版社2002年版。
[2] 见中华书局《称谓录·亲属记》标点本"点校说明"。
[3] 见郑知同《后序》。

三十七

《守拙斋汉语史论稿》[1] 序

　　本良同志的《守拙斋汉语史论稿》即将问世，索序于我。我们虽是同行，教学与科研却各有侧重。他主攻古汉语语法与修辞，在这个学科领域内，他用力之勤，成果之富，教学反映之好，我是素有所知的。但要在总体上给予恰如其分的评价，却不是一件容易的事。不过盛意难却，只好写一点读后感之类，聊以塞责。

　　《论稿》打头的八篇文章，都是对语言学界前辈学者著作的评述与阐发。计专论《马氏文通》的三篇，论《比较文法》的一篇，论《中国文法要略》四篇。作者在本书的《后记》中说，他近年来所作研究的一个重要方面，就是"对几种古汉语语法要籍的理论价值进行重新认识"。作者选定的这几部要籍,都是中国语言学史上里程碑式的著作,都具有开创或承先启后之功,已有不少学者在他们的论著中作了详细介绍与评骘。但本书作者以他独到的眼光,仍能发现他人未曾注意到的一些重要方面,如《〈马氏文通〉的辞气论》一文即是显例。文章在细致分析了《文通》重视"辞气"的种种事实之后,强调指出这是该书力图联系汉语实际的重要表现。这对全面认识《文通》,纠正那种以为该书纯属机械模仿之作的片面看法很有好处。又如关于《中国文法要略》的四篇文章,可以说是相当全面地阐述了这部要籍的理论价值。尤其使人印象深刻的,是对句法转换问题的发掘与评述。《要略》在这方面"导夫先路"的功绩,朱德熙先生在《汉语语法丛书·序》中已经明确指出,但限于文章体例,并未展开论述。本书《古汉语句法转换问题》这篇长文则将《要略》全书分散的有关例证和说明集中起来,一一归类,详加分析。论转换类型有同级转换和异级转换、同构转换和异构转换,异级转换又析为若干小类;论转换法则则有变次、易词、添省、离合、转层、变性等诸多不同;对句法转换的语用分析则有强化原则和简化原则的两大分野;最后强调指出《要略》关于句法变换的分析,已经"孕育了'语法、语义、语用'三个平面理论的因素"。读罢本文和这一组的其他文章,我们不能不佩服作者读书的认真与细致,它们都是"精研覃思"之作,绝非浮光掠影、浅尝辄止者所能比拟,同时也不难体会到作者对学界前辈及其成果的倾服与尊崇,这同前几年语言学界个别人对某些前辈发动无端攻击,以及他们竭力抹杀百年来中国语言学成就的轻薄行径,也恰好成为鲜明的对照。但是,对前辈学者的倾服与尊崇,并不等于不加分析百分之百地盲信盲从,其实也表现在对他们著作中个别结论的商榷和修正上。例如《要略》以为"三子之不迁其业"和"三子之业"是同一形式,本书作者则认为并非如此,指出这是一种"异构转换",两种结构中的"之"分别是"之$_3$"和"之$_2$"(见本书第61页)。朱德熙先生把主谓结构中的"之"看作名词化的标记,本书作者则认为"主谓结构名词化"的说法值得商榷,不能贯彻始终。

搞语言研究的人容易产生两种偏向:一是只注意材料,不重视理论;另一种则正好相反。吕叔湘先生生前对这两种偏向都曾提出过中肯的批评,并且非常客观地实事求是地指出:"当然,既善于观察,又善于贯通,这是最理想的了。可是人们做学问总难免有所偏,或者比较善于观察现象,搜罗事例,或者比较长于分析条理,组织系统。可以以一方为主,兼顾另一方,不可走极端,走极端就不会有成就。"[2]从本书大多数文章可以看出,作者正是在努力求得二者兼顾,避免走向极端,尤其在理论的探索与运用方面,颇下了一番功夫。例如关于"语法、语义、语用"三个平面相结合,是近年现代汉语学界在前人基础上总结出来的一套理论和方法。这是一种把语言的形式和意义、语言的内部结构和外部环境结合起来的动态研究方法,较之传统方法前进了一大步,具有明显的优越性。本书作者努力将这种方法贯串于自己的整个研究过程之中,这从不少文章的大纲细目和一些章节的分析说明中不难窥见。同时作者十分注意修辞同语法的结合，文集中有好几篇文章都是专门探讨这一问题的，而修辞正是"语用"的重要内容。另如对某些动词进行义素分析，对状语的语义指向进行分析，都是借鉴中外有关的理论方法运用于古汉语研究比较成功的例子。

在研究中善于找到切入点，也是我们读完本书之后的突出感受之一。除了上面已经提到的《〈马氏文通〉的辞气论》一文之外，如《古汉语"之于"句的再认识》《"其"字能否做主语》《作"因为"解的"以"是什么词》等，都涉及古汉语教学和研究中有争议的难点，不仅各家说法不一，甚至在同一种著作中前后的解释也不尽相同，这不免给初学者带来困惑。作者抓住这些问题进行研究，给出自己的答案，持之有故而言之成理，即使未必成为定论，对古汉语的教学与研究也是大有益处的。

不少学界前辈都曾指出，所谓科学研究，无非是摆事实讲道理。事实要尽可能摆得充分，道理要尽可能讲得透彻，这是对任何科研论著的基本要求。本良同志是深谙此理的，所以集子里的文章都能有选择地充分地列举事例，然后条分缕析，力求切中肯綮，结论大都能令人信服。行文中不枝不蔓，娓娓而谈，即使有所辩难，也能平心静气，就事论事，是其所是而非其所非，绝不发偏激之论，作意气之争。我与本良同志相识缔交，至今已二十年，原来不在一个单位，接触尚少，后来他调入贵州大学，过从渐密。不论平时交往，一道外出参与学术会议，还是共同从事某一科研项目，都可感觉到他那种诚恳待人的谦谦君子之风。他曾经有不止一次的机会出任领导，这本是当今不少人梦寐以求的，但他却坚辞不就，甘愿"守拙"，一心在科研道路上去追求一种真善美的至境。古人云："文如其人。"本良自己也说：为学即为人。这应是切身的经验之谈，洵非虚语。

注　释

[1] 袁本良著，贵州人民出版社 2005 年 12 月版。

[2]《把我国语言科学推向前进》，《吕叔湘语文论集》第 7 页，商务印书馆 1983 年版。

三十八

《中古近代汉语词汇论稿》序

继《形声字声符示源功能述论》一书之后[1]，昭聪同志的《中古近代汉语词汇论稿》又即将问世[2]，这是件令人十分高兴的事。

在贵州大学攻读硕士学位期间，昭聪就以勤学苦读而闻名，在同学和老师中留下了深刻的印象。前不久接到他寄来的沉甸甸的特快专递，打开看，我仍然感到有些意外和吃惊。从浙江大学博士研究生毕业，至今不过五年，他在完成额定的教学工作和繁重的家务劳动的同时，撰写并发表的文章竟然有四十余篇之多，总的篇幅超过三十万字。这些文章从内容看主要有两类：一类是考释词义并溯流探源的；另一类是与词汇研究有关的书评以及对相关文献的校勘意见。尽管其中有的观点未必就能成为定论，作者把书名标作"论稿"也正好说明这一点。但综观全书，我认为在研究的对象、内容和方法上，至少有下面三点值得提出来说说。

第一，从材料的选择到考释对象的确定可以看出，作者是拿古代白话词汇作为自己研究重点的。众所周知，汉语传世文献存在两大分野，即文言系统和古白话系统。前者以先秦两汉书面语为主要内容，包括其后历代的仿拟之作；后者则是魏晋以降比较接近口语的著作。魏晋南北朝、唐宋金元以迄清代中叶，正是古代白话由萌芽而渐臻成熟的时期，在这十几个世纪之内，汉语的面貌发生了很大的变化。但由于历史的原因，前人对此重视不够，历代训诂大师的兴趣都几乎集中在先秦两汉的雅诂旧义上，对魏晋以下的白话文献和白话语汇关注甚少，因而给汉语词汇史的研究留下了大段空白。吕叔湘先生说："汉语史研究中最薄弱的部分应该说是语汇的研究。个别词语的考释，古代和现代学者都做了不少，但是在全部汉语词汇中所占比例仍然是很微小的。"[3] 吕老在这里只提及词语考释这一项，因为这是进一步研究的基础。此外还有许多项目如常用词的历时替换、探求词汇发展演变的规律等等要做，任务的艰巨可想而知。这样艰巨的任务不是少数几个人短时间内可以完成的，需要一大批经过严格训练、具有扎实功底、年富力强而又耐得住寂寞、甘愿坐冷板凳的语言工作者的参与。从《论稿》的内容可以看出，作者所选择的正是这条艰难的崎岖之路，并在这条道路上迈开了坚实的步伐。

第二，从书名和全书的内容还可看出，作者有意打通中古汉语和近代汉语之间的界限，使之联成一片。这对于汉语词汇史的研究来说，也是一个值得肯定的思路和做法。关于汉语史的分期，中外学者至今的意见颇为分歧，不过通过近年来的讨论，至少在国内已经逐渐取得共识。不少学者认为，科学的分期虽然尚有待于研究的深入，但为了工作的便利，不妨先做大体的区分，将来可以不断地加以修正。比较一致的意见是分为四段，即先秦两汉为上古汉语（或将东汉作为过渡时期而属下），魏晋南北朝为中古汉语，唐至清代中叶为近代汉语，此后为现代汉语。

如上所述，中古和近代两大阶段正是言文分歧日益扩大，也正是古白话渐臻成熟的时期，所以关系尤为密切。早在二十世纪八十年代，吕叔湘先生就有过这样的设想，"把汉语史分成三个部分：语音史、文言史、白话史"[4]。文言和白话的分歧固然表现在语音、语法、词汇各个方面，但主要应在词汇。古白话词汇的研究有时需要上溯先秦，但重点还是在中古和近代两大阶段。笔者的词汇研究侧重近代，不过近年来逐渐发现，不少所谓近代汉语阶段的新词新义，其实在中古阶段即已萌芽，只是运用未广而已。[5]因此从事汉语历史词汇研究的，以能贯通中古和近代两大阶段为最佳选择，如英年早逝的郭在贻以及近年硕果累累的董志翘等先生就是这样做的。如果限于时间和精力，不得不有所侧重，那么，侧重近代的不妨上溯中古，读一点中古的材料，尽可能了解中古阶段的已有成果；侧重中古的也不妨下探近代，读一点近代的材料，了解近代阶段的已有成果。这样相互借鉴，相互促进，必然会提高各自的研究质量，加快整体研究的步伐。第三，把词语考释和对传统文化的研究结合起来，这也是本书的特点之一。语言是文化的载体，语言和文化关系之密切，不少文化语言学的著作已论之甚详，其中尤以词汇为最。张志公先生说："语汇的身上负载着使用这种语言的民族文化传统，社会风土人情，以至人们的心理特征和思维习惯。倘若这些方面的知识不够，对许多词的领会和运用就必然产生困难。"[6]这种情形的发生，自然以学习外语词汇的时候为多，然而在学习古代近代汉语时由于不考察当时当地的典章制度和风土人情而产生隔膜和识解的例子也不鲜见。如唐代秦韬玉《贫女》诗，其中有一联是："谁爱风流高格调，共怜时世俭梳妆"。对于"俭梳妆"这个词，不止一种注本都解释为"俭朴的梳妆打扮"，这种望文生义的解释实际上与作者的原意恰好相反。"时世俭梳妆"即白居易新乐府中所咏的"时世妆"，是当时一种"费用金银，过为首饰"，"乌膏注唇唇似泥，双眉画作八字低"时髦而奇异的打扮。有人从文字通假着眼，密切联系中唐时期的风俗人情和典章制度进行考察，就得出了正确的结论[7]。同样的情形在本书中也可找到佳证。元杂剧名作王实甫《西厢记》四本二折："一个恣情的不休，一个哑声儿廝耨。""廝耨"何义？前修时贤语焉不详，且意见不一。王季思先生以为"耨"是"嬲"字的假借。按"耨"《广韵》音奴豆切，泥母篠韵；"嬲"为奴鸟切，泥母符韵。声纽虽同，韵部相去甚远，通假恐有困难。《元曲释词》则以为"耨"是

"弄"的音转,但"弄"字《广韵》音卢贡切,来母送韵,与"耨"声韵均有距离。本书作者不用声转通假之说,而是细致考察了"耨"字在我国农耕时代的构形意图,以及与此有关的生殖文化意义,从而揭示出元明剧曲中"耨"字一种隐秘的含义:喻指男女交合时男子御女的具体动作。此说言之成理而持之有故,可以视为不刊之论。另如关于"奠雁""牵耆""打牙祭"等词或熟语的考源,都是类似的例子。

最后要附带指出的是,作者在全书之后编列了"词语索引",这也是替读者着想、方便读者的一个好办法,值得所有以词汇研究为主要内容的著作仿效。

二〇〇四年九月二十五日于贵州花溪河畔

注 释

[1] 黄山书社 2002 年。

[2] 中央文献出版社 2004 年。

[3]《汉语研究工作者的当前任务》,《吕叔湘语文论集》第 28 页,商务印书馆 1983 年。

[4]《江蓝生〈魏晋南北朝小说词语汇释〉序》,《语文近著)第 23 页,上海教育出版社 1978 年。

[5] 参拙文《近代汉语词汇研究与中古汉语》,《贵州大学学报》(哲社版)2003 年第 4 期。

[6]《语汇重要,语汇难》,《中国语文》1988 年第 1 期。

[7] 参见席云蓉《"俭梳妆"释》,《文史知识》1981 年第 6 期。

三十九

《敦煌书仪语言研究》序

小艳同志的博士论文《敦煌书仪语言研究》即将问世,而且是由全国一流的出版社商务印书馆出版。这是一件令人高兴、值得庆贺的事。

书仪是敦煌文献中比较特殊的部分,是古人关于典礼仪注和书札体式的范本,口语程度较高,遣词造句有鲜明的时代特色,具有很高的文献价值和语言研究价值。从文献学的角度,探索书仪的历史文化内涵,学界前辈周一良先生已导夫先路,赵和平等中年学者继踵而上,取得了可喜的成绩。但迄今为止,这部分珍贵资料尚未引起语言学界尤其是近代汉语研究者的足够重视,相关论著罕见。博士论文《敦煌书仪语言研究》以现存一百余件敦煌书仪写本为主要材料,从语言的角度对这部分珍贵文献作了全方位的、系统深入的研究,选题具有填补空白的学术意义。作者详细论述了这种特殊文体的语言研究价值、文本特征、内容特色,并着重探讨了其中的俗别字和新词新义,以及某些具有特色的同义聚合。分析与结论大都翔实可信,往往能发前人之所未发,纠正语文辞书和古籍整理著作的未尽未确之处。作者对书仪中俗别字的辨认和词语的考释,都很见功力,不少被误认的俗别字和被误解的俗语词,都经过作者的研究而获得正确的解读。这样的解读并不是凭空臆测,或只从单例孤证出发的以偏概全,而是有理有据,从敦煌文书和其他传世文献中找到大量佐证,因而可信度很高。能做到这一点,首先要肯下死功夫,熟悉敦煌文书和其他古籍;其次要细心,在浩如烟海的资料中能发现有用的材料并加以汇集;另外还要有科学的头脑和正确的方法,才能透过表面看本质,得到正确的答案。作者把自己研究敦煌书仪所采用的方法加以归纳,提出"审音辨形""以类相从""语境还原""纵横交错""背景考察"几条,其中后四条特别适宜于敦煌书仪语言的研究。这些方法既继承和借鉴了前人经验,又有作者自己的独创性,对于其他古籍的字词考释也非常有用。

俗别字和俗语词的考释是本书的精华所在,但本书的价值不止于此。其中"书仪新词的产生途径""书仪新词的衍生机制""书仪同义词的级差"等部分也研究得比较深入,富有新意。这说明作者不仅有训诂学的功底,而且能从理论层面考虑词汇问题,这也是值得肯定的。因此,本书的公开出版,不仅对古籍整理和辞书修订具有较大的参考价值，而且对近代汉字和汉语词汇史的研究也很有启发。

本书初稿作为作者的博士论文，在答辩时曾获得与会同行专家的热情肯定。蒋绍愚先生称之为"敦煌文献语言研究的优秀之作"。项楚先生则认为，"由语言角度（对书仪）进行全面系统研究的，当首推本文"。别的专家也认为"多所创获""有很高的学术水平"。在答辩之后，作者又根据与会同行专家提出的意见，作了进一步的打磨修改。虽然尚存在一些不足，如对书仪语言历时变化的研究还有待深入等，但这不是短期内能够解决的，只能俟之异日。

本书之所以能取得以上成绩，主要有两方面的原因：一是导师张涌泉教授指导有方，二是靠作者自身的努力。作为作者硕士阶段的指导教师，我在这里不妨对作者攻读硕士学位前后的一些情况略加介绍。作者出生在贵州边远山区农村，原就读于遵义师范专科学校中文系，毕业时以前三名的优异成绩保送到贵州师范大学中文系读插班生，完成本科学业。随即考入贵州大学中文系汉语言文字学硕士点，继续攻读硕士学位，入学考试成绩为历届省内考生之最。入学后学习一贯踏实刻苦，各科成绩优良。尤其值得称道的是，由于出身农村，家境贫寒，她每到假期都要回家帮助父母干农活，有时还要挑菜到县城出售，这是现在一般女孩子难于做到的。古人说：文如其人。又说：为学即为人。这种为人与为学为文的辩证关系在作者身上得到再一次的生动体现。

四十

《唐写本说文解字木部笺异注评》[1]序

　　唐写本《说文解字木部残卷》是莫友芝于清同治年间在安庆发现的古佚书。此书虽仅存188字,由于它确系中唐写本,在文献学、校勘学、说文学研究上具有极高的价值,所以弥足珍贵。莫友芝为这个残卷所作的《笺异》和序跋,详细考证了残卷的摹写时代及流传情况,指出其版本特征,并比勘传世的《说文》大小徐本,考辨有清一代诸家校语的得失,使残卷这一瑰宝为世所知,在国内外学术界产生了不小的影响。

　　莫氏《笺异》征引广博,考订详密,具有很高的学术价值;但行文简奥古朴,引文不注出处,往往给现代读者带来不便。

光华同志有鉴于此，积十年之功力，撰成《唐写本说文解字木部笺异注评》一书，对残卷原书及《笺异》作了几乎是逐字逐句的疏通证明，堪称残卷及《笺异》的功臣。承光华同志不弃，问道于盲，要我提些意见。我通读全书之后，觉得此书至少有下面一些优点：

第一，材料繁富，基础工作扎实。凡《笺异》所涉及的古代学术领域，本书作者都尽可能循其迹而再作探讨，此外还广泛吸收莫氏以后现代学人的研究成果，如周祖谟、张舜徽等先生的意见。

第二，《笺异》有些条目无注语，本书加以补充；《笺异）引证一般不注出处，本书予以注明；《笺异》引书名、篇名时用简称，或仅引注文而不及原文，或引文有所节略，本书一一详加考证并作补充。

第三，《笺异》的校勘意见中，精辟中肯的占绝大多数，本书给以充分肯定并每有补证和发挥；残卷原书及《笺异》偶有疏失，本书作者也不曲意回护，而是径予指出，是其所是，非其所非，大都持之有故，言之成理。

第四，《说文》一般只讲本字本义，《笺异》重在校勘，也未越此范围。本书针对现代读者的需要，凡属一字多义多音或有重文异体者，必条分缕析，详论其引申系列及相互关系。有的结论可补正前代辞书和现代大型语文辞书注音释义的缺失。

光华同志从事古汉语教学多年，是贵州省语言学会的理事之一，近年来又担负着行政领导工作的重担。在繁忙的工作与教学之余，他仍然坚持学术研究与撰述，而所从事的又是文字训诂之学这样的冷门。这种锲而不舍的敬业精神，是令人感佩的。现在书稿杀青，出版在即，我乐观其成，故聊缀数语于卷首。

1997 年 5 月 2 日

注 释

[1] 贵州人民出版社 1998 年版。

四十一

《中古诗歌语言研究》序

云路的新作《中古诗歌语言研究》即将问世,来电求序。近十年来,我一直在治病养病,即使看书,也是随便翻翻,毫无系统。与学界和学术研究,都已十分隔膜了,实在不是作序的合适人选。但我与云路、一新夫妇相与缔交多年,在年龄上,他们尊我为前辈;在学术上,我视他们为畏友。历年来他们夫妇惠赠的著作,就占了我书架的大半格。盛意可感,盛情难却,只好沉下心来,将书稿通读一过,写下一些零星的感想,聊充序言以塞责。

关于汉语史的分期,虽然存在种种不同意见,但经近年来比较深入地讨论,至少在国内语言学界已逐渐取得共识。多数学者认为可分四段：上古——先秦两汉（或以东汉为过渡时期而属下）；中古——魏晋南北朝；近代——唐宋元明清初；现代——清中叶迄今。云路此书所谓"中古"，大体与这样的分期吻合。如所周知，汉语传世文献存在文言和白话两大系统，中古正是白话系统由萌芽而渐臻成熟的时期，在这一时期内，汉语词汇面貌发生了很大变化。但由于历史的原因，前人对此重视不够，研究者寥寥，给汉语词汇史的研究留下了大段空白。新中国成立前后，在老一辈学者的倡导与示范下，中古语言研究有了一些进展。王力先生的《南北朝诗人用韵考》，罗常培、周祖谟二先生的《汉魏晋南北朝韵部演变研究》是语音方面较早的成果。刘世儒《魏晋南北朝量词研究》是语法方面的专著。词汇研究也有了一些论文，而专著却未见。云路此书虽然题为"语言研究"，并有专章讨论语法，有的章节也涉及语音，但我以为它的核心内容，它的最精彩部分，还是词汇与词义的研究。此书的前身为20世纪90年代出版的《汉魏六朝诗歌语言论稿》和《六朝诗歌语词研究》。这三部书与云路近年出版的《中古汉语论稿》《中古汉语词汇史》，都是具有开拓性的著作，是填补汉语史研究大段空缺的一块块基石。

　　语言是一个系统。在这个系统中，语音的系统性最强，也最易考知；语法其次；语汇最差，其系统性往往隐而不显。单个疑难词语的考释已非易事，研究一部书、一种文体、一个时代的全部语汇则更加不易。张志公先生生前就曾经撰文慨叹"语汇重要，语汇难"（《中国语文》，1988年第1期）。云路此书迎难而上，对魏晋南北朝诗歌的语汇作了全面而系统的探讨，取得了可喜的成绩。我初读之下，印象较深的有以下几个方面。

一是抉发了中古时期一大批新词新义，纠正了历来的一些误解。曹操《善哉行》中有"快人"一词，《汉语大词典》释为"豪爽之士"，其实是似是而非。作者列举中古与唐宋时期的大量例证，证明"快人"应指佳善之人，即有才学而品德高尚的人（详见本书第三章）。曹操《短歌行》首句"对酒当歌"，古今读者（包括笔者在内）一般都理解为"面对酒杯应当唱歌"，作者则释"当歌"为"对歌、对唱"（详见本书第二章）。杜甫《茅屋为秋风所破歌》中"雨脚如麻未断绝"之"雨脚"，有人以为系"两脚"之误，作者则证明"雨脚"是中古常用词，指连续不断的雨滴（详见本书第二章）。唐李商隐《登乐游原》诗中名句"夕阳无限好，只是近黄昏"，一般认为"只是"表转折，作者则证明应为"恰是、正是"之义（详见本书第三章）。理解上一字之差，全诗的意蕴迥异。其他如："商女"指歌女，与商人无涉，"佳人"不一定为女性，"云雨"起初只是分离的意思，"横行"是"奋然前行"而不是横着走、霸道，"横波"不是"斜视"而是比喻"水灵灵的大眼睛"，"燕脂"与"阏氏"的同源关系，等等，可谓胜义纷陈，令人目不暇接。这一类成果不仅对汉语词汇史研究有贡献，对文学史研究和文学鉴赏也大有裨益。日本老一辈汉学家青木正儿著有《中国文学概要》，开宗明义的第一章就是"语学大要"（隋树森译，重庆出版社，1982年）。外国学者研究中国文学先要过语言关，这样的章节安排是很自然的。其实,即便中国学者研究中国文学,又何尝不是如此?因为"文学是语言的艺术",不求甚解即大谈作品的思想与艺术,那只能是郢书燕说,隔靴搔痒。

二是重视常用词的源流演变,为历史词汇研究展开了一个新的视角。传统训诂学的一个重点,是疑难词语的研究,无论虚词与实词都是如此。20世纪90年代,张永言、蒋绍愚、汪维辉等一些学者相继提出应当重视常用词演变的研究。云路此作是对这一观点的响应和实践,并做出了一定的成绩。作者首先指出,常用词是有时代性的,各个时代都各有一批沿用至今,如"乡村""隔壁""万一""成绩""迅速"等,往往能作为大型语文辞书的早期书证。至于常用词的演变,作者则用"目"与"眼","足"与"脚","整""治"与"理","话""言"与"语""说"等几组词之间的历时替换,以及它们之间的联系与区别,作了比较细致的分析说明。

三是在研究方法上,作者继承了前人的优良传统而又有所创新。对于词汇词义研究,传统训诂学有一套行之有效的方法,如利用同义连文、互文对文、异文之类,本书都已使用并且用得比较得心应手。但诗歌语言有它自身的特点,研究它还需考虑到其他一些因素。张相先生在《诗词曲语辞汇释·序》里,曾经总结为"体会声韵、辨认字形、玩绎章法、揣摩情节、比照意义"等项。本书的第六章副标题为"全方位考察诗歌语词",其具体内容是:细致体味普通语词的特殊含义;从语法入手考察词义;从修辞的角度理解词义;从时代性分析词语的不同含义；辩证地理解词语含义；从人称所指的角度考察词义情感词的意义引申。此外，第四、第五两章分别是"从认知语义角度考察诗歌语词"和"从语言学角度考察诗歌语词含义"。这些研究的角度和方法，已经大大超过张相先生所指出的范围。虽然从章节的安排看，不免有些重叠交叉，但作者重视并强调多角度、全方位地去研究诗歌语言，却是完全正确的。此外，比较是语言研究的重要方法之一，吕叔湘先生生前很强调这一点，曾有专文论及。本书在分析个别词语时，不是孤立地就事论事，而是上溯秦汉诗骚，下探唐宋诗词，这属于历时比较。同时，也往往证以当时的书札佛经、史志等散文，这属于共时比较。在本书中我们还发现作者很少孤立地去探讨一个词的含义，而总是把它们放在一个个不同聚合中加以观察。这样，无论是对个别词含义和用法的阐释，还是对新词新义的抉发，都能做到言之成理而持之有故，使结论确凿可信。

四是注意吸收一些新的理论并付诸实践，做到了散钱与钱串子的紧密结合。吕叔湘先生在《把我国语言科学推向前进》一文中，举了冯梦龙《古今谭概》里一则关于散钱和钱串子的故事，来说明理论和事实的关系，然后指出："你们说散钱和钱串子哪个重要呢？当然成串的钱最有用，可是如果二者不可得兼，那么，散钱虽然不便携带，捡起一个钱来还有一个钱的用处，光有绳子没有钱可是毫无用处。"（《吕叔湘语文论集》，商务印书馆，1983年，第5页）照我个人的体会，吕老在这里并不是说材料的重要性胜过理论，而是辩证地指出了两者互相依存密不可分的关系。从云路此作中我们不仅可以看到闪光的散钱，也能体会到其中的钱串子。科学研究的第一步是给对象分类。本书第二章"中古诗歌的语汇构成"中，作者把它们分成"文言词、俗语词、方言词和外来词、常用词和习语"五类，其中虽略有交叉，却大体符合六朝诗歌的实际。在构词法的研究方面，作者受词义演变的"同步引申"论的启发，提出"同步构词"的新说，指出如果有单音词甲、乙、丙、丁同义，则均可与另一个单音词组合成一组意义相同相近的双音词。书中并设有专门章节逐类进行分析，如"寄言""寄语""寄声""寄音"与"凄切""感切""痛切""惨切"等等。作者另有《汉语词汇核心义研究》一书（北京大学出版社，2014年），是专门探讨词汇理论的新作。其中不少观点和方法，其实在这本书里已经使用了。如"端居"为"独居"义，作者首先指出"端"的核心义是"顶端、直立向上"，"直立向上"则无所依附，故有单独义；其次与"端坐""空居"等词相比较，证明"端居"确为此义，从而纠正了《汉语大词典》"平常居处"的误释。又如"横"有"飘浮"这一核心义，故"横海"即浮海亦即渡海，"横江"即渡江，"横楂"即漂浮的筏子，"舟横"即舟浮，如此等等。上举"横波"形容美目亦是（水波）漂浮闪动义的引申。

以上所论，不过是一些零星感受，很可能是隔靴搔痒。最后还想赘言的是，云路、一新夫妇在汉语史尤其是中古汉语词汇的研究上，彼此的分工与配合，显得非常默契：云路侧重韵文，一新侧重散文；云路有《六朝诗歌语词研究》，一新则有《东汉魏晋南北朝史书词语笺释》；云路有《中古汉语词汇史》，一新则有《中古近代汉语词汇学》。当然两人也有合作的成果，如《中古汉语语词例释》《中古汉语读本》之类。两人教学与治学之勤奋用功，也令人十分感佩。贵州大学的硕士研究生，考在他们门下深造的颇有一些，他们回来时告诉我，云路和一新在办公室，一坐就是一整天，中午都是在学校吃食堂，晚上也往往仍在办公室读书做学问，一直很晚才回家。浙江是人文荟萃之地，历代俊才辈出，张浚生先生曾在《浙江中青年学者自选集》的总序里呼唤当今的"浙江学派"。窃以为在人文科学方面，以云路、一新夫妇和张涌泉等中青年学者为代表，向上继承了姜亮夫、蒋礼鸿、郭在贻等先生优良的学术传统，向下惠及他们散处江浙的一大批博士弟子，在他们的努力下，新浙江学派的形成，应当指日可待。

2014 年 6 月 20 日于花溪河畔

四十二

读《葛藤语笺》随札

禅宗是彻底中国化了的佛教宗派,它特殊的传教悟道方式,产生了一大批语录,这些语录不避俗字俗语,甚而常常是刻意求俗,因而成为我们今天研究近代汉语口语的绝好材料。在中日两国老一辈学者共同开掘和示范之下,禅宗语录的语料价值正日益显示出来,受到应有的重视。不过,禅宗语录一向号称难读,要充分利用这部分材料,必须准确把握语录的内容;而要准确把握它的内容,除了应熟悉禅宗的历史,熟悉佛教经典和常用掌故之外,还必须"识得语言的弹性",了解"机锋的路数"[1]。但在中国大陆,有关这方面可供参考的书籍是太少了。元好问《论诗绝句》云:"诗家总爱西昆好,独恨无人作郑笺。"

现在通过日本同行的介绍，我们得以读到无著道忠禅师的一系列禅录笺注和他的《葛藤语笺》。可以并不夸张地说，无著一系列的禅录笺注，就是帮助人们理解禅录的"郑笺"，而《葛藤语笺》则是集中概括了大量笺注成果的禅录俗语辞典。

无著道忠禅师（1653—1744）生活在日本的江户时代，享年九十有二。他一生好学不倦，著作等身。然而，令人感到不解和遗憾的是，他的大多数著作在他生前和身后相当长的一段时间内都没有刊行，因而在日本国内以及日本之外未能产生应有的影响。他和他的著作受到重视，在日本国内好像也只是近年的事。笔者第一次听到禅师的大名，是在1992年。那年五月在河南信阳召开了中国第五届近代汉语学术讨论会，有几位日本朋友参加。会上，日本鸟取大学监见邦彦教授作了题为《日本江户后期的汉语俗语研究》的报告[2]，其中便特别提到无著其人和《葛藤语笺》。报告说无著的著作"有的是远远超出今天学术水平的成果，留下了今日还能充分利用的业绩"，这两句话给人的印象是深刻的。嗣后在《俗语言研究》创刊号上，又读到柳田圣山先生《无著道忠的学术贡献》一文。文章对无著的生平和著作作了全面的分析，给予很高的评价。文章的《引言》部分说："他不仅仅是研究禅宗或江户时代临济宗妙心寺派教义的学者，甚而可以说是在整个佛教史乃至东方人文史上留下最大功绩的学者之一。他二百五十五部、八百七十三卷巨著的数量与质量就雄辩地证明了这一点。并且他的学术成果，即使以当今世界性的东方学水准来衡量亦毫不逊色，其中甚至还含有今天科学研究尚未涉足的领域。"笔者粗读了无著的部分笺注和《葛藤语笺》,感到上述评价并非溢美,而是对无著其人其书的恰当说明。单就《语笺》一书而论,从汉语俗语研究的角度看,其价值至少表现在以下三个方面:

一

众所周知,中国传统训诂学的重点是放在先秦两汉的"雅诂旧义"上,对于魏晋以下乃至整个近代汉语阶段的新词新义则注意不够。有些近代口语词,在中国是近几十年间才引起注意并有了初步解释的,而《语笺》却在两个半世纪以前便从大量例证中归纳概括,作出了恰当妥帖的解释。这样的例子柳田圣山先生曾举出"末上"一词,我们在这里不妨略作补充。譬如"抵死"作为一个双音复词,宋人诗词习见,但新中国成立以前的辞书迄未收录。《语笺》卷五《虚词下》"抵死"条引《临济录》等内典八例,《山谷外集》等外典四例,按云:"《字汇》曰:'抵,至也,又当也。'抵死者至死犹不放舍也。又抵死者与死相抵当而及死放舍也。此亦极甚之辞。"可谓言之有据,解释允当,最末一句按语尤为精彩。而在中国,直到1953年张相《诗词曲语辞汇释》问世,这个词才被收录并得到正确解释。又如"落节"一词,佛典之外也见于敦煌变文、唐宋传奇,但不仅新旧版《辞源》《辞海》失收,即新出之《汉语大词典》第九册"落"字下亦未见,《敦煌变文字义通释》是到了1988

年第四次增订时才补入的,此外则仅见于近年出版的袁宾《禅宗著作词语汇释》。而《语笺》卷二《愚滞》"落节"条云:"俗语,犹言失利也。"举《碧岩录》《五祖演录》《正法眼藏》《虚堂录》等例,与今人解说若合符契。再如卷四《实辞》之"取性"条释为"纵意之义",而此词迄今不见于修订本《辞源》及《汉语大词典》,《诗词曲语辞汇释》《敦煌变文字义通释》等专门辞书亦未收录,仅项楚《敦煌变文语词札记》[3]、拙撰《诗词曲语辞例释》增订本202页"取"字条、袁宾《禅宗著作词语汇释》152页该条论及,说解与《语笺》略同。诸如此一类的例子还有"分疏""懡㦬""描邈""成褫""差事""脱空""捏怪""匹似""领略""周遮""卤莽""大小大""著精彩""赤殺豝"等,举不胜举。单就这些例证看,称无著是汉语俗语研究的先驱者之一,是一点也不过分的。

二

《语笺》诠释的一些口语词或某些义项,中国的大型语文辞书和专门辞书迄今概未收录,现代注家参考无从,有关典籍的校点注释不免常常出错。这部分条目按其使用范围的广狭可分两类:一是带有行话色彩的禅宗用语,如"乱统""竭斗""老臊胡""野盘僧"之类;一是比较通行的近代口语词。两类条目的价值自有等差,但都具有填补空白的作用,则是不言而喻的。如卷四《实辞》"不易"条云:"慰人苦劳辞。《传灯》十四:'石室善道碓米，杏山曰：行者不易，贫道难消。'……"按：修订本《辞源》68页"不易"条列二义：一、难；二、不变。《汉语大词典》第一册420页该条略同。袁宾《禅宗著作词语汇释》亦失收此目此义。《宋元语言词典》133页该条列有"贫穷"之义，那是由本义"艰难"引申而来；"不易"用作慰劳之辞亦当为"艰难"这一本义之引申，但与"贫穷"义是并立的，是所谓辐射式引申的结果。他如"定当"之表"承当"义（卷三《慧通》），"人事"之"见人行礼"义（卷三《动作》），"落草"之"就地接谈"义（卷四《乖戾》），"消息"之"除灭"义，如此等等，都是适例。

填补词目空白的例子如卷五《地载》"案山"条："《圆悟录》十九：'拈却门前大案山。'《西岩·天童录》：'前是案山，后是主山。'《普灯》三《大洪报恩章》：'五五二十五，案山雷，主山雨。'《湖海新闻》前集七：'朱文公尝云：……嵩山，案也；淮南诸山，案外山也。'"作者未加按断，但结论已呼之欲出，读者完全可以领悟到所谓"案山"即是与主山相对而言较为低矮的山，如再参考下条"客山"的解释和引证，就可以更加确信无疑。按："案山"一词，修订本《辞源》及《汉语大词典》"案"字下均未见，近出各种俗语辞书亦失收。另如卷四《歌曲》"合杀"条："《传灯》十八《翠岩令参章》：'问：僧繇为什么写志公真不得？师曰：作么生合杀？'《虚堂录》续集：'结夏小参，曰：蓦然打个无合杀，便乃是见佛杀佛，见祖杀祖。'唐崔令钦《教坊记》曰：'宜春院亦有工拙，必择尤者为首尾。

首既引队，众所属目，故须能者。乐将阕，稍稍失队，余二十许人舞。曲终谓之合杀，尤要快健，所以更须能者也。"此目又见于同卷《实辞》，引例相同，末加按语云："合杀，舞曲将终之名，而今无合杀，首尾失度之曲，乃比大悟端的也。"今按，"合杀"一词亦见寒山诗："汝今须改行，覆车须改辙。若也不信受，共汝恶合杀。"又见于拾得诗："猕猴尚教得，人何不愤发？若也不如此，恐君恶合杀。"二诗旨趣相同，细味诗义，"合杀"当为"结局、结果"之义，与无著所引《教坊记》之言相合，不过已加抽象化。二诗均意言如不及时改弦更张，将来必受恶报，无好结果。"合杀"倒其序亦作"杀合"，一个词同素异序，这在近代新滋生的双音词中是屡见不鲜的。《说郛》卷五王君玉《续杂纂》有"好杀合"条，包括"老妓嫁富商""曹司出职""应五六举进士高等及第""猛将成功""贪官致仕"等情况，"杀合"亦显然为"结局、结果"之义。另此词又作"折合"，《语笺》卷三《动作》类有"折合"条，所引《洞上古辙》一例云："人人尽欲出常流，折合还归炭里坐。"其结果义尤显豁。又该条之末复引《宗门玄鉴图·兼中到颂》语曰："折合，此方云割杀。"均可证"折合""合杀""杀合""割杀"本为一词之异形。王君玉《续杂纂》"瑯珰"条亦有"没折合杂剧"一种情况。再者"杀合"一词，今四川话尚沿用，止语音小变而已。《成都话方言词典》181页"煞割、煞角"条注音为$[sa^{21}ko^{21}]$，释义为"结束"，举例有"会还没有开煞割他就走了"。

三

在某些近代口语词的语源方面,《语笺》也作了可贵的探索,其结论往往具有补阙匡谬的作用。如"巴鼻"一词,张相《诗词曲语辞汇释》收此,释云:"巴鼻,犹云来由也;办法也;上文往往连一否定词如没、无之类。"《语笺》卷二《心肢》该条引《类书纂要》十二:"没巴臂,做事无根据也。"《碧岩古钞》一:"巴鼻,来由义。"释义与《汇释》略同。但《语笺》还进一步追索此词语源,续引明僧独立曰:"巴鼻,唐人常谈。巴者,如鼻端之可拿撮也。此可把之物。"并加按云:"《篇海》'尾也'训亦通独立义,尾亦可拿撮者也。《碧岩古钞》说合《纂要》'根据'义是也。予窃谓如兽之有尾有鼻,是体形之可把提者,故事有根据言巴鼻,无根据言没巴鼻也。《道吾录·颂》'手提巴鼻脚踏尾',直言鼻也。"联系耕牛须穿鼻以及耕牛在古代人民生活中的地位,笔者认为以上说法并非凿空之论,而是言之有据可以参考的。又如"脱卯"一词,胡竹安《水浒词典》432页该条云:"脱卯,脱节。市语中也指说谎败露。"引三十九回"这封书如何有脱卯处?"并引《直语补证》论及此词语源:"凡剡木相入,以盈入虚谓之笋,以虚入盈谓之卯,故俗有笋头卯眼之语。"《语笺》卷三《愚滞》该条则根据禅录用例,给出别义别解,首引《虚堂·宝林录》曰:"僧云:'手里鱼篮则不问,猪肉案头事作么生?'师云:'地狱门前鬼脱卯。'"然后加按云："《水浒传》卅九有'脱卯'字，为差谬义，今不用之。""凡仕宦者每日卯时入官衙书己名伺候，此云画卯，或云点卯、应卯也。酉时亦画。若不画，则为脱卯，故凡事差错失点检，谚言脱卯也。""今言鬼者，人死成鬼者，已赴地狱门前而名籍不题己名，脱身逃去，不知所在焉。是同脱画卯事，故云脱卯也。"关于"脱卯"一词的得义之由，以上两种说法哪种更为切近？看来《语笺》的说法似更有概括性，"笋头卯眼"之说不能解释《虚堂录》的用例，而"点卯、画卯"之说却同时可以解释《水浒》的用例。

"毛病"是现代汉语仍广泛应用的一个常用词。关于此词的含义，《汉语大词典》第六册1001页该条列出以下几项：一、牲畜的毛色有缺陷；二、指疾病，引例为清代李渔《奈何天》剧；三、谓器物损坏或发生故障；四、指事物中存在的问题或弊害；五、缺点错误。按辞书义项一般是依本义、近引申义、远引申义的顺序安排的，据此可知编者认为该词源于牲畜毛色的缺陷。这一看法值得再加斟酌，因为"病"的本义是重病，"缺陷"倒应是引申义。《语笺》卷二《心肢》该条首引《虚堂·报恩录》："人间四百四病，唯有毛病难医。"把"疾病"义的书证提早到宋代；次引《雪岩录》上："八万四千毛病。《智度论》五九：'般若波罗蜜能除八万四千病根，此八万四千皆从四病起：一贪、二瞋、三痴、四三毒等分'。"《江湖集》上："西岩病翁颂曰：'八万四千毛窍里，如来禅与祖师禅。'"后加按语云："可知八万四千毛窍病也。"据此，我们有理由相信"毛病"一词源于佛典,本义为毛窍之病。

另一与佛教有关的是"生受"一词的语源。《诗词曲语辞汇释》卷六"生受"条云:"有吃苦或为难义;有麻烦或烦劳义。"下举元杂剧及散曲多例、黄庭坚词一例。至于此词语源则尚附阙如。修订本《辞源》2096页条略同。《汉语大词典》第七册1499页增补欧阳修《与梅圣俞书》一例,书证时代略有提前,语源仍未论及。《语笺》卷四《乖戾》"生受"条引禅录多例,并引《法华经》二《譬喻品》论及此词语源:"偈曰:'从地狱出,当坠畜牲,生受楚毒,死被瓦石。'"按云:"依《法华》此文常用'生受'语,即楚毒义也。""身得才生,受诸苦恼也。"照笔者体会,这里意思是说,"生受"由于常与"楚毒"连用,因而本身也渐渐取得了"楚毒"的意思。这是所谓词的"影响义",它是由于词经常所处的语法位置而形成的一种意义。如"良久"常与"默然""思维""沉吟"(亦"思量"义)等连用,由于其后词义的影响,它自身也获得了"默然、思量"等义。[4]"不审"本是"不知"的意思,它常常作问候语,用在"不审如何如何"的询问句中,因而也渐渐产生了"问候"义,作名词或动词。[5]

《葛藤语笺》在近代汉语口语词的研究方面确实成绩卓著,贡献不小,而成绩和贡献是由无著这样一位两个半世纪以前身处东瀛并未亲临中国的禅师做出的,尤其难能可贵。可以设想,如果此书能够及早刊布流传,那么在许多词目的研究考证方面,不知要省却后来者多少功夫。不过,像世间任何事物都不可能尽善尽美一样,《语笺》对某些条目的训解也还存在可议之处。如卷四《言诠》"底里"条云："言语深理也。"举《碧岩录·三教老人序》："如老吏据狱谳罪，底里悉见，情款不遗。"按："底里"为同义复词，与"外表"相对，本指事物内部，引申为事情的本质、真相。张相《诗词曲语辞汇释》卷一"底"字条第四义："底，犹里也……亦联用之而成为一辞。陈师道《送汪端礼》诗：'汎爱经过数，移书底里倾。'按：此犹云底蕴。杨万里《题荐福寺》诗：'千山底里著楼台，半夜松风万壑哀。'此直犹云千山里。"故"言语深理"之解，一则不尽妥帖，二则不免有随文释义之弊。又如卷四《虚词上》"要且"条云："要，约也，枢要也，要且有毕竟意。《临济录》：'打即任打，要且无祖师意。《虚堂·瑞岩录》：'大道只在目前，要且目前难睹。'"按："要且"有两种用法，一为语气副词，有"毕竟、终究"义（这个意义与"要"之"约"与"枢要"义是否有关，也值得研究），上举《临济录》之例当为此义；二为转折连词，略同"然而""但是"（详拙撰《诗词曲语辞例释》增订本"要"字条第一义，袁宾《禅宗著作词语汇释》"要且"条第二义），上举《虚堂录》之例应属此义。《语笺》以上说解将两种用法混而为一，不免稍嫌疏略。再如卷五《虚词下》"相次"条引《碧岩录》三例，释云："造次也，盖'相''造'音近，故滥用也。"按："相次"除"依次"义已见诸辞书外，还有"将近""随即"的意思，用作时间副词，与"造次"并不相同（参《诗词曲语辞例释》增订本256页、《唐宋笔记语词汇释》165页该条）。"相""造"二字除声母略近外，韵母与声调均相去甚远，"滥用"的可能性很小。另少数条目内容重复，个别引文出处偶误，也值得改进。指出这些一眚之失并不是苛求前人，而是为了求实求是，便于今天和将来的读者参酌。

（原载［日］《禅籍俗语言研究》1995 年第 2 期）

注 释

[1] 朱自清语，见《禅家的语言》，《朱自清古典文学论文集》，上海古籍出版社，1981 年，141、145 页。

[2] 这个报告后刊于《河北师院学报》1993 年第 3 期。

[3]《四川大学学报》1981 年第 2 期，又见《敦煌文学丛考》，上海古籍出版社，1991 年，172 页。

[4] 见袁宾《近代汉语概论》，上海教育出版社，1992 年，93 页。

[5] 蒋绍愚《〈祖堂集〉词语试释》，《中国语文》1985 年第 2 期。

四十三

《历代典故辞典》读后

在近年出版的一些典故辞典中,陆尊梧、李志江合编的《历代典故辞典》是出得较晚而质量较高的一部[1]。

这部典故辞典的一大特点是收录的范围明确,所收条目确实都是典故而不是任何别的语言成分。这一点看起来简单,做起来却不容易。编典故辞典必然要碰到的一个问题,便是典故与成语的划界问题。这个问题无论在理论上实践上,目前都还没有很好解决。吕叔湘先生说:"典故和成语是分不清的。"[2] 王力先生曾经认为有必要把两者区别开来,但又说两者之间的界限也不是很清楚的[3]。有些辞书则干脆不加分别地笼统题名为"成语典故辞典"。其实典故和成语虽有交叉，却并非混沌一团，完全不可分别。宋代魏泰《东轩笔录》卷六："曾布为三司使，论市易事被黜。曾公（指曾公亮）有柬别之，略曰：'塞翁失马，今未足悲；楚相断蛇，后必为福，'""塞翁失马"出自《淮南子》，一般人耳熟能详，是成语而兼典故者；"楚相断蛇"用楚孙叔敖幼年斩交尾蛇埋之以免贻祸他人事，见汉代贾谊《新书·春秋》、刘向《新序·杂事一》，这就只能看作典故了。他如"白眉""范丹""三山""长门"之类的人名地名，一望可知是典故而非成语；而"小题大作""一目了然""直截了当""溜之大吉"之类的四字格，显然又只能是成语而非典故。

典故与成语的区别概略说来约有数端：第一，成语是固定词组，多为四字格；典故的形式则极其灵活，能以词、词组、单句甚至复句的面貌出现。高适《秦中送李九赴越》诗："镜水君所忆，莼羹予旧便。""莼羹"用晋张翰见秋风起因思吴中莼菜羹、鲈鱼脍当即弃官还乡事，出现的只是一个词。辛弃疾《沁园春·带湖新居将成》词："意倦须还，身闲贵早，岂为莼羹鲈脍哉？"仍用同一事，却是联合词组。白居易《东南行一百韵》诗："钟仪徒恋楚，张翰浪思吴。"出现的是单句形式。李白《行路难》三首之三："君不见，吴中张翰称达生，秋风忽忆江东行。"显然是一个复句。第二，不仅结构形式上有所不同，在意义和用法上，典故也比成语灵活得多。如上举张翰事，高适诗是从宽解对方的乡愁旅思的角度来用的，白居易诗表达的也是同样的内容，但却是所谓"反用"；辛弃疾词是从厌倦仕途、及早退隐的角度来用的;李白诗则是从"达生"的角度来用的,各有侧重。即使同一作者笔下的不同作品,在使用同一典故时,其含义和感情色彩也可以有所不同甚至相反。杜甫《秋日荆南述怀》诗:"苍茫步兵哭,展转仲宣哀。"上句用阮籍穷途恸哭事,表达的是一种英雄末路的悲愤之情。又《秋暮枉裴道州手札》诗:"齿落未是无心人,舌存耻作穷途哭。"虽用同一典故,表达的却是对无告而只知一味哀鸣者的蔑视。古人用典有所谓"明用""暗用""正用""反用"等讲究,比成语使用时的有限变化要复杂得多。第三,成语是全民语汇的一部分,大多数至今还活跃在人们的口头与笔下。小学生的作文中也能恰当地使用不少成语,尽管他们往往知其然而不知其所以然。典故则是古今文学语言运用修辞手段而产生的一种言语现象,只有具备相当文化素养的人,才能真正理解典故所包含的喻指义。有人因此把理解典故比作"密码破译"[4],这是有道理的。鲁迅先生在《〈何典〉题记》中也说:"成语和死古典又不同,多是现世相的神髓,随手拈掇,自然使文字分外精神。"由此可见,典故的适用范围比成语要小。

　　典故和成语的区别需要专文讨论,在一篇简短的读后感里不可能详说。笔者在这里略作辨析,主要为了说明以下事实:《历代典故辞典》的编者在前言和凡例中虽然没有对这个问题作理论阐述,但在编写实践中却解决得比较好,可见他们是成竹在胸的。全书除了纯粹的典故之外,也收了少量成语而兼典故者,如"含沙射影""狐假虎威""画蛇添足""图穷匕见"之类,但绝没有将典故与成语烩成一锅端给读者，像某些典故辞典所做的那样。

本书的另一大特点是编写体例在吸取已有经验的基础上有所创新，一定程度上解决了典故因形式不定、变化繁多而难于查检的问题。搜集并解释典故的书，在我国起源很早，隋唐以降的类书即其滥觞。但正如本书编者在《前言》中所说："类书虽引录广博，但门类庞杂，分类又不尽科学，无索引可供查索。"所以使用起来很不方便。另有一些典故专书虽然意在普及，但编排仍不科学，不能完全适应当时及后世读者的需要。如唐代李翰《蒙求》、明代萧良有《蒙养故事》（后经增补改题《龙文鞭影》）之类，根本不是供检索的，需要从头到尾通读并烂熟于胸之后，才能真正起作用。

上面已经说到，典故与一般词汇或成语最显著的区别是灵活多变、形式繁复，其变式少则十数种，多则可达百种以上。如"巫山云雨""鲲鹏展翅"两个典故，就各有一百六七十种变化形式[5]。近年编写出版的一些典故辞典，有的已开始注意这一问题，作了一些探索和改进，不过多数仍囿于普通词汇或成语的编排方式，一典只列出一形或数形，仍然不便查考。

本书编者正是有鉴于此，所以在"收集近十万条第一手材料的基础上，采用一典多条、广收典形的方式"来编排，每一典故包括典名、典源、今译、释义、典形、示例等六个部分。其中"典形"和"示例"两部分彼此配合，相得益彰。如上引晋代张翰一典，"典形"一栏列"步兵鲈、莼羹、莼鲈、季鹰高致、秋风张翰"等 80 种变化格式，"示例"一栏举证也有 35 例之多。读者通过熟悉典形并玩味这些实际用例，完全可以把握这一典故的丰富内涵和用法变化，解决阅读中的疑难。另外书前的"次目索引"也是以典形为单位而不是以典故为单位来编排的，因此全书所收典故虽只有 1500 多个，但典故的各种变化形式却多达 14000 余条，一个典故的常见格式一般都可以在"条目索引"中检得。

这部辞典在内容和体例上也还有一些尚待改进之处，如"示例"一栏所列例证几乎都采自诗词散曲而于散文或骈文、辞赋尚付阙如。诚然，韵文里典故比较集中，较易搜求。不过书名既为"历代典故辞典"，那就不应有所偏废，否则像"识小"这样常见于散文而韵文罕见的典故就会漏收，而且容易给读者造成误解，以为只有韵文才会用典。另全书之后未附引用书目，也不便读者复核。此外，"今译"一栏往往是转述大意，并不是严格的古今对译，名实之间似有不符，并且今译只是"典源"的今译，单独作为一栏与其他各栏并列，从逻辑上说也可再加斟酌。

（原载《语文建设》1994 年第 11 期）

注 释

[1] 作家出版社 1990 年 12 月。

[2]《中国语文》1989 年第 4 期《未晚斋语文漫谈》。

[3]《汉语史稿》下册 588 页脚注，科学出版社 1958 年。

[4] 葛兆光《论典故》，《文学评论》1989 年第 5 期。

[5] 徐成志《典故源流与辞书释义》，《辞书研究》1986 年第 3 期。

四十四

《墨子·公输》的一处校勘问题

《墨子·公输篇》有云:"臣以三事之攻宋也,为与此同类,见大王必伤义而不得。"句中"三事"二字是否有误,现代诸家选本的看法和处理办法颇不一致。北京大学中国文学史教研室编《先秦文学史参考资料》374页正文作"三事",注云:"应作'王吏'(参用孙诒让说),指楚王所派遣的攻宋的将吏。"朱东润主编《中国历代文学作品选》上编第一册182页注亦云:"孙诒让说,'三事'似是'王吏'之讹。"郭锡良等编《古代汉语》处理办法略同。这是一类情况。另一类情况则是将"三事之攻宋"径改为"王之攻宋"。1978年版统编中学语文课本初中第六册及江苏文艺出版社《古文鉴赏辞典》可为代表。

《先秦文学史参考资料》和《历代文学作品选》保留《公输》原文而只在注中出校语，态度是审慎的。二书编者怀疑"三事"有误，其根据是清代孙诒让的《墨子间诂》。为了便于说明问题，现将该书与此有关的一段文字移录如下：

毕云："《战国策》云：'臣以王吏之攻宋。''王吏'盖'三叟'之误。《说文》云：'叟，古文事。'《尸子》作'王使'。《太平御览》作'王之攻宋'。"顾云："《战国策》'王吏'与此文'三事'皆有误，疑当云'臣以王之事攻宋也。'"诒让案，"三事"疑当作"三吏"，《逸周书·大匡篇》云："王乃召冢卿三老三吏。"杜注云："三吏，三公也。"《神仙传》作"臣闻大王更议攻宋"，则似是"王吏"之讹。（中华书局1986年《诸子集成》本）

以上引文集中了三位清代学者对这一问题的校勘意见：一是毕沅。他列举了"王吏"与"王使""王"三种异文，却都不赞同，他认为《战国策》的"王吏"反倒是"三事"之误。二是顾千里。他认为"王吏"与"三事"都不对，怀疑当作"王之事攻宋"。三是孙诒让本人。他倾向于"三事"应是"三吏"，只是还不十分肯定，故前加"疑"字。他的案语末尾"则似是王吏之讹"一句，乃紧承晋葛洪《神仙传》引文而言，是说明《神仙传》那段引文之由来的。照他看来，这段异文之所以产生，当系先由"王吏"讹为"王更"，然后前加"大"字、后加"议"

字以足文意而成,并不是孙诒让本人认为"三事"当作"王吏"。

三位前代学者以上意见的得失如何?顾千里的意见看来显然不妥。因为"进攻宋国"这样的意思,古人一般只说"将有事于宋"或干脆说"攻宋",而没有把两种格式糅合在一起说成"事攻宋"的。至于毕沅和孙诒让两位的意见,今人马宗霍《〈墨子间诂〉参正》曾加评论,该书120页《公输》第一条云:

"三事"孙诒让疑当作"三吏",引《逸周书·大匡篇》《左传·成公三年》以为证。余按《说文·一部》云:"吏,从一,从史,史亦声。"《史部》云:"事,从吏,之省声。"两字同从史,于古本相通。《诗·小雅·雨无正篇》"三事大夫",郑笺以三公释之。孔颖达申笺云:"郑言三公者,以经'三事大夫'为三公也。公虽无职,而《地官》云'二乡则公一人'。郑亦云外与六乡之事,职所不说,三皆有事,故云'三事'也。"据此,则《诗》之三事,即《左传》之三吏。《墨子》三事二字,盖本于《诗》,孔氏以为当作三吏,非也。三事大夫皆王之吏,故《战国策·宋策》作"臣以王吏之攻宋"。彼盖转述《墨子》此文而易其字。毕沅又据《墨子》而谓"《战国策》王吏盖三事之误",亦非也。

在这里,作者肯定了《公输》原文不误,判定孙氏疑为"三吏"之说为非,同时也批评了毕沅认为《战国策》的"王吏"也应作"三事"的偏执,这些都是很通达、很中肯的意见。

《公输》原文之所以不误，除了《参正》所举训诂上的根据之外，还可以就此篇情节来分析，这场战事本与公输般有直接关系，这是文章一开始就点明了的。后来双方作沙盘式的攻防演习，公输般俨然是楚军一方的主将或谋臣。因此文中"三事"即指公输般而言。以"三事"为大夫之别称或以之泛指官高位崇者，汉魏以下尚然。《后汉书·郑玄传》："然则公者仁德之正号，不必三事大夫也。"《晋书·张华传》："吾少时，有相者言吾六十位登三事，当得宝剑佩之。"《全唐诗》卷一五三李华《咏史》："九重念入梦，三事思降神。"均可参证。《公输篇》的作者叙事是很缜密的，他写墨子把战争的直接责任算在公输般的账上，而不径直归咎于楚王，这在外交上是一种比较得体的行动，在修辞上也是一种委婉的表示法。由此看来，《墨子·公输》"臣以三事之攻宋也"一句，并不烦改字，也无须致疑。现代注家引孙诒让说怀疑"三事"当作"王吏"，实际是出于误会；至于仅据《太平御览》一处异文就径改原文，更不免失之轻率了。

（原载《古汉语研究》1995 年第 2 期）

四十五

《型世言·题辞》校议

　　自话本《型世言》被重新发现以来，各出版社纷纷印行，据笔者所见者即有中华书局版、江苏古籍版、海峡文艺版、四川文艺版、贵州人民版五种。《型世言》每卷之首有"题辞"（或称"叙""小引"），为作者之兄陆云龙的手笔。"题辞"备真草隶三体，书法精美，内容别致。有的本子原样影印，如海峡文艺本；有的本子过录改排，如中华本及四川文艺本；有的概行割弃，如贵州人民本。原件影印不会发生问题，过录者则每多鲁鱼亥豕，标点亦间有未当。现据台湾"中央研究院"影印韩国汉城大学奎章阁本，就中华本及四川文艺本中的一些问题胪列于下，略加按断，供重印修订时采择和读者参考。

王镁　文选

○中华本第1页第1回叙："彼景隆之身亦死，家亦□。"四川文艺本同。

按，据上文"忠何必覆家，亦何必不覆家"，所缺陷者当为"覆"字，可据补。

○中华本33页第3回小引："枕上爱深，便弛堂前之慕；膝头踪远，竟殊被底之情。唯割爱之难，遂背恩之易，孰是？脱娇娃疑敝屣，铭我恃如丘山。"四川文艺本断句同。

按，原题辞每当句读处作者都自加圈号，"孰是"二字之后无圈号，与下文当作一句读。"孰是"犹言"怎如"，"是"与"似""如"通。"疑"亦表似、如义。二句意谓上举不孝行径怎能比主人公割舍夫妻之爱而换回老母，成就孝行。

○中华本51页第4回题辞："何必低徊于'臣无祖母，无以有今日；祖母无臣，无以终馀季'哉？"四川文艺本同。

按，所引为李密《陈情表》中语"馀季"本作"馀年"，因系隶书，"年"与楷书"季"字形近而误录。

○中华本63页第5回小叙："丈夫与阉媚也，无宁卤莽。盖中无大学识，稍一沽恋，不免误入他歧。"

按，"沽恋"不辞，应为"沾恋"之误，原字右旁"占"上面二画略带笔锋，似"沽"而实非。

○中华本78页第六回小引："尝观事当镠辘之际，偏束能人之手，而不惊愚夫妇之心，能人死生，利害大明也。若夫愚夫妇，则直行其是而已。"四川文艺本"能人死生利害大明也"作一句读，余均同。

按，作一句读是。另据上下文意，"心"后宜加句号，"大明也"之后句号应改逗号，"愚夫妇"后之逗号可删。

又中华本同页同篇："使道学者处此，曰：'汝汝一死，何以表我孝？'嗟嗟似此，便死不成？"四川文艺本"作使道学者处此，曰：'汝汝一死，何以表我孝？'嗟，嗟，似此，便死不成？"

按，"汝汝"当系"汶汶"之误，原本此字右旁作反文，清晰可见。汶汶，污垢、污辱，此处用作状语，犹言屈辱地、不清不白地。《楚辞·渔父》："安能以身之察察，受物之汶汶者乎？"语本此。又"嗟嗟"二字之后为作者议论，应在引号之外，标点亦应作："嗟！嗟！似此便死不成。"上引两种本子的标点容易使人误解为反问句。

〇中华本95页第7回题词："自夷光奏治吴之功，祖其谌者为和戎……"四川文艺本同。

按，"治"本作"沼"，"谌"原作"谋"，原文均清晰可见。"夷光"指西施，"沼吴"犹言平吴。《左传·哀公元年》："伍员曰：'越十年生聚而十年教训，二十年之外，吴其为沼乎？'"杜预注："谓吴宫室废坏，当为污池。""祖其谋"句则意谓后世的"和戎"之策均由此肇端。

〇中华本111页第8回叙："翘首金马荒烟，巫心冷雨，犹见一片英雄肝胆，飞跃其上。"四川文艺本同。

按，"巫心"不辞，"心"乃"山"字之误，原本"山"作行草，误录为"心"。

○中华本 144 页第 10 回叙："若夫殉夫自矢，怡然投缳，节妇不至令生，而世且谓红颜有柔情而无侠骨者，岂其然！"

按，"令生"原作"令生"，令，善也，美也。"不至令生"意言未能过完美好的一生。四川文艺本不误。

○中华本 155 页第 11 回题辞："然有终，则偶此不廉之女；中弃，则有薄倖之讥，何以作一时坚忍哉？"四川文艺本同。

按，"何以"原作"何似"，犹言何如，亦即不如之意。

○中华本 170 页第 12 回题辞："今之缇师，贪挚之缇师也，不复知轸恤矣！"四川文艺本同。

按，"缇师"原作"缇帅"，第一个"帅"字左右两部分有连笔，第二个"帅"字则明白无疑。"缇帅"指当时锦衣卫长官，即小说中之王指挥。

又同页同篇："虽然，无李公之忠忱，则不生，又是陆万钟一流也，何足污笔端？"四川文艺本同。

按，"不生"系"石生"之误，即小说中之石监生。"则石生又是陆万钟一流也"当作一句读（原文在"也"字后有圈号，"生"字后无）。"陆万钟"疑当作"陆万龄"，明熹宗时为监生，为趋奉魏忠贤曾请求建魏之生祠于国学，与孔子并尊。

○中华本 181 页第 13 回序："若今之师生，更不如友朋，荒陆氏之灰，为边生之消，谁复作恤孤之想。落落寰中，乃有若人，悌师悌师，真东流之砥矣。"四川文艺本同。

按，"灰"字似为"庄"字之误，原文为草书简体。"悌师悌师"原作"悌々师々"，"々"为重文号，表示重复前一字。

前一"悌""师"为动词,后一"悌""师"为名词,意谓对兄弟友爱,对师长尊敬。

○中华本205页第十五回题词:"夫以必忧必恪者矢心,以疑颠疑狂者正主,觉费祎正除黄皓,犹是失着也。"四川文艺本同。

按,"以疑"之"以"当为"从"字之误,原文系草书简体;"正"当作"止",原文居中一竖略带笔锋,误录为"正"。

○中华本220页第16回题词:"公殃,即自守闺中,垂白方出。"四川文艺本同。

按,"殃"字于文不辞,乃"殁"字之误。

○中华本231页第17回题词:"只是动心忍性,识透胆雄,置身生死之外故也。刃戈前而不惊,浮仪戈挠而不动……"四川文艺本同。

按,此段通篇草书,辨识为难,但以上文字标点均显然有误。"也"字系"白"字之误,"戈"为"交"字,"仪"为"议"字。原文在"外"字后加有圈号。二句实应作:"故白刃交前而不惊,浮议交挠而不动。"

又同页同篇:"不然一本真挠之,一纨绔位之,其不□国事儿希矣。"四川文艺本同。

按,"本真"不辞,当为"本兵"之误,"本兵"乃兵部尚书之称。"位"当作"任"。作□处原不空缺,系"坏"字之草体。

○中华本270页第20回题词:"读之应唤柳下惠。犹以是瞬息之矜持，鲁国男子全不济事。"四川文艺本"柳下惠"之后施逗号，余均同。

按，"唤"字为"笑"字之草书，形近而误录。"以"当作"只"。"读之应笑柳下惠犹只是瞬息之矜持"应作一句读。

○中华本283页第21回题辞："司府为不日之同僚，知捱又他日之言路。"四川文艺本同。

按，"捱"字原为"推"字，"知推"与上文"司府"相对，均为官名。

○中华本351页第26回小引："仆有嫌其妻丑者，主以金杯酌酒与之，从酌以磁杯，问以孰美？"四川文艺本同。

按，"从"原作"继"。

又同页同篇："聚妖丽以戕生者，杨诚斋谓以阎罗王未尝出勾子，何自行投到？"四川文艺本同。

按，"勾"字右下方作者自施圈号，故"子"应属下，用作第二人称代词，犹云"你"。

（《贵州大学学报》1997年第2期）

四十六

《全宋词》刊误拾遗

顷读一九八〇年重印本《全宋词》，于唐圭璋先生订补续记之外，还发现少量排印错误及疑似之处。兹条列于后，谨供编者、读者裁择。

第一册 468 页上栏，秦观《品令》其二："掉又懼，天然个品格，于中压一。"

按："懼"字义不可通。蒋礼鸿先生《义府续貂》74 页引此句，其字作"膭"，并加按云："《集韵》去声三十六效韵：'㮣，所教切，凡物以杀锐曰㮣。'或作'膭'，'膭'盖与俏身材之俏同意。"其说甚惬，宜可从。

第三册 1696 页上栏，张孝祥《鹧鸪天》："短襟衫子新来棹，四直冠儿内样新。"

按:"棹"字当为"掉"字之误,"掉"有美好义,为"嬥"字之假借。说亦详《义府续貂》74页。

同册1985页下栏,赵善括《满江红·辛卯生日二首》。

按:此词并非自寿词,中有"共介公眉寿,赞公贤业"二句可证。"辛卯"应为"辛帅"之误。辛帅指辛弃疾,于二词所述生平行事可见;且作者另有《沁园春·和辛帅》词作一首。

第四册2204页上栏,吴琚《念奴娇》:"未辨鱼簑,先盟鸥鹭,奈卜邻无地。"

按:"辨"字应为"办"字之误,"办"为具办义。

同册2206页上栏,赵廱《谒金门》:"独凭阑千秋满眼。"

"千"应为"干"字之误。

同册2211页下栏,刘仙伦《沁园春》:"东观酬书,西垣草制,此去掀腾好看鞭。"

"看"应为"着"字之误。

同册3052页上栏,陈著《江城子·中秋早雨晚晴》:"天应有意故遮阑,拍人间,等闲看。"

"拍"应系"怕"字之误。

第五册3189页下栏,刘辰翁《点绛唇·瓶梅》:"风雪空山,怀抱无苟倩。春堪恋,自羞片片,更逐东风转。"

按:"苟倩"似为"葱倩"之误。"葱倩"或作"葱蒨""蔥蒨",为词中习用语,状草木之茂盛葱郁。

(原载《古籍整理与出版情况简报》95期)

四十七

新版《辞源》近代语词若干条目释义商兑

汉语史应当如何分期,这是一个至今尚需进一步探讨的问题。所谓"近代汉语",按照吕叔湘先生的意见,是肇自晚唐五代,因为这时才有了比较纯粹的白话文献,可以作为分期的标志。[1] 一些同志则认为不妨将整个唐代都包括在内。这里姑取后一说。近代汉语词汇的研究是汉语史研究中的一个薄弱环节,许多前辈都曾指出这一点。王力先生早在四十年前就说过:"咱们现在所有的字典,对于唐以前的字义,还勉强可用;至于唐以后的字义,简直是要从头做起。"[2] 这里所说的字义,实际也指词义。半个世纪以来,经过中外学者的共同努力,近代汉语词汇研究已取得了长足的进展。但因时间跨度长,典籍浩繁,工作量大，至今仍未尽如人意，距离应该达到的目标还很遥远。词典的编纂和修订，当然不能等待一切都研究好了才去着手，但一部新出辞书能否超越前人旧制，在很大程度上要取决于对这一领域已有成果概括吸收得如何。新版《辞源》的编者们在这方面作了很大努力，新版较之旧版质量大为提高，是有目共睹的。不少同志也曾撰文给予充分肯定，[3] 这里不再重复。不过无须讳言的是，也还存在较多的问题。以下仅就个人管见所及，对已收若干近代汉语词条的释义、溯源、引证等方面提出一些粗浅的看法，个别时代稍早而有关的例子，也顺带在此讨论。文中凡所引据，原文用繁体字的，除个别易生歧解的，均改作规范简体，标点符号也相应改为目前通用的形式。

一、释义未确

379页"动"字目第七义云："不觉、不经意。"引唐高适《别杨山人》诗："不到嵩阳动十年，旧时心事已徒然。"编者看出此例中"动"字不能作"动辄、每每"解，是正确的，但新立义项是否成立，尚可斟酌。按，"动"字在唐宋以降的诗文中有"多"义。唐杜甫《赤霄行》诗："丈夫垂名动万年，记忆细故非高贤。"与高适诗机杼略同，都是多（达）若干年的意思。金《董解元西厢记》六："不恨咱夫妻今夜别，动是经年，少是半载，恰第一夜。""动"与"少"对文见义。散文中此类用法也不为罕见。《太平广记》卷九十五《洪昉禅师》：

"见禅师至,叩头言曰:'我以食人故,为天王所锁。……问其锁早晚,或云毗婆师尸佛出世时,动则数千万年。"又卷四百九十三《刘龙》:"又藏内缯绢,每匹皆有馀轴之饶,使截剩物以供杂费,动盈万段矣。"宋王铚《燕翼贻谋录》卷五:"国初宦者不过十人,真宗时渐……至元祐二年二月,又诏自供奉官至黄门,以百人为额。然流弊之久,终不能革,至宣政间,动盈千数矣。"细按文义,各例中的"动"字都不表频率,不宜以"动辄、每每"义为解,也并非"不觉、不经意"之义,它只是在一次性动作中强调数多量大。"动"与"多"在语音上也不无联系:声同韵近,阴阳对转。

667 页"大段"目云:"唐宋人指重要、主要;完全、仔细等。"引唐张周《幽闲鼓吹》,宋苏轼、朱熹各一例。说解用词虽多,仍嫌未尽妥帖。按,"大段"作为副词常表"大大、十分、非常"等义。《太平广记》卷一百五十一《崔造》:"(赵山人)又谓崔曰:'到虔州后,须经大段惊惧,即必得入京也。'"宋庄绰《鸡肋编》卷下:"只如鸡卵一物,以其混沌未分,必有大段要急之处,不得已隐忍而用之。"宋张邦基《墨庄漫录》卷六引米芾《杂书》:"吾家多小儿作草字,大段有意思。"宋洪迈《夷坚志》三辛卷六《胡婆现梦》:"若积恶者,到便打缚送狱,与县道不异。那里大段怕人!"如此之类,均不宜以"重要、主要"等义为解。即以该条原举苏轼、朱熹而论,也宜释为"十分""非常"。

818 页"定叠"目云:"定当,料理妥当。"引宋苏轼、魏泰各一例。按，"定当"与"定叠"同属近代语词，它本身需要解释，[4]用它作为解释词，似有悖于"以今语释古语"的训诂原则。再者其后"料理妥当"的四字说解，实亦未确。"定登"应是"安宁、安定"的意思。宋何薳《春渚纪闻》卷二《赤天魔王》："蒋颖叔为发运使，至泰州谒徐神公。坐定，了无言说。将起，忽自言曰：'天上也不静，人世更不定叠。'蒋因叩之，曰：天，上已遣五百魔王来世间作官，不定叠！不定叠！'""定叠"与"静"互文。宋洪迈《容斋五笔》卷八："予名竹庄之堂曰'赏静'，取杜诗'赏静怜云竹'之句也。守僧居之，频年三易。有道人指曰：'静字右旁乃争字，以故不定叠。'于是撤去元扁，而改为靓云。"又《夷坚志》支丁卷五《黟县道上妇人》："我不幸，丈夫很恶，常遭鞭箠，而阿婆性尤严暴，不曾得一日定叠。"又支庚卷五《武女异疾》："女子夜来却定叠，俟其疾作，当烦先生。"均可证。即以此解施之苏、魏二例，亦贯通无碍。又"定叠"实为另一词"宁贴（或作帖）"的转语，"定"与"宁""叠"与"贴（帖）"均叠韵，后二字且均为入声。

1210页"打牙打令"目："说唱调笑"。引金《董解元西厢记》四："怎禁当衙门外打牙打令诨，匹似闲唂哨。""打牙指嘲戏，打令指唱小曲。"按，引文于"诨"字断句，可商。凌景埏注本虽亦如此断，但注引另一说云："诨字应断在下句，'诨匹似'是'诨一似'的别写，好像、简直的意思。"二者相较，另说为优。倘以"诨"字属上，则"令诨"连言，词目也应改作五字方妥。又说解中谓"打令指唱小曲"，不知何据。"打令"本指一种时行酒令。唐范摅《云溪友议》卷十："二人又为新添杨柳枝词，饮筵竞唱其词，而打令也。"又《太平广记》卷二百七十三《洛中举人》载举子送席中酒纠妓诗："少插花枝少下筹，须防女伴妒风流。坐中若打占相令，除却尚书莫点头。""占相令"具体内容不得而知，但联系上下文看，其为酒令之一当无问题。降至元代，此词所指或许有所变化。《乐府群珠》卷一无名氏《剔银灯》曲："折末商谜、续麻、合笙、折末道字、说书、打令，诸般儿乐艺都曾领。"但据此仅能推测"打令"为乐艺之一，未必就是"唱小曲"。

1979 页"牛腰"目云："牛的腰部。"引唐李白《醉后赠王历阳》诗："书秃千兔毫，诗裁两牛腰。""多指书卷量大如牛腰。宋周紫芝《竹坡诗话》二：'绍兴兵至姑溪，诗帖两牛腰，并与山谷墨妙，为之一空。'"按，"牛腰"为一种卷轴，以篇幅长、容量大而得名，乃借喻成词而非实指"牛的腰部"。宋岳珂《桯史》卷十三《范碑诗跋》条："牛腰轴虽大，诗之者惟此三人。"可为确证。李白诗及《竹坡诗话》中"牛腰"可以数计，显然也应作如是解。

2343 页"端居"目云："犹言平居。"按，此说未妥，除释义方式与"定叠"目同样有以古释古之弊以外，义亦欠安。"平居"是"平素、平时"的意思，"端居"却是"安居、深居（谢交游、少外出）"的意思；前者是一个浑成的词，后者为习惯性词组，二者不能互训。《中国语文》1983 年第 5 期李崇兴《词义札记》该条已指出此说之误，不过举例多为韵文，兹增缀散文二例于后。《太平广记》卷四百八十七《霍小玉传》："（李生）因谓玉曰：'皎日之誓，死生以之。与卿偕老，犹恐未惬素志，岂敢辄有二三？固请不疑，但端居相待。"宋刘斧《青琐高议》别集卷一《西池春游》："（生）乃别姬曰：'吾往不过逾月，子但端居掩户。'"

3160页"金叶"目第二义："酒名。宋朱敦儒《樵歌》中《好事近》词：'只愿主人留客，更重斟金叶。'"按，此解非是，"金叶"的全称为"金蕉叶"，在宋词中均指杯而不指酒，上例亦然。详见《诗词曲语辞例释》增订本该目。

3269页"院长"目第一义："唐时称翰林院学士承旨为院长。《新唐书》一百三十二《沈既济传》附沈传师：'翰林缺承旨，次当传师，穆宗欲面命。辞曰："学士、院长，参天子密议，次为宰相，臣自知必不能。"'又，外郎御史遗补亦相呼为院长。参阅唐李肇《国史补》下。"其第二义云："宋时对军吏节级之称。"引《水浒传》。按，称翰林学士承旨为院长之例，于史无征。以上引文中沈传师之语意谓学士与院长同参天子密议，同为股肱之臣，非谓学士即院长。"学士"与"院长"为并列结构而非偏正结构，引文标点正确而编写者理解有误。唐赵璘《因话录》卷五："御史台三院……吏察主院中入朝人次第名籍，谓之朝簿厅。吏察之上，则馆驿使。馆驿使之上，则监察使。监察使同僚之冠也，谓之院长。台中敬长，三院皆有长。"可见"院长"实指御史台三院（台院、殿院、察院）的长官，李肇所谓"外郎御史遗补相呼为院长"，所指已有扩大，宋代则进一步用之于法治机构大理寺的隶卒。宋洪迈《夷坚志补》卷八《临安武将》："向巨源为大理正，其子士肃，因出谒，呼寺隶两人相随——俗所谓院长也。"《水浒传》中州县狱吏狱卒也可称院长，当是以上用法的再扩大。于此可见，"院长"之下原列第一、第二两个义项之间，本有引申关系。这种世俗的引申用法实为一种尊称，与称手工匠人为"待诏"，称强盗为"太仆""太保"，可谓同出一辙。

3464页"腾腾"目云："奋起或迅疾刚健貌。"引唐白居易《答州民》诗："唯拟腾腾作闲事，遮渠不道使君愚。"及唐罗隐《途中寄怀》诗："不知何处是前程，合掌腾腾信马行。"按，此解与该词的实际含义正好相反，"腾腾"多状动作之迟缓悠闲，所引二例中下文"作闲事""信马行"可证。其他韵文中亦多有上述用法，具见拙撰《诗词曲语辞例释》增订本该目，今但增一散文用例以为佐证。唐李复言《续玄怪录》卷四《李卫公靖》："于是上马腾腾而行，其足渐高，但讶其稳疾，不自知其云上也。"意言先缓后疾，故句中以渐字过渡。

二、义项阙略

58页"上"字目字头列"高处、上等、在先"等十一个义项。按，此外"上"还有特指上任的用法，唐宋笔记中极普遍。唐张文成《朝野佥载》卷二："周地官郎中房颖叔除天官侍郎，明日欲上。其夜有厨子王老夜未起，忽闻外有人唤云：'王老不须起，房侍郎不上,后三日李侍郎上。'"例多无须赘举。直到今天,"上"这一义项作为词素义尚沿用不衰,可谓其来有自。

444页"去就"目云:"去留进退。"仅此一义。按,"去就"在唐宋金元之际尚有"体面、礼貌、规矩"与"着落"等义,诗文剧曲中都不为罕见,详见《敦煌变文字义通释》该目。吕叔湘先生《笔记文选读》所录《鸡肋编·迪功郎》注、拙文《元曲通假字、俗语词考辨》"去秋"目(《中国语文》1982年第4期)。

506页"周星"目云:"岁星,岁星十二年在天空中循环一周,因此把十二年叫周星。"按,此外"周星"还可指一周年,即岁星运行一个躔次所需的时间。宋文天祥《过零丁洋》诗"干戈寥落四周星"即属此种用法。唐五代散文中亦多有用例,参见拙撰短文《"周星"注释补议》(《中学语文教学》1985年第5期)。

568页"因缘"目列三义:①机会。②依据(名词)。③梵语尼陀那的意译,后泛指原因、缘故。按,"因缘"此外尚可用作动词,表凭借、凭靠义,与第二义项同一义位而用法小异。唐刘𫗧《隋唐嘉话》卷上:"赵公宴朝贵,酒酣乐奏,顾群公曰:'无忌不才,幸遇休明之运。因缘宠私,致位上公。人臣之美,可谓极矣。"宋邵伯温《邵氏闻见录》卷七:"公见周祖,为建议律条繁广,轻重无据,吏得以因缘为奸。"实则此义东汉已然。东汉王充《论衡·恢国》:"谷登岁平,庸主因缘以建德政。"(参见程湘清《〈论衡〉中联合式双音词在现代汉语中的变化》《中国语文》1984年第6期)。

同页"因循"目云:"守旧而不知变更。"仅此一义。按,此词在唐宋之际尚有蹉跎、延误之义。《太平广记》卷一百七十八《试杂文》引《摭言》:"后至调露二年,考功员外刘盈之奏,议加试帖经与杂文,文高者放入策。寻以则天革命,事复因循。"此言事情延误未果,与守旧不变义正相反对。唐牛僧孺《玄怪录》卷三《吴全素》:"卜得行日,或头眩不能去,或驴来脚损,或雨雪连日,或亲故往来。因循之间,遂逼试日。"宋魏泰《东轩笔录》卷十四:"文正叹曰:'贫之为累亦大矣,倘因循索米至老,则虽人才如孙明复者,犹将汩没而比见也。'"《夷坚志》甲卷七《周世亨写经》:"庆元初,发愿手写经二百卷,施人持诵。因循过期,遂感疾。"均可为证。

又同页"回"字目列"环绕、掉转、返回、违背、邪僻"等九义。按,此外尚失收"购买"一义。《夷坚志》三辛卷八《马保义文谈》:"(王)又问之曰:'近日曾做得好弓否?'对曰:'述而不作。'王云:'此后结果,欲回一两张。'对曰:'做得中使,便当纳来,何敢望回。'"《古今小说》卷三十三《张果老种瓜娶文女》:"问大伯买三文薄荷。'公公道:'好薄荷,《本草》上说凉头明目,要买几文?'韦义方道:'回三钱。'公公道:'恰恨缺。'韦义方道:'回些个百药煎。'"文中"回"与"买"屡互见。又此义实为"交换、改换"义之引申。《齐书·张岱传》:"手敕岱曰:'大邦任重,乃未欲回换。'""回"与"换"同义叠用。《太平广记》卷二百四十四《李德裕》:"谓禹锡曰：'吾于此人不足久矣，其文章何必览焉。但以回吾精绝之心，所以不欲看览。"另该书中收有"回易"一词，亦为由同义语素构成的联合式合成词，并可佐证。

569页"回互"目云："回环交错。"仅此一义。按，因"回"有"换"义，故"回互"尚有互换、讳避之义。宋周辉《清波杂志》卷二："客有言表章所用字，有合回互处，若'危乱倾覆'之类……哲宗尝书郑谷《雪》诗于扇，'乱飘僧舍茶烟湿'，改'乱飘'为'轻飘'。"又同页"回向"目云："见迴向。"然3053页"迴"字下未见此目。

1161页"惭"字目云："羞惭。"其下"惭愧"及1147页"愧"字目解说亦同。按，"惭""愧"二字及复音词"惭愧"尚有"多谢、多承"义，张相《诗词曲语辞汇释》卷六、《敦煌变文字义通释》第四篇该条下所举唐宋例证甚夥。实则此种用法六朝已肇其端。《文选》卷十六江淹《恨赋》："乃有剑客惭恩，少年报士……"晋干宝《搜神记》卷二十《董昭之》："惭君济活，若有急难，当见告语。"

2006页"犹"字目收有"尚且、仍然、庶几"三种虚词用法。按，此外"犹"尚可作范围副词，表只、仅、独义。《太平广记》卷六十六《谢自然》条："因食新稻米饭，云'尽是蛆虫'……自此犹食柏叶，日进一枝。七年之后，柏亦不食。"又卷三百三十七《李感》："童隶闻呼急起，见李生毙，七窍流血，犹心稍暖耳。"另韵文中此种用法亦多，参见《诗词曲语辞例释》该目。

2434页"经"字目列十三义,均为实词。按,此外"经"尚可用作时间副词,与"曾经"之"曾"略同。六朝已然,唐宋习见。《南齐书·周山图传》:"义乡县长风庙神姓邓,先经为县令,死遂发灵。山图乞加神位辅国将军。"《玉台新咏》卷八刘缓《敬酬刘长史咏名士悦倾城》:"经共陈王戏,曾与宋家邻。""经"与"曾"互文。又卷九梁简文帝《和萧侍中子显春别四首》:"故人虽故昔经新,新人虽新复应故。"《太平广记》卷三百八十九《舒绰》引《朝野佥载》:"此地经为粟田,蚁运粟下入此穴。"宋李心传《旧闻证误》卷四:"本朝母后经垂帘者,例称山陵。"均可证。

3382页"顷"字目第三义:"副词,近来、刚才。""顷年"目云:"近年。"按,"顷"作时间副词,还可指已过去很久的一段时间,义同"往""昔","顷年"犹言"昔年""往年"。除《诗词曲语辞例释》所列韵文用例之外,略增散文数例:鲁迅校《岭表录异》卷上:"顷年自青社之海归闽,遭恶风所飘,五日夜不知行几千里也,凡历六国。"《太平广记》卷四百九十八《李回》引《摭言》:"某顷岁府解,蒙明公不送,何事今日同集于此?"《夷坚志》乙卷二十《天宝石移》:"顷因大水,碑失,今复在县桥下。"

三、语源失考

103页"九百"目第一义:"宋人讥讽痴呆、精神不足的人为九百。"此目吸收了张相《诗词曲语辞汇释》的解说,是正确的。但何以"九百"能表此义?似应作进一步的探讨。按,"九百"或作"九佰""九陌",本指钱陌不足。《汉书·食货志》:"仟佰之得。"颜师古注:"仟谓千钱,佰谓百钱。"《南史·梁简文帝后论》:"初,武帝末年,都下用钱,每百皆除其九,谓为九百。"宋沈括《梦溪笔谈》卷四:"今之数钱,百钱谓之陌者,借陌字用之,其实只是百字,如什与伍耳。唐自皇甫镈为垫钱法,至昭宗末乃定八十为陌。汉隐帝时,三司使王章每出官钱,又减三钱,以七十七为陌,输官仍用八十。至今输官钱有用八十陌者。"于此可窥见从萧梁至赵宋钱市流通制度之一端。关于"九百"语源,宋人多有及者,但均不得要领。唯朱彧《萍洲可谈》卷三云:"盖俗以神气不足为九百,岂以一千则足耶?"虽"九百"本指除九当百,非指一千而言,但此说已接近此词真诠,可惜未达一间。由钱陌不足引申为精神不足乃至痴呆、癫狂之义正属情理中事。之所以只有"九百"而无"八百""七百"之类,大概与古人偏爱为九之数不无关系。

342页"分携"目云:"离别。"引宋王之道诗及吴文英词。按,此词唐诗已习见。唐李频《岐山下逢陕下故人》诗:"三秦一会面,二陕久分携。"

735页"好好先生"目云:"不分是非,到处讨好,但求相安无事的人。"引《儒林外史》第六回。按,此词元曲已见,且当时并不一定含贬义。《曲江池》第三折:"哎,怎不叫你元和猛惊,那里是虔婆到也,分明子弟灾星。这一场唱叫无干净,死去波好好先生！"此系正旦李正仙唱词，玩其文意，不过说郑元和乃一忠厚老实的软弱书生而已。关于此词由来，清翟灏《通俗编》卷十一《好好先生》引《谭概》云："后汉司弓徽不谈人短，与人语，美恶皆言好。有人问徽安否，答曰好。有人自陈子死，答曰大好。妻责之曰：'人以君有德，故此相告，何闻人子死反亦言好？'徽曰：'如卿之言，亦大好。'今人称好好先生本此。"其后作者翟灏并加按云："《后汉书》本传云'佳'，此易为'好'，非典则。然俗语实由此也。"翟灏此说是有道理的，意义相合仅字面不同者，可以看作语源。参见刘洁修《成语》第二章（商务印书馆 1985 年版）。

1048 页"张致"目云："模样、样子。贬词。也作'张志'。""引申为有派头，也作'张智'。"引有《水浒传》《小孙屠》《竹叶舟》等例。按，此词不含贬义，本应作"章栔"，原为建筑行业术语。宋庄绰《鸡肋编》卷下引李诫《营造法式》："材名三：章、材、方桁……《史记》'居千章之萩'，注：'章，材也。'《说文》'栔'注：'栔，欚也，音至。'按构屋之法，皆以材为祖。祖有八等，度屋之大小，因而用之。凡屋之高深，名物之长短，曲折举折之势，规矩绳墨之直，皆以所用材之分以为制度。材上加栔者，谓之足材。其规矩制度，皆以章栔为祖。"庄绰在引证上文后并加申说云："今人以举止失措者，谓之失章失栔，盖谓此也。"此词引申后形体衍变多途，本随声取字，不拘一体，是俗语词使用中常有现象。如"俌峭"亦源于建筑术语，或作"逋峭""波俏""波峭"，引申指人之"仪矩可喜"。由此可知，"张致"等形体的第一引申义为行为举止，本身无所谓褒贬，贬义是它的否定形式造成的。

1863页"準"字目第六义："抵押、折价。"引唐韩愈《赠崔立之评事》诗。按，《文选》卷四十任昉《奏弹刘整》："寅第二息师利，去岁十月往整田上，经十二日。整便责范米六斗哺食。米未展送，忽至户前，攘拳大骂，突进房中，屏风上取车帷準米去。"任昉南齐人，所撰此文时代较韩愈早约三百年。

2187页"盌注"目云："宋时杂手伎之一，俗称'弄盌注'。"又1588页"椀珠伎"目："古杂技相当于今舞盘弄椀之戏。《旧唐书·音乐志》二：'又有弄椀珠伎、丹珠伎。'"按，"椀注"即"椀珠"，来源甚早，并非起自唐宋。清翟灏《通俗编》卷三十一"弄椀珠"条引《通典》云："梁有玩椀珠伎。"又"舞盘"条云："《晋书·乐志》：'柸柈舞，手按柸柈反覆之。'《通典》：'盘舞汉曲也，至晋加之以柸。张衡《舞赋》云：历七盘而纵蹑……'""柸柈"即"杯盘"。

2208页"真"字目第六义："肖像，摹画的人像。"引《景德传灯录》十四："因门僧写真呈师。"按，《太平广记》卷二百一十《敬君》引汉刘向《说苑》："齐敬君善画，齐王起九重台，召敬君画。君久不得归，思其妻，遂画真以对之。"此外，"真"既可指画像，又可指塑像。《太平广记》卷九十三《道林》："开锁，见有金数千两。后卖一半，买地造菩提寺，并建道林真身。"宋欧阳修《归田录》卷一："内中有玉石三清真像，初在真游殿。既而内大火，遂迁至玉清昭应宫。"二例中"真身""真像"均为塑像，故可建可迁。

3079页"过所"目云:"古代过关所用的凭照。"引《魏书·元丕传》及《唐六典》。今考汉刘熙《释名·释书契》:"传,转也,转移所在执以为信也;亦曰过所,过所至关津以示之也。"刘熙为东汉末年人,而《魏书》为北齐魏收撰,二人相去亦约三百年。

3110页"都知"目第三义:"明清妓女的称谓。妓之有声名者为都知,其为酒纠,则称录事。见明方以智《通雅》十九《称谓》。"按,唐孙棨《北里志》云:"曲内妓之头角者为都知。"宋金盈之《醉翁谈录》七《举举善辩》:"曲中名妓之头角者为头知,又名都知,谓其分管诸妓名籍追名。当时郑举举、赵降真即都知也。"据此可知"都知"之名,唐宋已然,且不仅是"有声名者",而且兼掌诸妓名籍,故有此称。

四、引证有误

188页"何许"目云:"何处,什么地方。《文选》三国魏阮嗣宗(籍)《咏怀》诗之十:'良辰在何许,凝霜沾衣襟。'"按,此目引例与说解未能榫合,"何许"在上例中为"何时"义而非"何地"义。"处"有"时"义,"许""处"可通,故"何许"同"何处"均可不表处所而表时间,从六朝至唐宋均有用例。南朝齐谢朓《晚登三山还望京邑》诗:"佳期怅何许,泪下如流霰。"又《在郡卧病呈沈尚书》诗:"良辰竟何许,夙夕梦佳期。"《玉台新咏》卷七皇太子简文《照流看落钗》:"佳期在何许?徒伤心不同。"唐李白《古风》:"良辰在何许?大运有沦忽。"唐孟浩然《秋窗月下有怀》诗:"佳期旷何许?望望空伫立。"如此之类,均与阮诗句法相近,"何许"之前并有"佳期""良辰"等时间名词与之呼应。

980页"常川"目云:"连续不断,取川流不息之意。"引明汤显祖《邯郸记·勒功》:"少则少千里之遥,须则要号头明,烽瞭远,常川好看。"按,"好看"二字误倒,造成曲文失韵。《汤显祖集》《六十种曲》均作"看好"。另"常川"在元明之际多表"常常、每每"义,为当时俗语,是否取川流不息之义尚缺乏证据,"连续不断"的解释也不甚准确。上引例意谓须常常看好烽瞭。又《孤本元明杂剧·广成子》第三折:"临军不战心中怕,上阵常川肚里疼。"《延安府》第一折:"我打死人不偿命,常川只是坐牢。"其中"常川"都不能作"连续不断"解。

1208页"打挣"目列二义:①挣扎。引《金线池》剧第三折:"但酒醒硬打挣强词夺正,则除是醉时节酒淘真性。"②尽力设法。引《金凤钗》剧第三折:"我道你不是受穷的人,我还打挣头间房你安下。"按,一、二义项引证均有未妥,"打挣"确有"挣扎"义,如《灰阑记》剧三折:"兀那妇人,你打挣些,转过这山坡,我着你坐一会儿再走。"此外尚有:①支吾对付义,《金线池》一例即属此。②打扫收拾义,《金凤钗》一例即属此。后列二义,今四川方言尚然。

1275页"排比"目云:"依次排列,使相连比。"共引二例:其一为白居易诗:"花教莺点检,柳付风排比。"其二为元稹文:"至若铺陈终始,排比声韵……"按,"排列连比"之义,于第二例或勉强可通,于第一例显然扞格。"排比"在唐宋多用表"准备、安排、具办"等义,实即"排备",参见《敦煌变文字义通释》及拙撰《诗词曲语辞例释》该条。白诗一例亦应作如是观,意言把柳树交与春风去安排。春风只能催绿柳枝,而不能使柳枝排列连比成行,这是很明白的。

1375页"新闻"目第一义:"新近听说的事。后以指最新的消息。"首举唐李咸用诗,次举宋赵昇《朝野类要》卷四《朝报》:"朝报,日出事宜也。每日门下后省编定。……率有漏泄之禁,故隐而号之曰'新闻'。"按,此处引文删节失当,不仅文意难以连续,且与作者原意不符。所删二十三字为"请给事判报,方行下都进奏院,报告天下。其有所谓内探、省探、衙探之类,皆衷私小报"。可见赵昇所谓"新闻"和"朝报"是两码事。"朝报"类似今之新闻;至于"新闻",拙文《常用词语源杂说》曾认为类似现代的内参(《汉语学习》1985年第4期),其说亦未尽确。《宋会要辑稿》"刑法"二下:"绍熙四年十月四日臣僚言:朝报自有门下后省定本,经由宰执始可执行,近年有所谓小报者,或是朝报未报之事,或者官员陈乞未曾执行之事。"又:"淳熙十五年正月二十日诏:近闻不逞之徒,撰造无根之语,名曰小报,传播中外,骇惑听闻。今后除将进奏合行关报已施行事外,如有近乎之人当重决配。"据此,则赵昇所谓"衷私小报"亦即"新闻",乃当时之非法印刷品,与今之内参不同,倒类似专门掇拾小道消息的非法小报。

3551页"卤莽"目第一义为"粗疏",引唐杜甫《空囊》诗:"世人共卤莽,吾道属艰难。"按,此诗上二句云:"翠柏苦犹食,晨霞高可餐。""粗疏"之解,施诸句中,义恐未安。清杨伦《杜诗镜诠》于"世人共卤莽"句下注云:"众人贵苟得意。"可谓得句意之大略而未获确解。实则二句含"世人皆浊我独清,众人皆醉我独醒"之意,"卤莽"为"迷惑、迷惘"义。敦煌变文《妙法莲华经讲经文》:"奉事仙人,心不济(莽)卤。"陈治文《敦煌变文词语校释拾遗》认为此例"莽卤"不宜解作马虎轻率,并引《集韵·姥韵》:"懵恼,心惑。"(参见《中国语文》1982年第2期)。据此,"卤莽"为"莽卤"之倒序词,与通常表粗疏轻率义者实属同形异义,此在散文中也有例可证。《太平广记》卷三百七十《王锜》:"与锜坐语良久,锜不知所呼,即徘徊卤莽。紫衣觉之,乃曰:'某潦倒一任二十年,足下要称呼,亦可谓为王耳。'"文中"徘徊鲁莽"即犹豫迷惘之义。

上所论列,只是笔者在查考参阅时随手记下的一些例子,并没有对全书所有近代语词逐一检核。文中所论亦未必尽确,甚至可能有以非矫是的情况,尚祈方家不吝赐教。

(原载《语文建设》1986年5~6期,收入本书时校正了个别舛误,文字上也略有改动。)

注 释

[1]《〈近代汉语指代词〉序》,学林出版社1985年版。

[2]《理想的字典》,《龙虫并雕斋文集》第一册370页,中华书局1980年版。

[3]见《中国语文》1982年第4期、《辞书研究》1981年第4期所刊综评和专辑。

[4]"定当"可与当时流行的另一词"定害"同义,为"搅扰"的意思,与"料理妥当"不对当(参看《诗词曲语辞例释》"定当"目)。"定当"也可以是"停当"的意思,但"停当"亦属近代语词,且只含"妥当"而不含"料理"义。

四十八

《汉语大词典》一些条目释义商榷

吕叔湘先生生前十分重视语汇的研究和辞书编纂，早在1961年，《汉语大词典》还在拟议之中，他就要求所有语言工作者特别是从事汉语史研究的同志，"在或大或小的范围内，或是一个时期，或是一类作品，或是某一本书，或是某一类词语，进行词义的分析以及来龙去脉的考索"，号召大家"群策群力，共襄盛举"。[1]20世纪70年代末和80年代初，《汉语大词典》的编纂工作正式展开，他又以耄耋之年出任编委会的首席学术顾问，提出许多精辟中肯的指导意见。1993年，《汉语大词典》皇皇十二卷陆续出齐，它与同时编纂的《汉语大字典》一起，成为我国新编大型语文辞书的双璧，代表了我国辞书编纂的最新成就和最高水平。但是，人无完人，书无完书，正如词典主编罗竹风先生所指出的："人类可以创造出空前未有的新事物，但决不可能创造出绝后的任何东西，""由于所收词目浩繁，又加时间紧迫，疏漏、错误必然难免。"[2] 实践证明情况正是如此，词典问世不久，便有不少讨论商榷的文章，甚至出现了质疑订正的专著。笔者平时也经常翻检查考此书，受益不少，同时也发现并随手记录了一些疏失。现将有关释义的一些问题稍事排比，分类胪列，略加按断，以供编者修订和读者检阅时参考。为免篇幅过长，关于书证滞后的问题拟另文讨论，此处不再赘述。词典原文为繁体字者，引用时均改简体。

一、释义未当

卷一1275页"低簌"条："象声词。风吹物体发出的簌簌声。"引元无名氏《渔樵记》第一折："耳边厢风飒，把那毡帘来低簌。"又："看这等凛冽寒天，低簌毡帘，羊羔美酒正饮中间，还有什么人扶侍他。"

按，立目与释义均有未当。"低"即"高低"之"低"，"簌"为"拂"的借字，这里有"垂下"的意思，参拙著《诗词曲语辞例释》（增订本）222页"窣、簌"条。"低簌"为偏正式自由词组，并非象声词。

卷五963页"沙锣"条："亦作'沙罗'。一种打击乐器，行军时又作为盥洗用具。"下引宋袁文《瓮牖闲评》卷四等解释及例证，末云："参阅宋赵彦卫《云麓漫钞》卷九。"

按，所引《瓮牖闲评》的解说是分析字形的，另引《耆旧续闻》《宋史·蛮夷传》《十国春秋》三例，都不能确切证明沙锣是一种打击乐器。根据由编者指定的参阅文献《云麓漫钞》卷九，倒恰好说明沙锣是一种被称为"洗"的金属浅盆。其有关的段落是："今人呼'洗'为沙锣，又曰'厮锣'。国朝赐契丹西夏使人，皆用此语。究其说，军行不暇持'洗'，以锣代之。又中原人以击锣为筛锣，今南方亦有言之者。'筛''沙'音近，'筛'之为'厮'，又小转也。"以上引文很显然是说明"洗"这种浅盆所以得名之由的，与"打击乐器"完全无关。《西湖老人繁胜录》："内以沙罗饰金佛一尊，坐于沙罗内香水中，杠台于市中，宅院铺席诸人浴佛求化。"可作为这是一种金属浅盆的显证。

同卷1506页"游街"条②："特指人们有意识地在街上游行。多为押解罪犯坏人以示惩戒，有时亦为簇拥英雄模范人物以彰功绩。"引清周亮工《书影》卷十："闻京兆应随状元游街，意是年杜公其为京兆乎？"

按，"英雄模范"的说法似过于现代化，宜改用"杰出人物"之类。另《书影》之例并非正面记述状元游街的，且时代也嫌晚，《永乐大典戏文三种·张协状元》二十七出以及元杂剧中均不乏描写状元游街的例证。

卷六453页"抽分"条："即抽解。旧时对沿海进出口贸易所征的税。"举《元史·世祖纪八》："商贾市舶物货已经泉州抽分者,诸处贸易,止令输税。"456 页"抽解"条解释略同。

按,"抽分"与"抽解"是一种实物税,所征地区不限于沿海,也不限于进出口贸易。《中国历史大辞典·宋史卷》263 页"抽解"条:"又称抽税、抽分。(1)商税。对竹木等营建之物例只抽解,一般十分抽一。(2)舶税。由市舶司征收。"可见这种税一开始就包括两部分。又《明史·职官志·工部下》:"屯田(清吏司)典屯种、抽分、薪炭、夫役、坟茔之事……凡抽分征诸商,视其财物各有差。"另《型世言》第十五回有"黄州抽分主事"之职,均可参证。

卷八 396 页"端正"条②:"整齐匀称。"举《史记》"仪状端正",《搜神记》"端正妇人",顾况诗"头面端正",《武王伐纣平话》"形容端正"等例。

按,"端正"有"美好、美丽"义,虽由"整齐匀称"引申,但已不尽相同。《汉书·外戚传·上官皇后》:"(霍)安素与丁外人善,说外人曰:'闻长主内女安子容貌端正……'"此处指容貌,已不只是"整齐匀称"而已。《敦煌变文集补编·维摩碎金》:"假饶端正似潘安,掷果盈车人总会,四相迁移身灭后,空留名字也无常。"《庞居士诗》卷下:"惭愧一双眼,曾见数般人。端正亦不爱,丑陋亦不嗔。"此与"丑陋"对举,其义益显。以此义施之上举各例,均可贯通无碍,且较原解更为贴切。

卷十 851 页"回残"条(此"回"字下有"走之"旁):"旧时官府将用后的剩馀物资变卖上缴国库之称。"举《旧唐书·王毛仲传》。又卷三614页"回残"条（无"走之"旁者）说解略同。

按，这也是不适当地将概念的外延缩小了。清赵翼《陔馀丛考》卷四三"回残"条云："凡买物应用后，仍减价卖之，俗谓之'回残'。此二字见《旧唐书·王毛仲传》：'毛仲管闲厩马，凡刍粟之类，吏下不敢盗窃。每岁回残，常致数万斛。'又《新唐书·食货志》'太和九年，以天下回残钱置常平仓平钱。'"这可能是编者进行词义概括的主要根据。但赵翼只是说"买物"，而没有说"官物"，"俗谓"二字也说明这并不是官府的特用语汇，所举证也只是最早的用例而未及其流。《型世言》第六回："（汪涵宇）去换了一两金子，走到一个银店里去，要打两个钱半重的戒指儿，七钱一枝玉兰头古折簪子……（银匠）打完，连回残一称，道：'准准的，不缺一厘。'"这里"回残"只是指剩余的金子。又十四回："若是处困时，把那小人图报的心去度量他：年幼的道这人小没长养，年老的道人老没回残……"又引申为回报之义。

卷十一1168页"金叶"条③："茶叶的美称。"举朱敦儒《好事近·茶》词："从容言笑醉还醒，争忍便轻别。只愿主人留客，更重斟金叶。"

按，朱作见《全宋词》第二册885页，无"茶"字标题，"从斟"作"重斟"。词中"金叶"为"金蕉叶"之省，是一种底托为蕉叶形的容量较大的酒盏，词作中常见。吕渭老《早梅芳近》词："醉红明，金叶倒，恣看还新好。"两首词中均有"醉""斟""倒"字样，"金叶"之为酒盏（代指美酒）而非茶叶显然可见。这种酒盏还可省称"金蕉""蕉叶",参《诗词曲语辞例释》130页该条。

卷十二 196 页"鞘马子"条:"装银钱的木筒。"引《儿女英雄传》第四回:"(两个骡夫)又把衣裳包袱、装钱的鞘马子、吃食篓子、碗包等件拿进来。"

按"木筒"之说,大概是据"鞘"字第一音项之第二义"饷鞘"为解。但是《宋元明清百部小说大词典》867页也引同一个例子,释为"马褡子,即披挂在马背上的大型褡裢。"二说相较,似以后者为优。因小说叙述的并非押解饷银的事,以木筒装银两显然不便旅途行走。又"鞘马"或作"哨马",《型世言》第二十二回:"只见三个衙头都过来揖,卷篷下站上一二十个,都拿着拜匣、皮箱、哨马、料绞,累累块块,都是有物的。"而卷三 358 页"哨马"条仅"探马"一义。

二、义项阙略

卷一 55 页"一面"条收七义,其第七义为"表示两种以上动作同时进行,可单用或连用"。单用之例举《气英布》剧三折:"与英布夹攻项王,项王必然败走,一面通知韩信。着他绕出夏阳,截他归路,擒项王必矣。"

按,"一面"有"随即、立即"义,在所列七义之外。范成大《雨后东郭排岸司申梅开方及三分,戏书小绝,令一面开宴》诗:"司花好事相邀勒,不著笙歌不肯春。"诗题中"一面"

义即"立即",并无与之相对的另一面。《金瓶梅词话》第八回:"王婆便叫道:'师父!纸马也烧过了,还只个攞打怎的?'和尚答道:'还有纸炉盖子上没烧过。'西门庆听见,一面令王婆快打发衬钱与他。"《古今小说》卷十五:"当日那承吏王琇承了这件公事。罪人入狱,教狱子绊在廊上,一面勘问。"《初刻拍案惊奇》卷二:"那滴珠终究是好人家出来的,有些羞耻,只叫王嬷嬷道:'我们进去则个!'嬷嬷道:'慌做什么?'就同滴珠一面进去了。"细勘文义,各例中的"一面",也都没有与之相对的另一面,均应作"随即、立即"解。词典原引《气英布》剧所谓单用之例,也看不出有另一面的动作隐含着,亦当作如是观。

同卷 708 页"半千"条列二义,均为历史人物的别名别号。

按,709 页"半百"条云:"五十。多用于年龄。"据内部条目一致性的原则,"半千"条亦应收"五百"一义,且此义在文献中也比较常见。《董解元西厢记》卷三:"栲栳大队精兵,转过拽脚慢坡,六百来少,半千来多。"

同卷 843 页"千章"条:"千株大树。"仅此一义。又卷十一 910 页"阡张"条云:"即阡纸(冥钞纸钱)。"

按,实际上"阡"可省去左偏旁而作"千","张"可借用同音字"章",故"千章"可与"阡张"同义。《新校元刊杂剧三十种·看钱奴》三折:"枉了你献千章,枉了你沉檀笺降,你搀头炉意不臧,瞒人在斗秤上。"

同卷 1484 页"条流"条列五义:"①体例;纲目。②流派;

类别。③条例。亦谓订立条例。④条理。⑤枝条。"

按,"条流"在唐代还常作动词,表处理、处置义。日释圆仁《入唐求法巡礼行记》卷三:"右街功德使奏:准敕条流僧尼,除年已衰老及戒行精确外,爱惜资财自愿还俗僧尼共二千二百〔五〕十九人。"又卷四:"会昌四年八月中,缘太后有道心,信佛法,每条流僧尼时,皆有词谏。"

卷二414页"䨖"字条:"líng,《广韵》力膺切,平蒸,来。"仅此一读。

按,《汉语大字典》第一册298页"凌"字条列有两个音项,一为平声与《大词典》同,另一读为去声,引《集韵》"里孕切"为证,释义为"结冰"。其实去声一读还广泛存在于现代方言中,且不限于动词用法。《成都方言词典》135页"凌 lìn ①冰。②引申为凝结。""凌冰 lìnbiēr 冰(多指薄冰)。"山西稷山话称冰块为冬凌,称冰雹为凌子,均读去声。[3]

卷二482页"出身"条列"献身;指科举考试中选者的身份、资格,后亦指学历;指为官;个人最早的学历或身份"等七义。

按,"出身"此外还可特指寡妇改嫁。《型世言》第四回:"(李权)来见林氏道:'姊姊年纪小,你又老了,管他不到底。便是我们家事少,也管顾不来。如今将要出身,要你做主。'""小说的情节是:李权因寡姊家中穷苦,不肯顾恤,怂恿她改嫁。这是李权对其姊之姑林氏所讲的一番话。又第十回:"这等劳苦,如何过得日子?这便不得已,只得寻出身。"第十六回:"陈氏随我七年,无子,年纪尚小,可与出身。"均可为证。

同卷796页"勘会"条："审核议定。参见'勘当'。""勘当"条列二义：一为"审问核察"，一为"审核议定"。

按，推测编者本意，是说"勘会"只具有"勘当"的第二义项。实际上"勘会"也有询问、审问的意思。王安石《勘会贺兰溪主》诗："贺兰溪上几株松？南北东西有几峰？买得住来今几日？寻常谁与坐丛容？"序云："贺兰溪，洛京地名，陈绎买地筑居，于邮中问之。"序中"问"字与题中"勘会"及诗中四问相应。

卷三300页"周星"条："即岁星。岁星十二年在天空循环一周，因又借指十二年。"举庾肩吾诗及白居易文等例。

按，"周星"此外还可指岁星运行一个躔次所需的时间，即一年。文天祥《过零丁洋》诗："辛苦遭逢起一经，干戈寥落四周星。"指四年而非四十八年。词典所引白居易《与韦苏州书》一例亦然。参拙撰短文《"周星"注释补议》[4]，及周本淳《"周星"不指十二年》。[5]

同卷533页"嚇"字条有二音七义。其 hè 音呼格切下有"怒斥声；怒、大怒；见'恐嚇、恫嚇'；张开；叹词"五义。xià 音呼讶切之下有"象声词，形容笑声；使害怕"二义。又"嚇诈"条云："恐吓讹诈。"举《醒世恒言》等例。

按，"嚇"字单用便有"讹诈"义，说详拙著《唐宋笔记语辞汇释》该条，举有《朝野佥载》等例。这种用法一直延续到明代，张瀚《松窗梦语》卷一："有君某辖真、顺、广、大四郡，句取州邑富人为标下旗牌及千总百总名。民称不愿，则令市马实厩，嚇数百金，莫敢与抗。"因此"嚇诈"实即"讹诈"，为同义复词,原解中"恐吓"二字可删。

同卷 1599 页"宁"字条第二音项 nìng 下列"宁可、宁愿;竟、乃;岂、难道;语气助词;犹言岂不、难道不;姓"六义。

按,"宁"此外还可作语气副词,有"大概、也许'的意思,表示一种较委婉的测度或疑问语气。刘淇《助字辨略》训为"将无",举有《后汉书·傅俊传》"今日罢倦甚,卿宁㤿邪"等例。吕叔湘先生说:"'将无'是魏晋人常用的一个熟语,与'得无''莫须'相近。除用于事实的测度外又可用于委婉的提议。"(《语文杂记》一"将无同")汉乐府《陌上桑》:"使君谢罗敷,宁可共载不?"《后汉书·崔骃传》:"帝雅好文章,自见崔骃颂后,常嗟叹之,谓侍中窦宪曰:'卿宁知崔骃乎?'对曰:'班固数为臣说之,然未见也。'"揣摩二例语气,可知"宁"与"将无"略同,正是一表委婉的提议",一表"事实的测度"。又编者所立"岂不"一义,例证之一即为《助字辨略》所举之《后汉书·傅俊传》,另一例《方术传》也不含明显的反问语气,因此这一义项能否成立,值得怀疑。

卷四 447 页"几"字列五音十九义。

按,音义项虽繁,仍失收"屡次"义,说详《诗词曲语辞例释》(增订本)该条。《例释》所举首例为《玉台新咏》收录之王僧孺诗,实际书证还可大大提前。《左传·昭公十六年》:"夫大国之人不可不惧也,几为之笑而不陵侮我。"杜注:"言数见笑则心陵侮我。"《正义》:"几度之为笑而不于我加陵,言数被笑则陵侮我也。"

卷五 745 页"替"字条第一音项之第十二义项为介词,又细分为:"(1)为、给。(2)和、同。(3)跟、对。"其第(2)项首引《初刻拍案惊奇》卷二十七:"(王氏)且是宽和柔顺,一院中的人没有一个不替他相好,说得来的。"

按,"替"表"和"义,可用作连词,且已见于南宋。杨万里《走笔送赵正则司户来访畈觐亲庭》诗:"君到东湖与南浦,时当芍药替金沙。"金沙,即金沙罗,花名。"替"用于两个表花名的名词之间起连接作用。

同卷 1355 页"淹润"条列三义:"①温和、客气,和气、和顺。②妩媚,丰润。③柔和、圆润。"

按,三义中除第三义指音乐书画外,均指人物的举止容貌风度。其实"淹润"此外还可用于衣饰。《型世言》第二十七回:"若见一个风流子弟,人物齐整,衣衫淹润,有不输心输意的么?"

同卷 552 页"恶"字条第一音项è乌各切下列"罪过、罪恶;凶暴、凶险"等十义。按,此外还有二义当补:其一为沉酣义。《诗词曲语辞汇释》卷二"恶"字条引陈克《谒金门》词:"云压枕函钗自落,无端春梦恶。"释义云"梦恶,梦酣也。"不过条目中仅此一例,作者将此义一概归入"甚辞",似稍嫌疏略。实际上"恶"此义并不罕见,《太平广记》卷一七五《刘神童》条引《郑谷诗集》:"灯前犹恶卧,呓语诵书声。"(亦见《全唐诗》卷六七六)《陈抟高卧》剧第四折:"白酒樽旁,闲慰眼金钗十二行,误了我青风岭上,不番身恶睡一千场。"均为沉睡、酣睡之义。其二为恼怒、愤怒义。唐李建勋《殴妓》诗:

"恨枕堆云髻，啼襟愠月黄。起来犹忍恶，剪破纸鸳鸯。"忍恶，犹云含怒，下句可为注脚。黄庭坚《好事近》词："思量模样忔憎儿，恶又怎生恶？"《刘知远诸宫调》第十一："当时间知远恶，愤气填胸，怎纳无名火？"均为恼怒义。词典559页收有复音词"恶发"，义即发怒，亦可作"恶"有"怒"义之参证。

同卷632页"爱"字条列"待人或物的深厚真挚感情"等十二义。

按，"爱"此外尚有"贪图"义。《三朝北盟会编》卷五五引《山西军前和议录》："若水曰：盖缘三镇军民未肯交割，故欲将逐年租税奉贵朝，其利均一，止是爱省事。幸国相、元帅开纳。"词典623页复词中收有"爱小"条，释云"谓贪小利。"举《西游记》《荡寇志》各一例，亦可佐证。

卷九506页"苍茫"条列三义："①广阔无边的样子；②模糊不清的样子；③犹匆忙。"按，蒋绍愚《唐诗词语小札》"苍茫"条云："除了形容景色的荒寂、地域的旷远外，还可以指人的精神状态，有'迷茫，怅惘'之义。"举杜甫、岑参诗等例。(《唐诗语言研究》316页）现再补一二例以申其说。王维《哭殷遥》诗："萧条闻哭声，浮云为苍茫。"此以人拟物，表怅惘义。杨万里《午睡起》诗："日脚何曾动，桐阴有底忙？倦来聊作睡，睡起更苍茫。"此迷茫义。

卷十1345页"角"字条两音项之下各列多项意义。

按，"角"除上列诸义外，还可与"甲于天下"之"甲"相通，表示在同类事物中十分特出之义。《青琐高议》前集卷十《王幼玉记》:"与衡州女弟女兄三人皆为名娼,而其颜色歌舞,角于伦辈之上。"又《东京梦华录》卷五"京瓦伎艺"条:"崇观以来,张廷叟孟子书,主张小唱李师师、徐婆惜、封宜奴、孙三四等,诚其角者。"

三、引证有误

卷一1556页"停"字条第四义"停放",引白居易诗"当君秉烛衔杯夜,是我停灯服药时"及《神奴儿》剧"我与你种着火,停着残灯"。第六义为"贮存、存留"举《后庭花》剧一折"这东西一半停将一半儿分"。

按,白诗及《神奴儿》剧中之"停"均为"贮留"义,应入在第六义项之下。《后庭花》剧一例中"停"则是均匀的意思,全句意谓一半对一半地平分。《汉书·张汤传》:"乃请博士弟子治《尚书》《春秋》,补廷尉史,平亭疑法奏谳疑。"颜师古注:"亭,均也、调也,言平均疑法及为谳疑奏之。"另参《诗词曲语辞例释》(增订本)232页"停、停停"条。

卷二520页"危"字条第九义"几乎、将要",首引《汉书·外戚传》,次引梁元帝《金楼子·说蕃》:"今暑热,县官年少,持服恐无处所,我危得之。"

按,《金楼子》这段文字出自《汉书·宣元六王传》,一字不差,不能作为六朝用例表此词之流。又《丛书集成》本《金楼子》引此文于"持服"二字后断,于义较胜。

同卷746页"剧"字条列十四义,其第三义为"艰难",引《后汉书·列女传》及曹植《梁甫行》"剧哉边海民,寄身于草野"。

按,《广韵·陌韵》:"剧,艰也。""艰"有艰难义,也有困苦义。《诗经·邶风·北门》:"终窭且贫,莫知我艰。"《汉语大字典》五册3171页引此例即释为"困苦"。"困苦"与"艰难"含义相近而不尽相同。《文选》卷二八陆衡《乐府十七首·苦寒行》"剧哉行役人,慊慊恒寒苦!"而同为一组诗之《从军行》则云:"苦哉远征人,拊心悲如何!"比照二例,可知"剧"犹"苦"也。《太平广记》卷四五八《檐生》条引《广异记》,叙述一书生养一小蛇,号曰"檐生"。后蛇渐大,放之大泽中,不时吞食行人。一日书生行经大泽,蛇识旧主人,不加害,得生还。县令以为妖异,系之狱中,判刑当死。"书生私愤曰:'檐生,养汝翻令我死,不亦剧哉!'"此例中的"剧"也不能以"艰难"义为解。上举曹植诗之例与此略同。似应另立"困苦"一义,或于"艰难"义之下给以特别说明。

同卷1009页"在"字条第十七义"犹些许",举杨万里《小集食藕极嫩》诗:"比雪犹松在,无丝可得飘。"

按,"在"在唐宋之际有语气助词的用法,略同"呢",吕叔湘先生《释〈景德传灯录〉在、著二助词》论之甚详,[6] 杨万里诗以通俗著称,这种用法的"在"有数十例之多。如《睡起理发》:"闲中多事在,一日一梳头。"《后圃杏花》:"淡了犹红在,留渠肯住不?"《中秋雨过月出》:"照却八方还剩在,看来千古许清新。"凡此之属,均不宜仍以实义为解。上引杨诗之例实与义项（16）"助词"下所举杜诗"诗酒尚堪驱使在"之"在"同类，"些许"之解不知何据。

卷五 351 页"些"字条第二音项 xiē 写邪切下列五义，其第四义为"语气词"，举《清平山堂话本·快嘴李翠莲记》："年老爹娘无依靠，早起晚些望顾照。"

按，引例中的"晚些"为一词，又作"晚西"，实即"晚夕"之异形，为傍晚或晚上之义，与"早起"即早晨相对为文。（参《诗词曲语辞例释》243 页"晚西"条）另同卷 744 页"晚些"条释义为"晚上"，所举即《清平山堂话本》此例。

卷七 990 页"石脉"条①："山石的脉络纹理。举例有方孝标《松下泉》诗：石脉绽寒光，松根喷晓霜。"

按，"石脉"可径指水泉或瀑布。方干《题仙岩瀑布呈陈明府》诗："远壑流来多石脉，寒空扑碎作凌澌。"高启《石井泉》诗："清原生石脉，冷逼煮茶亭。"方孝标诗中"石脉"指山泉，于诗题及"绽寒光"的描述中灼然可见。

同卷 1180 页"看"字条第五义"款待"，举《范张鸡黍》剧第一折："看些按酒来。"

按，"看"在此例中为"置办、准备"义，元杂剧中有"看斋食""看晚饭""看些新鲜果品""看汤药"甚至"看骏马"的说法均为此义。另有"看客"一词，其中的语素"看"则为"款待"义。范成大《田家留客行》诗："木臼新舂雪花白，急炊香饭来看客。"

卷九 792 页"终"字条第六义"纵使、虽然"，举李商隐《筹笔驿》诗:"管乐有才终不忝,关张无命欲何如。"王安石《绝句呈陈和叔》诗:"永日终无一杯酒,可能留得故人来?"

按,二例均可再酌。李诗见《全唐诗》卷六三九,"终"下注云:"一作真"。中国社科院文学研究所《唐诗选》径录作"真",因上文有"终见降王走传车"之句,据律诗应力避重字的规则,此处以作"真"为是。王诗中"可"表反问,略同"岂",故上下二句之间无让步关系,"终"为始终、终究义。

卷十635页"都知"条①:"旧时妓院中的班头,分管诸妓。"举《北里志》原注:"由内妓之头角者为都知……"

按,引文中"由"字失校,当系"曲"字之误。上文云:"郑举举者,居曲中。""曲"为"坊曲"之义。

四、语源失考

这里所谓"语源",是指下列情形或其中之一:1.语词得名之由;2.该词本义的最早或较早出处。

卷二647页"判断"条第三义"欣赏",首举唐南卓《羯鼓录》:"时当宿雨初晴,景色明丽,小殿内庭,柳杏将吐,睹而叹曰:'对此景物,岂得不为他判断之乎!'"次举刘克庄词"判断雪天良夜",末举伯颜小令"山河判断在俺笔尖头"。

按,编者释义的根据当是《诗词曲语辞汇释》卷五"判断"条,但"欣赏"之解,虽近是而未确,关键在于未明此词之源。"判"单用时可表撰写、记录、描状之义。岑参《青山峡口怀狄侍御》

诗："把笔判甲兵，战士不敢骄。"此指撰写军事文书。刘禹锡《蒙恩转仪曹郎依前充集贤学士举韩潮州自代因寄七言》诗："暂入南宫判祥瑞，还归内殿阅图书。"此指入尚书省记录国家祥瑞之事。杨万里《见澹庵胡先生舍人》诗："澹翁家近醉翁家，二老风流莫等差。黄帽朱耶（字疑误）饱烟雨，白头紫禁判写花。"意言胡舍人老来尚任职清要，在宫禁中描绘繁花胜景。这一意义应源于唐代，与当时的选官制度有关。据《新唐书·选举志》，当时选拔官吏的标准有"身、言、书、判"四项，"书"指书法，"判"指文理优长，即在撰写判辞时能作到辞理畅达，富于文采。由此引申出上述种种意义。"判"与近义语素"断"构成联合式合成双音词，表示的仍是同样的意思。苏轼《西江月·送别》词："此景百年几变，个中下语千难。使君才气卷波澜，与把新诗判断。"意谓用诗抒写描绘"此景"。词典所举《羯鼓录》一例，实际也是说用音乐形象来描绘春光春景，引文下面接着还有一段文字，颇能说明问题："或曰：夹钟属二月之律，明皇依月用律，故能判断如神。"这里显然不能解作"欣赏如神"，而只能理解为音乐描状春光形象生动，如有神助。另如词典所举刘克庄词，上句为"倾倒赣江供砚滴"，可知"判断"指描绘而非欣赏。伯颜小令只能理解为山河美景被描绘在我笔下，"欣赏在我笔尖头"则扞格难通。

卷五1121页"波澜"条第三义："比喻诗文的跌宕起伏。"引杜甫《敬赠郑谏议十韵》诗："毫发无遗恨，波澜独老成。"

按，黄生《义府》卷下"波澜"条引上述杜诗及《剑器行序》：

"既辨其由来,知波澜莫二。"并云:"今人喜用'波澜老成'字,而不知所谓'波澜'者何义。按波澜即'渊源'也,谓郑诗独有前辈渊源,李舞渊源公孙,竟似一人也。唐讳'渊'字,故以'波澜'易之。"据此,此词并非源于修辞上的比喻,"跌宕起伏"之解也嫌不尽确切。

卷六450页"拈花惹草"条:"比喻挑逗异性;淫乱。"举《红楼梦》等例。

按,这一熟语中的"花""草"均有特定含义,似应指出。《南村辍耕录》卷十四"妇女曰娘"条:"娼妇曰花娘,达旦又谓草娘。"《全元散曲》1430页刘庭信《折桂令·忆别》:"家儿活儿既是抛撇,书儿信儿是必休绝,花儿草儿打听的风声,车儿马儿我亲自来也。"

同卷1141页"有"字条第六义"等候、等待。为尊者对卑者进见时的用语。"举《冻苏秦》剧三折:"贤士,你则这里有者,待我将的来。"

按,这种用法先秦已见。《战国策·齐策》:"靖国君因见之,客趋而进曰:'海大鱼。'因反走。君曰:'客有于此!'客曰:'鄙臣不敢以死为戏。'"

卷七1107页"磨旗"条①:"摇旗,挥动旗帜。"举《东京梦华录》等例。

按,释义是,但"磨"何以有"摇"义,这应是"簸"字的假借,说详拙文《俗语探源》"磨旗"条[7]。

同卷1384页"畸零"条列二义:"①谓零数;②孤特、孤单。"

举清恽敬及徐迟文。

按,"畸零"二义均与明代里甲制度有关。明代里甲的编制是：每里正管一百一十户,推丁粮多者十户为长,其余百户编为十甲,甲十户。凡十年一周,轮流充役,先后则以丁粮多寡为序。丁少贫难者及鳏寡孤独等则带管于一百一十户之外,名曰畸零。[8]

卷十 167 页"买卖"条第二义项为"生意,商业经营"。举元剧《盆儿鬼》及《水浒传》等例。又"买卖人"条释义为"做生意的人",举《龙须沟》及《人民文学》等例。

按,"买卖人"已见于南宋之《虚堂和尚语录》,其书卷五《颂古》内有一诗云："短裤长衫白苎巾,呷呷月下急推轮。洛阳路上相逢著,尽是经商买卖人。"

卷十二 493 页"饥虚"条列二义："①犹饥荒。②谓腹中空虚而饥饿。"前义举《后汉书·左雄传》,后义举《颜氏家训·勉学》。又 584 页"饑虚"条："腹中空虚而饑饿,喻指殷切期待。"举《三国志·魏·邴原传》裴松之注引晋杜笃所撰《邴原别传》："贤者诚难测度,孤谓君将不能来,而远自屈,诚副饑虚之心。"

按,两条最好并为一条,只须就字形稍作交待即可。丙条中所引首例均嫌晚,《三国志》裴注一例虽较早出,却已是引申义而非本源义。"饥虚"一词,《说文》已见,其八篇下欠部云："歊,饥虚也。"段注："饥,饿也。滰者水之虚;康者屋之虚;歊者饿腹之虚。"

五、立目不妥

卷二553页"刁天决地"条:"勇悍,凶狠……亦作刁天厥地,亦省作刁厥、刁决。"例证中有《望江亭》剧三折:"我丑则丑,刁决古撇。"

按,汉语词汇的发展有由简而繁和由繁而简两种趋势,这一条目恐应属前一种,即由"刁厥"扩展为四字模式的词语"刁天厥地",因前者比后者更为习见。《元曲释词》便是以"刁厥"立目。另对词义的概括也欠全面,所举《望江亭》一例系女主人公谭记儿唱词,"刁决"与"古撇"近义连用,"勇悍、凶狠"之解虽然不够恰当,《元语言词典》释为"古怪、特别",是为得之。又《雍熙乐府》卷三《天宝遗事·玄宗幸蜀》:"呜咽蝉声分外清,啾唧蛩吟刁厥鸣。"也不是"勇悍、凶狠"所能包括。

卷三376页"啉"字条第一音项 lin 下列二义:"①愚;呆。②见啉啉。"义①首举《王西厢》三之四:"足下以实啉,佯妆唔。"复音词下仅"啉啉"一目。

按,"啉"可单用表示"愚、呆"义,但《王西厢》之例却是"啉唔"为词,因格律与修辞的要求而分置。《雍熙乐府》卷七《天宝遗事·力士泣杨妃·红绣鞋》"那厮生得来矮罢,下偌来宽膀臂,粗古鲁恁来阔胸围。项圆蠢,腮啉唔,胖容仪。"又同卷《禄山泣杨妃·幺篇》:"圆肥啉唔的,谁想我一日瘦如一日。"故复词下应增"啉哢"一目,释义为"粗蠢貌"。

卷十二 250 页"须管"条:"必定;定要。"又另立"须管教"条,释义云:"同'须管'。"举《董西厢》"一句句唱了,须管教伊喝彩。"

按,引例中"须管"为一词,"教"为一词,全句意谓必定使得他喝彩。立此目反致破碎文义,当删。

同卷 1279 页"么道"条:"犹言如此说,这样说。"首举陆游《送佛照光老赴径山》诗:"报恩一句作么道,常遣山林见太平。"

按,句中"作么"为词,义即"怎么",诗词及禅宗语录习见,参《诗词曲语辞汇释》卷三"作么"条;"道"为另一词,即"言说"之义。以"么道"立目不免有割裂文义之嫌。另所举《元典章》二例为蒙式汉语,恐不足为据。

注 释

[1]《汉语研究工作者的当前任务》,《吕叔湘语文论集》28 页,商务印书馆 1983。

[2]《回顾与展望——记〈汉语大词典〉首卷出版》,《辞书研究》1986 年第 4 期。

[3] 陈庆延《山西稷山话所见元明白话词汇选释》,《语言学论丛》第七辑。

[4]《中学语文教学》1985 年第 5 期。

[5]《疑难字词辨析集》348 页，上海辞书出版社 1986 年。

[6]《汉语语法论文集》58 页，商务印书馆 1984。

[7]《中国语文》1989 年第 3 期。

[8] 参栾成显《明代黄册底籍的发现及其研究价值》，《文史》三十八辑 114 页。

四十九

《汉语大词典》一些条目释义续商

拙文《〈汉语大词典〉一些条目释义商榷》已刊《中国语言学报》第十期,近来检阅查考,复得可商补者若干事。现将释义和引证两个方面的问题分为四类,各依词典卷次页码的先后条列于下,以供研讨。

一、释义不尽确当

卷三185页"呈拽"条:"(__yè)安置,安排。宋孟元老《东京梦华录·元宵》:'内设乐棚,差衙前乐人作乐杂戏,并左右军百戏在其中,驾坐一时呈拽。'又《下赦》:'楼上百官赐茶酒。诸班直呈拽马队,六军归营。至日晡时,礼毕。"

按"呈"即呈献,"拽"指引导,"呈拽"应是"引人呈献"之义。该书卷七有"驾登宝津楼诸军呈百戏"之目,又《驾幸宝津楼宴殿》:"门之两壁,皆高设彩棚,许士庶观赏,呈引百戏。""呈骁骑迄,引退。"均可证。

同卷 1270 页"厨司"条:"厨师。唐冯贽《云仙杂记》卷三:'成都薛氏家士风甚美,厨司以半瓢为杓。'宋孟元老《东京梦华录·筵会假赁》:'吃食下酒,自有厨司。'"

按"厨司"不等于"厨师",唐代指官宦贵族人家的厨房,宋代为"四司六局"之一,是专为官府贵家操办筵席的营利机构。第二例连上下文是:"凡民间吉凶筵会,椅桌陈设、器皿合盘、酒檐动使之类,自有茶酒司管赁。吃食下酒,自有厨司。以至托盘、下请书、安排坐次,尊前执事,歌说劝酒,谓之白席人。总谓之四司人。"

卷四 760 页"村牛"条:"蠢牛。对文盲的贬称。《醒世恒言·卖油郎独占花魁》:'那主儿或是年老的,或是貌丑的,或是一字不识的村牛。你却不肮脏了一世?'"

按释为"蠢牛"不错,但后一句却是蛇足,"村牛"并不限于指文盲。引例也嫌晚。《全宋词》1492 页太学诸生《南乡子》词嘲洪迈父子云:"厥父既无谋,厥子安能解国忧?万里归来夸舌辩,村牛!好摆头时便摆头。"《元曲选外编·博望烧屯》一折:"(道童云)呸!可不是晦气,此人就是个村牛一般。"《朴通事》下:"有一个没理的村牛打我来。"

卷四 828 页"东西"条:"⑥物产于四方,约言称之为东西,古代亦以指产业。"首举宋王溥《唐会要·逃户》:"大中二年制:'所在逃户,见在桑田屋宇等,多是暂时东西。'"

按,引文欠完整,语句词义均因而不明。下文尚有:"便被邻人与所由等计会,虽云代纳税钱,悉将砍伐毁折。及愿归复,多已荡尽。"这里的"东西"是"奔走逃亡"之义,是动词而非名词。"东西"可表此义,详见《敦煌文献语言词典》及《唐五代语言词典》。"东西"的"奔走"义在宋代文人笔下仍然不时可见。范成大《送遂宁何道士自潭湘归蜀》诗:"尘埃波浪几东西,归去丹瓢挂杖藜。"杨万里《观水叹》诗:"眷然慨此水,念我少年时。迄今四十年,往来几东西。"又《归去来兮引》诗:"正坐瓶无储粟,漫求为吏东西。"

卷六 739 页"拣退"条:"旧时征募士兵经挑选后将不合格的予以退回。"

按,这是将词语所反映概念的外延缩小了,因拣退的不仅指人也可指物。《欧阳文忠公集》下册《乞条制催纲司》:"所有合退作杂般船者,亦须依刻记造年月,先后资次,拨充杂般船,不得隔募将新好船拣退。"

卷五 969 页"冲喜"条:"旧时迷信风俗。在人病重时,用办理喜事来驱除所谓邪祟,想借此化凶为吉。明汤显祖《牡丹亭·诊祟》:'老夫人替小姐冲喜。'《醒世恒言·乔太守乱点鸳鸯谱》:'刘妈妈揭起帐子,叫道:"我的儿,今日娶你媳妇来家冲喜,你须挣扎精神则个。"'《红楼梦》九六回:

'若是如今和他说要娶宝姑娘，竟把林姑娘撂开，除非是他人事不知还可，若稍明白些，只怕不但不能冲喜，竟是催命了。'"另举马识途文。

按上举三例实际应分两类，分别表示两种意义：例一为一类，例二、三为另一类。前一类是"冲克致喜"的意思，即破除邪祟以求得喜庆平安，并不一定与喜事相关。所引文见《牡丹亭》十八出，此前十六出老夫人白："我看老相公只为往来使客，把女儿病都不瞧，好伤怀也。（泣介）看起来，一边叫石道婆禳解，一边叫陈教授下药，知他效验如何？"第十七出《道观》便接着写禳解事。因此，这里的"冲喜"与"禳解"含义略同，与"喜事"完全无关。属同类情况的例子尚有：《女仙外史》五回："赛儿乘众亲来问病时，遂将银二百两付与母舅，说要办口杉木寿器冲喜。"《青楼梦》三二回："惟恐天下有不测风云，可替他冲冲喜，以寿礼靴帽设案拜之，或者能痊，亦未可卜。"后一类则是"以喜冲克"之意，即以办喜事的手段祛邪除病。这在引文中都有明确交代。另可顺便指出的是，修订本《辞源》《辞海》解释"冲喜"一词时也都只说到第二种情况，都有不够全面的毛病。

卷二975页"差注"条云："吏部对地方官吏的任命。"引宋吴曾《能改斋漫录·记事》及《宋史·选举志》。

按差注者不限吏部，被注者也不限地方官。《三朝北盟会编》卷二二〇："桧初欲罢诸帅兵，乃厚结张俊，俾为枢密使，尽护其军。又专主武臣差注。及事成，使江邈言俊罪而罢之。"

卷六 321 页"打唤"条："呼唤。宋无名氏《错立身》戏文第八出：'你如今与我去勾栏内打唤王金榜。'"

按，此例上文云："如今瞒着我爹爹，叫左右请它来书院中，再整前欢。"宋陈元靓《事林广记》续集卷七《圆里圆》套《紫苏丸》曲："相逢闲暇时，有闲底打唤瞒儿。"其同卷所录《圆社锦语》云："打唤，请人。"（瞒儿，市语谓我们）故"呼唤"之解，近是而未确。

同卷 336 页"打关防"条："盖公章。谓办理公事。"举元孟汉卿《魔合罗》第三折："多则是没来由，葫芦提打关防。待推辞，早承向。眼见得三日时光如反掌，教我待不慌来怎不慌，待不忙来怎不忙？"

按剧情，李德昌为弟李文道所害，并诬其嫂刘玉娘因奸杀夫。都孔目张鼎为玉娘辨冤，被府尹限令三日重审完毕，否则重罚。以上所引系张鼎唱词，意言这场官司被前任府尹问得糊里糊涂，重审不易，三日期限又短，不能不急。"打关防"，或作"打官防"，系打官司之义。《村乐堂》剧三折："若拿贼做个证见，我着他望穿堂打会关防。"本书同卷 317 页收"打官防"条，释作"打官司"，引金董解元《西厢记诸宫调》等例，是完全正确的。可参看。

同卷 451 页"拈$_3$掇"条："亦作'拈敠'用手估量轻重；斟酌。"首引《景德传灯录·义玄禅师》："黄櫱将镢镢地曰：'我遮镢，天下人拈敠不起，还有人拈得起吗？'"次引明李贽《答庄纯夫书》"学问须时时拈掇"及元白朴《墙头马上》三折"轻拈掇,慢拿捻"二例。

按福州东禅寺版《景德传灯录》卷一二"义玄禅师"文字与所引不同,作:"黄檗将钁钁地云:'我这个,天下人拈掇不起。'师就手掣得,竖起云:'为什么却在某甲手里?'"据此,"拈敠"就是"握持"或"拿"的意思,并非估量轻重。其余二例亦当作如是观。

同卷551页"持时"条:"报时。《汉书·鲍宣传》:'行夜吏卒皆得赏赐。'唐颜师古注:'为贤第上持时行夜者。'宋孔平仲《孔氏杂说》:'《前汉·鲍宣传》注"持时行夜","行夜"如今"持更"是也。'"另引《太平御览》卷三三八所录南朝宋郭秀产《集异记》。

按"报时"之解及所引孔氏说可商。"行夜"应指巡夜,"行""巡"义通。"持时"是"持更"之义。唐《律》卷二《禁卫律》:"诸阑入太庙门及山陵兆域者,徒二年……守卫不觉,减二等。"注云:"守卫,谓持时专当者。"又卷五《厩库律》:"诸有人从库藏出,防卫主司应搜检而不搜检,以故致盗不觉者,减盗者罪二等。荒夜持时不觉盗,减三等。"《唐律疏议》云:"持时,谓当时专持更者。"可见"持时"即"持更""守更","持"有"治"义,引申为主持、掌管,"持时行夜"犹今语值班巡夜。

卷七647页"慈旨"条:"①仁惠的诏旨。②慈母的教诲。唐元稹《诲侄等书》:'忆得初读书时,感慈旨一言之叹,遂志于学。'"

按第二义不确,"慈旨"可兼指父母。永乐大典本《张协状元》

一出:"孩儿领爹娘慈旨。"又二出:"未得取,爹爹慈旨。"

同卷906页"祠禄"条:"官名。宋制,大臣罢职,令管理道教宫观,以示优礼,无职事,但借名食俸,谓之'祠禄'。"

按"祠禄"并非"官名",而正如编者末句所解,是"借名"所食之"俸"。表示这种闲职另有专称"祠官"(《大词典》失收)。宋徐梦莘《三朝北盟会编》卷一七九:"十五日甲申,张浚落职,依旧宫祠。又臣寮上言:'为相失职,进退无观。陛下尚宠以秘殿,逸之祠官。虽全其体貌,其如天下何!'"

卷八936页"虫儿"条:"②人名。姓梅,南朝齐东昏侯时与茹法珍俱受宠幸,齐亡被诛。宋刘克庄《汉宫春·赏红梅》词:'舞殿歌台此际,各新涂妆额,别画宫眉。那知有人淡泊,不识虫儿。'"

按梅虫儿事见《南齐书·东昏侯纪》,略云:"自是(茹)法珍、(梅)虫儿用事,并为外监,口称诏敕。中书舍人王晅之与相唇齿,专掌文翰。其余二十余人皆有势力。""帝稍恶其凶强,以二年正月遣禁兵杀之。"此人与所引刘克庄词邈无干涉。词中"妆额"系用宋武帝女寿阳公主因梅花点额成妆事,"虫儿"则是宋人对所亲爱女子的一种昵称(参拙撰《诗词曲语辞例释》该条)。

卷一二305页"头项"条:"①位置或次序在前的。宋赵彦卫《云麓漫钞》卷七:'头项贼首,往往中箭炮畀归。'②头领,首领。宋岳飞《分拨军马状》:'统率马友并本路李宏、吴锡、韩京诸头项军马,前来措置掩杀曹成。'《续资治通鉴·宋理宗绍定五年》"此时蒙古病者众，十七头项皆在京城。"

按"头项"犹言部分，宋元之际多指军事编制单位。《三朝北盟会编》卷八五引《编年》："初十日，金人一头项自宛亭前来，至兴任府城外五里扎寨。""又一头项寇濮州城下。""又一头项自卫南寇开德府。"同书卷一六一引王绘《绍兴甲寅通和录》："臣所见自天长至辰州，挞懒大寨五寨，共有三万人。或云三太子、四太子、刘麟四头项，臣皆不曾亲见。"《续资治通鉴长编》卷四八九："包诚昨赴泾原陷没，仍令经略司相度，以包诚部族人马作五头项分拨。"均可参证。又"头项"之指军事组织，并非源于头颈之义而是来源于当时少数民族语言。《中国历史大辞典·辽夏金元史卷》第125页"头项"条列二义："一、西夏军事组织。各部族首领所将本部兵为一溜，八溜为一头项。二、蒙古时期，自大汗以下，诸王、驸马大将，凡自领一部者称头项。如灭金时，围汴京，宋金人记载称其各路军马共有十七头项。"故"位置次序在前"或"首领"云云，显属望文生义。

二、近代义项或词形缺漏

卷二892页"丛社"条："丛林中的神社。"举《吕氏春秋·怀宠》及扬雄《太玄》二例。

按此外尚可指禅林佛寺，与"丛林"同义。《五灯会元》卷一九，无为宗泰禅师："无为宗泰禅师，涪城人。自出关，遍游丛社。"《槐安国语》卷五:"大岭古佛放光,射到者里,是丛社光辉。"

同卷 1157 页"报书"条:"回信。"首举汉陈琳《饮马长城窟行》,次列唐杜甫《重过何氏》诗:"问讯东桥竹,将军有报书。"

按"报书"一般指回信,但有时特指简短的回信,犹今所谓"便函""便条"之类。唐李翱《答独孤舍人书》:"所不数附书者,一二年来往还多,得官在京师,既不能周遍,又且无事,性颇慵懒,便一切画断,祇作报书。"宋陈与义《寄大光二绝句》诗:"心折零陵霜入鬓,更修短札问何如。江湖不是无来雁,只惯平生作报书。"《词典》所引杜甫诗一例,恐亦当作如是解。

卷三 745 页"常谈"条:"亦作'常谭',平常的言论。"引《三国志·魏志》等例。

按"常谈"此外还可与"常言"同义,指民间的俗言俚语。宋佚名有《释常谈》一书,宋龚熙正有《续释常谈》,见《宋史·艺文志》。

卷四 767 页"村头"条:"村上;村口。"仅此一义。举元张国宾《薛仁贵》第三折:"怕官人待要来敛科税,我去村头行报知。"并现代杨朔文。

按"村头"此外还可指一村之长,且唐初已见。王梵志《村头语户主》诗:"村头语户主,乡头无处得,在县用钱多,从吾相便贷。"又《贫穷田舍汉》诗:"里正追庸调,村头共相催。""丑妇来怒骂,啾唧搦头灰。里正被脚蹴,村头被拳搓。"《词典》

所举《薛仁贵》之例也是同样的意思,"村头"后有"行"字,正是人称代词或名词的"后续助词",故不可以"村上""村口"为解。

卷六 371 页"抄扎"条:"（ ＿ zā）亦作'抄札'。查抄没收。"首举《元典章·刑部五》。

按"抄扎"此义也作"抄劄",且已见于宋代文献。宋徐梦莘《三朝北盟会编》卷一一二:"朝散大夫前大理寺卿周懿文抄劄景王府密煎等,将摩睺罗士女孩儿等归家,受犒设酒及吃宫人酒果。"又"朝议大夫前刑部郎中张卿材差赴懿亲宅抄劄金银,吃内人酒果,闻与内人离三四步坐吃酒,将扇儿、摩睺罗等归家。"另"抄"字之十四画下亦未见"抄劄"条。

卷六 453 页"抽分"条:"即抽解。旧时对沿海进出口贸易所征的税。《宋史·食货志下八》:'或有货物,则抽分给赏,断罪倍输,倒囊而归矣。'《元史·世祖纪八》:'商贾市舶物货已经泉州抽分者,诸处贸易只令输税。'"

按"抽分"兼括商税和舶税,《词典》所举宋史一例系指商税而非舶税,与解释不尽相符。另"抽分"此外还有"分成抽取"义,即从钱物往来中获取一定好处。《金瓶梅词话》九〇回:"朝来暮往,非止一日,也抵盗了许多细软东西,金银器皿、衣服之类。来昭两口子也得抽分好些肥己。"《石点头》卷四:"翟百舌心生一计,去寻族长商议,许其厚礼,财礼中还可抽分。"

卷九 725 页"纪"字条:"13 纪年的单位,若干年数循环一次为一纪：（1）十二年为一纪……（2）一千五百年为一纪；（3）一世。"

按"一纪"有时可指一年。宋王楙《野客丛书》卷一七《汉碑疑字》："孙叔敖碑云：'视事一纪'。赵氏谓汉时令有在官一纪不迁者。洪氏谓前碑言'临县一载'，此云一纪，盖以一纪为一年耳。仆观汉人文字，罕有以一纪为一年用者，疑此'祀'字耳。"这里王楙的意见是不对的，"罕有"不等于没有，唐诗中也可偶见。刘禹锡《和乐天耳顺吟兼寄敦诗》："吟君新什慰蹉跎，屈指同登耳顺科。邓禹功成三纪事，孔融书就八年多。"邓禹事见《后汉书》本传及《光武纪》。更始元年，邓禹"闻光武安集河北，即策杖北渡，追及于邺"。"建武元年……前将军邓禹击定更始定国公王匡于安邑，大破之。""秋七月辛未，拜前将军邓禹为大司徒。"可知"三纪"实指三年，而不可能是三十六年；且邓禹一典多用以喻少年得志者，如指三十六年则邓禹已年过花甲。又韩愈《寄卢仝》诗："先生结发憎俗徒，闭门不出动一纪。"揆度情理，"动一纪"亦当犹云"辄纪年"，不大可能是说他十二年都足不出户。在唐宋诗文中，"周星"可指十二年，也可指一年；"纪"的用法与之相类。

卷一一988页"除差"条："（chài）除去疾病，病愈。差，通'瘥'。唐玄奘《大唐西域记·摩揭陀国上》：'故今土俗，诸有婴疾，香油涂像，多蒙除差。'"

按"除差"此外尚有一义常用，即除授差使。《三朝北盟会编》卷二二○："武臣乞除差恩赏，桧尤恶之，积百千员无一得者。""差"念阴平。

同卷991页"除籍"条:"从簿籍上除去其名。多指除去宦籍。"例举《新唐书宦者传上·高力士》及《宋史·文苑传三·黄夷简》。

按"除籍"亦指妓女除去乐籍,宋元以下极常用。《元曲选·谢天香》二折:"小人便关节煞,怎生勾除籍不做娼,弃贱得为良?"

卷一二305页"头项"条第三条:"项目,门类。宋苏轼《省试放榜后札子·乞不分差经义诗赋试官》:'……使一试院中有两头项试官,自有科场以来,无此故事。'《朱子语类》卷五九:'以此知这道理虽然说有许多头项,看得熟了,都自相贯通。'"

按"释义不确"部分已指出此词之一二义项解释不妥,这里要说的是第三义项概括也欠全面。"头项"确有"项目、门类"的意思,如《朱子语类》卷一〇六:"某在漳州,丰宪送下状如雨……于是置几只厨子在厅上,分了头项。送下讼来,即与上簿。"但此外还有"头绪"之义。《朱子语类》中用例极多。如卷二〇"盖为学之事虽多有头项,而为学之道则只在求放心而已。"卷三三:"博文功夫虽然头项多,然于其中寻将去,自然有个约处。"又卷六一:"仁,只是一路,不过只是个不忍之心,苟能充此心便了;义却头项多。"卷七五:"做事不繁碎,人所易从,有人从之,功便可成;若是头项多,做得事来艰难底,必无人从之。"这些例子中"头项"均非"项目、门类"所能概括。《词典》所引《朱子语类》卷五九之例,亦当作如是观。

王锳 文选

三、例证与解释不符

卷五 1439 页"凑泊"条:"③促成;形成。"首举《朱子语类》卷六三:"物若扶植,种在土中,自然生气凑泊他。""④附着。"首举《朱子语类》卷四:"人之所以生,理与气合而已,天理固浩浩不穷,然非是气,则虽有是理,而无所凑泊。"

按所引卷六三例下文云:"若以倾倒,则生气无所附著,以何处来相接?"可见这里的"凑泊"也是"附着"的意思。

卷六 310 页"打"字条第十九义:"收获。元曹德《沉醉东风·村居》曲:'但开樽沉醉方休,江糯吹香满穗秋,又打够重阳酿酒。'"下举柳青、杨朔文。

按"打够"即"打勾",为打点、准备义,作为单字"打"的例证及释为"收获"均有不妥。

同卷 311 页"打勾"条:"购买。元无名氏《渔樵记》第三折:'人见我性子乖劣都唤我做张撇古,三日五日去那会稽城中打勾些物件。'"

按陆澹安《戏曲词语汇释》126 页收此条,释义即为"购买",当为《词曲》编者释义所本,但陆说只是根据这一例立义,把该词所指范围缩小了。

同卷 663 页"掉"字条:"③弄;卖弄。"首举《鹖冠子·天则》,次引《朱子全书》卷二:"如曰,如何是佛云云,胡乱掉一语,教人只管去思量。"

按"掉一语"只是"抛出一句话"的意思，看不出含有"卖弄"的成分。"掉"表"抛"义，《朱子语类》中多有用例。如卷一二一："今公等思量这一件道理，思量到半间不介，便掉了，少间又看那一件；那件看不得，又掉了，又看那一件。"又卷一二六："如他几个高禅，纵说高杀，也依旧掉舍这个不下，将去愚人。"

卷九114页"称亭"条："亦作'称停'。称量平正。比喻公正、恰当。宋叶适《除吏部侍郎谢表》：'驭下极称停之审，待臣循理分之宜。'明胡应麟《少室山房笔丛·丹铅新录六：'……文字铢两称停。'"

按前一例中"称亭"只是"称量"的意思，并无"平正"的意思在内。《朱子语类》卷一四："虑而得，则称停轻重，皆相当矣。"又卷一二九："称停到第四五等人，气宇厌厌，布列台谏，如何得事成！"可参证。后一例中"称停"是"相当"和"匀称"之意，并不是前者的比喻义，应另立义项。

卷一○885页"逗"字条："⑪引逗；撩拨。"首引金董解元《西厢记诸宫调》卷四："不良的贱婢好难容，要砍了项上驴头。多应是你厮迤厮逗。"

按，此例中"迤逗"为词，因格律要求而分置，不宜作为单音节词"逗"的例证。同书卷六："你试寻思，早晚时分，迤逗得莺莺去，推探张生病。"可参证。

卷一二1347页"点"字条："⑪汉字的一种笔画。即'、'。"首引晋王羲之文，次引唐皎然《周长史昉画毗沙门天王歌》："苟能下笔合神造，误点一点亦为道。"

按，此诗通篇论画，连上下文是："吾知真象本非色，此中妙用君心得。苟能下笔合神造，误点一点亦为道。写出霜缣可舒卷，何人应识此情远。"见《全唐诗》卷八二一。故所谓"一点"并不指汉字笔画。

四、所引例证时代晚出

大型语文辞书举例应尽可能举始见例，以便探求该词语源，这已是语言学界的共识。《大词典》在这方面问题不少，已有多人论及。笔者也曾撰文指出若干例（刊香港《语文建设通讯》1999年10月第61期），这里再拈出一些例子。

卷二180页"匆忙"条："急急忙忙。"首举明沈鲸《双珠记·月下相逢》。

按此词宋代已见。《朱子语类》一二八："问：'本朝十一室，则九庙七庙之制如何？'曰：'当时且直如此匆忙，何也？桃宣祖，存得九庙，却待后世商量犹得。'"

卷三1270页"厨子"条："旧时指厨师。"首举《儒林外史》第二十回："……一回回出来到厨下叫厨子蒸点心，拿进屋来与太太吃。"

按此称谓唐代已见。唐张文成《朝野佥载》卷二："周地官郎中房颖叔除天官侍郎，明日欲上。其夜有厨子老王夜半起，忽闻外有人唤云：'王老不须起，房侍郎不上，后三日李侍郎上。'"

卷五459页"敕头"条:"即状元。《称谓录·状元》引宋洪皓《松漠纪闻续》:'金人科举至秋尽,集诸路举人于燕,名曰会试。凡六人取一榜,首曰敕头,亦曰状元。'"

按所引例证为二手材料,不仅时代滞后,还易使人误解这是金人称谓。《太平广记》卷四九七《韦乾度》条引《乾𦠆子》:"乾度不知僧儒授官之本,问何色出身。僧儒对曰:'进士。'又曰:'安得入畿?'僧儒对曰:'某制策连捷,忝为敕头。'"

卷六552页"持诵"条:"诵习。"首引明陈继儒《珍珠船》卷三:"陈文达持诵《金刚经》。有人入冥,见筑台云:'待陈文达。'"

按该词《太平广记》中已多次出现,卷一〇二《赵文昌》条引《法苑珠林》:"王问曰:'汝一生以来,作何福业?'昌答云:'家贫,无力可营功德,唯专心持诵《金刚般若经》。'王闻语,合掌低首,赞曰:'善哉!汝既持《般若》,功德甚大。'"

卷七804页"牀铺"条:"亦作'床铺'。床。睡卧用具。"举清李渔《奈何天·掳俊》及叶圣陶文。

按"床铺"元曲已见。《元曲选·杀狗劝夫》二折:"这是街上,不是你的床铺,怎么就睡倒了?"另释文也欠明确,应改为:"指床及床上的卧具。"

同卷1399页"当间"条:"正中;中间。"引周立波《暴风骤雨》及杨朔《三千里江山》二例。

按,此词元明之际已见,并非纯现代词。《朴通事》下:"一托来长的两个机角,当间里按一个木头做的明珠,簸箕来大一对耳朵，十尺来长尾子……众人拖牵。"

卷八 348 页"疮疤"条："①创伤或溃疡愈后留下的疤痕。"举魏巍《东方》及萧乾《一本褪色的相册》。

按《元曲选·楚昭公》一折："不愁巨斧当头劈，也只结的碗口一个大疮疤。"

同卷 682 页"聚头"条："聚首，会面。"首举元剧《楚昭公》。

按此义唐代已见。《王梵志诗校辑》一三八首："聚头唱奈河，相催早埋却。"另亦见寒山诗及宋王禹偁诗。

卷九 209 页"粗糙"条"①粗劣、毛糙。与精良、光滑相对。"首举冰心《寄小读者》二一。

按《朱子语类》卷一二六："伺问：'禅家又有以扬眉瞬目知觉运动为弄精魂，而呵斥之者，何也？'曰：'便只是弄精魂，只是他磨擦得来精细，有光彩，不如此粗糙尔。'"

卷一〇 556 页"蹲踞"条："②蹲或坐；蹲。"首引《水浒传》一〇四回。

按，该词唐代已见。唐[日]释圆仁《入唐求法巡礼行记》卷一，开成三年十一月八日："相公看僧事毕，即于寺里蹲踞大椅上，被担而去。"《太平广记》卷四三二《南阳士人》条引《原化记》："此人为虎，入山两日，觉饥馁。忽于水边蹲踞，见水中科斗虫数升。自念常闻虎亦食泥，遂掬食之，殊觉有味。"

五十

"辍才"并非"免职"

《汉语大词典》卷九 1295 页收双音结构"辍才",解释是"谓免去职务"。引用的例证有二:其一是唐权德舆《酬崔舍人阁老》诗:"辍才时所重,分命秩皆真。"其二是白居易《除薛平郑滑节度使制》:"可以为三军之帅,可以理千乘之赋。俾辍才于北落,往节制于东方。"这里对引例的理解和对词义的概括均有不妥。

先说第一个例子。这首诗见于《全唐诗》卷三二五,诗题的全名是"酬崔舍人阁老冬至日宿直省中奉简两掖阁老并见示"。"辍才"句下作者自注:"九月中,杨阁老权知吏部选事。""分命"句下自注:"十月中,崔阁老正拜本官,德舆正除礼部。

受命前一日，分草诏词。""阁老"为唐代对中书舍人年久资深者的敬称，"杨阁老"当指杨于陵，他在两《唐书》有传。《全唐诗》卷三三〇收有他《和权载之离合诗》一首，题注云："时为中书舍人。"他以中书舍人的身份去吏部"权知选事"，正是朝廷为加强吏部的工作而"辍才"的表现，完全不涉及免职的问题，故下文说为时所重。如果解释为免职，那"时所重"三字就不好理解了。这联诗的下句是说作者自己和崔阁老都分别升任礼部和吏部尚书。"崔阁老"即崔郾，两《唐书》亦有传。

第二个例子是白居易起草的一份任命书。薛平是相、卫、洺、邢等州节度观察使薛嵩之子，《旧唐书》卷一二四《薛嵩传》附载了他的生平事迹。他获得此次任命之前正在京城做官，"元和七年，淮西用兵，自左龙武大将军授兼御史大夫、滑州刺史、郑滑节度观察等使"。可见薛平也不是免去职务另行授官，而是带衔出任地方军政大员。"辍才于北落"说的正是朝廷为加强地方而分派出自己的人才。"北落"指将星，《史记·天官书》："军西为垒，旁有一大星为北落。"《正义》："北落，师门一星在羽林西南，天军之门也。长安城北落门以象此也。"《晋书·天文志》："落，藩落也。师，众也。师门犹军门也。""俾辍才"与"往节制"二句实为互文，都是说对薛平的任命，因郑滑二州在京城长安之东，故以"东方"与"北落"构成借对。

"辍"在唐宋之际本有"分给"义（参拙著《唐宋笔记语辞汇释》[①]该条），用于人事方面则为分派义。唐宋诗文中谈到中央派员到地方任职往往用"（为）某辍某"的格式，几乎成为套语。杜甫《送樊二十三侍御赴汉中判官》诗:"幕府辍谏官,朝廷无此例。至尊方旰食,仗尔布嘉惠。"仇兆鳌《杜少陵集详注》卷五于此诗之"辍"字下云:"疑作缀。"施鸿宝《读杜诗说》卷五反驳道:"作'辍'尚是倒字句,犹云'辍谏官与幕府';即顺解,亦可云'为幕府而辍谏官'。改'缀'字转不可解。"反驳得完全正确,可见仇氏是不知"辍"有分派义而致错疑。又王禹偁《赠密直张谏议》诗:"先皇忧蜀辍枢臣,独冒兵戈出剑门。"与杜诗机杼全同而"辍"之"分派"义尤其显豁。

[原载《词库建设通讯》(香港)第 20 期,1999 年 7 月]

注 释

[1] 中华书局,1990 年。

学术年表

1976

《形近易误字辨正》（第1版），贵州人民出版社，1976年。

1978

《诗词曲语辞举例》，载《中国语文》1978年第3期。

1979

《欧阳修诗文选注》，贵州人民出版社，1979年。

1980

《诗词曲语辞例释》（第1版），中华书局，1980年。

《形近易误字辨正》（第2版），贵州人民出版社，1980年。

《切勿雕琢太过》，载《读书杂志》1980年第8期。

《文言虚词特殊用例试释》，载《中学语文教学》1980年第5期。

1981

《"张楚"词义辨释》，载《文史知识》1981 年第 3 期。

《元曲中人称代词的特殊用例》，载《中国语文》1981 年第 4 期。

《诗词曲的特殊词序》，载《文史知识》1981 年第 6 期。

《"撮弄""爨弄"小考》，载《文献》1981 年第 9 辑。

1982

《元人小令二百首》，贵州人民出版社，1982 年。

《现代汉语虚词例释》（参编），商务印书馆，1982 年。

《云梦秦墓竹简所见某些语法现象》，载《语言研究》1982 年第 1 期。

《关于古汉语中"所"的用法与词性》，载《贵阳师院学报（社会科学版）》1982 年第 1 期、《复印报刊资料（语言文字学）》1982 年第 4 期。

《中学文言文中的几个度量衡问题》，载《中学语文教学》1982 年第 1 期。

《唐宋诗词语零札》，载《中国语文》1982 年第 1 期。

《元曲通假字、俗语词考辨》，载《中国语文》1982 年第 4 期。

《〈登幽州台歌〉是有韵的诗》，载遵义师专《汇川》第 4 期，1982 年 7 月。

《十四世纪大都的"马拉松"赛》，载《文史知识》1982 年第 9 期。

《"金叵罗"辨疑》，载《中学语文教学》1982 年第 12 期。

《元明剧曲语释》（一、二、三、四），载《文史》1982年第 16 辑。

《〈全宋词〉刊误拾遗》，载《古籍整理出版情况简报》1982 年第 95 期。

《〈全金元词〉刊误》，载《古籍整理出版情况简报》1982 年第 99 期。

1983

《就冯春田同志的商榷致〈语言研究〉编辑部的信》，载《语言研究》1983 年第 1 期。

《诗词曲语辞释义续补》，载《中国语文》1983 年第 2 期。

《唐诗词义别解一则——"恰恰"解》，载《中学语文教学》1983 年第 2 期。

《"金叵罗"辨疑》，载《初中语文课文分析集》第一册（上）（广东人民出版社）1983 年。

《俗语词研究与戏曲校勘》，载《中华文史论丛》1983 年第 1 辑。

1984

《唐宋八大家散文选译》（欧阳修散文），贵州人民出版社，1984 年。

《我寄愁心与明月——浅说李白的一首绝句》，载《中国古代诗歌欣赏》（岳麓书社）1984 年。

《〈永乐大典戏文三种校注〉、〈元本琵琶记校注〉语词释义辨补》，载《语言研究》1984 年第 1 期。

《诗词曲语辞释义续补》,载《中国语文》1984 年第 3 期。

《〈中国历代文学作品选〉(上编)一些注释的商榷》,载《语文研究》1984 年第 4 期。

《能愿动词叠用二例》,载《中国语文通讯》1984 年第 6 期。

《重印本〈太平广记〉疑误》,载《古籍整理出版情况简报》1984 年第 121 期。

《〈夷坚志〉校点补议》,载《古籍整理出版情况简报》1984 年第 132 期。

《〈全宋词〉刊误拾遗》,载《古籍点校疑误汇录》(国务院古籍整理出版规划小组编)1984 年。

《〈全金元词〉刊误》,载《古籍点校疑误汇录》(国务院古籍整理出版规划小组编)1984 年。

1985

《"往"指未来》,载《语言研究》1985 年第 1 期。

《"者"字辨疑》,载《语言研究》1985 年第 1 期。

《文言词语随札》,载《中学语文教学》1985 年第 3 期。

《"其""之"所代无定》,载《中学语文教学》1985 年第 3 期。

《常用词语源杂说》,载《汉语学习》1985 年第 4 期。

《唐宋笔记校点辨误》,载《古籍整理研究学刊》1985 年第 4 期。

《"周星"注释补议》,载《中学语文教学》1985 年第 5 期。

《"岂不可"辨》,载《文史》1985 年第 24 辑。

《"盖棺"溯源》,载《文史》1985年第24辑。

《试论古白话词汇研究的意义与作用》,载《文史》1985年第25辑。

《新校〈齐东野语〉误标数例》,载《古籍整理出版情况简报》1985年第143期。

《重印本邓注〈东京梦华录〉献疑》,载《古籍整理出版情况简报》1985年第145期。

《杜诗"不觉"义辨》,载《光明日报》1985年11月5日。

1986

《诗词曲语辞例释》(增订本,第2版),中华书局,1986年。

《诗词曲名物考》,载《贵州民族学院学报(哲学社会科学版)》1986年第1期。

《"辈"指单个的人》,载《贵州民族学院学报(哲学社会科学版)》1986年第2期。

《唐宋笔记语词释义》,载《语文研究》1986年第4期。

《读〈许政扬文存〉散札》,载《书品》1986年第4期。

《新版〈辞源〉近代语词若干条目解说商兑(上)》,载《语文建设》1986年第5期。

《新版〈辞源〉近代语词若干条目解说商兑(下)》,载《语文建设》1986年第6期。

《关于"饮流斋"抄本传奇》,载《古籍整理出版情况简报》1986年第159期。

1987

《唐宋笔记语词释义》，载《中国语文》1987年第1期。

《"谁道是杨花，点点是离人泪"——为苏轼〈水龙吟〉（咏杨花）词一辨》，载《贵州民族学院学报（社会科学版）》1987年第1期。

《"属客"之"属"能否训"劝"》，载《训诂教学通讯》1987年第1期。

《说明一下版本来源好》，载《读书杂志》1987年第4期。

《"互文"析义》，载《中文自学指导》1987年第11期。

《〈太平广记〉语词释义》，载《语言学论丛》第14辑，商务印书馆1987年。

《俗语词研究与戏曲校勘》，载《贵州民族学院学术论文选（1978年12月—1986年12月）》1987年。

1988

《双忠记·高文举珍珠记》（点校《双忠记》），中华书局，1988年。

《〈曲海总目提要〉所录元明杂剧本事补证》，载《文史》1988年第30辑。

《敦煌变文词义补笺》，载《贵州民族学院学报（哲学社会科学版）》1988年第1期。

《敦煌变文点校献疑》，载《杭州大学学报（哲学社会科学版）》1988年第1期。

1989

《〈贵州古籍集粹〉陆续出书》,载《古籍整理出版情况简报》1989年第216期。

《〈韵学源流注评〉简介》,载《古籍整理出版情况简报》1989年第218期。

《俗语探源》,载《中国语文》1989年第3期。

《宋人笔记点校刊误》,载《古籍整理出版情况简报》1989第207期。

《〈诗词曲语辞例释〉前言》,载《文史工具书手册》(辽宁教育出版社)1989年。

《郑珍经学著作二种校点前言》,载《贵州民族学院学报(哲学社会科学版)》1989年第2期。

1990

《唐宋笔记语辞汇释》(第1版),中华书局,1990年。

《敦煌变文词义补笺(之二)》,载《贵州民族学院学报(哲学社会科学版)》1990年第3期。

《诗词曲语辞续拾》,载《古汉语研究》1990年第4期。

《人名误标一例》,载《古籍整理出版情况简报》1990年第220期。

《有关近代戏曲家许之衡的又一条材料》,载《古籍整理出版情况简报》1990年第225期。

《〈宋代小说选译〉读后》,载《古籍整理出版情况简报》1990年第233期。

《〈全宋词〉刊误拾遗》，载《古籍点校疑误汇录·1》（中华书局）1990年。

《〈全金元词〉刊误》，载《古籍点校疑误汇录·1》（中华书局）1990年。

《〈夷坚志〉校点补议》，载《古籍点校疑误汇录·2》（中华书局）1990年。

《重印本〈太平广记〉疑误》，载《古籍点校疑误汇录·2》（中华书局）1990年。

《〈永乐大典戏文三种校注〉、〈元本琵琶记校注〉语词释义辨补》，载《古籍点校疑误汇录·2》（中华书局）1990年。

《元代清官臧孟祥的座右铭》，载《贵州政协报》1990年5月5日。

1991

《诗词曲语辞集释》（第一作者，与曾明德合著），语文出版社，1991年。

《郑珍集·经学》（点校《巢经巢经说》《郑学录》），贵州人民出版社，1991年。

《唐〈律〉释词》，载《黔南民族师范高等专科学校学报》1991年第1期。

《明抄〈阳春白雪〉残存六卷本新见散曲校议》，载《贵州文史丛刊》1991年第2期。

《〈敦煌写本王梵志诗汇校〉商补》，载《贵州民族学院学报（哲学社会科学版）》1991年第2期。

《关于王维〈阳关曲〉的几个问题》,载《贵州文史丛刊》1991年第4期。

《古代白话词语与大型语文辞书修订》,载《辞书研究》1991年第6期。

1992

《说苑全译》(第一作者,与王天海合作译注),贵州人民出版社,1992年。

《说苑全译》(第一作者,与王天海合作译注)(繁体字版),台湾古籍出版社,1996年。

《郑珍集·文集》(点校《巢经巢文集》《母教录》《樗茧谱》),贵州人民出版社,1992年。

《汉字简化与用字规范》,载《贵州文史丛刊》1992年第2期。

《检书随感》,载《辞书研究》1992年第2期。

《〈敦煌唐人诗集残卷考释〉注释部分商榷》,载《文献》1992年第3期。

《措施得力,突出特色》,载《古籍整理出版情况简报》1992年257期。

《古代诗文中"就"的介词用法》,载《中国语文》1992年第3期。

《〈夷坚志〉语词选释》,载《近代汉语研究》(商务印书馆)1992年。

《"点茶""点汤"说义商补》,载《文史》1992年第34辑。

《元明市语疏证》,载《文史》1992年第35辑。

1993

《〈庄子全译〉读后》,载《贵州书讯》1993年第1期。

《〈说苑全译〉前言》,载《贵州民族学院学报(哲学社会科学版)》1993年第1期。

《"前人"正解》,载《辞书研究》1993年第2期。

《"所以+主谓"式已见于〈黄帝内经〉》,载《中国语文》1993年第3期。

《〈近代汉语读本〉注释校勘商补》,载《湖北大学学报(哲学社会科学版)》1993年第4期。

《〈阿房宫赋〉有所本》,载《贵州文史丛刊》1993年第5期。

《何物"鹦鹉杯"?》,载《贵州文史丛刊》1993年第6期。

1994

《关于"走穴"的语源》,载《普通话》1994年第1期。

《差之毫厘,谬以千里》,载《语文建设》1994年第1期。

《诗词曲语辞续拾》,载《安顺师范高等专科学校学报》1994年第3期。

《〈历代典故辞典〉读后》,载《语文建设》1994年第11期。

《一九九三年近代汉语研究综述》,载《语文建设》1994年第12期。

《郑珍〈巢经巢记〉评注》,载《贵州古典文学作品选》(贵州教育出版社)1994年。

《郑珍〈郘亭诗钞序〉评注》,载《贵州古典文学作品选》(贵州教育出版社)1994年。

《郑珍〈送潘明府光泰归桐城序〉评注》，载《贵州古典文学作品选》（贵州教育出版社）1994年。

《曲目提要七则》，载《中华名著要籍精诠·艺文》（中国广播电视出版社）1994年。

1995

《宋元明市语略论》，载《语言研究》1995年第1期。

《宋元明市语续证》，载《贵州文史丛刊》1995年第1期。

《读〈葛藤语笺〉随札》，载［日］《俗语言研究》1995年第2期。

《〈墨子·公输〉的一处校勘问题》，载《古汉语研究》1995年第2期。

《古汉语中"敢"表"能"义例说》，载《古汉语研究》1995年第4期。

《唐诗中的动词重叠》，载《安顺师范高等专科学校学报》1995年第3期。

《韩愈散文中的一些口语成分》，载《中国语言学报》第7期，语文出版社1995年。

《唐诗方位词使用情况考察》，载《吕叔湘先生九十华诞纪念文集》（商务印书馆）1995年。

1996

《常用汉语辞书举要》，贵州教育出版社，1996年。

《"启示"还是"启事"？》，载《语文建设》1996年第1期。

《略谈语文规范化》，载《语文建设》1996年第1期。

《诗词曲语辞续考》,载《贵州文史丛刊》1996年第4期。

《"风尘肮脏"正解》,载《传统文化与时代精神学术讨论会文集》(贵州人民出版社)1996年。

1997

《宋元明市语汇释》,贵州人民出版社,1997年。

《〈型世言·题辞〉校议》,载《贵州大学学报》1997年第2期。

《析"公知共享论"》,载《辞书研究》1997年第3期。

《黎锦熙先生论近代汉语研究》,载《安顺师范高等专科学校学报》1997年第3期。

《试论"通感生义"》,载《语言教学与研究》1997年第4期。

《〈贵阳方言〉序》,载《贵阳方言》,1997年(涂光禄《贵阳方言》一书未出版,此序收入《语文丛稿续编》)。

《关于"睡觉"成词的时代》,载《中国语文》1997年第4期。

《"琼奴"出典小考》,载《辞书研究》1997年第4期。

《说"骯髒"——兼谈近出辞书立目释义的得失》,载《中国语言学报》第8期,商务印书馆1997年。

1998

《试论"通感生义"》,载《复印报刊资料(语言文字学)》1998年第4期。

《黎锦熙先生论近代汉语研究》,载《古汉语研究》1998年第4期。

《〈贵州古旧文献提要目录〉简评》,载《贵州文史丛刊》

1998 年第 5 期。

《敦煌变文"处"字释例》，载《文史》1998 年第 44 辑。

《〈唐写本说文解字木部笺异注评〉序》，载《唐写本说文解字木部笺异注评》（贵州人民出版社）1998 年。

1999

《古典诗词特殊句法举隅》，新华出版社，1999 年。

《型世言评注》（陈庆浩校点，王锳、吴书荫注释），新华出版社，1999 年。

《从几个"方言俗语"看元曲家所用语言》，载《黔南民族师范高等专科学校学报》1999 年第 1 期。

《杨万里诗释词》，载《吉安师专学报》1999 年第 2 期。

《"辍才"并非"免职"》，载《词库建设通讯》第 20 期，1999 年 7 月。

《古汉语同形词与词书条目的分合》，载《辞书研究》1999 年第 5 期、《复印报刊资料（语言文字学）》1999 年第 12 期。

《语言的时空效应——读〈汉语社会语言学〉》，载《中国图书评论》1999 年第 10 期。

《〈型世言评注〉注释订正》（第一作者，与吴书荫合作），载《贵州文史丛刊》1999 年第 4 期。

《试论古代白话词汇研究的意义与作用》，载《近代汉语研究（二）》（商务印书馆）1999 年。

《继承传统，推陈出新——〈贵州古旧文献提要目录〉简评》，载《面向新世纪的贵州文化建设》（贵州人民出版社）1999 年。

《敦煌变文词义补笺》，载《张汝舟先生诞辰百年纪念文集》1999 年。

2000

《断发记·金丸记》（点校《金丸记》），中华书局，2000 年。

《近代汉语语词续考》，载《黔南民族师范学院学报》2000 年第 4 期。

《品书随感录——读〈金瓶梅语词溯源〉》，载［日］《中国语研究》第 42 号，2000 年 10 月。

《〈常见古代诗词名句引用辞典〉序》，载《常见古代诗词名句引用辞典》（贵州人民出版社）2000 年。

2001

《唐宋笔记语辞汇释》（第 2 版，修订本），中华书局，2001 年。

《试说"承"有"闻"义》，载《中国语文》2001 年第 1 期。

《诗词曲语词续考》，载《语言学论丛》第 24 辑，商务印书馆 2001 年。

《〈汉语大词典〉一些条目释义商榷》，载《中国语言学报》第 10 期，商务印书馆 2001 年。

《近代汉语联绵词续考》，载《张振佩先生诞辰一百周年纪念文集》（贵州人民出版社）2001 年。

2002

《郑珍集·小学》（第一作者，与袁本良合著，审订《说文逸字》《说文新附考》《汗简笺正》，点校《亲属记》），贵州人民出版社，2002 年。

《〈昭通方言疏证〉与近代词语考释》，载《古籍整理研究学刊》2002 年第 6 期。

《试说"切脚语"》，载《纪念王力先生百年诞辰学术论文集》（商务印书馆）2002 年。

《〈汉语汉字论稿〉序》，载《汉语汉字论稿》（贵州人民出版社）2002 年。

2003

《语辞探源》，载《遵义师范学院学报》2003 年第 2 期。

《近代汉语词汇研究与中古汉语》，载《贵州大学学报（社会科学版）》2003 年第 4 期。

《〈昭通方言疏证〉与近代词语考释》，载《汉语史学报：姜亮夫、蒋礼鸿、郭在贻先生纪念文集》第 3 辑，上海教育出版社 2003 年；《复印报刊资料（语言文字学）》2003 年第 4 期。

2004

《近代汉语词汇语法散论》，商务印书馆，2004 年。

《古汉语定语后置问题的再探讨》，载《徐州师范大学学报（哲学社会科学版）》2004 年第 2 期、《复印报刊资料（语言文字学）》2004 年第 6 期。

《"失之××"辨》，载《语言文字周报》2004 年 4 月 21 日，第 1052 号。

《为文的诀窍》，载《语言文字周报》2004 年 4 月 28 日，第 1053 号。

《"有"字句易犯的语病》，载《语言文字周报》2004 年

5月12日，第1055号。

《两篇"超短"祭文的优劣》，载《语言文字周报》2004年7月7日，第1063号。

《一块交通指示牌的启示》，载《语言文字周报》2004年10月6日，第1076号。

《生僻字命名弊多利少》，载《语言文字周报》2004年10月13日，第1077号。

《漫话"洋火"》，载《语言文字周报》2004年12月29日，第1088号。

《诗词曲语词续考》，载《庆祝〈中国语文〉创刊五十周年学术论文集》（商务印书馆）2004年。

《〈中古近代汉语词汇论稿〉序》，载《中古近代汉语词汇论稿》（中央文献出版社）2004年。

2005

《诗词曲语辞例释》（第3版，第二次增订本），中华书局，2005年。

《近代汉语联绵词考（六则）》，载《遵义师范学院学报》2005年第1期。

《〈说苑校证〉校点献疑》，载《安顺师范高等专科学校学报》2005年第2期。

《〈说苑校证〉校点献疑》，载《书品》2005年第4期。

《"睢盱"非限"仰视"》，载《辞书研究》2005年第4期。

《〈守拙斋汉语史论稿〉序》，载《守拙斋汉语史论稿》（贵州人民出版社）2005 年。

2006

《语文丛稿》，中华书局，2006 年。

《〈汉语大词典〉商补》，黄山书社，2006 年。

《〈八卷本《搜神记》语言的时代〉补证》，载《中国语文》2006 年第 1 期。

《小议"不知所踪"》，载《语言文字周报》2006 年 10 月 11 日，第 1181 号。

《汉语成语与文言文教学》，载《语言文字周报》2006 年 10 月 25 日，第 1183 号。

《关于古汉语定语后置问题的再探讨》，载《汉藏语言研究：第三十四届国际汉藏语言暨语言学会议论文集》（北京民族出版社）2006 年。

2007

《"一纪"能否指"一年"？》，载《语言文字周报》2007 年 6 月 20 日，第 1217 号。

《"东西"探源》，载《语言文字周报》2007 年 11 月 28 日，第 1240 号。

《〈敦煌书仪语言研究〉序》，载《敦煌书仪语言研究》（商务印书馆）2007 年。

2008

《宋元明市语汇释》（修补增订本），中华书局，2008 年。

《"相因""相应"不等于"相当"》，载《语言文字周报》

2008年2月27日，第1253号。

《莫以"启示"为"启事"》，载《语言文字周报》2008年3月5日，第1254号。

《古代某些时间词的二重用法》，载《语言文字周报》2008年4月30日，第1262号。

《古代"所以"可表目的》，载《语言文字周报》2008年8月27日，第1279号。

《"顺便"还是"顺变"》，载《语言文字周报》2008年9月17日，第1282号。

《浅谈文言中的推度副词"岂"》，载《语言文字周报》2008年10月22日，第1287号。

《谈"罪过"的"多谢"义》，载《语言文字周报》2008年11月5日，第1289号。

《市语续考》，载《汉语史学报》第7辑，上海教育出版社2008年。

2009

《新版〈辞源〉近代语词若干条目释义商兑》，载《〈辞源〉研究论文集》（商务印书馆）2009年。

2010

《说"才将"》，载《语言文字周报》2010年9月29日，第1388号。

《缅怀吕老》，载《吕叔湘先生百年诞辰纪念文集》（商务印书馆）2010年。

《〈型世言评注〉补正》，载《汉语史学报》第 10 辑，上海教育出版社 2010 年。

2011

《成语拾零·鳖跛》，载《语言文字周报》2011 年 3 月 9 日，第 1411 号。

《成语拾零·识小》，载《语言文字周报》2011 年 3 月 16 日，第 1412 号。

《成语拾零·枕被》，载《语言文字周报》2011 年 3 月 30 日，第 1414 号。

《"濩索"是"转关濩索"的省称吗？》，载《语言文字周报》2011 年 4 月 6 日，第 1415 号。

《警惕电脑别字》，载《语言文字周报》2011 年 8 月 24 日，第 1435 号。

《小议"花钿"与"花子"》，载《语言文字周报》2011 年 8 月 31 日，第 1436 号。

《近代汉语中"替"的连词用法》，载《语言文字周报》2011 年 10 月 5 日，第 1441 号。

《"替"的介词用法补说》，载《语言文字周报》2011 年 10 月 19 日，第 1443 号。

《说"参告"》，载《语言文字周报》2011 年 11 月 30 日，第 1449 号。

2012

《宋元明市语汇释》（修订增补本），中华书局，2012 年。

《〈贵州古旧文献提要目录〉简评》，载《人文世界》，2012年。

《"草圣"可指草书》，载《语言文字周报》2012年1月4日，第1454号。

2013

《语文丛稿续编》，齐鲁书社，2013年。

《俗语探源·筷子》，载《语言文字周报》2013年11月13日，第1551号。

《俗语探源·顶缸》，载《语言文字周报》2013年11月27日，第1553号。

《俗语探源·窟窿》，载《语言文字周报》2013年12月11日，第1555号。

2014

《唐宋笔记语辞汇释》（第二次修订本），中华书局，2014年。

《古典诗词特殊句法举隅》，语文出版社，2014年。

《〈汉语大词典〉商补再续》，载《浙江师范大学学报（社会科学版）》2014年第2期。

2015

《〈《汉语大词典》商补〉续编》，贵州大学出版社，2015年。

《近代汉语词典》（参编），上海教育出版社，2015年。

《〈明清俗语辞书及其所录俗语词研究〉序》，载《明清俗语辞书及其所录俗语词研究》（上海辞书出版社）2015。

编后记

2009年我在黔东南，收到一则手机信息，署名竟是曾任中宣部要职的一黔籍老领导，其内容是建议组织文史馆的专家学者们研读《新华文摘》刊登的两篇文章。当我得知他身患绝症，这是在病床上发的短信时，清水江的轻盈旖旎顿时变得凝重异常。

两篇文章，前者是乐黛云先生的《时空巨变与文化转型》，主旨略同于费孝通先生的思路：对"战国时代的地球村"的忧患及"各美其美，美人之美，美美与共，天下大同"的期望。但乐先生基于跨文化比较研究的学术素养，更凸显了当代技术条件下世界冲突的严酷性，进而提出用文化（尤其是文学）的对话来消弭尖锐矛盾的具体路径。后一篇是李喜所先生的《改革开放以来的中国近代史发展主线研究》，陈述了改革开放以前的政治标准，所以太平天国、义和团运动等成为"革命史观"的重大事件；而改革开放以后，转向经济标准，于是洋务运动、戊戌变法等成为

"近代化史观"的标志性事件。两相对立,互相辩难。当此之际,李双璧等学者提出了多维立体研究近代史的新主张,于是研究"由革命转向了社会,由线性提升到立体"。

前一文的作者乐黛云先生从这片大山走出去,对整个世界的未来提出一个贵州人独到的见解;后一文中提到的李双璧先生也是贵州学人,对宏大的中国近代史研究产生了积极影响。我推测,病榻上的老人,应该是希望贵州学者们当以乐、李二先生为榜样,立足贵州,放眼中国,观照世界,积极有为。这是老人给贵州学者遗嘱式的期待。我深深感动,私下想:如果能将贵州学者的重要成果汇集成册,永传后世,该有多好啊!随着老领导于次年的辞世,这个想法更加郁结于心,难以释怀。

不想数年后,这个愿望由在西南大学工作的贵州松桃学者刘扬烈先生破题。他致函时任中共贵州省委常委、省委宣传部部长张广智,希望省委、省政府能主持编辑出版一套"贵州学者文丛"。张部长虽非黔人,但敏锐果决,很快主持召开了由省委宣传部分管领导、省内有关部门负责人、有关专家、贵州出版集团相关编辑人员等组成的联席会,专议此事。会议气氛热烈:大家一致肯定了这个选题的意义——传承开启,树立地域文化的自信;初议了入选的标准——有学术影响力的贵州籍学者或非贵州籍但对贵州有研究的学者的论著;框定了大致的人选——乐黛云、刘扬烈、张朋园、涂纪亮、陈祖武、刘纲纪、曹顺庆、吴雁南、刘扬忠、钱理群等先生成为第一批瞩目者。现任中共贵州省委常委、省委宣传部部长慕德贵对"贵州学者文丛"进一步给予了关心和支持,确保编辑出版工作顺利推进。如今，在贵州出版集团的执着勉力和各位先生（或遗属）的积极配合下，昔日梦想终成现实。

回想给我系上和解开心结的，是两个不同时段的宣传部部长。前者处身的时代，是紧抓经济、倾心发展的时期，倡导学术研究仍力所不逮；后者处于经济社会全面迅速发展，民族伟大复兴的目标从来没有像今天这般可触，文化自觉与文化自信得到领导人大力倡导的新时代。从此，我们当能体会到国家前进的步履。

记得在讨论体例时，大家还希望，这套文丛最好按论文发表时间排列，最好有一篇作者学术进程的自序，旨在不仅保存以往，更在启迪当下、开拓未来。保存完好了，启迪真切了，开拓有力了，贵州的学术或如革命导师恩格斯所言："经济上落后的国家在哲学上仍然能演奏第一提琴。"

顾久

2018 年 4 月

"贵州学者文丛"出版图书书目

2018 年第一辑

⊙ 朝向"人类命运共同体"
——乐黛云文选

⊙ 上下求索集
——钱理群文选

⊙ 忧患集
——刘扬烈文选

⊙ 现代西方哲学评述
——涂纪亮文选

⊙ 清代学林举隅
——陈祖武文选

⊙ 美学与文化
——刘纲纪文选

⊙ 比较文学与学术创新
——曹顺庆文选

⊙ 史海深潜
——吴雁南文选

⊙ 且喜青山依旧住
——刘扬忠文选

2020 年第二辑

⊙ 儒学的返本与开新
——张新民文选

⊙ 贵州史志地理及人文考辨
——王燕玉文选

⊙ 纸年轮
——何光渝文选

⊙ 听涛斋文集
——史继忠文选

⊙ 归去来
——彭兆荣文选

⊙ 黔中论道
——徐新建文选

⊙ 走近历史真实
——熊宗仁文选

⊙ 初学者言
——朱正琳文选

⊙ 汉藏文史拾隅
——王启龙文选

⊙ 萤窗万卷书
——王锳文选